国家卫生健康委员会"十三五"规划教材

全国高等学校教材

供健康服务与管理专业及相关专业用

健康教育与
健康促进

Health Education and Health Promotion

主　编　李浴峰　马海燕

副主编　马　莉　曹春霞　闵连秋　钱国强

编　者（以姓氏笔画为序）

万晓文	江西中医药大学	闵连秋	锦州医科大学
马　莉	大连医科大学	陈小菊	成都医学院
马海燕	杭州师范大学	陈济安	陆军军医大学
王　宏	重庆医科大学	夏　芹	中关村新智源健康管理研究院
王克芳	山东大学	钱国强	广东药科大学
向　桢	广西师范大学	曹春霞	天津大学
刘华磊	中国人民武装警察部队后勤学院	常　明	浙江中医药大学
孙卫国	三门峡市中心医院	梁　渊	华中科技大学
李　力	广州市番禺疗养院	谢长俊	天津市健康教育协会
李浴峰	中国人民武装警察部队后勤学院	楚亚林	遵义医科大学
何敏媚	北京中医药大学		

编写秘书

　　郭宏霞　天津医学高等专科学校

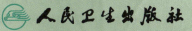 人民卫生出版社

图书在版编目（CIP）数据

健康教育与健康促进/李浴峰，马海燕主编. —北京：人民卫生出版社，2020
全国高等学校健康服务与管理专业第一轮规划教材
ISBN 978-7-117-29616-8

Ⅰ.①健… Ⅱ.①李…②马… Ⅲ.①健康教育-高等学校-教材 Ⅳ.①G647.9

中国版本图书馆 CIP 数据核字（2020）第 038135 号

| 人卫智网 | www.ipmph.com | 医学教育、学术、考试、健康，购书智慧智能综合服务平台 |
| 人卫官网 | www.pmph.com | 人卫官方资讯发布平台 |

健康教育与健康促进

主　　编：李浴峰　马海燕
出版发行：人民卫生出版社（中继线 010-59780011）
地　　址：北京市朝阳区潘家园南里 19 号
邮　　编：100021
E - mail：pmph @ pmph. com
购书热线：010-59787592　010-59787584　010-65264830
印　　刷：北京顶佳世纪印刷有限公司
经　　销：新华书店
开　　本：850×1168　1/16　印张：16　插页：2
字　　数：451 千字
版　　次：2020 年 5 月第 1 版　2025 年 10 月第 1 版第 13 次印刷
标准书号：ISBN 978-7-117-29616-8
定　　价：62.00 元
打击盗版举报电话：010-59787491　E-mail：WQ @ pmph. com
质量问题联系电话：010-59787234　E-mail：zhiliang @ pmph. com

全国高等学校健康服务与管理专业
第一轮规划教材编写说明

《"健康中国 2030"规划纲要》中指出,健康是促进人的全面发展的必然要求,是经济社会发展的基础条件。实现国民健康长寿,是国家富强、民族振兴的重要标志,也是全国各族人民的共同愿望。推进健康中国建设,是全面建成小康社会、基本实现社会主义现代化的重要基础,是全面提升中华民族健康素质、实现人民健康与经济社会协调发展的国家战略。

要推进落实健康中国战略,大力促进健康服务业发展需要大量专门人才。2016 年,教育部在本科专业目录调整中设立了"健康服务与管理"专业(专业代码 120410T);本专业毕业授予管理学学位,修业年限为四年;目前逐步形成了以医学类院校为主、综合性大学和理工管理类院校为辅、包括不同层次院校共同参与的本科教育体系,各院校分别在不同领域的专业比如中医、老年、运动、管理、旅游等发挥优势,为本专业适应社会发展和市场需求提供了多样化选择的发展模式,充分体现了健康服务业业态发展充满活力和朝阳产业的特色。

我国"健康服务与管理"专业理论和实践教学还处于起步阶段,具有中国特色的健康服务与管理理论体系和实践服务模式还在逐渐完善中。为此,2016 年 4 月和 8 月,人民卫生出版社分别参与"健康服务与管理"专业人才培养模式专家研讨会和"健康服务与管理"专业教材建设会议;2017 年 1 月,人民卫生出版社组织召开了"健康服务与管理"专业规划教材编写论证会议;2018 年 2 月,人民卫生出版社组织召开了"健康服务与管理"专业规划教材评审委员会一届一次会议。在充分调研论证的基础上,根据培养目标、课程设置确定了第一轮规划教材的编写品种,部分编写品种也与《"健康中国 2030"规划纲要》中"要积极促进健康与养老、旅游、互联网、健身休闲、食品融合,催生健康新产业、新业态、新模式,发展基于互联网的健康服务,鼓励发展健康体检、咨询等健康服务,促进个性化健康管理服务发展,培育一批有特色的健康管理服务产业;培育健康文化产业和体育医疗康复产业;制定健康医疗旅游行业标准、规范,打造具有国际竞争力的健康医疗旅游目的地;大力发展中医药健康旅游"相对应。

本套教材编写特点如下:

1. 服务健康中国战略　本套教材的编撰进一步贯彻党的十九大精神,将"健康中国"战略贯穿教材编写全过程,为学科发展与教学改革、专业人才培养提供有力抓手和契机,为健康中国作出贡献。

2. 紧密围绕培养目标　健康服务与管理专业人才培养定位是为健康服务业培养既懂业务又懂管理的实用性管理型人才。人才培养应围绕实际操作技能和解决健康服务问题的能力要求,用医学和管理学手段为健康服务业健康、有序、科学发展提供专业支持。本套教材的编撰紧密围绕培养目标,力求在各部教材中得以体现。

3. 作者团队多样　本套教材的编者不仅包括开设"健康服务与管理"专业院校一线教学专

家,还包括本学科领域行业协会和企业的权威学者,希望能够凝聚全国专家的智慧,充分发挥院校、行业协会及企业合作的优势,打造具有时代特色、体现学科特点、符合教学需要的精品教材。

4. 编写模式创新　为满足教学资源的多样化,教材采用了"融合教材"的编写模式,将纸质教材内容与数字资源内容相结合,教材使用者可以通过移动设备扫描纸质教材中的"二维码"获取更多的教材相关富媒体资料,包括教学课件、思考题解题思路、高清彩图以及视频等。

本套教材共 16 种,均为国家卫生健康委员会"十三五"规划教材,预计 2019 年秋季陆续出版发行,数字内容也将同步上线。希望全国广大院校在使用过程中能够多提供宝贵意见,反馈使用信息,为下一轮教材的修订工作建言献策。

全国高等学校健康服务与管理专业
第一届教材评审委员会

主任委员

郭　姣　广东药科大学

副主任委员

郭　清　浙江中医药大学　　　　　　杨　磊　杭州师范大学
曾　渝　海南医学院　　　　　　　　杨　晋　人民卫生出版社

委员（按姓氏笔画排序）

于恩彦　浙江省人民医院　　　　　　李卫东　广东药科大学
王　锦　华录健康养老发展有限公司　李浴峰　武警后勤学院
王中男　东北师范大学　　　　　　　杨　华　浙江中医药大学
王彦杰　新乡医学院三全学院　　　　张会君　锦州医科大学
毛　瑛　西安交通大学　　　　　　　张志勇　山东体育学院
毛振华　武汉大学　　　　　　　　　张智勇　武汉科技大学
孔军辉　北京中医药大学　　　　　　范艳存　内蒙古医科大学
冯毅翀　成都医学院　　　　　　　　金荣疆　成都中医药大学
朱卫丰　江西中医药大学　　　　　　周尚成　广州中医药大学
向月应　广西师范大学　　　　　　　俞　熔　美年大健康产业集团股份有限公司
邬　洁　人民卫生出版社　　　　　　钱芝网　上海健康医学院
刘世征　中国健康管理协会　　　　　倪达常　湖南医药学院
刘忠民　吉林大学　　　　　　　　　曹　熠　贵州医科大学
江启成　安徽医科大学　　　　　　　曾　强　中国人民解放军总医院
孙宏伟　潍坊医学院　　　　　　　　魏　来　遵义医科大学
杜　清　滨州医学院

秘书

关向东　广东药科大学　　　　　　　曹维明　浙江中医药大学
黑启明　海南医学院　　　　　　　　肖宛凝　人民卫生出版社

全国高等学校健康服务与管理专业
第一轮教材目录

序号	书名	主编		副主编			
1	健康服务与管理导论	郭 清		景汇泉	刘永贵		
2	健康管理学	郭 姣		王培玉	金 浪	郑国华	杜 清
3	健康经济学	毛振华		江启成	杨 练		
4	健康保障	毛 瑛		高广颖	周尚成		
5	健康信息管理	梅 挺		时松和	牟忠林	曾 柱	蔡永铭
6	健康心理学	孙宏伟	黄雪薇	于恩彦	孔军辉	朱唤清	
7	健康运动学	张志勇	刘忠民	翁锡全	骆红斌	吴 霜	徐峻华
8	健康营养学	李增宁		夏 敏	潘洪志	焦广宇	叶蔚云
9	健康养生学	傅南琳		谢 甦	夏丽娜	程绍民	
10	健康教育与健康促进	李浴峰	马海燕	马 莉	曹春霞	闵连秋	钱国强
11	职业健康服务与管理	杨 磊	李卫东	姚 华	汤乃军	刘 静	
12	老年健康服务与管理	曾 强	陈 垦	李 敏	武 强	谢朝辉	张会君
13	社区健康服务与管理	曾 渝	王中男	李 伟	丁 宏	任建萍	
14	健康服务与管理技能	许亮文	关向东	王淑霞	王 毅	许才明	
15	健康企业管理	杨大光	曹 煜	何 强	曹维明	邱 超	
16	健康旅游学	黑启明	向月应	金荣疆	林增学	吴海波	陈小勇

主 编 简 介

李浴峰

武警部队健康教育与健康管理特聘顾问,原武警部队健康教育指导中心主任,武警医学院健康教育与健康管理教研室教授,硕士研究生导师,文职二级。全国健康教育巡讲专家。主要从事健康管理、健康教育与健康促进及心理健康教育的教学与研究工作,负责创建了武警医学院健康教育与健康管理教研室和武警部队健康教育指导中心,探索出以技能培训为特色的健康教育教学模式。主编、参编《中华健康管理学》《中国健康教育史略》《武警部队健康教育》等20多部著作、教材和手册,发表论文90余篇。深入基层部队、院校、机关、社会开展健康教育讲座650余场,直接听课约50万人次。曾为国家、军队、多省市及院校200余期专业培训班授课。多次带队参加部队重大任务后的健康教育及心理服务工作。

主要学术兼职:中国健康促进与教育协会常务理事、天津市健康教育协会副会长、全军健康管理专业委员会副主任委员、武警部队健康管理专业委员会主任委员、天津大学中华健康管理培训学院副院长、中关村新智源健康管理研究院特聘研究员、海南南海健康产业研究院特聘首席健康教育专家。

曾获全军优秀教师、全军育才金奖、国家公共卫生与预防医学发展贡献奖,享有国务院政府特殊津贴。

马海燕

教授,硕士研究生导师。现任杭州师范大学医学院预防医学系主任,浙江省预防医学会公共卫生监测委员会副主任委员,浙江省预防医学会流行病学专业委员会委员。

从事预防医学教学近30年。主要讲授本科生、研究生的健康促进、科学研究方法与论文写作等课程。主要研究方向为健康教育与健康促进、健康城市理论与实践,发表论文110余篇。参与编著《健康杭州发展报告》《社区健康和谐之路》《社区护理导论》《健康管理概论》等教材与著作8部。

副主编简介

马 莉

大连医科大学公共卫生学院教授,硕士研究生导师。现任中国抗癌协会肿瘤流行病学专业委员会委员;辽宁省预防医学会流行病与卫生统计学学会委员;辽宁省临床流行病学与循证医学学会委员;大连市医学会临床流行病学与循证医学学会委员。

从事预防医学教学工作 20 余年,获辽宁省优秀青年骨干教师、大连医科大学优秀教师,主持国家自然科学基金及省部级基金多项,出版科研专著、教材 20 余部,发表学术论文 80 余篇。

曹春霞

医学博士、天津大学灾难医学研究院副教授、硕士研究生导师。兼任中华健康管理博士联盟成员,军队健康教育专家库成员,天津市健康教育巡讲专家。

从事教学工作至今 17 年,主要讲授本科和研究生的健康教育学、卫生事业管理、社会医学等课程。主持并参与国家科技部、国家自然科学基金、军委科技委、全军健康教育指导中心、武警后勤部、天津市重大科技专项、天津市自然科学基金等部门或机构各类科研项目 20 余项。曾获得军队院校教学成果奖三等奖 2 项,武警部队科学技术进步奖二、三等奖各 1 项,武警部队医疗成果奖三等奖 1 项。主编、副主编教材 5 部,参编各类教材或专著 20 余部,在国内外发表学术论文 60 余篇。

副主编简介

闵连秋

锦州医科大学附属第一医院神经病学教研室主任、神经内科主任，教授、主任医师，硕士研究生导师。中国医师协会神经内科医师分会委员，辽宁省卒中学会副会长，辽宁省医学会神经病学分会副主任委员，辽宁省神经内科临床质控中心副主任，辽宁省预防医学会卒中预防与控制专业委员会副主任委员，辽宁省脑血管疾病防治专家组副组长；锦州市医学会神经病学分会主任委员，锦州市心脑血管疾病防治办公室主任，锦州市脑血管疾病防治专家组组长，锦州市神经内科临床质控中心主任。

从事临床教学 32 年，副主编教材 2 部，著书 5 部；获辽宁省科技进步三等奖 1 项；发表学术论文 160 余篇，其中 SCI 收录 10 篇。

钱国强

广东药科大学中医学院副院长，远志书院常务副院长，中国中医药研究促进会温病分会理事，广东省中西医结合学会实验医学分会常委，广东省保健协会脾胃健康分会常委，广东药科大学附属第一医院消化脾胃周末特需门诊专家。

从事教学、临床、科研工作至今 9 年。主持及参与国家及省级科研项目 6 项，主持省级教学改革项目 2 项，获河南省医学教育教学改革三等奖 2 项，获得河南省科技进步三等奖 1 项，授权国家发明专利 3 项。曾获河南省文明教师、河南省高等学校优秀共产党员、河南省社科普及工作先进个人等荣誉称号。

前　　言

　　健康教育与健康促进是一门以健康相关行为为研究对象,研究健康教育和健康促进理论、方法和实践的科学。健康服务与管理领域的很多项目最终都会涉及人的行为,对行为的干预成为了健康服务与管理的核心功能之一。在国际上,健康教育与健康促进(即行为与社会科学)是五大公共卫生能力培养目标之一,是解决现代社会重要公共卫生问题的核心策略。健康教育与健康促进不仅具有自身的理论体系,而且也具有很强的实践性。《"健康中国2030"规划纲要》首要任务"普及健康生活方式"的途径和方法是健康教育,"将健康融入所有政策"的主要理念和方法是健康促进,推进健康中国战略的"健康中国15项行动"中,每一项或多或少都需要健康教育与健康促进方法和理论的支持。因此,健康相关专业开设健康教育与健康促进课程对建设健康中国、提高全民健康水平有着十分重要和现实的意义。对于直接服务人群的健康服务与管理专业的学生来说,学习健康教育与健康促进的基本理论和实践技能就更为必要,这是未来职业工作的基本功。为此,2018年健康服务与管理专业规划教材评审委员会经过反复论证,决定将《健康教育与健康促进》列入首轮教材的编写计划。

　　根据教材编写的"三基""五性""三特定"原则以及本科教学"重基础和宽口径"特点,本教材在编写过程中,在培养学生基本态度的同时,突出加强健康教育与健康促进的基本理论和基本技能的培养。希望学生在本科阶段,能把健康教育与健康促进的基本理论深深地融入健康服务与管理工作的思维模式之中。诚然,作为面向健康服务与管理专业本科生教学的教材,《健康教育与健康促进》编写的重点还是放在"基本"两字上,在介绍行为改变的基本理论和基本原理、健康教育与健康促进项目管理、健康教育活动策划与实施的同时,重点介绍多项实用技能。通过在本科阶段《健康教育与健康促进》的学习,让学生理解影响健康行为各种因素的相互关系和评估方法,熟悉健康教育与健康促进的基本理论,初步掌握健康教育和健康促进的技能与方法,以便在未来的职业工作中有效应用,进一步做好个体和群体的健康干预。

　　《健康教育与健康促进》内容安排共12章。第一部分是健康教育与健康促进基本理论,包括第一章至第四章。第二部分是健康教育与健康促进基本技能与方法,强调理论与实践相结合,包括第五章到第八章。第三部分是健康教育与健康促进实践应用,包括第九章到第十二章。

　　"健康教育与健康促进"作为一门应用型学科,本教材的编写一方面强调理论和技能的培养,既有理论和原理的介绍,更侧重实践技能的内容安排;另一方面是与时俱进,引入和吸收了国际健康促进的先进理念和科学模式,并介绍和丰富了健康教育与健康促进的实践经验和策略指导。本教材也可作为公共卫生与预防医学、健康教育体系、临床医务工作者从事健康教育工作的技术指导用书。

　　健康中国战略及健康中国行动将健康教育与健康促进提到了一个前所未有的高度。在这样的形势下编写本教材,所有编委都倍感荣幸和骄傲,大家齐心协力,克服时间紧、任务重、参考资料少等困难,努力完成了本教材的编写。在教材的编写过程中,中国人民武装警察部队后勤学院仲博、陈伏生、高萍、朱振玲、单学娴、胡新光、杨瑾、庄岩等老师在多次教材大纲讨论、教材编写、审稿与校稿中做了大量的工作;各编委所在学校对编写工作给予了多方面的大力支持。在此一并致谢。

限于水平和时限,缺误难免,还望兄弟院校同仁及广大读者提出宝贵意见,以便完善。

李浴峰　马海燕

2020 年 2 月

目　录

第一章 绪 论

01章

🍀 **本章要点**

1. **掌握** 健康教育与健康促进的概念、特点和任务。
2. **熟悉** 影响健康的因素;健康的评价标准;健康促进的基本策略。
3. **了解** 国内外健康教育与健康促进的发展现状及前景。

　　随着科学的进步、社会的发展、保健需求的增长,人们的目光正在从有病求医转向"促进健康"的大预防。20 世纪 70 年代以来,健康教育及健康促进在全球迅速发展,完整的学科体系已逐步形成。尤其近十年来,世界卫生组织(WHO)将健康教育定位为卫生保健总体战略中三大措施之一,推动了全球性健康教育与健康促进活动的兴起,并正在逐步向纵深发展。

　　人民健康是民族昌盛和国家富强的重要标志,预防是最经济最有效的健康策略。党中央、国务院 2016 年做出健康中国战略的重大决策部署,发布《"健康中国 2030"规划纲要》,提出了健康中国建设的目标和任务。强调坚持预防为主,倡导健康文明生活方式,预防控制重大疾病。健康教育与健康促进在健康中国行动中是最基础的工作。健康教育与健康促进将在社会动员,强化政府、社会、个人责任,普及健康知识,引导群众建立正确健康观,加强早期干预,形成有利于健康的生活方式、生态环境和社会环境,促进大众健康方面发挥积极作用。

　　本教材将学习健康教育与健康促进的基本理论,重点介绍健康教育的实践技能。

第一节　健康及其影响因素

　　做好健康教育与健康促进工作必须先了解健康及相关的基本概念,并对影响健康的诸多因素有深入的了解,这样才能有针对性地做好各个环节的工作。

一、健康及健康标准

　　健康是人类生存的第一前提和基本要素,是人类最宝贵的财富。古希腊有位哲学家曾说:"如无健康,知识无法利用,文化无从施展,智慧不能表现,力量不能战斗,财富变成废物。"WHO指出:"健康是基本人权,达到尽可能高的健康水平是世界范围内一项最重要的社会性目标。"健康是各国政府和公众所追求的共同目标,"没有健康,劳动力得不到保护,就会制约经济的发展"。因此,促进健康也就是促进经济发展。健康不仅表示人民的体质、智能、发育和健康程度,也影响着整个民族的竞争力与创造力,以及社会的文明进步和经济发展。我国在 2016 年召开的全国卫生与健康大会上,指出了卫生与健康是整个政府和全社会的共同责任,强调了要把人民健康放在优先发展的战略地位,加快推进健康中国建设。《中华人民共和国宪法》也明确规定:"维护全体公民的健康,提高各族人民的健康水平是社会主义建设的重要任务之一"。

那么,什么是健康呢? 不同时期,人们所处的时代、环境和条件不同,对健康的认识也不尽相同。

祖国医学经典《黄帝内经》中曾说"体壮曰健,心怡曰康",此谓形神兼备才是健康的状态。而"健康"的英文 health 源于公元 1000 年的英国,其主要的含义是安全的、完美的、结实的。WHO 1948 年在世界保健宪章中明确提出"健康不仅仅是没有疾病或不虚弱,而是保持身体、心理的健康和良好的社会适应状态"。这个经典的三维健康观是人类在总结了近代医学发展的基础上,对健康认识的一次质的飞跃,它把健康内涵由生物领域拓展到社会领域,大大超出了疾病的狭隘范畴,完全符合现代生物-心理-社会医学模式,而且已经被世界各国所公认。1989 年世界卫生组织又一次深化了健康的概念,认为健康包括躯体健康、心理健康、社会适应良好和道德健康,即"四维健康观"。只是其中的"道德健康"更属于社会范畴,所以大多学者仍习惯沿用"三维健康观"。

怎样衡量一个人是否健康,世界卫生组织曾经定出健康的 10 条标准:
1. 精力充沛,对担负日常生活和繁重的工作不感到过分紧张、疲劳;
2. 处事乐观,态度积极,乐于承担责任,不挑剔;
3. 劳逸结合,善于休息,睡眠良好;
4. 应变能力强,能适应各种环境变化;
5. 能够抵抗一般性疾病;
6. 体重适当,身体匀称;
7. 眼睛明亮,反应敏锐;
8. 牙齿清洁,无龋齿,不疼痛,牙龈颜色正常,无出血;
9. 头发有光泽,无头屑;
10. 皮肤、肌肉富有弹性,走路健步轻松。

1999 年 WHO 制定的健康标准是:

躯体五快:即吃得快,走得快,说得快,睡得快,便得快。

心理三良好:即良好的个性,良好的处世能力,良好的人际关系。

良好的个性是指性格温和,意志坚定,感情丰富,胸怀坦荡,豁达乐观;良好的处事能力,包括观察问题客观实在,能适应复杂的社会环境,具有较好的自控能力;良好的人际关系包括在人际交往和待人接物时,能助人为乐,与人为善,对人充满热情。

以上内容都从不同角度具体地阐述了健康的定义,体现了健康涵盖的生理、心理和社会诸方面的内容,是大众化的健康标准。当然,衡量一个人健康与否,除了一般标准以外还有一些特殊的标准。比如一般职员和运动员的健康标准就不相同。从医学上讲,人体健康方面的具体指标在不同年龄阶段、不同性别、不同地域、不同民族之间也不尽相同。可见,健康是许多综合指标的体现,很难有绝对统一的要求和标准。

二、健康相关概念与观念

观念是人们对事物主观与客观认识的系统化总结,随着社会的发展和时间的变迁观念需要更新。做任何事,观念是先导。不管我们承认与否,事实上观念决定着每个人工作的思路、工作或服务的质量。因此,有必要在这里明确几个观念或概念,以理解这几个关键词的深刻内涵,更好、更有效地做好健康教育与健康促进工作。

1. **医学目的**(goals of medicine,GOM) 是一个多层次、多侧面的理论概念,是人类希望通过医学所达到的目的,它受社会、经济、政治、文化、科技及人们认识水平的影响。自医学形成以来,医学一直是以"救死扶伤""延长寿命"为目的,形成传统的医学目的。几千年来,医学的不断发展依靠科技进步与教育,在一定程度上实现了这一愿望,为促进人类健康做出了不可磨灭的贡献。它是医学本质功能的体现,相对稳定,不受时代、国别和社会的影响,至今仍然是医学的基本价值取向和驱动医学发展的动力。但是,传统的医学目的必然受历史条件和当时认识水平的限制,不可避免地具有它的局限性,主要表现在:①对健康与疾病的理解过于片面,把实现医学目的的手段看成只是药物、手术或其他物质设备进行诊断和治疗,忽视了关心和照料,在精神心理社会服务方面软弱无力。②在消灭疾病、战胜死亡方面,抱有不切实际的目标,导致把主要力量和主要卫生资源过度用于治疗疾病和阻止死亡上面。WHO 报告世界上 85% 的卫生费用在 5%~10% 的病人身上,一个人一生医疗费用的 80% 用在生命垂危的最后时刻。③忽视了对生命质量的追求和正确对待死亡。④在处理治疗和预防关系上,重治疗轻预防。长期以来热衷于医院的建设和发展,因而形成了繁荣的医疗及相关事业与人人享有卫生保健目标背道而驰的实际后果,造成了临床医学与预防医学愈来愈分离的局面。⑤高技术的不适当使用,医疗费用扶摇直上。以上这些问题引发了全球医疗危机,其根源是医学目的出了问题,"错误的医学目的,必然导致医学知识和技术的误用"。这就迫使人们对 GOM 进行重新审视和深刻检讨。为此,1992 年 WHO 组织了 GOM 国际研究小组,对医学的目的作根本性的调整,把医学发展的战略优先从"以治愈疾病为目的的高技术追求",转向"预防疾病和损伤,维持和促进健康",提出了四个现代医学目的:预防疾病和损伤,促进和维持健康;照料和治愈有病者,照料不能治愈者;解除由病灾引起的疼痛和疾苦;避免早死和追求安详死亡(GOM 国际研究小组总报告,1996,11)。简言之,医学的目的就是"维护人类健康,提高生命质量"。

2. 医学模式(medical model)　它是在医学实践基础上产生的,是人类在与疾病抗争和认识自身生命过程的实践中得出的对医学本质的概括。其演变过程反映了医学的本质和发展规律,是医学发展中的质变,从而给医学科学理论和实践领域带来重大影响。医学模式的核心是科学的医学观,也就是人们认识对待健康与疾病的根本看法和基本态度。医学模式由近代的生物医学模式转向生物-心理-社会医学模式,即"人是一个既受生物因素影响又受心理和社会因素影响的有机体,是生态系统的一个组成部分,需要从生物、心理、社会、环境几个不同层次来综合考察人类的生命过程,并采取综合措施防治疾病,维护人类健康"。此模式修正了生物医学模式单纯研究生物因素这一不合理框架,确立了心理、社会因素在医学中应有的地位,标志着"以人为中心"的医学科学迈入了一个新的发展时期。这个转变给整个医学科学及医疗卫生事业带来巨大变化,正如此模式的研究者美国纽约州罗彻斯特大学精神病和内科学教授恩格尔(Engel)指出:"生物心理社会医学模式为研究、教学结构和卫生保健行动计划提供了一个蓝图"。

然而,从 1977 年该模式提出至今,这一转变过程全球快慢不一。要实现医学模式的转变,绝非易事,它将是一项长期而艰巨的任务。实现这一目标,必须从四个层次上完成转变:①观念层次上的转变。关键在于卫生事业相关决策者、医学工作者在思想上、认识上改变以往的观念。核心是医学发展要"以人为本",要认识到人的健康与疾病转化受生物、心理、社会三重因素的共同制约,要在政策、环境、管理、教育、研究、服务等层面做好顶层设计。②研究思路与层次上的转变。不能只研究生物因素及高度分化的微观领域,要重视与健康相关的心理、社会因素及宏观政策方面的研究以及健康促进方法和模式的应用研究。③教育层次上的转变。从教育、人才培养着手是医学模式转变的关键环节,具有战略意义。上级管理者、医学院校的决策者应站在医学发展的前沿,以高度的责任感、使命感,确实以新的医学模式为指导,组织课题研究,调整课程设置及教学内容。④实践层次上的转变,是医学模式全面转变的归宿和标志。只有在社会医疗、保健机构服务中,完成了这一转变,才能满足当代社会保健的客观需要。我们应该充分认识到这个历史转变的意义和价值,自觉适应这个转变的要求,并在实践中推动它早日实现。

3. 预防观　随着医学目的的调整、健康观的明确和医学模式的转变,预防医学越来越具有重要地位,预防医学将逐渐成为医学的主体。那么从预防医学体现出的思想、理念和思维方式,实际上就是大"预防观"。其实,我国早在《易经》中提及"君子以思患而豫(同预)防之",《黄帝内经》中"圣人不治已病治未病"的记载,《千金要方》中提出"上医治未病之病,中医治欲病之病,下医治已病之病",这些足以说明祖先早已有了预防为主的思想,并逐渐积累了一些强身防病的方法和养生之道。在西方,希波克拉底(公元前460年—公元前377年)也曾提出医生不仅要治病,而且还要注意气候、空气、土壤、水质及居住条件等环境因素对健康的影响。一直以来,我国的卫生工作方针内容中都有"预防为主"。然而"预防为主"说来容易,真正落实很难,对于个体是一生的系统工程,对于国家则是一项经常性、基础性的工作,加之预防措施或工作的效果近期、远期不太容易评价或体现,所以就容易被人们忽略或不重视。现实中国家、卫生事业体系、各行业及群体和个人都"预防"得不够,从而导致了卫生事业发展中的种种矛盾和非传染性疾病的大幅度上升。"预防观"对实现医学目的、转变健康观和医学模式以及维护人类健康至关重要,如果"预防观"不在政策、管理、教育、研究、业务层面实实在在体现,那么"预防为主""维护人类健康"将永远是一句空话。我们希望一直在"上游植树",不希望总在"下游抗洪"。所有维护人类健康的医学工作者应确立"预防观"。2016年8月26日,中共中央政治局召开会议,审议通过《"健康中国2030"规划纲要》,会议指出,推进健康中国建设,要坚持预防为主,推进健康文明的生活方式,营造绿色安全的健康环境,减少疾病的发生。纲要的颁布体现了国家层面对预防工作的重视。为加快推进实施健康中国战略的重大决策部署,2019年7月,国务院又发布《关于实施健康中国行动的意见》(简称"意见")以及该行动的《实施和考核方案》。《意见》明确指出"人民健康是民族昌盛和国家富强的重要标志,预防是最经济最有效的健康策略"。

4. 社会大卫生观　维护人类健康需要在政府的领导下,卫生部门为主力,各部门协同奋斗,动员全社会参与。医学现代化的重要标志是医学社会化,医学社会化能最大限度地实现医学的目的,实现医学的社会功能。所有卫生事业的管理者、医务工作者都要有高度的社会责任感,在自己的工作岗位上始终注意用社会大卫生观开发和协调各种社会资源,在更大的空间做好自己的本职工作,切记不能单打独斗。《"健康中国2030"规划纲要》明确新时期卫生与健康工作方针为:以基层为重点,以改革创新为动力,预防为主,中西医并重,将健康融入所有政策,人民共建共享。其中,"将健康融入所有政策"即体现了社会大卫生观。这一提法也被世界卫生组织倡导,现已成为我国卫生与健康工作方针中的内容。体现了国家对社会大卫生观的重视。

三、自我保健与自我健康管理

根据杨功焕等2013年发表在《柳叶刀》杂志的文章,2010年对中国居民伤残调整寿命年(disability-adjusted life-years,DALY)贡献最大的前3位危险因素由高到低分别为:不合理膳食、高血压、吸烟(图1-1,见书末彩插)。在所有的危险因素中,不良生活方式因素占了大部分。这充分说明,人的健康和生命很大程度上取决于自己的生活方式和行为习惯。因此,我们需要通过建立健康的行为,科学合理的自我保健,以达到健康快乐、延年益寿的目的。

自我保健是指"自己"利用学到的保健知识和掌握的保健技能,进行自我预防、自我监测、自我治疗、自我护理、自我康复,养成良好的生活方式和行为,建立一套适合自己的养生方法,达到健身祛病、延年益寿的目的。这个定义至少包含了五层含义:①健康是自己的。要自己主宰健康,不能把健康交给"专家",不能过多地依赖药物、外科手术和某些治疗方法,忽略自我保健。人们由健康生活方式、个人信念和先天抵抗力积累起来的自我保健能力最为强大、最容易利用。应该确信:最好的医生是自己。②学习和掌握科学的保健知识,增强自我保健意识,提高自我保健能力。许多人不是死于疾病,而是死于无知,所以,早学早受益。③逐步学会小病会治疗,大病看苗头,慢性病懂保养。④改变不良的生活方式和行为,建立适用、简单、科学的生活方式和行为。⑤达到提高生活质量、延年益寿的目的。"自我保健"是21世纪卫生保健发展的必然趋势,它将

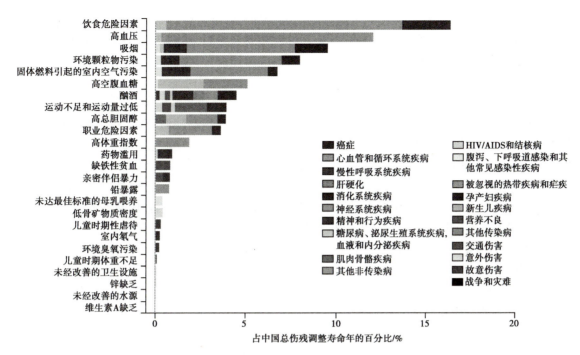

图 1-1 2010 年中国居民归因于主要危险因素 DALY 百分比

在未来的医学发展中发挥重要作用。

自我健康管理是自我保健的升级版,即在健康管理师的指导下科学管理自己健康的过程。通过收集健康信息,建立健康档案,由健康管理师评估健康状况及健康危险因素,然后在健康管理师的指导下,按照共同商定的健康管理计划积极行动,逐渐减少健康危险因素对自己的危害,达到可能达到的健康水平。自我健康管理比自我保健更加科学,更加有效。《"健康中国2030"规划纲要》明确的新时期卫生与健康工作方针中所讲的"人民共建共享",是国家第一次在"方针"层面提出人民自己对于自己健康的责任和义务,体现了自我健康管理的重要性。《意见》的基本原则有 4 条,其中有 2 条强调个人的责任,即"自主自律、健康生活""全民参与、共建共享"。

四、影响健康的因素

影响健康的因素很多,经常提到 4 大因素,即生活方式、环境、人类生物学、卫生服务,这是1974 年由加拿大卫生与福利部前部长 Marc Lalonde 在一份报告里提出的。然而,目前人们认识到,影响健康的因素相当复杂,有学者提出分为 7 大类。在此,根据 WHO"健康"的定义及生物心理社会医学模式,将影响健康的因素划分为 6 类。

(一)行为和生活方式因素

影响人健康的危险因素中,不良生活方式因素占了大部分。生活方式和行为可概括为:人们在衣、食、住、行、爱好、嗜好、业余活动、风俗习惯与信仰等各方面的活动行为方式。不健康的行为和生活方式是许多疾病尤其是慢性非传染性疾病(以下简称"慢性病")发生的主要行为危险因素。行为和生活方式因素可以直接或间接给健康带来不同程度的损害,如慢性病范围的糖尿病、高血压、冠心病、结肠癌、前列腺癌、乳腺癌、肺癌、肝癌、胃癌、食管癌、肥胖症、精神疾病、支气管炎、肺气肿、慢性阻塞性肺疾病、慢性胃炎、消化性胃溃疡、胰腺炎、胆石症、血脂紊乱、痛风、营养缺乏、骨关节痛、骨质疏松症、阿尔茨海默病等均与行为和生活方式有关。由微生物引起的各种传染病和大多数的寄生虫病也与人们的卫生习惯和行为密切相关。

慢性病已经成为威胁全球人群健康的主要原因。《柳叶刀》杂志公布的"2016 全球疾病负担研究"显示,2016 年全球死亡人数达 5 470 万人,其中因慢性病导致的死亡人数占 72.3%。相比 2006 年,2016 年慢性病死亡人数增加 16.1%。2009 年达沃斯世界论坛《2009 年全球风险报告》数据显示,在影响全球经济的众多因素中,慢性病造成的经济负担就高达 1 万亿美元,甚至远高于全球金融危机所带来的危害。因此,慢性病已经成为全球范围内过早死最主要的原因,对人类发展构成极大的负面影响。

《2017 年中国卫生和计划生育统计年鉴》数据显示,2016 年心脑血管病、癌症和慢性呼吸系统疾病是我国城乡居民健康的头号杀手。据《中国疾病预防控制工作进展(2015 年)》发布的数据,中国因慢性病导致的死亡人数已占全国总死亡人数的 86.6%,导致的疾病负担约占总疾病负担的 70%。2016 年《我国卫生和计划生育事业发展统计公报》调查显示,全国卫生总费用持续上升,预计达 46 344.9 亿元,约占 GDP 的 6.2%。同时,我国慢性病危险因素居高不下。据《中国居民营养与慢性病状况报告(2015)》,我国现有吸烟人数超过 3 亿,其中暴露于二手烟下的非吸烟者比例达 9.3%;成人经常锻炼率仅为 18.7%。以上情况表明,我国慢性病飙升态势未得到有效遏制,且年轻化趋势明显。

(二)心理因素

随着社会的发展和科学技术的进步,社会整体运转加速,人类竞争和生存压力普遍增加,由此而导致的心理问题或疾病越来越严重地威胁着人类健康。根据世界卫生组织 2010 年的数据,全球范围内,估计每四人中将会有一人在一生中经历精神卫生问题。到 2030 年,抑郁症将成为中等收入国家疾病负担的第二大原因,成为低收入国家疾病负担的第三大原因。根据世界卫生组织 2012 年的信息,仅抑郁症病人,全球就有 3.5 亿人。

心理状态对健康的影响早在祖国医学经典《黄帝内经》中就有记载"喜则气缓,怒则气上,思则气结,悲则气消,恐则气下,惊则气乱。所谓喜伤心,怒伤肝,忧伤肺,思伤脾,恐伤肾"。随着中国社会经济的快速发展,社会竞争不断加剧,人们的工作、生活节奏加快,各种心理应激因素急剧增加,心理卫生问题将日益凸显,加之我国心理卫生服务发展较晚,所以比发达国家将面临着更为严峻的挑战。根据《中国国民心理健康发展报告(2017—2018)》一书,2007 年 12 月至 2008 年 1 月,中国科学院心理研究所国民心理健康状况研究小组对我国 10 至 100 岁城镇居民的心理健康状况进行了测查。结果显示(有效问卷为 14 798 份),我国城镇人口中有 11%~15% 的人心理健康状况较差,可能具有轻度至中度的心理问题。这部分人群应是心理健康干预工作的主要目标人群,如果他们能得到及时的心理干预,可有效预防心理疾病,促进心理健康。有 2%~3% 的人心理健康状况差,可能具有中度到重度心理问题。需要注意的是,一些重点人群的心理健康需更要引起重视。如我国学龄儿童和青少年的心理异常总患病率为 15.6%,抑郁障碍为 3.7%~40.0%,焦虑障碍为 20.31%~26.70%,且检出率有逐年升高的趋势。如 1994 年至 2011 年的 230 个涉及 88 500 名教师的元分析显示,18 年间,教师的心理健康水平呈现整体下降的趋势。还有医护人员的心理健康状况低于全国平均水平、老年人的心理健康问题不容乐观。因此,心理健康教育及早期的心理服务就显得更为重要。

心理健康是三维健康的重要组成部分。心理因素与身体疾病的产生和防治密切相关,消极的心理因素能引起许多疾病,积极的心理状态是保持和增进健康的必要条件。医学临床实践和科学研究证明,消极情绪如焦虑、怨恨、悲伤、恐惧、愤怒等可使人体各系统功能失调,导致失眠、心动过速、血压升高、食欲减退、月经失调等疾病,而积极、乐观的心理能经得起各种应激的考验。总之,心理状态是社会环境与生活环境的反映,是影响健康的重要因素,健康管理工作者应予以高度重视。但也要防止出现心理问题"泛化"或"被心理问题""被精神病"现象。

(三)环境因素

环境因素是指以人为主体的外部世界。人类不仅生活在自然界,具有生物属性,而且是生活在人与人之间关系总和的复杂社会中,又具有社会属性。因此,人类环境包括自然环境和社会环境两个部分。根据 WHO 的报告,环境造成的死亡人数占全球死亡总数的 23%。

自然环境是人类赖以生存和发展的物质基础,包括阳光、空气、水、气候、地理等。由于自然的或人为的原因,进入环境的污染物数量超过了环境的自净能力,造成环境质量下降和恶化,就会直接或间接地对人体健康造成影响。由于自然环境中的有害因素的多样性及其有害作用机制的复杂性,对机体可能造成多种危害。急性危害是指环境污染物在短时间内大量进入环境,使暴露人群在短时间内出现不良反应、急性中毒甚至死亡。如 20 世纪,由于工业生产的快速发展,大气污染物烟雾事件发生频率增加,影响大的事件包括"英国伦敦煤烟型烟雾事件""美国洛杉矶、纽约及日本大阪、东京发生的光化学型烟雾事件"等。工业中由于各种原因导致的有害废气、废水或其他有毒有害物质大量进入环境,也会导致排放源附近及整个污染区的人发生急性中毒。慢性危害是指环境中有害因素低浓度、长时间反复作用人体所产生的危害。这类危害除了会对人产生非特异性影响(如生理功能、免疫功能下降,对感染敏感性增加等),还有可能直接造成机体某种慢性疾病,如慢性阻塞性肺疾病,它是大气污染物长期作用和气象因素变化有关的一组肺部疾病。随着大气污染的加重,居民慢性阻塞性肺疾病在疾病死亡中的比例有所增加。同时,慢性危害还包括有毒物质在体内的蓄积,如各类重金属。环境污染还会导致肿瘤,以化学致癌物为例,国际癌症研究机构(IARC,2002)指出,目前约有 7 000 多种化学物经过动物致癌试验,其中 1 700 多种为阳性结果。常见的环境致癌物如芥子气、氯乙烯、苯并芘、镍、黄曲霉毒素等。环境污染还会导致畸形,如 1945 年日本广岛和长崎市遭原子弹爆炸后,放射性污染诱发胎儿小头畸形和智力低下率增加。根据《中国环境质量评价综合报告(2017)》的研究结果,2001 年至 2015 年,使用绝对污染指数这个指标,全国的指数值呈现递增态势,反映出 15 年间全国范围内污染程度都有所增加。

自然灾害也会对人群健康造成严重损害,是自然环境损害人群健康的另一种形式。自然灾害通常指自然事件(如地震、台风、洪水)及其带来的破坏效应。数据显示,仅 2010 年全球一共发生各类自然灾害 950 起,仅自然灾害就造成约 29.5 万人死亡,比过去 40 年来所有恐怖袭击罹难者总和还多,共造成经济损失约 1 300 亿美元。我国各种自然灾害种类多、分布广、频率高、损失大,是世界上遭受自然灾害最严重的国家之一。仅 2008 年汶川地震造成 69 225 人遇难,374 640 人受伤,17 939 人失踪,直接经济损失 8 452 亿元人民币。地震、台风、洪水等自然灾害对人群生存环境产生巨大破坏,尤其对公共卫生工程系统、设施的损坏,直接威胁人类健康,造成安全饮用水短缺、垃圾粪便收集困难、污水任意排放,加上食品安全难以保障、居住条件恶化、灾民及病媒生物的接触机会增多、人群抵抗力降低、人口流动性大、公共卫生服务能力受损、卫生服务可及性等原因,极易发生传染病的大规模流行。防灾是最大的救灾,加强自然灾害防治关系国计民生,需要坚持以防为主、防抗救相结合。为此我国专门成立了应急管理部及多部门联合会商机制,在重大灾害事故处置阶段,由应急管理部牵头,自然资源部、水利部、气象局、卫健委以及军队有关部门共同参与,每日联合会商,统筹处置灾情,以最大限度减少人员伤亡和经济损失。

影响健康的社会环境因素更为复杂和广泛,包括战争、社会制度、公共政策、经济状况、文化教育、法制建设、风俗习惯、人口增长、社会保障、食品安全、工作环境、家庭环境、人际关系等因素。它们对人类的健康均有着不同程度的影响,其中社会制度、经济状况中的收入、社会地位、社会保障、教育文化、就业和工作环境等对人类生存和健康起着极其重要的作用。社会经济发展与健康的双向作用尤为明显,并已被不少国家和地区的实践所证实。社会环境因素既广泛又有交互作用,而且还具有重叠性、恒常性、积累性及因果关系的多元性,因而就不在此赘述,请参考《社会医学》等学科的详细介绍。

（四）生物学因素

影响人类健康的生物因素大致有3类。

1. 生物性致病因素   生物性致病因素是指病原微生物和寄生虫为主的病原体及有害动植物。病原微生物包括细菌、病毒、真菌等。病原寄生虫主要是指原虫和蠕虫，也包括可传播疾病的媒介生物如蚊、蝇、蟑螂等，以上病原体曾是人类疾病与死亡的主要原因，现在仍然是一些发展中国家人群疾病的主要原因之一，也是导致人类出现新传染病的罪魁祸首。由于我国城镇化、工业化还不成熟，因此生物性致病因素也要引起重视。需要指出的是，这部分内容和前面所述的环境因素有所交叉。广西某戒毒所在 2010 年 2 月至 3 月，由于室内通风差，1 例甲型 H1N1 流感病人隔离措施不到位，出现大量发热、咳嗽、流感样症状病人，截止到 3 月 1 日出现发热等流感样病人迅速增加至 339 例，患病率为 20.4%，全面消毒及所有病例隔离治疗后，疫情才得以控制。此外，由于全球化的快速发展，近现代出现的新旧传染病流行，已打破了洲际界线，出现了现代传染病"全球化"。人口拥挤、垃圾堆积、污水横溢，最有利于病菌的生成与存活。不良卫生习惯、滥用抗生素类药品、大规模人口全球流动，使得病菌难以防控和灭活。食用驯化野生动物、大批量家禽饲养、宠物饲养使得动物与人类疾病传播的机会也越来越多。

2. 遗传因素   现代医学发现，遗传病有近 3 000 种之多，约占人类疾病总数的 20.0%。根据国家卫生健康委员会 2018 年公布的数字，中国出生缺陷总发生率约为 5.6%，目前每年新增出生缺陷约 90 万例。近十年前 10 位出生缺陷病种主要是先天性心脏病、多指（趾）、总唇裂、马蹄内翻等结构畸形。除了明确的遗传疾病外，许多疾病，如高血压、糖尿病等的发生，也包含有一定的遗传因素。寿命的长短，遗传是一个不可排除的重要因素。到目前为止遗传病尚无根治的办法，只能预防。"强制婚检"自 2003 年转换为"自愿婚检"后，婚检率迅速降低、出生缺陷率不断上升已是不争的事实。例如，原广东省卫生计生部门 2011 年公布的 10 年来广东省新生儿出生缺陷率显示，珠三角地区新生儿出生缺陷率平均达 2.76%，比 10 年前翻了一番。随着我国社会经济的快速发展和医疗服务水平的提高，婴儿死亡率和 5 岁以下儿童死亡率持续下降，危害儿童健康的传染性疾病逐步得到有效控制，出生缺陷问题开始凸显，逐渐成为影响儿童健康和出生人口素质的重大公共卫生问题。国家近年鼓励地方政府推广免费婚检，但婚检率仍然不高。2003 年之前婚检率为 60% 多，2006 年不足 5%，北京 2015 年也仅为 9.44%。不去检查的主要原因是缺乏健康意识，观念不到位。专业人员应教育、引导准备结婚的男女双方，本着对对方负责、对未来家庭负责、对社会负责的态度，自觉到医疗保健机构进行婚前医学检查。有专家呼吁国家应采取自愿强制相结合的政策，望能起到一定的效果。

3. 个人的生物学特征   包括年龄、性别、形态、生长发育、衰老状况等。也就是说，一个人的健康状况与自己的生物学特征有关。

（五）卫生保健服务因素

卫生保健服务又称健康服务，微观指卫生系统应用卫生资源和医疗防疫手段，向个体、群体和社会提供的服务活动。世界卫生组织把卫生保健服务分为初级、二级和三级。初级（基本）卫生保健（primary health care）主要指社区卫生服务中心和乡镇卫生院等基层卫生服务机构，以预防工作和基本医疗为主，是政府、卫生机构提供给人群的最基本的卫生服务，实现初级卫生保健是当代世界各国的共同目标。第二级和第三级卫生保健主要是指医院和医疗网，以疑难复杂病种及专科医疗为主。由于卫生保健服务关系到人的生、老、病、死全部过程，因此，卫生保健服务质量的优劣，以及医疗卫生机构、人员、资源（经费与设施）是否科学、合理的分配，对个体和群体的健康影响重大。三级卫生服务都包括预防服务、医疗服务和康复服务，在卫生服务工作中的医疗水平低、医疗机构管理不善、误诊漏诊、医源性疾病、工作人员责任心不强、卫生技术人员不足、初级卫生保健不健全、卫生经费过少、卫生资源分配不合理、重治轻防、卫生保健服务利用率低等都是不利于健康的危险因素。近几年来，我国不断强化基本公共卫生服务，截至 2018 年人均投入达到 55 元。在此基础上,政府通过完善医疗卫生服务体系,创新医疗卫生服务供给模式,不断提升医疗服务水平和质量。例如,鼓励社会办医,通过松散型、紧密型"医联体"建设、社会力量举办的签约服务等,提供立体、多样化的医疗服务。

(六)伤害

伤害(damage)是指由运动、热量、化学、电或放射线的能量交换超过机体组织的耐受水平而造成的组织损伤和由于窒息而引起的缺氧,以及由此引起的心理损伤等。它对人类健康造成的损害已越来越引起人们的关注。其种类主要有车祸、飞机失事、沉船、恐怖事件、火灾、火器伤、煤气中毒、电击伤、矿难、坠落伤、烧烫伤、溺水、动物伤害、中毒、气管异物等。国际疾病分类(ICD-10)将伤害单独列为一类疾病。我国伤害死亡率由高到低顺序为:①交通事故;②中毒;③跌伤;④烧伤;⑤溺水;⑥其他意外损伤。

伤害是一个全球性公共卫生问题,也是威胁人类健康的主要问题之一。据世界卫生组织估计,每年全球伤害造成的死亡约 500 万人,1 500 万人遗留不同程度的功能障碍,800 万人终身残疾。2008 年的资料显示,全球伤害总死亡率为 76.1/10 万;2013 年的数据略有降低,死亡率约为 66.9/10 万。伤害造成了很多暂时性和永久性的伤残,严重影响人群健康和生命质量。与此同时,伤害因医疗、康复以及残疾或功能丧失而消耗着巨额费用,给社会经济、家庭和个人造成损失。从多个省份的流行病学调查结果来看,中国社区人群伤害的年发生率为 16.1%~21.9%,伤害导致 2.17%~4.51%暂时性失能和 0.13%~1.1%的残疾。这意味着,中国每年至少有 3 亿人发生一次以上伤害,不少于 8 500 万人因伤害急诊或就医,1 800 万人入院治疗,110 万人终身残疾。1995 年至 2008 年的中国伤害死亡监测结果显示,伤害死亡率徘徊在 52/10 万至 60/10 万之间,呈稳中有降的趋势,每年伤害死亡数相对稳定在 70 万人左右。全国死因监测系统数据显示,2010 年,我国人群伤害死亡占总死亡的 8.90%,居死因第 5 位。

上述 6 类影响健康的因素往往有所交叉,互相作用。分类是为了帮助专业人员和大众全面认识各类因素的作用。一个人的健康、疾病往往同时受上述两种或多种因素的影响。专业人员就是要正确把握影响人类健康的因素,并以此教育引导人群认识并尽量避免有害因素的影响,维护自身健康。

第二节 健 康 素 养

健康素养(health literacy)是《"健康中国 2030"规划纲要》的预期指标之一,也是全球健康教育与健康促进领域的一个热点。国内外的理论和实践显示其不仅可以作为健康教育的目标,也可以评价健康教育的效果,还可以反过来促进健康教育朝着更广的范围发展。本节将通过介绍健康素养的起源、定义、国内外研究和实践,帮助健康管理工作者了解并有效使用这一概念。

一、健康素养简介

健康素养这一概念起源于西方,最早是指人们在各类医学服务过程中的听、说、算、写、读技能,反映的是个人在其中所发挥的作用。

健康素养这一概念的产生背景包括以下几个方面:第一,卫生服务过程需要人们掌握基本健康素养。医学的快速发展,使各类新概念、新技术层出不穷,医学服务的过程变得复杂。怎样能正确地寻医问药,正确地理解医生医嘱促进康复,令健康素养不足的人感到困难,也成为人们寻求卫生服务过程中的一个挑战。第二,海量信息需要甄别。现代信息化技术发展,各种铺天盖地的保健信息真伪难辨,给人们自我保健带来巨大的困惑。第三,因生活方式导致的慢性病增加,需要病人有良好的自我健康管理能力。慢性病的防治除了需要卫生系统的努力外,更需要病人有基本的知识和技能并建立自主自律的健康行为,进行有效的自我健康管理。第四,赋权人们决策卫生服务。现代医学模式促使卫生系统向以病人为驱动方向转移,即由病人来决定接受哪些医疗服务。为进行恰当健康决策,病人需要查询医疗信息、评价信息的可信度、权衡风险利弊,客观上需要良好的健康素养。第五,国家治理民众健康的需要。要求人们具备这么多的健康素养,由个人或松散组织难以完成,必须由国家以及专业学术机构研究出可学、可测的个体健康素养指标体系,然后通过健康教育服务去普及,促使民众健康素养逐渐提升,以便在维护一生健康过程中发挥重要作用。因此,如何获取、理解和应用健康信息,即健康素养,就成为学术、政府、社会各界乃至全球高度关注的议题。

健康素养的研究在不断深入和完善,其定义也不尽相同。有研究者综合了17种健康素养的定义后,认为健康素养是素养的一种,它需要人们具备知识、动机和能力去获取、理解、评价并使用健康信息,从而进行判断并做出决定。

我国学者对健康素养有明确的定义:健康素养是指在卫生服务过程中,个人获取和理解基本健康信息和服务,并运用这些信息和服务作出正确决策,以维护和促进自身健康的能力。

健康素养是一种可由后天学习、训练而获得的能力,它可以随着个体生命进程而不断增加,贯穿生命全过程,但不等同于文化程度。

二、健康素养的研究与应用

关于健康素养的研究,视角不同,其定义的表述就各异。健康素养的研究分为临床视角和公共卫生视角。美国健康素养的研究基于临床视角,最初是为了让医生能够更好地开处方从而帮助病人理解和执行治疗方案。临床视角的健康素养倾向于把健康素养放在医疗环境下,把健康素养作为影响疾病结局的一个因素,认为健康素养水平是应该被识别的"风险因素"。健康素养最早研究多针对医疗材料的可读性,因此形成了许多测量这些材料可读性的评估工具。很多研究都认为健康素养作为独立的影响因素而影响疾病的结局,也有研究者认为健康素养和健康结局的关系还与一些中间变量有关,如疾病知识、健康行为、预防保健和依从性。公共卫生视角倾向于把健康素养视为健康教育和专业信息交流的产物。从这个角度讲健康素养是知识、理念、认知、技能的综合反映,它不仅包括个体的读写听说能力、健康知识和健康态度,还包括理解能力、交流能力、获取健康信息能力、获取健康服务能力、批判性接受的能力。

我国基于国情和现阶段国民健康素养的现状,以简要、可行、有效为原则,对健康素养的研究是以公共卫生视角为切入点,重点强调预防,主要考察个体对基础保健知识、保健技能的掌握和健康行为的养成。

我国健康素养的研究与促进行动是以政府为主导,业务机构研究推进,基层机构实施。2006年在科技部公益基金资助下,中国健康教育中心健康素养研究项目启动。随后历时1年多,原卫生部支持项目研究并组织100多名有关专家、学者、一线工作者,对国民面临的主要健康问题、健康危险因素进行了深入的评估,经过几轮反复研讨,首次凝练、研制出中国公民健康素养66条的基本内容,即基本知识和理念25条、健康的生活方式与行为34条、健康基本技能7条。2008年,原卫生部以政府文件的形式颁布了第3号公告《中国公民健康素养——基本知识与技能(试行)》,这是全球第一份界定公民健康素养的政府公文。紧接着原卫生部又组织专家编写了《健康66条——中国公民健康素养读本》,详细、全面解读了66条健康素养的核心信息。2008年原卫生部下发了《中国公民健康素养促进行动方案(2008—2010年)》,政府在全国系统部署并启动了健康素养促进行动项目,并给予专项经费支持。随后专家进一步研制健康素养指标体系和标准化试题库及监测试卷,逐步建立起连续、稳定的健康素养监测系统,使得健康素养促进行动相对高效有序、科学规范开展。2015年,针对日益凸显的慢性病、精神卫生、安全与急救、科学就医与合理用药、生殖等方面的健康问题,又研究颁布了新版《中国公民健康素养——基本知识与技能(2015年版)》。条目数量没变,内容有所调整。国家健康素养每年监测数据显示,通过持续的健康教育与健康促进行动,中国居民健康素养水平从2008年的6.48%稳步上升到2018年的17.06%。政府颁布的《全民健康素养促进行动规划(2014—2020年)》《"健康中国2030"规划纲要》和《国务院关于实施健康中国行动的意见》中对健康素养都有明确、具体的数据指标:2020年居民健康素养水平达到20%,2022年达到22%,2030年达到30%。可见,健康素养的研究及应用在建设健康中国战略行动中发挥着积极的作用。健康素养已经成为衡量卫生与健康工作和人民群众健康素质的重要指标,也是社会、经济发展水平的综合反映。

当然,个体公民掌握66条健康素养对于健康管理是远远不够的,随着健康素养研究的深入,各类人群、各专题的健康素养研究更加广泛和实用,随着新媒体技术的发展,健康素养监测体系也会越来越完善、先进。

三、健康素养与健康管理

已经有多项研究表明,健康素养水平高低直接或间接影响到个体、群体的健康水平。具备健康素养的人,往往会更加注重管理自己的健康。从宏观上讲,健康素养水平高的人,对国家宏观健康治理各项政策的理解力和执行力更强。

因此,健康素养能促进健康管理。具体表现在:

1. 提高健康素养有助于将公民纳入健康管理服务体系。公民17.06%(2018年)的健康素养水平说明多数人群的保健知识、技能缺乏,保健观念淡薄,健康行为也没养成,基本不愿意被管理或自我管理。不少人对国家免费的健康教育服务、健康管理服务都不愿意参加,付费健康管理就更不可能了。健康素养的提高可能使人们愿意接受专业的服务。

2. 提高健康素养有助于提高被健康管理者的依从性。健康管理实质上是助人自助的服务过程,主要是帮助他人自我健康管理。因为影响健康的因素涉及本人日常生活行为的诸多方面,如果个体没有足够的健康素养,对危害健康行为的风险认识不足,其主动性、依从性就差。那么个体自我控制的行为不健康,健康管理工作就难以见效。

3. 健康素养能够促进赋权。健康素养赋权于公民个体,是公民个体除了对自身生活方式及行为风险的了解,还使其对社会、经济和环境影响健康因素有所认识,这就使他们能够熟悉政府在健康方面的职责,也能参与到建设健康中国的大健康促进行动中。

4. 健康素养能够促进公平。决策者和投资者具有较高的健康素养水平,有利于他们通过行业、体系将健康融入政策及制度,采取影响力更大、协同效果更好、更有效地应对影响健康社会因素的健康促进行动,让所有民众受益。也就是说从国家宏观健康管理的角度高效开展工作。因此,提高各级、各行业管理者的健康教育工作水平至关重要。

5. 健康管理的实施有助于提高健康素养水平。有的人可能没有健康素养的概念,但当他参加规范健康管理(健康档案、行为与指标数据变化等)后,在其中通过见缝插针的健康教育学习了有关健康的知识,树立了健康的信念,养成了健康的行为,逐渐提高了健康素养。

综上所述,健康素养与健康管理在多层面都可以相互促进。

第三节 健康教育

WHO把健康教育(health education)、计划免疫、疾病监测定为预防和控制疾病的三大措施之一。健康教育是卫生与健康服务工作的基础和先导,是普及健康生活、提高公民健康素养的主要工作和手段,同时也是健康管理的适宜技术。作为健康服务与管理专业的学生,系统了解健康教育有关知识,对未来做好健康服务与管理很有必要。

一、健康教育的概念

健康教育是以传播、教育、行为干预为手段,为学习者提供获取健康知识、树立健康观念、掌握健康技能的机会,帮助他们做出有益于健康的决定并养成健康行为的系列活动及其过程。

从医学的角度看,健康教育是对人们进行健康知识、技能和行为教育,从而解决健康问题,保护和促进健康。从教育的角度来看,健康教育是人类教育的一部分,其实质是把人类有关医学或健康科学的知识和技术转化为人们的健康素养和有益于健康的行为,也是医学和健康科学通过教育活动进行社会化的过程。从狭义上看,健康教育的主要手段包括讲授、培训、训练、咨询、指导等;从广义上看,一切有目的、有计划的健康知识传播、健康技能传授或健康相关行为干预活动都属健康教育范畴。健康教育不仅在于帮助人们掌握健康知识,更在于让人们能学会相应的技能、强化保健观念,树立自信心,通过获取、理解、评价和应用健康信息做出解决健康问题的正确行为选择,从而维护和促进健康。也就是说,自己的健康自己能做主。

二、健康教育的特点

(一)健康教育以赋权、帮助人群行为改变为目标

行为与生活方式是健康的重要决定因素之一。健康教育的核心是健康行为的养成。一切健康教育活动,最终都要落实到目标人群的行为改善上。但目标人群的行为改变应以知情、自愿为原则,健康教育工作者要始终保持中立,我们只讲科学道理,不强加于人,助人自助,实施行为干预应以遵循伦理学为准则。通俗地说,就是"提供值得信赖的健康信息,赋权受众,帮助他们做出明智的选择"。

(二)具有方法学与应用学科的双重性

换言之,健康教育既是一门学科,也是一项工作。作为方法学,健康教育有自己的理论体系、技术和方法,所有卫生体系专业人员都应掌握。同时,健康教育本身又是一项工作,如在政府卫生与健康服务体系,健康教育是一项独立的工作,它有组织、有标准。

(三)具有多学科性

健康教育在充分吸收和运用医学、传播学、教育学、心理学、行为科学等多学科理论的基础上,形成自身独特的理论体系,具有交叉学科的特点,它不仅有自然科学的特征,更具有社会学科的特征。

(四)其效果评价具有不确定性和长期性

目标人群获得健康知识较容易,由知识转化为行为却比较难,常常是一个反复的、循序渐进的过程。因为行为改变引起健康状况的改善,需要相当长时间才能观察到,也不一定就是某项、某次教育的直接作用。健康教育的近期效应通常需要 3 至 6 个月,远期效应则可能需要几年,甚至几十年。这也是健康教育不被理解和重视的一个原因。

(五)其评价具有连续性,评价方法、评价指标具有多样性

健康教育工作需要评价才能证明是否有效果。健康教育的评价包括形成评价、过程评价、效果评价和总体评价。评价的核心指标是行为改善状况,这点上与健康管理异曲同工。

(六)源于卫生宣教,高于卫生宣教

我国当前的健康教育是在过去卫生宣教的基础上发展起来的,现在健康教育的一部分措施仍可称为卫生宣教。区别在于:一是比起卫生宣教,健康教育明确了自己特定的工作目标——促使人们改善健康相关行为,而不仅仅是作为一种辅助方法,为某一时间的卫生工作中心任务服务;二是健康教育不是简单的、单向的信息传播,而是既有调查研究又有干预的,有计划、有组织、有评价的,涉及多层次多方面对象和内容的系统活动。卫生宣教也可以看作是健康传播的一部分,但健康传播更强调信息的双向流动,强调需求评估、科学设计和效果评价。

三、健康教育的原则

健康教育应遵循以下基本原则:

(一)思想性

健康教育可能涉及政治、管理问题,因此,一定要在思想上与党中央保持一致,要注意环境与场所,需谨慎用词并掌握尺度,不能出现不利于团结、不利于管理、不利于大局治理的观点,本着"帮忙不添乱"的原则,为国家治理健康做贡献。特别是当心理健康教育涉及人生观、价值观和世界观时,要恰当地与思想政治教育相结合,互相渗透。敏感热点公共健康问题要与国家主管部委、专业权威机构一致。

(二)科学性

健康教育的生命力在于科学性,背离科学性就会误导公众,直接后果就是不但不能保健还会损害健康。所以需要筛选、甄别健康传播的内容,保证信息科学真实且查有出处,切忌道听途说,不准确、不确定、没把握的知识宁愿不讲,避免说过头、片面、绝对的话。

(三)针对性

有针对性的健康教育是效果的保证。不同年龄、性别、学历、职业、成长环境、收入、健康状况的群体或个体对健康教育内容、形式方面的需求各不相同。另外,在开展健康教育时,还应考虑政策、民族、文化、地域、经济等社会因素的差异性,否则难以达到预期效果。对于一些具有时效性的热点健康问题,应注意及时更新其知识与技能。

(四)通俗性

健康教育的内容一定要经过加工,达到通俗易懂的水平,否则,目标人群听不懂、看不懂,就谈不上教育效果。医学深入难,浅出更难,根据教育对象把信息加工到他们能听懂、看懂的水平不是一件易事,需要借助科普创作文字功底和社会人文知识底蕴来实现。

(五)实用性

健康教育最终是让目标人群学了有用,所以,教育时必定要考虑所选内容对目标人群是否有用,且核心实用信息应占教育时间的一半以上,同时要考虑到可操作性。

(六)趣味性

健康教育和其他教育一样本身是枯燥的,要让目标人群愿意听、愿意看且乐于接受,必须在趣味性、艺术性上下功夫,力争做到形式多样,寓教于乐,取得最佳效果。

四、健康教育的任务和作用

健康教育的总体目标是通过开展健康教育活动,帮助人们养成有益于健康的行为和生活方式,维持、促进和改善个人和人群的健康。

健康教育的主要任务:一是赋权,提高人们自我保护和促进健康的能力;二是激发人们的健康意识、态度和动机,改善人们的行为;三是开展有效的健康传播,提高民众的健康素养;四是实施商定的行为干预,帮助消除行为危险因素;五是组织指导和适宜技术推广;六是开展健康相关行为的科学研究。

健康教育的社会作用有以下几个方面:

1. 实现初级卫生保健的先导 《阿拉木图宣言》把健康教育列为初级卫生保健各项任务之首,并指出健康教育在所有卫生问题、预防方法及控制措施中最为重要,是能否实现初级卫生保健任务的关键。多年的实践证明,健康教育在实现所有健康目标、社会目标和经济目标中具有重要的地位和价值。

2. 卫生事业发展的战略举措 这一点已经得到全世界的公认,当今发达国家和我国疾病谱、死亡谱发生根本性变化,其主要死因已不再是传染病和营养不良,而被慢性病所取代。冠心病、肿瘤、脑卒中已成为这些国家的主要死因,这些疾病多与不良的生活方式、行为(约占60%)、职业和环境因素有关。只能通过健康教育促使人们自愿地采纳健康的生活方式与行为,降低致病的危险因素,预防疾病,促进健康。实践证明,健康教育能有效地防治心血管疾病、恶性肿瘤、艾滋病等。芬兰的北卡地区从1972年开始,针对高血压和冠心病在全区实施改变不利健康生活方式的全方位健康教育干预,经过15年努力,总吸烟率从52%下降到35%,吸烟量净下降28%,人群血清胆固醇水平下降11%,中年男性缺血性心脏病死亡率下降38%,与其他地区比较取得了用其他措施难以取得的显著成绩。澳大利亚、泰国、乌干达的艾滋病健康教育成效显著,使各类人群HIV病毒携带者大幅度下降(9%~15%)。正如前世界卫生组织总干事中岛宏博士在第13届世界健康教育大会开幕式上说:"我代表世界卫生组织向大家保证,健康教育的极端重要性将得到承认。我们将对这一领域给以优先考虑,其理由是十分充分的,而且也是全世界迫切需要的。"

3. 健康教育是一项低投入、高效益的保健措施   健康教育可以改变人们不良的生活方式和行为,减少自身制造的危险性,是一项一本万利的事业。美国卫生总署1979年发表的《健康的人民》一书指出:"我们自毁于自己创造的生活方式和行为,我们自毁于自己创造的环境污染,我们自毁于容许有害健康的社会条件继续存在⋯⋯。"正如美国疾病控制中心研究表明,如果美国男性公民不吸烟,不过量饮酒,采纳合理饮食和进行经常性锻炼,其寿命可望延长10年,而美国用于提高临床医疗技术的投资,每年数千亿,却难以使全国人口期望寿命增加1年。显然,2亿多美国人民只要适当改变行为,将会大幅度降低有关疾病的发病率和死亡率,并减少医疗费用。我国有专家研究得出结论,心血管病社区预防花1元钱,医疗费能节省8.59元,而相应的终末抢救费,据测算能省约100元。

4. 健康教育是提高国民健康素养的重要渠道   自我保健是保健模式从"依赖型"向"自助型"发展的体现,它以具备一定的健康素养而发挥个人的主观能动作用为表现。纵观全球,如美国的"健康的国民",英国的"预防和健康,人人有责任",加拿大的"健康影响模式",澳大利亚的"健康的澳洲人",日本的"国民健康生活方式",中国的"全民健康素养促进行动"等。这些项目与行动不仅是各国政府提高国民健康素养的策略和行动,更着眼于动员民众的自我保健意识、参与态度和实践,激发人们对自己的健康负责。自我保健意识和能力不能自发产生和拥有,只有通过系统的健康教育才能掌握和提高,增强其自觉性和主动性,促使人们实行躯体上的自我保护、心理上的自我调节、行为与生活方式上的自我控制和人际关系上的自我调整,以维护并促进健康。

第四节 健 康 促 进

健康促进(health promotion)是在健康教育的基础上发展起来的,但后者的范围更大,也远超了前者的范畴。本节将介绍健康促进的概念、特点、应用和目标,并阐述其五大任务。

一、健康促进的概念

健康促进这个词语最早出现在20世纪初的公共卫生文献中,于20世纪80年代得到较大发展。围绕这个词产生了"卫生工作、社会工作、政府职能、环境建设、小区赋权、个人责任"等内容,并在西方世界的专家中引发了不少的争论。尤其在近40多年,健康促进理念在争鸣中有了很大的发展,特别在全球公共健康领域产生了广泛的影响,这是人类在促进健康实践中不断探索与总结的结果。

WHO对健康促进的定义是"健康促进是促使人们维护和提高自身健康的全过程,是协调人类与环境的战略,它规定了个人与社会对健康各自所负的责任"。根据这一定义,健康促进无疑对人类健康和医学卫生工作具有战略意义。著名健康教育学家 Green 和 Kreuter 等人认为："健康促进指一切能促使行为和生活条件向有益于健康改变的教育和环境支持的综合体。"他将健康促进表达为一个指向行为和生活条件的"综合体"，即"健康教育+环境支持"。1995 年 WHO 西太区办事处发表《健康新视野》，提出："健康促进指个人与其家庭、社区和国家一起采取措施，鼓励健康的行为，增强人们改进和处理自身健康问题的能力。"在这个定义中，健康促进是指改进健康相关行为的活动。

由此可知，对健康促进存在着广义和狭义的理解。从社会发展层面（经济、生产力、文化等）和社会医学的高度将健康促进视为改变影响健康的社会决定因素、增进健康的总体战略，这就是广义的健康促进，它主要由国家和政府主导，总体顶层设计与策划，调动、协调各方各类资源，统筹规划，全面推进。而狭义的健康促进是把健康促进本身看作公共健康领域的一项具体工作策略和思维模式，主要由卫生与健康体系人员理解与操作。现行多种专业书籍所表述的"健康促进"实际上就是这个层面的含义。它是社会、研究者介绍给卫生体系人员维护公众健康的工作策略及思维模式。强调在做维护公众健康的具体工作中要争取政策、环境的支持，动员人群参与。不管是广义健康促进还是狭义健康促进，它们的根本目标都是维护公众健康，都能在不同的层面发挥各自的重要作用。

二、健康促进的特点及应用

广义健康促进中，政府是主导，卫生人员为主要技术力量。如果没有组织、政策、法规和环境的支持，预防、健康管理、健康教育、医疗等专业工作就显得软弱无力、效率低下。1957 年我国成立的爱国卫生运动委员会以及在全国范围开展的轰轰烈烈的"爱国卫生运动"，就是一次基于我国当时实际情况、非常成功的健康促进实践典范。而后，民众的健康水平及期望寿命大幅度提高。近年我国"艾滋病防控""抗击非典""健康城市"《"健康中国 2020"战略》《"健康中国 2030"规划纲要》"健康中国行动"等是广义健康促进的实践探索。

我国的政治制度和行政体系对于开展全民健康促进而言，应当是一大中国特色，也是一个巨大的潜在优势。然而我们同时也必须十分清楚：这种"特色"和"潜在优势"并不会自动转化为健康促进的现实优势，更不会自然而然地形成推动健康促进的常态化机制。我们只有把全民健康上升到国家发展的战略高度，自觉而充分发挥制度体制优势，全面科学规划"健康中国"，高效整合协调政府部门机构和社会资源，才能形成具有中国特色的、高效顺畅的全民健康促进常态化机制。应该说这是国家决策者和各部门工作者都要重点考虑的问题，因为健康促进本来就是一个全社会的系统工程，没有政府的机制与政策支持、各部门的协调配合和群众的参与，仅靠卫生与健康部门单打独斗、点片状或岛状开展工作，不但效率低下，更难以达到全民健康的目的。正如布伦特兰博士指出："健康促进是从获得知识到采取行动的过程，是全社会的责任，需要多部门更加积极和广泛地参与，其目的是不断提高人类的健康水平和生活质量。"

狭义健康促进也可以描述为"小健康促进"，此类健康促进活动主要有："亿万农民健康促进行动""健康教育社区行""中国公民健康素养 66 条""全民健身计划""健康中国行""全民健康生活方式行动""慢性病防控""健康促进学校""健康促进医院"等。这一类型的健康促进活动是由政府某一部门发起，有些名义上是多部门联合，但实际上仍是某一部门主导，其他部门参与度不大，另一些活动则是由学术团体或民间组织策划实施。由于缺乏国家和政府层面强有力的规划、统筹和协调，缺乏系统性环境和社会资源的整合与支持，因而这些活动或项目呈现为点片状或孤岛状，整体效益不高，更难形成长效机制。

三、健康促进的任务

《渥太华宣言》列出的健康促进工作五大领域被公认为是卫生与健康体系工作的指南，可以认为它就是健康促进的任务。

1. 建立促进健康的公共政策。公共政策是指由政府部门负责制定且影响公众利益的政策。健康促进强调了政府决策对健康问题的影响。具体是指各相关研究者、卫生与健康体系的管理者和工作者通过倡导促使政府及各级各部门将健康问题提到议事日程，使之了解其决策对健康的影响并需承担的健康责任，促使决策层面将健康融入所有政策。

2. 创造健康支持和有利于维护健康的环境。支持性环境从宏观讲是指有利于促进人群健康的物质、社会经济和政治环境。微观讲是为人们创造安全、满意、愉悦的环境，包括人们的家庭、工作和休闲地、社区，还包括人们获取健康资源的途径。

3. 强化社区行动。确定健康问题和需求是社区行动的出发点，开展以社区为基础的健康促进活动，社区群众自下而上的参与是社区行动的核心。这要求赋权于社区群众，使他们能够集体决策并行动，靠社会和群体的力量使社区人群连续、充分地获得卫生信息、学习机会以及资金支持。

4. 发展个人技能。通过提供健康信息和教育来帮助人们提高做出健康选择的能力，并支持个人和社会的发展。由此可使人们更有效地维护自身健康和生存环境。学校、家庭和工作场所均有责任在发展个人技能方面提供帮助。

5. 调整卫生服务方向。卫生与健康部门不应仅仅提供临床医疗服务，而应该将预防、健康促进、健康管理也作为服务的一部分，提供全生命周期的健康服务，以实现全民健康覆盖体系中的健康改善和公平性优化。卫生与健康研究和专业教育培训也应转变，要把完整的人总需求作为服务对象。卫生服务责任应由个人、卫生专业人员、社区组织、卫生机构、商业部门和政府共同承担。

四、健康促进的基本策略

实现健康促进的方法和路径多种多样，在不同国家、不同地区、不同经济发展阶段，会有不同的选择和不同的重点，但客观上都遵循健康促进的基本原则，即《渥太华宣言》提出的健康促进三项基本策略。

1. **倡导** 是健康教育、健康管理工作者开发政策、社会资源的积极行动。为了创造有利于健康的社会、经济、文化和环境条件，要倡导政策支持，开发领导，争取获得政治承诺；倡导社会对各项健康举措的认同，激发社会对健康的关注以及群众的参与意识；倡导卫生及相关部门提供全方位的支持，最大限度地满足公众对健康的愿望和需求。联合国儿童基金会提出的"社会动员"是倡导策略的升级版，也是健康促进的核心策略。

2. **赋权** 帮助公众具备正确的观念、科学的知识、可行的技能，激发其保健的潜力；使公众获得控制那些影响自身健康的决策和行动的能力，从而有助于保障人人享有卫生保健及资源的平等机会；赋予社区组织更多的权限，使社区行动能更大程度地影响和控制与社区健康和生活质量相关的因素；赋予专业人员更多的科普权限，调动积极性，做好医学科普。

3. **协调** 开展各类健康促进、健康教育活动，仅靠卫生与健康部门难以推进。这就需要卫生与健康体系工作人员积极协调，使政府、社会职责及利益的各方组成强大的联盟，各负其责，共同努力，创设健康环境，实现健康目标。社会协调是卫生与健康体系工作人员的责任。

五、健康促进的组织体系及重要政策法规

治理国民健康需要一套制度健全、高效运行的组织机构作保障，其核心就是建立一个真正意义上的、具有最高权威性的国家级领导机构。目前我国最接近该职能的机构是"全国爱国卫生运动委员会"，该委员会主任为国务院副总理，其他成员单位涉及国家各相关部门（卫生与健康委员会只是众多部门之一）。类似的职能组织还有2019年成立的"健康中国行动推进委员会"。

政策在健康促进中至关重要，近15年与健康促进相关的主要政策见表1-1。

表 1-1 近 15 年国务院网站与"健康促进"有关的主要政策*

内 容	发布时间	发布单位
关于实施健康中国行动的意见	2019 年 6 月	国务院
关于印发贫困地区健康促进三年攻坚行动方案的通知	2018 年 10 月	国家卫生健康委办公厅、国务院扶贫办综合司
关于促进"互联网+医疗健康"发展的意见	2018 年 4 月	国务院办公厅
关于印发国民营养计划(2017—2030 年)的通知	2017 年 7 月	国务院办公厅
关于推进医疗联合体建设和发展的指导意见	2017 年 4 月	国务院办公厅
关于印发中国遏制与防治艾滋病"十三五"行动计划的通知	2017 年 2 月	国务院办公厅
关于印发"十三五"深化医药卫生体制改革规划的通知	2017 年 1 月	国务院
关于印发"十三五"卫生与健康规划的通知	2016 年 12 月	国务院
关于加快发展健身休闲产业的指导意见	2016 年 10 月	国务院办公厅
"健康中国 2030"规划纲要	2016 年 10 月	中共中央、国务院
关于启动实施贫困地区农村留守儿童健康教育项目的通知	2016 年 10 月	国家卫生计生委办公厅
关于印发全民健身计划(2016—2020 年)的通知	2016 年 6 月	国务院
关于印发土壤污染防治行动计划的通知	2016 年 5 月	国务院
关于强化学校体育促进学生身心健康全面发展的意见	2016 年 5 月	国务院办公厅
关于促进医药产业健康发展的指导意见	2016 年 3 月	国务院办公厅
关于推进医疗卫生与养老服务相结合指导意见	2015 年 11 月	卫生计生委、民政部、发展改革委、财政部、人力资源社会保障部、国土资源部、住房城乡建设部、全国老龄办、中医药局
关于推进分级诊疗制度建设的指导意见	2015 年 9 月	国务院
关于促进社会办医加快发展若干政策措施的通知	2015 年 6 月	国务院办公厅
关于城市公立医院综合改革试点的指导意见	2015 年 5 月	国务院办公厅
关于进一步加强乡村医生队伍建设的实施意见	2015 年 3 月	国务院办公厅
关于进一步加强新时期爱国卫生工作的意见	2015 年 1 月	国务院
关于加快发展商业健康保险的若干意见	2014 年 10 月	国务院办公厅
关于加快推进人口健康信息化建设的指导意见	2013 年 11 月	卫生计生委、中医药管理局
中华人民共和国环境保护部公告(2013 年第 61 号)中国公民环境与健康素养(试行)	2013 年 9 月	环境保护部
关于促进健康服务业发展的若干意见	2013 年 10 月	国务院
关于加快发展养老服务业的若干意见	2013 年 9 月	国务院
关于建立疾病应急救助制度的指导意见	2013 年 3 月	国务院办公厅
关于印发《国家环境保护"十二五"环境与健康工作规划》的通知	2011 年 9 月	环境保护部
关于建立全科医生制度的指导意见	2011 年 7 月	国务院
关于修改《中华人民共和国国境卫生检疫法实施细则》的决定	2010 年 4 月	国务院

Note

续表

内　容	发布时间	发布单位
关于进一步加强艾滋病防治工作的通知	2010 年 2 月	国务院
关于扶持和促进中医药事业发展的若干意见	2009 年 5 月	国务院
中小学健康教育指导纲要	2008 年 12 月	教育部
中小学生健康体检管理办法	2008 年 6 月	卫生部、教育部
全国亿万农民健康促进行动规划	2006 年 7 月	卫生部、爱卫会、宣传部、教育部、农业部、广电总局、团中央、妇联、扶贫办
关于发展城市社区卫生服务的指导意见	2006 年 2 月	国务院
关于进一步加强精神卫生工作的指导意见	2004 年 9 月	卫生部、教育部、公安部、民政部、司法部、财政部、中国残联

＊截至 2019 年 7 月 20 日,来源:国务院、国家卫生健康委员会网站。

第五节　健康教育与健康促进的发展

健康教育伴随着健康促进发展,二者互相联系、互相促进,多数教材把二者的发展放在一起来论述,而且二者与健康管理也不可分割。

一、国外健康教育与健康促进发展

世界各国健康教育的发展离不开国际组织的指导与协调。国际健康教育组织主要有两个:一是 WHO 公共卫生信息与健康教育司。WHO 建立(1948 年)伊始,就在总部设立健康教育组,1977 年制定了"健康为人人"的政策框架,并于 1978 年召开了国际初级卫生保健大会,发表了《阿拉木图宣言》,这是人人健康运动过程中的重要里程碑,也是健康促进发展的雏形。1989 年又设立公共信息与健康教育司,并在各地区均设有健康教育机构;二是 1951 年成立于法国巴黎的国际健康教育联盟,它的宗旨是"通过健康促进与健康教育来提高人们的健康水平",1994 年更名为国际健康促进与健康教育联盟,是唯一的全球性健康促进与健康教育工作者的非政府机构,其活动方式是组织国际性大型专题研讨会,每 3 年组织 1 次,其活动方式更倾向于健康促进,对促进各国健康教育与健康促进发挥了积极作用。

全球健康教育工作总体不错,但各国发展不平衡。发达国家比较重视,如建立健全了国家和地区级的健康教育机构;实施人才战略,重视健康教育专业教育与人才培养,在医学类和师范类院校设置教研室,美国 96% 以上的医学院校均开设有健康教育课程;健康教育扎实,发达国家幼儿园、中小学、大学都开设有健康教育课程;重视经费的筹措,经费来源多样化。发展中国家健康教育工作参差不齐,工作内容也重视不一,总体差距不小。

健康促进这一概念基本伴随着健康教育的发展而发展。在维护公众健康的道路上,通过健康教育过分强调个人的健康责任,而忽略社会决定因素收效甚微时,健康促进便开始萌芽。20 世纪 70—80 年代美国的"健康教育总统委员会""健康人民"、加拿大的"加拿大人健康新观点"等是最早在组织机构、工作领域、学术上的一些探索。此后,许多国家的政府和学者都纷纷提出了各自的理论概念,建立和采取了相应的实践模式。如前所述,1977 年 WHO 提出的"2000 年人人享有初级卫生保健"的总目标,是健康促进在全球范围内、在国家层面上加快发展的前奏。1986年 WHO 在加拿大渥太华召开第一届全球健康促进大会,发表了著名的《渥太华宪章》。它以全世界的共识为基础,明确界定了健康促进的概念、健康促进的五项工作行动领域和三大策略,成为健康促进发展的基本理论指导。《渥太华宪章》是国际上公认的人类健康促进的里程碑。此后全球健康促进大会每隔 2 至 4 年召开 1 次,不断探索、总结健康促进的内涵与外延、意义及需要改进的领域,其总体趋势是更多关注广义健康促进,做精狭义健康促进。

20 世纪 80 年代以来,世界卫生组织和相关机构在全球陆续发起了创建"健康城市""健康促进医院""健康促进学校""场所健康促进"等行动,这些专题性活动都从不同角度、不同范围推动了健康促进目标和任务的落实。就各国情况看,由于经济、文化、政治等方面的差异,全球各国健康促进发展很不平衡,总体上发达国家要好于发展中国家,即使在发达国家,也存在对健康促进的理解不同和重视程度不同等情况。

二、国内健康教育与健康促进发展

中国健康教育与健康促进的发展经历了卫生宣传与健康教育的兴起、卫生宣教与爱国卫生运动时期、健康教育学科的建立与网络初步形成时期、健康教育与健康促进时期。

目前健康教育网络已经形成,从中央到地方,从专业机构到基层组织都陆续建立和健全起来。除中国健康教育中心外,根据 2013 年调查显示,全国省、市、县三级共有健康教育机构 2 715 个,其中省级 34 个,地市级 342 个,区县级 2 339 个;其中独立健康教育机构 326 个,包括省级 14 个,地市级 88 个,区县级 224 个。现阶段我国健康教育工作体系由三个层次组成,即管理层、技术研究支撑层与实施层。管理层由国家卫生和健康委员会宣传司健康促进处负责,主要制定健康教育与健康促进的目标、规划、政策和规范;技术研究支撑层主要由中国健康教育中心、省级健康教育机构和院校负责,主要研究解决健康教育工作环节的各种问题和研究各类健康干预技术方法并指导、服务基层;实施层是基层各类卫生与健康专业人员(专、兼职)和相关媒体,他们具体完成各项健康教育工作。

我国健康教育近年虽然进展很快,但仍然面临着许多严峻的挑战。比较突出的是:①对健康教育工作的理解与认识不一,重视程度有限;②健康教育工作缺乏顶层设计和规划,指挥机构部门太多,缺乏任务整合;③尚无专业和规范培训,专兼职人员普遍缺乏基本的健康教育知识和技能,工作大多流于形式;④传播材料的设计缺乏专业指导,内容缺乏针对性;⑤健康传播有杂音等问题。

20 世纪 80 年代后期,健康促进进入我国学术论坛。1987 年,在首届健康教育理论学习研讨会上,健康促进的概念及其相关认识第一次登上我国全国性健康教育学术会议。2000 年 10 月,中国健康促进研讨会在北京举行。随后,各种有关健康促进的会议、文件层出不穷,健康促进内容屡见于大学教材,健康促进术语编入了《辞海》。早期的健康促进(即狭义健康促进)不但是由健康教育发展而来,而且还把健康教育作为一项重要的策略,所以健康教育与健康促进犹如孪生兄弟,经常同时出现在同一本著作或教材中,后来,"健康教育与健康促进"就在组织机构、学术领域和实践工作中经常被融合或交互使用。最早国家管理部门出现"健康促进"是 1998 年在原卫生部妇社司的健康促进与教育处,现为国家卫生健康委员会宣传司健康促进处。1986 年成立的"中国健康教育协会"于 2009 年改为"中国健康促进与教育协会"。2006 年成立"中国健康促进基金会"是全国公益性公募组织,在健康管理发展中起到了重要的推动作用。从 2008 年开始,由国家卫健委(原卫生部)支持、中国健康教育中心主办的健康教育与健康促进大会每年开一次,见表 1-2。

尽管健康促进的概念在我国形成的时间不长,但其理念在我国早期"爱国卫生运动委员会"及其工作中,已经有较好的体现,堪称我国健康促进实践的初始典范。其中政府主导、部门合作、社会支持、群众参与的大卫生观念与现代健康促进的理念非常吻合,20 世纪 50 ~ 60 年代在维护百姓健康方面效果非常显著,直至今天仍然值得我们学习并弘扬。之后"爱卫会"联合相关部门开展了大量卓有成效的工作,如"卫生城市""初级卫生保健""亿万农民健康促进行动"等。

表 1-2　历届国家健康教育与健康促进大会简况

届次	时间	地点	主题
第一届	2008 年 4 月	北京	倡导健康生活方式,提高全民健康素质
第二届	2009 年 9 月	深圳	动员社会参与,促进全民健康
第三届	2010 年 9 月	唐山	城市化与健康
第四届	2011 年 11 月	杭州	提高公民健康素养与慢性病防控
第五届	2012 年 12 月	北京	把握历史机遇,推进健康教育能力建设
第六届	2013 年 9 月	贵阳	突出时代特色,实现健康教育跨越发展
第七届	2014 年 10 月	杭州	推进健康中国行活动,提高全民健康水平
第八届	2015 年 11 月	杭州	更新理念,创新模式,推动健康促进可持续发展
第九届	2016 年 9 月	北京	迎接全球健康促进大会,推进健康中国建设
第十届	2017 年 11 月	杭州	推进健康中国战略,做好新时代健康促进与教育工作
第十一届	2018 年 11 月	北京	实施健康中国战略,加强健康促进与教育,提升健康素养
第十二届	2019 年 11 月	北京	加强能力建设,助力健康中国行动

　　2016 年 8 月 19 日至 20 日,党中央、国务院召开了全国卫生与健康大会,部署了健康中国战略。同年 11 月 21 至 24 日,WHO"第九届全球健康促进大会"在上海召开,这次大会不仅大大提升了健康促进在整个中国社会的认知度,也大大提升了中国健康促进在国际上的地位,使我国健康促进工作提升到了一个新水平。

三、健康教育、健康促进与健康管理

（一）健康教育与健康管理

1. 健康教育是提升自我健康管理能力的必要条件　因此,无论是个体健康管理、还是群体健康管理工作,都要应用到健康教育。

　　健康教育是健康管理的适宜工具,在健康管理的三个步骤中,每一步都或多或少应用到健康教育的具体技能。如,针对个体健康信息收集问卷内容中所包含的行为和生活方式相关问题以及健康教育需求等问题在健康教育问卷中也常涉及。在健康管理的干预阶段,健康教育中健康信息传播和咨询的技巧也有所运用。

2. 健康管理是实现健康教育效果评价的有效途径　如前所述,健康教育效果的评价比较复杂。但由于健康管理具有信息化、标准化、系统化、量化的特点,可以解决健康教育评价中评价指标确立和指标定量的问题。由于健康管理的电子档案可以长期留存,一定程度上解决了健康教育中结局评价困难的问题。当然,要使评价结果更具科学性,更有说服力,评价设计的标准就更高,在实际工作中常需采用对照的方法。此外,由于针对个体的健康管理还具有"个性化"的特点,所以针对每名个体的健康教育也更容易做到"个性化"。这种个性化的健康教育,其效果比针对群体的健康教育效果更好。

（二）健康促进与健康管理

1. 健康促进为健康管理发展提供政策与环境支持　国家通过大健康促进来调动全社会的积极性,整合体制内和体制外的资源,从健康生态学、社会经济发展的高度提出"健康中国"战略来全面促进国民的健康。而此战略的实现,必须要在实际工作中有可操作的具体途径和方法下功夫,这就给全生命周期的健康管理服务提供了大展身手的广阔天地,健康管理完全有可能成为"健康中国"战略的有力抓手。"将健康融入所有政策"在一定程度上推动了政府各部门逐渐将健

康融入各自的工作规划与政策,客观上共同营造了支持健康管理发展的大环境。例如,科技部可提供研究空间与项目,并在技术集成、创新方面给予支持和引导;教育部通过设立新学科、学科建设、职业与岗位能力培训、继续教育培养人才队伍;工业和信息化部与卫生部门合作负责全民健康管理信息平台建设;卫生部门研究制订并明确各类健康服务项目(预防保健、健康教育、健康管理、医疗、康复、养老等)及运行范围、标准和它们之间的对接流程,开展不同场所健康管理模式试点研究与推广;商务部在服务产业链上给予支持;财政部给予合理的经费支持等。总之,通过充分发挥和创新健康促进各项政策,有助于解决健康管理发展中面临的诸多问题。健康管理行业要乘"健康中国行动"的东风,拓宽视野,更新观念,有效利用政策和环境,在学科建设、教育体系、服务模式、适宜技术等方面创造性的发展,努力为建设"健康中国"做出积极贡献。

2. 健康促进为健康管理工作者提供工作策略与方法　健康管理与健康促进虽然是两个不同的概念,但在许多方面紧密联系和交叉渗透。比如,二者的根本目标一致,都是为了维护和促进公众健康,二者的工作对象和工作内容有时也有交集,因此健康促进领域比较成熟的基本策略完全适用于健康管理,健康管理也可借助健康促进常用的社会知识和技能,高效开展工作。

3. 健康管理助推健康促进工作落到实处　健康促进固然重要,但总需要一项具体的实践工作作为抓手,而健康管理就是一个能落地的有力抓手。换言之,个人的健康管理就是把健康教育与健康促进对个人所要求的内容付诸实践。有了健康管理,个人可以利用健康管理流程、健康管理平台更加科学有效的实施对自己健康有利的行为,从而实现健康促进的目标。群体的健康管理就是利用健康管理流程、健康管理信息平台更加科学有效的从环境、职业、饮食、压力等方面管理群体健康,以促进健康,提高生产力。

(李浴峰)

 思考题

1. 影响大学生健康的因素有哪些?请按照影响程度大小进行叙述。
2. 你认为未来我国健康教育与健康促进的研究重点是什么?
3. 学完本章内容,你愿意在未来的职业岗位做健康教育与健康促进工作吗?为什么?

本章要点

1. **掌握** 掌握人类行为的基本特点；健康相关行为的概念、分类与特点。
2. **熟悉** 熟悉健康相关行为理论的主要概念构件，包括知-信-行模式、健康信念模式、行为转变阶段模式、社会认知理论、组织改变理论、生态学模型。
3. **了解** 健康相关行为理论的实践应用与优缺点。

行为生活方式管理是健康管理的首要任务，通过健康教育改变危害健康行为是实行健康管理的重要手段，因此专业人员有必要了解人类行为的基本特征、健康相关行为的分类以及行为改变的相关理论。

第一节 行 为 概 述

人的行为表现千变万化，但有其自身的发展规律，本节主要介绍人类行为的基本特点与健康的关系。

一、行为概念与分类

（一）行为的基本概念

行为（behavior）是内外环境刺激下有机体为适应环境所产生的反应，也是有机体为维持个体生存和种族延续，在适应不断变化的环境中所作出的反应。有机体的行为过程可以用公式"S-O-R"表示，S（simulation）代表内外环境的刺激，O（organization）代表有机体，R（reaction）代表行为反应。行为是内外环境刺激的结果，又对内外环境产生影响。

人的行为指具有认知、思维、情感、意志等心理活动的人对内外环境因素刺激所做出的能动反应。从医学的角度认为，人的行为可分为外显行为与内隐行为。

外显行为是可被他人直接观察到的行为，如言谈举止；内隐行为是不能被他人直接观察到的行为，即通常所说的心理活动，但可通过测量和观察外显行为间接了解到，如意识、情绪等。两种行为都可对人自身或他人的健康产生影响。

人类行为由5个基本要素构成：行为主体、行为客体、行为环境、行为手段、行为结果。

行为主体：人；

行为客体：人的行为的指向目标；

行为环境：行为主体与行为客体发生联系的客观环境；

行为手段：行为主体作用于行为客体时所应用的工具或使用的方法；

行为结果：行为主体预期的行为与实际完成的行为之间相符合的程度。

（二）人类行为的分类

人类不同于其他动物,具有生物和社会双重属性,据此可将人类行为划分为本能行为和社会行为两大类。

人的本能行为由人的生物属性所决定,是人的生物遗传信息作用的结果,而非后天习得,本能行为特征主要是对环境的适应。得到公认的本能行为有以下几个方面:

①与基本生存有关的本能行为,如摄食行为和睡眠行为;②与种族保存有关的本能行为,典型的表现是性行为;③攻击与自我防御行为,表现为对外来威胁的反抗、妥协和回避;④好奇和追求刺激行为,如冒险行为;⑤睡眠行为,睡眠是一种规律的、可逆的、身体处于休息状态的生理现象,也是人类的基本行为。

这种本能行为广泛存在于低等动物乃至人类,要强调的是人类的本能行为也受到文化因素、地理因素、社会因素等的影响和制约,如饮食行为受到大脑认识活动的控制,性行为受到社会法律、伦理与道德的制约。

人类的社会性是人与其他动物最本质的区别,人类不仅能够适应环境,更能改造和维护环境,包括自然环境和社会环境。在这种情况下,人类个体通过与他人的交往、模仿、学习、教育、工作等形成了得到社会承认、符合社会道德准则、行为规范和价值观念的人类社会行为。人的社会属性都是通过社会化而获得的,如社会生活技能、社会生活行为规范、世界观、社会角色与社会地位等。这些社会化行为的造就机构包括家庭、学校、大众媒介、单位与社会团体及非正式群体。

（三）人类行为的目的性、可塑性和差异性

1. 目的性　这是人类与动物最重要的区别。动物多是被动地适应自然环境,如觅食、斗殴、交配等都受本能的驱使。人的绝大多数行为都有目的性、计划性,因而人不但能适应环境而且能够改造环境。

2. 可塑性　人的行为是不断发展变化的,在行为形成过程中受到所处环境的影响,尤其是通过社会教育活动、思想道德、法律法规等影响。一般年纪较小可塑性较大,由于所受教育培养不同,不同的孩子在成年后呈现出不同的行为状态。人类行为的可塑性是实施培养的前提,加强人们关键期的行为教育训练可以提升健康教育效果。

3. 差异性　人们的行为表现千差万别,呈现出较大的差异性和多样性。与三方面因素有关:①个体遗传素质,不同个体对环境刺激的反应有差异性;②个性心理特征,个体行为受个性心理的支配;③外部环境条件影响,个体所处不同的地理环境、风俗习惯、文化背景、意识形态等都会影响个体行为的塑造。

二、行为的形成与发展

（一）行为的发展

行为的发展是指个体行为在其生命周期中形成、发展的过程。一般认为,在行为发生主体与客体相互作用的过程中,社会和实践向行为主体提出的要求所引起的新的需要与其已有的心理水平之间的矛盾,是行为发展的内因与动力。

人的行为发展通过量的积累而表现出质的变化,随生长发育而日趋完善和复杂化,主要表现在以下几个方面:

1. 个体认识活动的深刻化和复杂化　通过实践,认识由感性认识上升为理性认识并高度概括,进而个体行为向多样性发展。

2. 个体与周围环境的关系变化　由对周围环境的被动适应,逐渐转向人与人之间的关系。

3. 个体行为日趋完善　对事物的兴趣、情感、需要日趋成熟,个体积极与周围环境交往,并参与环境改造的活动。

（二）行为发展的连续型和不平衡性

个体的行为发展是一个连续的过程,不可能跳过其中的某一阶段而进入下一阶段。因此可以说个体现在的行为是过去行为的延续,而将来的行为又必然是现在行为的延续。个体行为发展在某一阶段内呈量变,这种量变积累到一定程度后发展为质变,进入行为发展的下一阶段。行为发展的特点表现为连续性和不平衡性,连续性是指人的行为发展是连续的,而不是跳跃式的;不平衡性即人的行为在不间断发展过程中存在着个体差异性和发展的不平衡性。在不同的年龄阶段,行为特征与规律有不同的表现。在人的整个生命周期中,行为发展分为4个阶段。

1. **被动发展阶段**   0~3岁年龄期间为行为的被动发展阶段。这一阶段主要依靠遗传和本能力量的驱使,以及无意识的模仿来发展行为。如随生长发育形成的多种动作、简单语言、基本情绪及部分社会行为等。

2. **主动发展阶段**   3~12岁年龄期间为主动发展阶段。这一阶段行为的发展带有明显的主动性和目的性。社会性开始加强,其兴趣逐渐离开游戏和幻想,转移到现实实践,希望做一些有用和有效的事情。儿童的依赖重心已从家庭转到学校、少年组织等社会机构方面。这一时期对本能冲动行为的克制能力迅速提高。

3. **自主发展阶段**   12岁至成年期为自主发展阶段。在这一时期随着生理的成熟,自我意识的增强,自我移情体验得到发展,情绪表现出强烈性和不稳定性,易产生情绪障碍并导致行为的不稳定。同时,这一阶段人们通过对自己、他人、环境和社会的综合认识,开始调整自己的行为发展。

4. **完善巩固阶段**   成年以后,人的行为定式已经形成,行为发展主要体现在巩固、完善、适当调整几个方面。

尽管人类行为的发展按一定模式进行,但在个体行为的发展过程中存在着个体差异和发展的不平衡性。即同一个体在不同阶段行为发展速度不同,而不同个体即使处在同一发展阶段的发展程度也因人而异。

（三）人生三阶段

世界卫生组织西太区于1995年将人的生命过程分为三个阶段,即人生准备阶段(preparation for life)、人生保护阶段(protection of life)和晚年生活质量阶段(quality of life in later years),并提出应根据各阶段的健康需求来确定健康目标、任务和策略。

1. **人生准备阶段**   从胎儿到18~20岁。该时期的特点为机体发育、心理发展和社会化过程都很迅速,生理和心理都较稚嫩而脆弱。此期可分为围生期、婴幼儿期、儿童期、青少年期。

围生期健康教育的主要对象为新生儿的父母。通过对父母的健康教育实现优生优育,减少妊娠和分娩风险,降低婴儿发病率和死亡率,正确母乳喂养等。

婴幼儿期健康教育的主要对象包括孩子父母、托幼机构领导和工作人员。帮助其掌握母乳喂养和正确添加辅食的知识和方法;促进婴儿感觉、语言和动作发育,初步形成信任感;了解免疫接种、常见病和传染病预防知识;教给孩子最基本的生理卫生知识、培养孩子的个人卫生习惯等。

儿童期健康教育的对象包括儿童、其父母、学校领导和教师等。该时期应增加孩子的卫生知识、培养和巩固一般卫生习惯;帮助养成有利于孩子身心发育发展的行为与生活方式;预防和矫治常见病,防止意外伤害;形成初步的道德判断,促进抽象思维和逻辑思维。

青少年期健康教育的主要对象包括孩子、其父母、学校领导和教师、社区有关领导和成员等。此期的健康教育是整个健康教育工作的重点。核心任务为进一步促进孩子身心健康地发育发展。重点帮助其较为系统地掌握基本的生理、心理卫生知识(尤其是性生理和性心理知识)和预防疾病与意外伤害的知识,以及相关的基本技能;帮助养成有利健康的行为与生活方式,防治不良行为倾向,远离烟草、酒精和毒品;促进理解和掌握社会道德原则的实质,协助培养远大的理想、坚定的信念、坚强的意志和团队精神,促成完整的人格等。

2. **人生保护阶段**　自成年开始至老年之前,尤以中年人(35~60岁)为重点对象。中年人在身心两方面都相当成熟、稳定。中年人是社会的栋梁和财富的主要创造者,工作和家庭负担重,承受着各种紧张刺激与压力,暴露于各种疾病危险因素的机会较多。出现在老年时期的许多慢性疾病往往在中年时期即已开始发展。因此中年期保健是保护生命的重要环节。在此阶段,健康教育主要针对中年人的常见病和老年期慢性疾病的行为危险因素、与职业有关的行为危险因素,多层次、多方面、多种途径地开展工作,达到保护劳动生产力、提高人们健康水平和生活质量的目的。在此阶段应注重妇女健康教育,在承担社会工作角色的同时,妇女在人类生育和哺育下一代方面承担更多责任。

健康教育的对象不仅仅是作为个体的中年人自己,而且包括有关的社会领导、工作单位领导、社区领袖、社会服务机构人员、非政府组织人员、家庭和社区的其他成员等。健康教育的各种策略、措施和方法应该在社区层次上得到整合。

3. **晚年生活质量阶段**　晚年指的是65岁以上老年人的生活阶段。健康教育的对象包括老年人和社会各界的有关人员。老年阶段各种慢性疾病相继出现,造成身心痛苦,而且社会角色和地位的变换也往往带来许多心理问题。这一阶段的健康教育即应针对老年人日常生活保健、心理调适、体育活动与休闲、临终关怀等开展工作。

三、行为与健康的关系

(一)行为与健康存在相关性

人的行为既是健康状态的反映同时又对人的健康产生巨大的影响。行为与健康的关系已经被大量事实所证实,影响健康的行为多种多样。这是因为:①大量的流行病学研究证实人类的行为、生活方式与绝大多数慢性非传染性疾病关系极为密切,改善行为可以预防这些疾病的发生并有利于疾病的治疗;②感染性疾病、意外伤害和职业危害的预防、控制也与人们的行为密切相关;③有益的卫生服务技术需要人们采取行动去利用,如疫苗有效,但其实际效果还取决于人们是否有效地去利用疫苗。世界卫生组织早在1992年估计,全球60%的死亡主要归因于不良行为和生活方式。我国学者发现,2010年我国归因于不合理膳食、吸烟、饮酒和身体活动的疾病负担已超过总负担的1/3(33.7%)。2019年WHO公布了全球十大健康威胁,非传染性疾病位居第二,此类疾病的增加是由五个主要风险因素驱动的,分别为烟草使用、缺乏身体活动、有害使用酒精、不健康的饮食和空气污染。进一步分析影响健康的因素间关系,可见行为与生活方式因素往往作为环境因素、卫生保健因素与人类生物学因素之间的中介而发挥作用,行为与生活方式因素最活跃,也相对容易使之发生变化,针对性干预活动的耗费也较低。因此,基于行为与生活方式因素同疾病发生发展的关系和它的易干预性,采取措施改善服务对象的健康相关行为,无疑是开展健康管理的有效手段。

(二)行为影响健康的途径

行为因素可以通过影响环境因素间接地影响健康,也可以通过控制自己尽量不暴露于环境的危险因素直接影响健康。

1. **个人行为对自身或他人健康直接产生影响**　主要通过心理和物质两方面实现。心理方面是指在完成行为过程中,行为本身造成的心理负荷超载以及行为未达目标的心理挫折等造成的不利健康影响。行为影响健康的物质方面主要是指通过行为摄入不利健康的物质,如吸烟、酗酒、摄入动物脂肪过多等。也有因行为方式本身不健康的原因,例如缺少身体活动。个人的行为也是构成他人心理社会环境的重要成分,因而个人的行为通过社会和心理感知,对他人的心理情绪和社会特性产生影响。

2. **行为对健康间接产生影响**　个人行为也会给环境带来污染,这些有害物质可对人体健康造成较大影响。行为的社会影响主要包括群体行为构成的社会风尚、风俗习惯、社会精神面貌等,这些既是群体健康的表现,又会进一步影响个人健康。

第二节　健康相关行为

人类个体和/或群体与周围环境互动后产生的行为反应,会直接或间接与个体本身的健康、疾病有关联,或与他人的健康、疾病有关联,这些对健康有影响的行为即为健康相关行为(health related behavior)。可分为促进健康行为和危害健康行为两大类。

一、促进健康行为

促进健康行为(health-promoted behavior)是个人或群体表现出的客观上有利于自身和他人健康的一组行为。

(一)促进健康行为的主要特点

1. **有利性**　即行为表现有益于个人、他人和整个社会。如适当的体育锻炼、安全性行为、开展绿色环保活动等。

2. **规律性**　即行为表现保持恒常的有序重复。如起居有常、饮食有节、定期预防接种、定期体检等。

3. **同一性**　即外在行为与内在心理活动协调一致。行为是人的情绪、动机、认知、信念等内心活动的外在表现,因此对于健康者来说,二者应是协调统一的,没有冲突或表里不一致的表现。其次表现在诸行为之间、行为与所处的环境之间也是协调一致的,无冲突产生。

4. **和谐性**　即个体行为表现既有自身固有特征,又能根据整体环境随时调整自身行为。一旦与环境发生冲突时,能求大同存小异,表现出良好的适应性和宽容性。

5. **适度性**　即行为(如语言表达、情绪情感、待人接物等)合乎理性,行为强度在常态水平及有利于健康的方向上,且无明显冲动表现。

(二)促进健康行为的分类

1. **日常健康行为**　指日常生活中一系列有益于健康的基本行为。如合理营养、充足的睡眠、积极休息、适量运动等。

2. **预警行为**　指预防事故发生和事故发生以后正确处置的行为。如使用安全带,溺水、车祸、火灾等意外事故发生后的自救和他救。

3. **合理利用卫生服务**　指正确、合理地利用卫生保健服务,以维护自身身心健康的行为。如定期体检、接受预防接种、有病主动求医、积极配合医疗护理、遵循医嘱等。

4. **避开环境危险行为**　指主动以积极或消极的方式避开导致健康损伤的环境和事件。环境危害广义来讲包括人们生活和工作的自然环境与心理社会环境中对健康有害的各种因素。如远离噪声环境、积极应对那些引起人们心理紧张焦虑的生活事件等。

5. **戒除不良嗜好行为**　指的是改变危害健康的行为,不良嗜好指日常生活中对健康有危害的个人偏好,如吸烟、酗酒、滥用药品等。戒烟、戒酒、戒毒、戒赌等就属于这类健康行为。

二、危害健康行为

危害健康行为(health-risky behavior)是指个体或群体表现出的行为方式对个人、他人和整个社会的健康有直接或间接的危害性的行为。

(一)危害健康行为的主要特点

1. **危害性**　行为对人、对己、对社会健康有直接或间接的、明显或潜在的危害作用。

2. **明显性和稳定性**　行为非偶然发生,对健康的损害有一定作用强度和持续时间。

3. **习得性**　是个体在后天生活经历中学会的。

（二）危害健康行为的分类

1. 不良生活方式 日常生活和职业活动中的行为习惯及其特征称为生活方式。不良生活方式是一组习以为常的、对健康有害的行为习惯，如饮食过度、偏食挑食、不良进食习惯、缺乏运动、吸烟、酗酒、高盐高脂饮食等。不良的生活方式与肥胖病、糖尿病、心血管疾病、早衰、癌症等疾病的发生关系密切。美国加利福尼亚州人口实验室用前瞻性的方法研究生活方式与个人行为因素与寿命的关系，经过 15 年的观察，得出如下结论：45 岁以上的个体坚持做到不吸烟、少量或不饮酒、经常锻炼、每天睡眠 7~8 小时、保持合理体重、吃半咸的早餐、不吃零食者，比只能做到 2 至 3 项者至少能增寿 11~15 年。除遗传因素外，年轻人吸烟、体重超标、胆固醇摄入增加、运动不足、精神紧张等不良方式都与发病密切相关，不良生活方式导致心脑血管疾病"年轻化"。

2. 致病性行为模式 致病性行为模式是导致特异性疾病发生的行为模式。国内外研究较多的是 A 型行为模式和 C 型行为模式。

（1）A 型行为模式（type A behavioral pattern，TABP）：是一种与冠心病密切相关的行为模式，又称"冠心病易发性行为"。其主要表现是：雄心勃勃，争强好胜，富有竞争性和进取心；对自己寄予极大的期望，苛求自己达到目标；工作十分投入，有时间紧迫感；情绪易激动，恼火，不耐烦和充满敌意，好发脾气，生气时易向外界发泄。A 型行为者由于一系列的紧张积累，极易导致心血管疾病，甚至可随时发生心肌梗死而猝死。有统计表明，85% 的心血管疾病与 A 型行为有关。尸体解剖检验证明，A 型行为者心脏冠状动脉硬化发生率，要比 B 型行为者高 5 倍。改变 A 型行为能够有效地预防冠心病、高血压等疾病。生活紧张、工作量大、脾气急躁的人易形成 A 型行为。转变竞争好胜的心理，适当减少工作量，劳逸结合都可以缓解 A 型行为者心理上和生理上的过度紧张与压力，从而预防疾病的发生。

（2）C 型行为模式（type C behavioral pattern，TCBP）：是一种与肿瘤发生有关的行为模式，又称"肿瘤易发性行为"。其主要表现是：过度克制情绪，强行压抑自身的愤怒、悲伤等恶性情绪，不让其发泄。研究发现，C 型行为者肿瘤发生率比一般人高 3 倍以上，并促进癌的转移，使癌症病情恶化。国内外专家对宫颈癌、胃癌、肝癌等常见的癌症病人的调查发现，约 40%~80% 的癌症病人有抑郁型气质。C 型行为的提出对癌症的预防、治疗，对人行为的规范，均有重大意义。表达愤怒的情绪、寻找情绪发泄的方法、积极参与社会活动、接受他人协助等有助于改变 C 型行为。

3. 不良疾病行为 疾病行为指个体从感知到疾病康复全过程所表现出来的一系列行为。不良疾病行为可能发生在上述过程的任何阶段，常见的行为表现形式有：疑病、讳疾忌医、不及时就诊、不遵从医嘱、迷信，乃至自暴自弃等。

4. 违规行为 违规行为是指违反社会法律、道德的危害健康行为。如吸毒、性乱。这些行为既直接危害行为者个人健康，又严重影响社会健康与正常的社会秩序。

第三节 健康相关行为理论

理论模型就是在特定场景或背景下基于多种理论而形成的问题处理或应对方式，在实际工作中，有时模型又被称作为理论框架或概念框架。世界上任何事物都是互相关联，影响行为的因素极其复杂，没有理论假设的变量堆积和相关分析很难解释其内在规律，只有在理论指导下制定的健康促进策略和措施才会变现出应有的实效。

随着近几十年行为科学理论的发展，涉及健康相关行为的发生、发展动力、转变过程及内外影响因素作用机制的理论很多，从不同层次和角度解释、预测并指导健康教育工作的实施。健康相关行为理论帮助专业人员开展行为生活方式管理，可以指导理解健康行为中的"为什么"，帮助明确目标人群的特点、所处的场所、所拥有的资源、所受到的制约因素等，提示设计出针对目标人群的干预策略和措施，更好地评估干预策略措施的有效性，准确识别需要测量的指标和变量，以便更为精准地评估行为干预的成效。

目前将国内外常用的健康相关行为理论一般分为三个层次：

1. 应用于个体水平的理论。主要针对对象个体在行为改变中的心理活动来解释、预测健康相关行为并指导健康教育活动。如知-信-行模式、健康信念模式、行为阶段改变模式以及理性行为与计划理论等。

2. 应用于人际水平的理论。如社会认知理论、社会网络和支持、紧张和应对互动模型等。

3. 应用于群体和社区水平的理论。如创新扩散理论、社区与社区建设理论、组织改变理论等。

在实践中，任何一种理论都不可能适用于所有情况，每种理论框架都有其适用特点、应用范围、优点与局限，因此，在应用过程中要具体问题具体分析，针对不同对象、不同行为危险因素、不同背景条件，创造性地综合运用理论来指导实际工作。本节重点对常见的几种理论进行介绍。

一、知-信-行模式

（一）知-信-行模式的基本内容

知-信-行（knowledge-attitude-belief-practice，KABP），是知识、信念和行为的简称。"知"是知识与信息，"信"是正确的信念和积极态度。"行"是指行动。这一理论认为，健康保健知识和信息是建立积极、正确的信念与态度，进而改变健康相关行为的基础，而信念和态度则是行为改变的动力。只有当人们了解了有关的健康知识，建立起积极、正确的信念与态度，才有可能主动地形成有益于健康的行为，转变危害健康的行为。该模式直观地将人们行为的改变分为获取知识、产生信念及形成行为3个连续过程。可表达为：知-信-行。

该理论模式认为行为的改变有两个关键步骤：树立信念和改变态度。例如，吸烟作为个体的一种危害健康的行为已存在多年，并形成了一定的行为定式。要改变吸烟行为，使吸烟者戒烟，首先需要使吸烟者了解吸烟对健康的危害，戒烟的益处，以及如何戒烟的知识，这是"知"，是吸烟者戒烟的基础。具备了知识，吸烟者才会进一步形成吸烟有害健康的信念，对戒烟持积极态度，并相信自己有能力戒烟，这是"信"，标志着吸烟者有动力去采取行动。在知识学习、信念形成和态度转变的情况下，吸烟者才有可能最终放弃吸烟，这是"行"，标志着实现危险行为的改变。

行为改变是目标，为达到行为转变，必须以知识作为基础，信念作为动力。知识是行为转变的必要条件，但不是充分的条件，只有对知识进行积极的思考，对自己的健康有强烈的责任感，就可逐步形成信念。当知识上升为信念，就有可能采取积极的态度去改变行为，转变态度是转变行为的前奏，要转变行为必先转变态度。

影响态度转变的因素有：①信息的权威性。权威的信息号召力大、说服力强。信息的可信性和说服力越强，态度转变可能性越大。②"恐惧"因素。恐惧使人感到事态的严重性，但需注意恐惧因素若使用不当，有时会引起极端反应或逆反心理。③行为效果和效益。这是很有吸引力的因素，不仅有利于强化自身的行为，同时能促使信心不足者态度的转变。在促使人们健康行为的形成、改变危害健康行为的实践中，常可遇见"知而不行"的情况，表现为难以割舍个人的爱好，缺乏持之以恒的决心，担心转变某行为会危及他们的社会关系，担心转变行为的意义不大或存在侥幸心理。只有全面掌握知、信、行转变的复杂过程，才能及时、有效地消除或减弱不利影响，促进形成有利环境，进而达到转变行为的目的。

（二）知-信-行模式的局限性

要使知识转化为行为改变，是一个漫长而复杂的过程，有很多因素可能影响知识到行为的顺利转化，任何一个因素都有可能导致行为形成/改变的失效。知识、信念与态度、行为之间只存在着因果联系，并不存在三者间的必然性。常见有知识与行为不一致的情况，即"认知不协调"。

知-信-行模式直观明了,应用广泛,但在知-信-行模式中缺少对对象需求(需要)、行为条件和行为场景的考虑,在实际工作中知-信-行模式难以对对象的行为及其影响因素进行深入的分析,对行为干预的作用比较有限。

二、健康信念模式

(一)健康信念模式的基本内容

健康信念模式(health belief model,HBM)于1858年由Hochbaum提出,后经Becher、Rosenstock等社会心理学家的修订逐步完善,早期用来解释人们的预防保健行为的理论模式,后来逐渐被用于研究人们对症状和已诊断疾病的反应行为,尤其是对治疗方案的遵从行为。它强调感知在行为决策中的重要性,认为健康信念是人们采纳健康行为的基础和动因。了解健康信念模式,需要了解其主要的概念构件。

1. **感知到威胁**　即对疾病威胁的感知,包括感知到易感性和严重性。

(1)感知到易感性:是指个体对自身患病可能性的判断。人们越是感到自己患某疾病的可能性大,越有可能采取行动避免该疾病的发生。

(2)感知到严重性:对疾病后果的感知,包括疾病对躯体健康的不良影响和疾病引起的心理、社会后果,如体力、形象、工作、生活和社交等方面的影响。个体如果认为某病后果严重,则更有可能采取行动防止疾病的发生、发展。人们对容易发生的、严重的疾病往往更加重视,注意预防。

2. **感知到行为益处和障碍**　是个体对采纳或放弃某种行为能带来的益处和障碍的主观判断,即对健康行动的利弊比较。

(1)感知到益处:健康行为的益处是指它对健康状况的改善及由此带来的其他好处,例如能否有效降低患病危险性或缓解病情、减少疾病的不良社会影响,以及行为实施过程中的积极情绪体验。

(2)感知到障碍:行为的障碍因素则指采纳行为所付出的代价,包括有形代价和无形的付出或牺牲,例如劳累、开支增加、随意支配时间减少等。

3. **行动线索**　行动线索也称为行动动因或提示因素,指的是激发或唤起行为者采取行动的"导火索"或"扳机",是健康行为发生的决定因素,如医生建议采纳健康行为、家人或朋友患有此种疾病等都有可能作为提示因素诱发个体采纳健康行为。

4. **自我效能**　指个体对自己有能力执行某一特定行为并达到预期结果的自信心,是个体对自己控制内、外因素而成功采纳健康行为的能力的评价和判断,以及取得期望结果的信念。

5. **其他相关因素**　健康行为是否发生还受社会人口学因素影响,包括个体的社会、生理学特征,如年龄、性别、民族、人格特点、社会阶层、同伴影响以及个体所具有的疾病与健康知识。

(二)健康信念模式的基本框架

上述五类因素构成了健康信念模式的主要概念构件。其中,对疾病威胁的感知、对行为益处和障碍的感知,以及自我效能属于直接影响健康行为的信念,社会人口学因素和行为线索则通过影响个人健康信念而对健康行为发生影响。其基本框架见图2-1。

(三)健康信念模式的应用与实践

健康信念模式强调人的主观意志对健康行为的形成和维持起着决定性的影响作用,而人的主观意志又毫无疑问的是人体内、外环境各种刺激综合作用的结果。因此,无论是群体还是个体,皆可通过以下的运作过程,促进和推动健康行为的形成。

1. **提高人们对疾病威胁的认知**　提高人们对疾病威胁的认知是健康干预的第一步,帮助干预对象认清疾病的威胁,唤起他们的防病意识,是行为改变的关键步骤,也是人们自觉采纳和维持健康行为的前提条件。

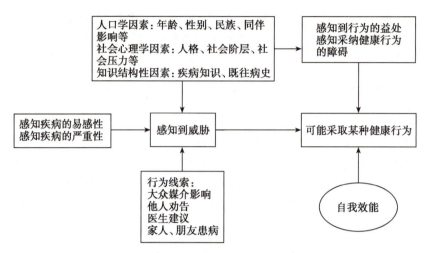

图 2-1   健康信念模式的基本框架

2. **帮助人们树立正确的健康观和价值观**   人们是否采纳一种新的行为方式,受其对该行为的益处和障碍的感知,即通过权衡实施行为的益处和障碍来决定的。这个过程除了受客观存在的健康行为益处与障碍影响外,还与个体的健康观、价值观紧密相关。

3. **帮助人们树立信心**   健康行为作为一种习得性行为,它的产生通常是以摈弃旧的行为习惯为代价。因此,对个体是一种艰巨的神经心理劳动过程。自我效能较高的人通常能够依靠自己的信念坚持健康行为,而自我效能较低者,其健康行为通常难以持久,容易出现倒退、反复,这时候需要外界给予恰当支持帮助其坚持健康行为。

4. **因人而异,提供符合目标人群需求的健康教育**   个体的性别、年龄、文化水平、所处的社会阶层、社会文化背景等诸多社会人口学因素不仅影响个体的健康观、价值观,也决定了个体对疾病威胁、健康行为益处和障碍的感知程度。因此,以建立干预对象正确健康信念为目的的健康教育活动,必须针对目标人群的社会人口学特点,以适当的方式传递他们所需要的信息。

5. **充分利用各种激发因素,促成健康行为发生**   人的惰性使得有了动机或意图也不一定发生行为,如果不是深切感受到疾病的威胁,很多人依然会对预防控制疾病的健康行为持观望态度,不愿意改变惯常的行为生活方式。此时,具有权威性的大众传播媒介的宣传、医生的建议、周围熟人的患病等,皆有可能成为人们摒弃不健康行为、采取健康行为的最终导火线和激发因素。因此,健康教育和健康促进是一个系统工程,需要动员一切社会资源共同营造有利于健康行为生活方式的大环境。

虽然上述对健康信念模式的运作程序是以健康信念模式为线索,但并不意味着行为的改变就一定遵循上述程序。

(四)健康信念模式的局限性

人的行为复杂多变,不仅受到自身各种心理因素的影响,也受到诸多社会因素影响,尽管健康信念模式一直是公共卫生领域研究健康教育和行为干预的主流理论框架,其实用性和可操作性已通过大量实证研究得到肯定,但仍具有其局限性。主要体现在以下几个方面:①模型没有明确指出各变量之间的关系,变量的组合没有明确的规则,模型对行为的平均预测能力偏低;②模型的效度与信度检验较为困难;③强调病人的感知,有可能违背一些必要的隐私保密原则;④过多强调健康信念的作用,没有考虑其他如社会道德准则、文化因素、既往经历等可能影响行为的因素。

三、行为转变阶段模式

行为转变阶段模式(stages of change model,SCM)由 Prochaska 和 DiClemente 在 20 世纪 80 年

代初提出,最初开始于吸烟行为的干预研究,以后便涉及更广泛的领域,包括酗酒和其他物质滥用、饮食行为、久坐生活方式、艾滋病预防、遵从医嘱、非计划妊娠干预等行为问题的研究,对疾病行为及有关病症的研究也获得了令人满意的效果。该模式的特点是将行为变化解释为一个连续的、动态的、逐步推进的过程。目前,这一理论在国际学术界得到了普遍认可和广泛的应用,并且实践证明具有良好的效果。随着 SCM 的发展,由于它整合了若干个行为干预模型的基本原则和方法,该模型逐渐演变为跨理论模型(transtheoretical model , TTM)。由行为变化阶段及对其产生影响的决策权衡、行为改变过程和自我效能四个概念构件组成。

（一）行为变化阶段

行为变化一般分为五个阶段,对于成瘾性行为来说还有第六个阶段。

1. **无意向期**　在这一阶段,人们没有改变行为的意向,测量时通常指在未来 6 个月。人们之所以处于这一阶段是因为他们不了解行为的结果或感知麻木,或已试图多次改变行为,但最终失败而心灰意冷。这些人属于无动机群体,他们常会提出一些理由来对行为干预进行抵触,没有考虑改变自己的行为,或者是有意坚持不改变。他们或者不知道目前行为的后果,或者觉得浪费时间,或者认为没有能力来改变等,他们也不打算参加健康促进或防治项目。

2. **意向期**　处于这一阶段的人们打算改变行为,但却一直无任何行动和准备行动的迹象,测量时通常指在未来 6 个月。这时候人们已经考虑对某些特定行为作出改变。他们已经意识到改变行为可能带来的益处,但是也十分清楚所要花的代价,在收益和成本之间的权衡处于一种矛盾的心态。在此阶段停滞的时间可能不会很长。也被称为慢性打算或行为拖延的阶段。

以上两个阶段合称为准备前阶段。

3. **准备期**　处于这一阶段的人们倾向于在近期采取行动,测量时通常指在未来 1 个月内,人们承诺作出改变,并且开始有所行动,有的在过去一年里已经有所行动,如制订行动计划、学习健康教育课程、购买有关资料、寻求咨询、摸索自我改变方法等。

4. **行动期**　处于这一阶段的人们在过去(测量时通常指在过去 6 个月内)已经作出了行为改变。因为行为是可以观察到的,行为改变往往等同于行动。但是在该模式中,行动仅是六个阶段中的一个阶段,并不是所有的行动都可以看成行为的改变。人们的行为改变需要达到科学家或公共卫生专业人员认可的可减少疾病风险的程度。

5. **维持期**　处于这一阶段的人们保持已改变了的行为状态已经 6 个月以上,达到了预期的健康目标。在这个阶段应当预防反复,使人们对行为改变更有自信心。如果人们经不住诱惑和没有足够的信心和毅力,他们就可能返回到原来的行为状态,称为复返。复返的常见原因是过分自信、经不起引诱、精神或情绪困扰、自暴自弃导致。

6. **终止**　在某些行为,特别是成瘾性行为中可能有这个阶段。在这个阶段,人们不再受到诱惑,对这种行为改变的维持有高度的自信心。尽管他们可能会有沮丧、焦虑、无聊、孤独、愤怒或紧张等体验,但他们都能坚持,确保不再回到过去的不健康的习惯上去。

行为改变阶段模式将行为改变分为不同阶段,但行为改变并不是单向线性的模式移动,而是以螺旋模式来改变。大多数人是由无意向期转变为意向期,再由意向期进入准备期,准备期后再转向行动期和维持期,但是有一部分人会出现复原的现象,即复原的行为成为另一个循环的起点。

（二）行为变化过程

行为变化过程是人们在改变行为的过程中进行的一系列心理活动变化过程,它帮助人们从不同的行为变化阶段过渡。人处在不同阶段,以及从一个阶段过渡到下一个阶段时,都会有不同的心理变化历程。为保证行为干预的有效性,健康教育者必须先了解目标人群的行为阶段分布,确定各阶段的需求,然后采取有针对性措施帮助他们进入下一阶段。在第1、2 阶段,应重点启发他们进行思考,认识到危险行为的危害、权衡改变行为带来的利弊,从而产生改变行为的意向、动机;在第 3 阶段,应促使他们作出自我决定,找到替代危险行为的健康行为;在第 4、5 阶段,应改变环境来消除或减少危险行为的诱惑,通过自我强化和学会信任来支持行为改变,如干预不理想或不成功,目标人群会停滞在某一行为阶段甚至倒退。

行为变化过程共有 10 个步骤和方法,它们对行为干预有着重要的指导作用(表 2-1)。

表 2-1　行为转变不同阶段的心理变化过程

	变化阶段				
	无意向期	意向期	准备期	行动期	维持期
变化过程		提高认识 情感唤起 环境再评价			
			自我再评价		
				自我解放 社会解放	
					反思习惯 强化管理 刺激控制 求助关系

1. **提高认识**　指发现和学习新事物、新思想、向支持健康行为方面努力等。
2. **情感唤起**　指缓解伴随不健康的行为而产生的负面情绪,如恐惧、焦虑、担心等。
3. **自我再评价**　指从认知和情感方面对自己有无某种不良习惯的自我形象差异进行评价,从而认识到行为改变的重要性。
4. **环境再评价**　指意识到自己周围的环境中,存在着不健康行为的负面影响或健康行为的正面影响,从认知和情感方面对自己不健康行为对社会环境产生的影响进行评价,也包括人们对他人所起到的好的或不好的角色示范的感知。
5. **自我解放**　指在建立行动信念的基础上作出要改变行为的承诺,是人们改变行为的信念和落实信念的许诺。
6. **求助关系**　指在健康行为的形成过程中,向社会支持网络寻求支持。家庭支持、同伴帮助、电话咨询等均为获得社会支持的有效手段。
7. **反思习惯**　指认识到不健康行为的危害,选择一种健康行为去取代它,学习用健康的行为替代不健康的行为。
8. **强化管理**　增加对健康行为的奖励,减少对不健康行为的奖励,适时地在一定的行为改变方向上提供结果强化。
9. **刺激控制**　消除不健康行为的促发剂,增加健康行为的促发剂。
10. **社会解放**　指意识到社会风尚的变化在支持健康行为中的作用。社会规范使所有人行为的变化向着有利于健康的方向发展。

(三)决策平衡

决策平衡反映出一个人对于行为改变后的利弊考量。一个人针对行为改变做抉择时,需要对行为改变带来的收益与可能付出的代价同时考虑并比较分析。在打算阶段,人们对行为改变的收益认知较高;从打算阶段到准备阶段,收益认知增加而代价认知则无差别。准备阶段与行动阶段相比,收益认知低而代价认知高。在个体采取行动前,收益和代价认知交替;如果收益大于代价认知,显示人们在准备行动。这样在前准备阶段,主要针对增加收益认知的干预,在准备阶段主要针对减少代价认知的干预。

（四）自我效能

自我效能反映一个人对自己执行新行为的信心，或者不会恢复旧行为的自信。在健康教育过程中，增强自我效能贯穿于行为的任何变化阶段，可以通过观摩学习、他人劝说、经验积累等途径得到增强。

（五）优点与不足

阶段变化理论改变传统的一次性行为事件干预模式为分阶段干预模式，并根据行为改变者的需求提供有针对性的行为支持技术，已成为临床和社区行为干预广泛应用的有效策略和方法，但这种模型仍然有其自身的限制。比如，对儿童和青少年的行为问题干预就很难取得好的效果，可能是因为在这个年龄阶段，人们有意识的行为改变才刚刚开始。另外，有些行为不一定能分为不同的阶段，如急性抑郁状态、心理压力、赌博和社会隔绝等，在这些行为研究中的应用受到限制。在什么样的文化和什么国家能够取得比较好的效果，也是应用中的重要问题。

该模型可以在个体层面上描述、解释和预测行为的改变。但是，在面对群体中的个体问题时，需考虑一些问题。例如，当使用同一个易于实施的方法去改变人群的行为，但这些人却处于不同的行为变化阶段，应当如何评价改变的影响。该模型的局限性体现在，只是针对个体行为本身进行教育，而没有注意到个体行为教育与群体社会环境教育的结合，对社会环境影响作用考虑较少；对个体行为变化只局限于描述性解释，而非原因性解释；较多地注意到行为的自然特征，而没有注意行为的社会文化特征；实践中各阶段间的划分和相互关系不易明确。

四、社会认知理论

社会认知理论（social cognitive theory, SCT）源于社会学习理论（social learning theory, SLT）。1986 年 Bandura 将他自 1960 年以来所使用的"社会学习理论"更名为"社会认知理论"。该理论以社会学习理论为基础，强调个人认知因素，以交互决定论为核心思想，理论内容丰富并且应用广泛。

（一）社会认知理论的主要内容

社会认知理论认为，个体的行为既不是单由内部因素驱动，也不是单由外部刺激控制，而是行为、个人的认知和其他内部因素、环境三者之间交互作用所决定的（图 2-2）。因此，社会认知理论又被称作"交互决定论"（reciprocal determinism）。

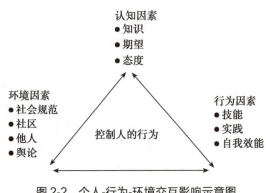

图 2-2　个人-行为-环境交互影响示意图

1. 交互作用　交互作用因素包括人的思想、情绪、期望、信念、自我知觉、目标和意向、生物学特性（如性别、种族、气质和遗传易感性）与人的行为等。环境和个人特性的双向作用表现为人的期望、信念和认知能力的形成和改变要受到环境中社会因素与物质因素的影响。环境和人的行为之间也有双向交互作用，人是其环境的产品和生产者。人的行为将会决定他们暴露于环境的方式，而行为又被环境改变。交互决定论认为人有能力影响自己的命运，同时也承认人们不是自己意愿的自由行动者。

2. 观察学习　社会认知理论对个体通过观察来学习，了解社会环境，进而形成行为作了系统说明。例如通过模仿过程可形成自己的行为。模仿学习可以在既没有示范也没有奖励的情况下发生，个体仅仅通过观察其他人的行为反应，就可以达到模仿学习的目的。健康教育可以通过榜样的示范作用，诱导人们建立有利健康的行为。

观察学习必需具有以下条件：第一，必须引起对象的注意，才能使其接受有关的外界刺激加以学习;第二,对象要将观察的行为保持在记忆中,以便在一定的情境中加以模仿;第三,对象需具有言语和动作能力,才能模仿一定的行为;第四,对象要有适当的动机,才会促进学习的效率;第五,应在实施正确行为之后加以强化。

3. **自我效能**   自我效能是社会认知理论的核心内容,它对行为的形成、改变至关重要。所谓自我效能是一种信念,即相信自己能在特定环境中恰当而有效地实施行为。自我效能以多种方式影响着人们的知觉、动机、行动及其效果,也影响环境。自我效能不是天生就有的,在行为实践中,在能力训练和强化刺激下,自我效能会逐渐增强。

4. **情绪**   情绪的控制也是行为形成和转变的重要因素。在行为形成和改变的过程中会出现一些情感性问题,例如害怕困难,行为改变带来的紧张、压力等。这种情感干扰因人而异,在不同的文化环境中有很大不同。因此健康教育者需要考虑如何帮助这样的对象控制自己的情绪。

5. **环境**   环境在人们健康行为的形成中有非常重要的作用。环境要通过人的主观意识(情境)起作用。当人们意识到环境提供了采取某类行为的机会时,人们可能克服障碍而形成该行为。如当工作场所禁止吸烟,为吸烟者提供了戒烟的促成环境。当人们没有察觉到环境提供的机会时,环境的影响力也会受到限制。人的认知活动对多种外部因素中的那些可以被观察到的有影响,并进而影响个体如何应对环境。环境也通常是个人和人际间行为互动的结果,典型表现为家庭成员间相互影响形成的习惯性行为,例如儿童的饮食行为与家长的饮食喜好、食物获得的容易程度有关。

6. **强化**   行为的强化有助于行为的巩固或中断。外部强化一般通过他人的反应或其他环境因素来实现。人们通过观察了解到周围的人对某些行为的正面或负面的反应,因而自己的行为受到强化。这些行为既可能是自己的行为,也可能是他人的行为。内部强化来自于个人的经验或自身的价值观,在内部强化中,结果预期和结果期望是重要成分。结果预期是通过在类似情境中的经验或观察其他人在该情境的情况,使人们相信这样做会达到某种预期的结果。结果期望,指对行为结果的价值判断,能进一步加强内部强化的作用。

(二)社会认知理论的应用

社会认知理论实用性很强,因为它不仅解释了个体行为改变的机制,也为设计影响行为改变的策略、措施提供了指导,所以在健康教育与健康促进项目的应用方面非常有吸引力。社会认知理论同时考虑了个体因素和环境因素对行为的影响,而且考虑了行为、个体和个体所处环境三者之间的交互作用,因此其指导健康教育与健康促进实践的重点主要放在社会环境对人的健康认知行为的影响,并积极营造良好的社会氛围,促进人们学习和保持自身的健康信念、健康行为,尽量减少人们互相之间的不良影响。主要采用方式包括提高自我效能改变健康相关行为以及以交互决定论为指导开展健康促进项目。

(三)社会认知理论的局限性

任何事物都具有双面性,同样社会认知理论也具有一些缺点或不足。第一,社会学习理论是以儿童为研究对象建立起来的,但他忽视了儿童自身的发展阶段会对观察学习产生影响;第二,社会认知理论中解释行为概念特别多,该理论的各个部分较分散,理论缺乏内在统一的理论框架,因此,很难在一个项目中将这些概念全部具体化;第三,基于社会认知理论设计的干预项目多是针对已经做好行为改变准备的人,因此针对对象较为片面;第四,强调了人的认知能力对行为的影响,但对人的内在动机、内心冲突、建构方式等因素没做解释。

五、组织改变理论

健康促进与健康教育的一个不同之处在于,健康促进不仅面向个体,还面向一个组织机构甚至整个社会。组织机构内个体对健康行为的选择,除因本人因素外,其所在组织机构的内部环境及外部社会环境的影响起到非常重要的作用。因此,对组织机构的改变可以显著影响组织机构内个体的改变。较为重要的有组织阶段改变理论、组织机构发展理论和组织机构间关系理论。

（一）组织阶段改变理论

1. 组织阶段改变理论 组织阶段改变理论（stage theory of organizational change，SCOT）解释了组织机构如何实现新目标、提出新观点、执行新项目和创造新技术。根据组织机构改变的阶段理论，一个组织机构实行某改革或采纳某种创新，需要遵循几个阶段，每一阶段将根据该阶段的特征以及组织机构外的社会环境因素来确定相应的策略。

Beyer 和 Trice 在 1978 提出了一个比较完善的现代组织机构改变阶段理论模型，该模型认为组织机构改变包括 7 个阶段：意识到组织机构的行为已经无法满足组织机构发展的需要、提出解决问题的策略和方法、评估各种策略和方法的可行性、进行决策、为组织机构改变制定政策或其他指导性策略、获取组织机构改变所必需的资源、全面实施组织机构改变、实现组织机构变化的制度化和可持续性。Kaluzny 和 Hernandez（1988）在 Beyer 和 Trice 的 7 个阶段模型基础上，将第 1~4 阶段合并，浓缩为包括发现问题（意识阶段）、发起行动（采纳阶段）、改变实施和改变制度化 4 个阶段的组织阶段改变理论。

2. 主要概念 主要概念有以下几个：

（1）发现问题：察觉和分析问题，寻求和评估解决方案。需要动员管理者和其他人员参与其中。

（2）发起行动：形成政策和执行方案，为开始改变配置资源。发起行动过程中要向管理者和实施人员提供过程咨询。

（3）改变实施：创新干预开始实施，组织成员的角色发生转变，项目开始产生效果。改变的实施中需要向组织成员提供培训、技术支出和解决问题的帮助。

（4）改变制度化：政策和项目在组织内得到巩固，新的目标和价值观在组织内部得到确立。成果巩固的过程中需要寻求积极支持者，开展相关工作以克服影响制度化的障碍，促进改变与组织机构运行机制的融合。

在理论的具体运用过程中，应注意对模型的不同阶段进行精确的定义，这样有助于针对不同阶段设计卓有成效的策略。在"制度化"阶段之后应存在更新的阶段，使已经建立的组织机构改变能适应组织机构发展的需要且不断地得到完善。另外，加强组织机构改变各阶段的影响因素研究对于保证组织机构改变的顺利进行显得非常重要。只有随着越来越多的与特定阶段密切相关的因素被识别，研究者和实践者才能更有把握地制定出有利于组织机构改变顺利推进的策略。

（二）组织机构发展理论

组织机构发展理论（organizational development theory，ODT）指基于组织结构和过程影响工作行动和动机的认知，这一理论关注对组织功能的影响而不是具体的变化，组织发展理论涉及识别组织存在问题和寻找改变的方法，通常需要问题诊断、计划行动、干预和评价过程。组织发展理论和阶段理论完全可以互补，将这两个理论模型结合起来再解决健康问题中具有很大潜力。

1. 组织发展理论的主要概念 主要概念有以下几个：

（1）组织发展：致力于提高组织工作绩效和质量的方法或途径。通过组织诊断，识别对组织成员产生正向或负向的影响因素，在此基础上加以干预。

（2）组织氛围：一个组织形成的群体氛围。组织氛围是组织成员对组织环境各方面的认知，会影响集体行为、工作动机和工作满意度，还能预测服务质量和结果。

（3）组织文化：是组织在长期发展过程中形成的具有自身特色的群体意识和行为规范，包括组织成员共有的价值观、准则和行为。其要素包括愿景、使命、价值观、行为规范、行为模式。组织文化与组织氛围密切相关，组织文化形成缓慢，更加复杂，稳定和不易改变。

在健康教育与健康促进的实际工作中，有必要评估组织的氛围和文化，通过对组织更深入的了解来计划干预活动。

（4）组织能力：指一个组织及其子系统的运作功能，包括资源获得、组织结构的维持、行动或活动、成效的实现等4种要素。

（5）行动研究：促进组织改善的四个阶段：诊断、行动计划、干预和评估，根据组织诊断结果，开发和实施变革方案。

（6）组织发展干预：有助于改善组织的具体方法。

2. 组织发展的过程　组织机构发展理论的典型运用是过程咨询，即通过外部咨询专家帮助确定组织机构存在的问题，并促进组织机构改变策略的确定。行动研究是常用的组织机构发展措施，通过行动研究可以帮助组织机构顺利完成改变过程，包括诊断、行动计划、干预和评价四个步骤。

（1）诊断：通过诊断帮助组织机构识别阻碍其有效运作的问题，挖掘其内在原因。通常由外部咨询专家进行。常用的诊断方法包括对相关知情人的非正式访谈、对所有组织机构成员的正式调查、评价机构管理者与机构成员之间的文化差距。诊断阶段需要分析的内容包括：组织机构任务、目标、政策、结构和技术，组织氛围和文化，环境因素，预期产出和行动准备情况。

（2）行动计划：在组织机构诊断之后，针对所识别的问题制订干预策略或措施。可遵循以下几个步骤：第一步，根据诊断出的问题识别所有可能采取的干预策略或措施；第二步，基于以下三个因素采取适宜的干预策略或措施，即：组织机构采纳所推荐策略的准备程度，如何和在哪里实施组织机构内干预，执行人员实施干预措施的技能。从本质上来说，组织机构应参与到行动计划过程中，以判定不同组织机构改变策略实施的可行性，同时也增强了他们对所选择行动的责任感。

（3）干预：在实施组织机构发展干预时，应对干预过程进行监测，并获得利益相关者的承诺。在所有这些干预中，外部咨询专家非常重要，他们帮助组织机构成员确定影响组织机构产生预期改变的阻碍，并帮助组织机构成员克服这些阻碍。

（4）评价：用以估计组织机构是否发生预期改变。评价的手段可以是追踪组织机构实施干预的过程，也可以是保存和查问反映干预对组织机构产生影响的档案，以及是否开展额外工作的档案。评价的目的是使组织机构改变能够继续向下一个阶段顺利推进，并判断是否需要做进一步的改变。

（三）组织机构间关系理论

前面介绍的组织阶段改变理论和组织机构发展理论，主要关注的是一个组织机构本身的改变，属于组织机构内改变理论。随着社会、政治、经济因素的复杂化以及各种竞争的日益加剧，人类所面临的各种问题已不仅仅涉及一个部门或组织机构，越来越多的组织机构牵涉其中，因此，亟需各个组织机构之间通过加强联系来适应形势的发展，如基层社区组织机构联合开展慢性病管理工作、医院形成联合体以减少竞争和增强对技术快速创新的应对能力。组织机构间关系理论（interorganizational relations theory，IORT）即是着重研究多个组织机构如何共同协作的一种组织机构理论，现代组织机构间关系理论是基于组织机构改变阶段理论和组织机构发展理论发展而成。针对日益复杂的社会、卫生、政治、经济问题，开展组织机构间的协同合作将更能有效地解决问题。尽管组织机构间关系理论的初始发展与公共卫生无关，但它将有助于公共卫生专业工作人员加强理解社区动员和多部门合作，从而能够确定应该协同哪些部门来共同应对公共卫生问题或事件，如突发事件的应急预警、烟草控制等。

1. 主要的组织间关系模型　主要介绍阶段性模型和社区联盟行动理论。

（1）阶段性模型：1993年，Alter 和 Hage 提出了组织网络发展的三个阶段模型。这是一个从非正式协作到正式协作的连续构建过程：①交换式或合约式网络阶段，此阶段各组织机构联合松散，主要是进行资源交换和参与少数协作活动，通过在各个组织机构间进行协调和任务整合的个人来维持；②行动或促进性网络阶段，此时各组织机构对资源进行统筹共享，采取一致的行动；

③系统化网络阶段,此阶段各组织机构形成正式的长期的联盟,以保证在生产或服务上的密切合作。

（2）社区联盟行动理论:2002 年 Butterfoss 和 Kegler 提出的社区联盟行动理论是目前较为常用的理论模型。主要描述了联盟新城、运作和制度化的发展规律,以及增强社区能力并促进社区变化,从而改善社区健康的要点。

2. 组织机构间关系理论的运用　组织机构间关系理论可用于指导组织机构间关系的建立,进行社会动员和倡导,发展多部门合作和社区联盟,在公共卫生领域和健康促进工作领城具有极大的应用空间。然而,由于组织机构间关系理论本身尚有待进一步完善,在运用时应注意以下几点:

（1）根据工作目的选择组织机构间关系的模型和类别。现有研究提供了众多组织机构间关系模型,其发展又各自受到不同因素的影响,依据不同的模型所建立的组织机构间关系,其结构、运作过程和效果也各有差异。

（2）了解和研究影响组织机构间关系不同发展阶段的因素。在实际工作中,需要依据各组织机构实际所处环境确定可能的影响,并进行干预技术的调整。

（3）选择适当的效果评价方法和指标。效果的评价是与预期目标相对应,并针对组织机构间关系效果的测量和评价。可从四个方面进行:①实现预期目标的程度;②所需资源获取程度;③是否建立有序的内部运作机制;④各组织机构的满意度。在实际运用中,根据建立组织机构间关系的目的以及运作过程,选择相应的定量、定性方法进行追踪和评估。

六、生态学模型

（一）生态学模型的主要特征

在行为科学和公共卫生领域,生态学观点主要强调环境对人类行为的影响。以此观点为中心概念,衍生了多种行为生态学理论、模型和框架。生态学模型（ecological model）为了解健康的决定因素提供了多层面的证据,从而促进全社会健康水平的提高。来自各层面的环境因素往往同时作用于个体或群体的行为。但这些因素的作用结果并不是单个因素或单个层面作用的简单相加。环境因素间存在着复杂的、动态的相互作用。例如,烟草公司通过公共传媒（电视或电影中的吸烟镜头）等方式美化吸烟者的形象,对青少年尝试吸烟有重要的促进作用。这是一种来自环境中宏观系统的影响。然而,这种影响对青少年个体吸烟行为的影响绝不等同。有的青少年家里没有人吸烟,全家人对吸烟的态度都是坚决反对的。与此同时,父母还以合理的方式引导孩子不要吸烟,这样微小系统的正面影响可以在很大程度上抵御宏观系统的负面影响,在这种情况下,青少年吸烟的可能性比较小。相反,若青少年的家里有许多烟民,家长还经常在孩子面前吞云吐雾,摆出一副享受的神情,这种家庭环境就进一步强化了公共媒体中的吸烟镜头对青少年吸烟行为的影响,从而使青少年吸烟的可能性大大增加。在上述例子中,宏观系统（媒体/社会）和微小系统（家庭/人际）相互作用共同决定了青少年的吸烟行为。

（二）运用生态学模型的原则

生态学模型的流行得益于人类对环境的不断探索和对行为了解的不断加深。没有人生活在真空之中,单纯强调内在因素（心理、认知和意识）,忽略复杂的物质和社会环境显然是不合适的。以下几点原则既是对生态学模型要点的归纳,又是对生态学模型在实际运用中的指导和建议,具体包括:

1. 环境因素的多层性　行为是受环境中多因素支配的。这些因素分布在环境中的不同层次,例如人际、社区、社会等。这些因素不是独立的、静止的,它们是在动态中相互作用、相互依存的。它们可以在同一时间影响某一行为,但影响的大小和方向是不同的。在生态学模型的实际运用过程中,应充分考虑到影响健康行为的所有重要因素间的相互作用关系。

2. **环境因素的多维性**　影响行为的环境因素不但存在于环境中的不同层面,还存在于环境中的不同方面。大的环境方面主要包括物质环境和社会环境,有些学者还将经济环境和政策环境单独列为两种环境方面。在这些不同的方面中,各环境因素又从不同维度影响个人的行为。应在实验设计过程中对环境中各重要变量的不同方面进行全面的、准确的测量和控制。

3. **生态学模型的具体性**　生态学模型强调的是一种研究方法,这种研究方法代表的生态学模型并不是唯一的。在实践中一定要考虑到模型的具体性。这里有两个方面需要注意,行为和环境的具体性。即环境因素设计的生态学模型是针对某个具体行为的,对其他行为并无太大意义。同一种行为在不同的环境下也会受到不同影响。

4. **多层次的干预**　生态学模型的一个重要假设是,建立在环境中多层面上的干预会比单层面上的干预有效得多。然而在实践中,多层面的干预是很难实现的。制约多层面干预实现的一个很大障碍就是改变大环境的困难性。为了充分地利用生态学模型的优势,弥补其在短时间内难以被运用的不足,我们提倡多学科、多部门、多项目间的合作。

5. **生态学模型和其他模型的共同使用**　生态学模型是一个宏观模型,强调的是一种思维方式,而不是某个具体变量。在设计健康促进的干预性实验时,可以考虑运用生态学模型作为大体框架,同时结合使用其他微观的、具体的行为理论。

（马海燕）

 思考题

1. 人类行为的社会性以及发展规律对实施行为干预有什么启示?
2. 促进健康行为和危害健康行为各有何特点?
3. 健康相关行为理论对指导行为干预有何作用?
4. 各健康相关行为理论之间是否存在联系?有哪些联系?

| 第三章 | 健康相关行为干预技术

 本章要点

1. **掌握** 各种行为疗法的概念和方法;团体健康教育的概念与实施步骤;同伴教育的实施步骤;四种常见危害健康行为干预技术的干预策略。

2. **熟悉** 团体心理治疗的概念和方法;同伴教育的概念;吸烟成瘾、过量饮酒和不健康饮食的影响因素;四种常见危害健康行为干预技术的干预步骤。

3. **了解** 行为干预技术相关概念和行为干预策略;公共健康领域的行为干预方法;常用的健康教育教学方法;参与式教学法;同伴教育的分类;四种常见危害健康行为干预技术的流行现状与危害;吸烟和过量饮酒的干预方法。

健康相关行为的发生发展受到多个水平因素的影响,包括个体的内部因素、社会文化因素、公共政策因素、物理环境因素等,这些因素和水平间存在相互联系,行为改变并非易事,因此有必要对健康相关行为干预的常用技术有所了解。

第一节 行为干预技术概述

对个体或群体不利于健康的相关行为进行干预,是健康教育与健康促进的重要内容。

一、行为干预技术相关概念

(一)行为干预的概念与意义

行为干预(behavioral intervention)是应用心理学、行为学及社会学、教育学和传播学等多学科的技术和方法,针对目标人群可观测的目标行为和行为倾向进行指导、纠正,实施多种类型的影响,以帮助目标人群自觉地将不健康行为加以改变,最终形成健康行为,或抑制其不健康行为倾向,转而开始健康行为。

健康行为干预(health behavioral intervention)是实现健康教育与健康促进目标的途径,是针对特定的健康问题和目标人群进行的一系列有计划、有目的、有组织、有系统、有评价地实施有效的干预措施,使人们掌握一定的知识,影响和改善人们的健康相关行为的活动和过程。

(二)健康相关行为干预技术的概念

技术就是人类为了满足自身的需求和愿望,遵循自然规律,在长期利用和改造自然的过程中,积累起来的知识、经验、技巧和手段,是人类利用自然改造自然的方法、技能和手段的总和。

健康相关行为干预技术(health-related behavior intervention technology)是通过对健康相关行为及干预效果的研究,借鉴公共卫生学、心理行为学、管理学、教育学和社会学等多学科的理论与方法,发展出多个用于健康相关行为干预的方法、技能和手段。

二、行为干预策略

行为干预是人的生物学因素(遗传)、环境因素和学习因素相互作用的结果。要想改变人们的行为,必须找出人们行为产生、维持、消除的影响因素,针对这些因素采取干预措施。需要强调,行为改变必须有基于行为干预理论而精心制订的干预方案,而不仅仅是简单的指导(如"你应该多做体力活动"),而且应考虑行为的生物医学决定因素。行为干预理论和研究对制订更加有效的行为干预方案提供了很多帮助。目前针对健康相关行为的干预策略主要集中在以下几个方面,其理论基础主要基于健康行为的生态学模型。

1. **政策干预**　行为学的观点认为人的行为特点具有可控性,即可以通过各种措施如法律、制度、培训、教育等消除消极行为,诱导和发挥积极行为。政策、法律、法规和制度等是个体或群体行为的基本原则和客观依据,因此对于个体或群体行为的改变有着非常重要的影响。政策可以支持并促使人们的健康行为得以实现,通过影响资源配置、环境改善,从而促进健康行为乃至健康。还可以通过制定政策、法律、法规或制度等限制或禁止危害人类个体或群体健康行为的各种措施,如制定所有室内公共场所禁止吸烟的法规,禁止商店向未成年人售烟的政策或地方法律等。

2. **环境干预**　通过改变社会环境、人文环境和自然环境等来影响目标人群、促使其采纳健康行为的意愿得以实现。如开展某单位职工预防心脑血管疾病的项目,食堂提供低脂、低盐的食品;工会发放控盐勺、控油壶;工作环境内提供运动场所和运动设施;宣传栏设置预防心脑血管疾病知识的板报、展览等。

3. **信息干预**　从影响健康相关行为因素的角度看,信息可以促使目标人群采纳健康行为,同时也促使群体、社会关注健康问题,支持健康行为。常用的策略有:①信息交流:如大众传播中通过电子媒介开展的电视讲座、公益广告、广播讲座和网络信息等;人际传播活动的讲座、咨询、同伴教育和小组讨论等。②技能培训:帮助目标人群形成和发展采纳促进健康行为的能力,具体方法有小组讨论、案例分享和观摩学习等。③组织方法:如社区开发、社会活动等。

4. **人际干预**　在健康教育与健康促进活动中,健康教育人员经常会针对目标人群的不健康行为和具体问题,运用行为学中人的行为具有可控性特点,向其传授健康知识、教授保健技能,启迪健康理念,从而改变态度、信念或行为习惯。

5. **组织干预**　组织干预是指员工所属单位或团体组织通过预防、抑制或治疗等手段,对员工进行行为干预。其理论基础为社会认知理论、目标设定理论和环境行为理论等。

6. **服务干预**　通过服务的提供从而促成人们的行为发生改变或维持的措施,如在社区卫生服务中心为人们提供就近的免费血压测量服务、为性病艾滋病高危人群提供安全套等。

7. **药物干预**　采用服用药物,促使人们的行为发生改变的措施,该措施一般应用于心理行为治疗方面。

第二节　健康行为干预技术

行为改变包括通过认知和技能提高促使目标人群采纳有益于健康的行为,也包括通过行为矫正改变不利于健康的行为。本节简要介绍常用的行为干预技术,包括行为疗法、群体行为干预技术和公共健康问题的行为干预方法等。

一、行为疗法

行为疗法(behavior therapy)又称为"行为矫正疗法"或"行为治疗",是通过学习和训练矫正行为障碍的一种心理治疗方法。行为疗法是在遵循科学的前提下,根据社会学习理论和条件反射的原理,采用程序化的操作,对目标人群行为进行训练,以减轻或改善目标人群的症状或不良行为为目标的一类心理治疗技术。具有针对性强、易操作、疗程短、见效快等特点。

在行为干预治疗中,首先要对目标人群的目标行为进行行为分析,明确治疗问题和目标、了解与问题相关的环境因素、选择有效的干预技术、测量和监察治疗过程,然后确定操作化目标和制订干预的措施,其目的是改善目标人群适应目标行为的数量、质量和整体水平。主要包括系统脱敏疗法、冲击疗法、厌恶疗法、行为塑造法、松弛疗法、生物反馈疗法、强化法等。

(一)系统脱敏疗法

系统脱敏疗法(systematic desensitization therapy)是"交互抑制"法与 Jacobson 的肌肉松弛技术和想象暴露(imaginary exposure)相结合的一种治疗模式,通过渐进性暴露于恐惧刺激,使已建立的条件反射消失,用以治疗心理或行为障碍。适应证为恐怖症、焦虑症和癔症等,脱敏过程需要 8~10 次,每日一次或隔日一次,每次约 30 分钟。

系统脱敏疗法的基本思想是:专业人员帮助目标人群建立与不良行为反应相对抗的松弛条件反射,然后在接触引起这种行为的条件刺激中,将习得的放松状态用于抑制焦虑反应,使不良行为逐渐消退(脱敏),最终使不良行为得到矫正。包括放松训练、设计和评定主观不适等级脱敏表及系统脱敏三个步骤。

1. 放松训练 目标人群坐靠在沙发上,双臂放于扶手,随意采取舒适的姿势。首先让目标人群握紧拳头、然后松开,咬紧牙关、然后松开,反复几次。放松训练由前臂开始,依次为面部、颈、肩、背、胸、腹及下肢。每次训练约 30 分钟,每日或隔日一次。一般需要经过 6~8 次训练才能学会完全放松,最终要求目标人群能在日常生活环境中可以随意放松,达到运用自如的程度。训练时要求周围环境安静、优雅,光线柔和,气温适宜。此外,还有许多方法和技术可以产生深度的肌肉放松,如瑜伽、坐禅、冥想等。

2. 设计和评定主观不适等级脱敏表 需要确定引起目标人群焦虑的所有诱因即刺激源,并将这些诱发条件按照引起焦虑严重程度的顺序列出一份 10~20 个有关场景由轻到重的等级表。例如,考试焦虑目标人群的等级脱敏表:①考试前一个月;②下一周考试的宣布;③考试前一晚的复习;④走在考场的路上;⑤站在考场外等候进去;⑥进入考场时;⑦坐在考试的位置上;⑧等待发考卷时;⑨教师发考卷;⑩拿到考卷答题时。

3. 系统脱敏 由引起最低层次紧张等级的刺激开始脱敏。让目标人群在完全松弛的情况下,从最低层次开始,依次想象或经历产生焦虑等级表中的不良刺激情境,如果仍能保持松弛,就可以进一步想象较高的焦虑层次,逐步增强,直到完全消除恐惧与焦虑。

需要注意系统脱敏治疗前应评估引发目标人群恐惧或焦虑的相应情境以及需要把握循序渐进的原则。

(二)冲击疗法

冲击疗法(flooding therapy)属于暴露疗法的一种,又称满灌疗法。是用来治疗恐惧和其他负性情绪反应的一类行为治疗方法,其基本原则与系统脱敏疗法相反。适应证为恐怖症、强迫症等。

其基本原理是:让目标人群突然持久地置身于最高等级恐惧的对象面前或情景中,尽可能迅猛地引起目标人群极强烈的焦虑或者恐惧反应,并且对这种强烈而痛苦的情绪不给以任何强化,顺其自然,最后迫使导致强烈情绪反应的内部动因逐渐减弱乃至消失,情绪反应自行减轻乃至消除,即所谓消退性抑制。整个治疗一般约 5 次左右,每次 1~2 小时,很少超过 20 次。其疗效取决于每次练习时目标人群能坚持到心情平静和感到能自制为止,不能坚持到底实际上就等于逃避治疗。

冲击疗法应该选择适合接受治疗的对象。在冲击治疗前,应向目标人群认真地介绍这种治疗的原理与过程,如实地告诉目标人群在治疗中必须付出痛苦的代价。目标人群和家属同意后在治疗协议上签字方可进行,同时进行必要的体检,排除心脑血管疾病、癫痫等重大躯体疾病。

(三)厌恶疗法

厌恶疗法(aversion therapy)是一种通过轻微的惩罚来消除适应不良行为的治疗方法。是一种帮助人们把需要戒除的目标行为(不良行为)与某种使人产生不愉快的或惩罚性的刺激结合起来,通过给予厌恶刺激,形成厌恶性条件反射,最终达到戒除或抑制目标行为的治疗方法。厌恶疗法主要适用于露阴癖、恋物癖、窥阴癖、酒精依赖或药物依赖、强迫症等。

具体方法为:当某种不良行为即将出现或正在出现时,立即给予一定的痛苦刺激,如轻微的电击、针刺或催吐剂,使其产生厌恶的主观体验。经过多次实施,不良行为和厌恶体验之间就建立了条件反射,以后每当将要出现不良行为时,甚至想象发生不良行为时,便会立刻产生厌恶体验。为了避免这种厌恶体验,目标人群只能终止或放弃原有的不良行为,从而达到治疗的目的。

(四)行为塑造法

行为塑造法(behavior modeling)是根据斯金纳的操作条件反射原理设计出来的,目的在于通过强化而产生某种期望出现的良好行为的一项行为疗法技术。适用于恐怖症、多动症、神经性厌食症、肥胖症、药物成瘾和酒精成瘾等的矫治。

在运用行为塑造法时应该根据对象制订出具体的、由简单到复杂的逐渐行为要求。采用逐步晋级的作业,并在目标人群完成作业时根据情况立即给予奖励,以促使增加出现期望获得良好行为的次数,从而使目标人群所表现的良好行为得以形成和巩固,同时使其不良行为得以消退,逐渐形成新的良好行为。

最有效的强化因子(即奖励方法)之一是行为记录表,即要求目标人群把自己每小时所取得的进展正确记录下来,并画成图表。这样做本身就是对行为改善的一种强大推动力。根据图表所示的进展,专业人员还可应用其他强化因子,当作业成绩超过一定的指标时即给予表扬或奖励。此外,还可采用让目标人群得到喜爱的食物或娱乐等办法,通过这种方式来塑造新的行为,以取代旧的、异常的行为。

为了使治疗效果得以保持和巩固,使用这一治疗方法时,需要特别注意如何帮助目标人群把在特定治疗情境中学会的行为迁移到家庭或工作的日常生活现实环境中来。事先告知什么样的行为表现有效,并给予强化,同时布置家庭作业,以巩固新习得的行为。

(五)松弛疗法

松弛疗法(relaxation therapy)又称放松疗法、放松训练。是通过机体的主动放松使人体验到身心的舒适,以调节因紧张反应所造成的紊乱的心理生理功能,从而达到增进心身健康和防病治病目的的一种行为疗法。松弛疗法常与系统脱敏疗法联合使用,同时也可单独使用,可用于治疗焦虑症、恐怖症、强迫症、紧张性头痛、失眠,以及交感神经系统兴奋引起的内脏和躯体疾病。

常用的松弛疗法有渐进性放松训练、自主训练、自我催眠、静默或冥想、生物反馈辅助下的放松等,其中自主训练、自我催眠、静默或冥想兼具有自我催眠的成分,犹如中国气功疗法中的放松功。中国的气功、印度的瑜伽术、日本的坐禅、德国的自生训练等,都是以放松为主要目的的自我控制训练。下面主要介绍渐进性放松训练。

渐进性放松训练(progressive relaxation training)又称为渐进性松弛疗法(progressive relaxation therapy),是指一种逐渐的、有序的、使肌肉先紧张后放松的训练方法。由美国生理学家 Jacobson 于 1908 年创建,是最常用的一种行为疗法。Jacobson 让目标人群系统地对肌群进行紧张和放松的交替练习,并让他们体验两种不同状态下的感觉。通过训练,目标人群可以达到完全放松状态并体验深度放松感。现在广泛使用的松弛训练从手和前臂的肌群开始,依次转换到头、面、颈部、躯干、下肢到脚,每次训练大约需要 20~30 分钟。一般需要 12 个治疗小时的学习(包括家庭作业)。

该疗法的中心环节是掌握紧张-松弛的周期循环。具体步骤:采取舒适的坐位或卧位,循着身体从上到下的顺序,渐次对各部位的肌肉先收缩5~10秒,同时深吸气和体验紧张的感觉;再迅速地完全松弛30~40秒,同时深呼气和体验松弛的感觉。如此反复进行3~4次,每次训练的时候都要求目标人群将意念集中于某一组肌群。以后再做其他肌群练习时,都要与先前训练过的肌群作比较。

(六)生物反馈疗法

生物反馈疗法(biological feedback therapy)又称生物回授疗法,或称自主神经学习法,是在行为疗法的基础上发展起来的一种新型心理治疗技术和方法。是利用现代科学仪器将与心理、生理活动过程有关的体内信息(如肌电活动、脑电活动、皮肤温度、心率、血压等)加以处理,转变为可以被人意识到的视觉或听觉信号(即信息反馈),让目标人群了解自身的机体状态,通过训练,使目标人群能通过自我意识来主动地调节自己生物信息的变化,达到调整机体功能、恢复身心健康的新型心理治疗方法。该疗法具有无损伤、无痛苦、无副作用、方法简便等优点,适用于治疗各种心身疾病、神经症和某些精神病。

(七)强化法

强化法(reinforcement methods)是根据斯金纳的操作性条件反射原理设计出来的,又称操作性条件疗法,指系统地应用强化手段去增进某些适应行为,以减弱或消除某些不适应行为的一项行为治疗技术。强化分阳性强化和阴性强化。阳性强化即给予阳性刺激,如适应性行为出现时,用奖励的方法强化;阴性强化即施加惩罚刺激,如不适应行为出现时,受到指责、批评等。适用于孤独症、恐怖症、神经性厌食症、肥胖症、精神分裂症、性功能障碍等治疗。具体实施步骤如下:

1. **明确目标行为**　所设定的目标行为应该是可观察与可评价的,并能够反复进行强化。

2. **监控目标行为**　观察和记录目标行为发生的频率、强度、持续时间和影响因素,特别是目标行为的直接后果对不良行为所产生的强化作用。

3. **设计干预方案并明确阳性强化物**　与目标人群一起设计干预方案,以取得目标人群的积极配合。干预方案不但包括需要被干预的行为,还应包括采用何种干预形式和方法、确定应用何种增强物,以达到确实有效的强化与干预的目的。同时还应根据实际情况的变化,随时调整干预方案,最终使新的行为结果取代以往不良行为产生的直接后果。例如,可以与孩子商定,当看书这一目标行为出现时,给予何种奖励。

4. **实施强化**　治疗过程中,当目标人群出现目标行为时立即给予强化,不能拖延时间,并向目标人群讲清楚被强化的具体行为,使之明确今后该怎么做,树立信心并主动配合。一旦目标行为多次按期望的频率发生时,就应该逐渐消除具体的强化物,而采用社会性增强物或间歇性强化的方法,以防出现对强化物脱敏的现象。

5. **追踪评估**　干预程序结束之后,周期性地对该行为做出评估。

二、群体行为干预技术

(一)团体心理治疗

人类行为以及人性是由社会决定的。社会生活中人与人之间的交往、相互间的理解与沟通对人的心理、生理以及社会适应有着重要影响。因此,相当一部分的心理行为问题或障碍的产生与纠正需要考虑人际关系和社会环境。团体心理治疗是创造一个团体,使成员在其中放松自然的倾诉和发泄,获得感情支持;相互关心与安慰,互相学习,以便了解和调节自己的社会行为;分享成员间正性的体验,提高自信;重复和矫正不良体验,促进成长。

团体心理治疗(group psychotherapy),又称集体心理治疗或小组心理治疗,简称集体治疗或小组治疗,多以小组的形式进行。通过团体内个体间交互作用,促使个体在交往中观察、体验、学习、认识和改善与他人的关系,学习新的待人接物的态度和合适的行为方式,发展良好的社会适应能力。团体治疗的目的并不只是节约治疗时间,而是着眼于同病相怜的目标人群能够在一起讨论,分享各自的感受和症状的改变,共同分享治疗效果,采用成功的案例现身说法,对团体每一个成员都具有更好的疗效。集体治疗的人数以15~20人为宜。其主要优点为影响力大、效率高、后续效果好等,但也存在个人深层次问题不易暴露、个体差异难以照顾周全、有的成员可能受到伤害、对专业人员要求高等局限性。

团体心理治疗方法分为两大类:一类是侧重于个体作用的团体心理治疗,另一类是侧重于团体作用的团体心理治疗。适应证为神经症或神经症性反应,包括各种社交焦虑或社交恐惧;轻度的人格障碍;青少年心理与行为障碍;心身疾病,尤其是各种慢性躯体疾病;重性精神疾病缓解期;各种应激性或适应性问题等。

1. 讲解阶段   由专业人员讲解集体治疗的目的和意义,本组目标人群所患的疾病及其性质,常见的心理症状及心理问题,干预的方法及其作用和效果,疾病的预后和转归,以及争取较好预后的可能途径。

2. 讨论分析阶段   启发和引导目标人群联系自己的情况进行讨论和分析。这是干预中最重要的一环。只有通过讨论,才能把科学知识消化,转变成目标人群自己的知识。这一阶段开始时要鼓励目标人群自己谈,鼓励任何愿意倾吐的意图,不要急于解释和分析。

3. 制订康复规划阶段   在经过充分讨论以后,结合自身情况制订出个人的康复计划。

(二)团体健康教育

团体健康教育(group health education)是一种基于行为心理学、认知心理学、咨询心理学和社会心理学等学科原理,组织者在确定好训练目标后,通过创设情境,以群体为单位进行为培训,采用强化、惩罚、厌恶和条件反射等干预手段,改变个体或群体的健康相关行为,达到受训者增加某些适应性行为或者停止某些不良行为的目的。

团体健康教育强调"以学员为中心"和"集体利益高于个人利益",让受训者融入新的团队,快速地对自身的角色、作用、与团队成员的契合度有个正确的定位;重视受训者的感受,让他们通过亲身体会领悟道理,促使他们能更好地适应环境、完善人格提高素质。开展团体健康教育的一般步骤如下:

1. 确定健康教育对象和主题   首先要明确健康教育的人群是什么,其次要明确健康教育的行为是什么。根据受训者的性质确定整个健康教育过程或者各阶段需要加以改变的健康问题行为中的具体目标,这些目标被称为靶行为,让参加活动的受训者了解开展团体健康教育的目的和意义。如针对大学新生适应不良问题可以开展"凝聚团队精神,适应新环境"的团体健康教育活动项目,培训科目名称为"破冰之旅"。

2. 确定健康教育内容   团体健康教育涉及的内容非常广泛,涵盖了心理素质模型的各个方面,包括个性特征、心理能力、心理动力、心理健康及社会适应水平等。确定目标后,需要对该目标行为进行分析以确定健康教育的内容和过程,包括该目标行为被改变的难度、受训者已有的问题行为情况、改变该行为的适用方法。组织者需要根据受训者面临的主要问题,设计一组团体健康教育项目,每个项目都要根据受训者和实际情况而制订培训内容。

3. 制订健康教育计划   在分析目标行为的基础上寻找影响目标行为的相关因素,制订具体的实施方法,设计恰当的活动以达到目的。科学的程序设计是健康教育成功与否的重要环节之一。

4. 组织实施   培训的顺利进行是团体健康教育成功的关键。首先,在人员数量较多的情况下需要分组实施,确保人人参与;其次,安排好每次培训时所需物品、场地和每个内容环节所需要的时间;最后,组织者要熟悉每次培训的内容,并能引导受训者端正态度,正确对待每一次培训,让培训取得预期效果。

5. 总结与点评   组织者在每个培训内容结束时,要进行一次点评或交流。首先是受训者积极发言,分享在培训中的感受和体会,每个团队至少有一人进行发言。然后组织者进行总结与点评,针对出现问题的环节要认真反思,总结经验,预测后期效果。

(三)同伴教育

起源于澳大利亚,流行于西方国家,当时是为了向青少年开展性健康教育和生殖健康教育。经过近十几年的发展,已经成为一种在社会发展领域内广泛采用的培训方法。同伴教育具有形式多样、感染力强、经济实用等特点,广泛适用于戒烟、预防和控制药物滥用、预防艾滋病或性病教育、营养改善计划、社会教育等诸多领域。青少年群体易受环境影响,同伴行为的影响往往比家庭的影响更大,所以青少年已成为开展同伴教育的重要对象。同伴教育主要采用小组讨论、游戏、角色扮演等参与性强和互动性强的方式进行,侧重于态度的讨论和技能的培训,而不是知识的传授。其中同伴教育者的角色不是老师,而是话题讨论的引导者,启发大家就共同关心的话题提出建议。同伴教育者则侧重正确知识和核心信息的传达,而不将知识的讲解作为重点。

1. **同伴教育的概念**　所谓同伴(peer),是指年龄相近(如同学)、性别相同(如好友),或具有相同背景、共同经验、相似生活状况(如同事、同乡、邻居等),或由于某种原因具有共同语言的人(如参与特定活动、到特定场所的人们),或者具有同样生理、行为特征的人(如孕妇、吸烟者、吸毒者等)。同伴教育(peer education)是指以同伴关系为基础在一起分享信息、观念和行为技能,以实现预期教育目标的一种教育形式。一般由经过培训的同伴教育者向同伴讲述自身的经历和体会,或充当积极的榜样角色,通过易于理解和接受的方式与学习者进行交流,以唤起共鸣、激发情感、共同采纳有益健康的行动。

2. **同伴教育的分类**　根据同伴教育的组织形式可分为非正式的同伴教育和正式的同伴教育两种类型。

(1)非正式的同伴教育:指活动组织者经培训成为同伴教育者,形成自助教育队伍和平台,然后再由训练后的同伴教育者对目标人群进行教育,是凭借自然的社交关系在日常交往中与同伴分享健康信息的过程。可以是任何具有同伴特征的人们在一起分享信息、观念或行为技能,向同伴们讲述自己的经历或体会,唤起其他同伴共鸣,从而影响他们的态度、观念,乃至行为,但目的并不十分明确,也没有事先确知的教育目标。这些话题没有事前的组织或计划,可以从一个特定的问题开始,讨论可以发生在朋友聚会时、在办公室、班级、宿舍、社区、家里等任何合适的时间和地点进行同伴们随时随地都可以以教育者或学习者的身份交流信息,并且可以互换角色。担任同伴教育者的人员需要在同伴中有一定的地位、口碑良好、表达能力强、善于沟通。目前已经被广泛应用于实践项目和实证研究之中。

(2)正式的同伴教育:是指由活动组织者或健康教育专业人员策划、有明确的目标和比较严格的教学设计和组织,具有共同背景、共同需求、共同语言等行为特征的同伴一起参与,用团队互动的方式达到教育目的。与普通教学活动相似,不同的是由同伴教育者充当师资角色。一般用于短期实证研究、现象研究和知识普及,目前正在成为健康教育与健康促进项目中的一种以人际交流为基础的教育干预方法。

3. **同伴教育的组织实施步骤**

(1)招募同伴教育者:是开展同伴教育的关键步骤之一。同伴教育者应具备以下特征:①与目标人群具有相似的行为特征,熟悉该群体的文化和思想;②自愿接受培训,且有实现项目目标的高度责任心和社会责任感;③思维敏捷、思路清晰,具备良好的人际交流技巧;④能够为目标人群所接受和尊敬,并成为其中的一员;⑤能以倡导者和联络员的身份在机构和干预对象之间架起联系的桥梁;⑥充满自信、富有感召和领导才能。

(2)培训同伴教育者:通过对干预项目的目的、内容和人际交流技巧的培训,使同伴教育者具有:①了解项目的目标、干预策略和干预活动,了解其自身的职责以及如何与其他干预活动进行配合;②熟悉与教育内容相关的卫生保健知识和技能;③掌握人际交流的基本技巧和同伴教育中应用的其他技术,如组织游戏、辩论、电脑使用、幻灯制作与放映等。

（3）实施同伴教育：以一定的组织形式在社区、学校、工厂等开展同伴教育活动。活动开始前应注意场地、桌椅、仪器设备等的准备和调试，保证同伴教育活动的质量。

（4）同伴教育评价：侧重于同伴教育项目的实施过程和同伴教育者的工作能力，可以采用研究者评价、同伴教育对象评价和同伴教育者自我评价。

（四）参与式教学法

参与式教学法（participatory teaching method）是一种让每个受培训对象都投入到群体活动之中，与其他成员合作学习的培训方法。此概念最早出现在 20 世纪初期，被称为"SARAR"的参与方式，是基于激发人的自尊（S：self-esteem）、联想力量（A：associativestrengths）、足智多谋（R：resourcefulness）、计划行动（A：action-planning）和责任感（R：responsibility）这 5 种潜能，使得培训对象自己确定他们所存在的问题，计划改变及实施并评估这种变化，进行经验的交流和分享，主动学习。该方式力图使培训活动中的每一个人都投入到学习活动之中，都有表达和交流的机会，在平等对话中产生新的思想和认识，丰富个人体验和经历，并产生新的结果与智慧，进而提高自己改变现状的自信心和自主能力。

1. 参与式教学法的特点

（1）以培训对象为中心：参与式培训把传统培训的以培训者为中心，转为以培训对象为中心。培训的目标和内容都围绕着学员的实际需求，为解决实际工作中的问题和需要而学习，培训更关注实际操作能力和技能的培养，强调如何把学到的知识技能应用到实际工作和生活中去。

（2）充分调动学员参与的积极性：参与式培训尊重培训对象的自我，在培训中注意吸收和利用成人学习者的已有经验，在培训过程中，通过各种参与式方法的应用，培训对象不再是被动的接受者，而成为主动的参与者。由于了解自己的需求和能力，培训对象能够控制学习的进程，因此学习效果往往更好；培训者不再是单纯地灌输知识，而是在培训中时刻关注培训对象的反应，并根据反馈调整教学内容和进度，最大限度地调动培训对象的积极性，保证学员的参与。

（3）教学相长：由于培训对象来自不同的领域，具有不同的实际工作经验，参与式培训中培训者与培训对象以及培训对象之间能够互相交流，共同分享对问题的看法和解决的方法，以及成功的经验和体会。因此，培训的过程是教学相长、分享经验的过程。

（4）培训环境的开放与支持性：参与式培训首先需要营造一个开放、支持性的环境。培训者把培训对象当"伙伴"而不是"学生"，使他们感到自身的重要性和不可或缺性，主动参与到培训活动中来。

2. 参与式教学的教学手段　参与式教学采用的教学手段灵活多样、形象直观，多采用课堂讨论、头脑风暴、示范和指导练习、案例分析、观看视频、角色扮演、小组活动、游戏和模拟教学、讲故事、访谈、座谈、观察、辩论、排序、打分、小讲座以及其他根据培训内容而设计的各种游戏和练习。由于采用的教学方法容易激发学习者的学习兴趣，一般情况下学习者都会主动参与到教学活动中。

三、公共健康问题的行为干预方法

随着经济的发展，因为生活方式或不健康行为引发的公众健康问题类型越来越多。行为医学研究中针对公共健康问题的干预方法较少，归纳起来较为成熟的主要有三种：叙事法、行为-意象法和目标人群中心式健康评估咨询法。

（一）叙事法

叙事法（narrative method）是指将成功的"健康故事"通过个体叙述的方式传递给社会大众的方法。在"健康故事"中，不健康行为的危害以及健康行为带来的良好效益以生动形象和直观的方式呈现出来，使干预对象明确认识到不健康行为的危害和健康行为的益处，从而产生改变不健康行为的动机与行为。在利用叙事法进行行为干预的操作过程中，需要注意四个关键点：①健康问题的"故事"必须具体到某个人真实的生活当中;②"故事"必须由成功干预案例中的参与者来讲述;③必须利用合适的媒体高效传播这些"故事",使"故事"最大范围传递到目标受众;④确保叙事法所有的数据(理论、方法和效果)能够直接传达到相关政策的制定和决策者。

(二)行为-意象法

行为-意象法(behavior-imagery method)通过与干预对象签订改变不健康行为的"契约"来敦促其树立良好的"健康意象",从而激发干预对象改变原有不健康行为的动机,最终达到干预效果。行为-意象法的操作过程可以分解为四个步骤:①与干预对象沟通,在意见一致的基础上建立改变行为的"契约";②根据"契约"要求,通过监督干预对象改变不健康的行为,帮助其形成健康的行为意象;③采取一对一咨询以干预对象领悟的方式,促使其把外部的行为意象转化为内部的心理意象;④干预对象在内部心理意象的驱动下,自觉主动地培养健康的行为方式,从而有效地实现干预目标。

(三)目标人群中心式健康评估咨询法

目标人群中心式健康评估咨询法(visitor-centered health assessment counseling method)是一种专业人员利用邮件或电话对目标人群进行长时间定期咨询的行为干预方法。具体的操作过程分为三步:①目标人群登录健康管理系统,选择自己的行为改变目标,由系统根据目标自动制订干预方案并提交给专业人员。②目标人群与专业人员就干预方案进行面对面的讨论,确定第一阶段具体目标。③目标人群定期登录网站,通过网站提供的辅导课和提示表来学习体育锻炼技巧和营养学理论等内容,并填写本阶段的行为现状,制订下一阶段的目标;与此同时,专业人员每个阶段对目标人群反馈的健康知识学习与行为改变信息进行评估,并通过电子邮件或电话为其提供指导。

第三节　常见危害健康行为干预技术

一、吸烟干预技术

(一)流行现状与危害

吸烟对人类的危害是多方面的,可引起吸烟者多部位恶性肿瘤和其他慢性疾病。吸烟不仅危害吸烟者本人,还会危害周围人的健康。调查表明,吸二手烟也可以引起肺癌、冠心病等多种疾病。WHO估计每年因吸烟支出的医疗费和造成的经济损失超过2 000亿美元,这已成为人民群众生命健康与社会经济发展所不堪承受之重。

(二)影响因素

引起吸烟成瘾的因素主要有生物学因素、心理学因素和社会环境因素,三个因素之间相互作用、相互影响。

1. 生物学因素　吸烟成瘾主要是烟草中的尼古丁长期作用的结果。尼古丁在血液中达到一定浓度时就会反复刺激大脑,让人产生各种愉悦感和被奖赏的感觉,并使各器官产生对尼古丁的依赖性。尼古丁在体内的停留时间很短,当突然停止使用烟草或者体内尼古丁含量下降时,机体就会暂时出现烦躁、失眠、厌食等一系列所谓的"戒断症状"。

2. 心理学因素　尼古丁在引起吸烟者生理依赖的同时通常还会使吸烟者对烟草产生一种心理上的依赖,认为吸烟可以提神、解闷、消除疲劳等,这种心理依赖导致吸烟者产生吸烟行为的依赖。吸烟也会被看作是一种心理应对方式,在吸烟者感到有压力、孤独、无聊或者生气时,经常会用吸烟来缓解这些不良情绪。这些不断被强化的行为最终可导致精神依赖,也即产生心理上依赖,使得吸烟者感到戒烟困难很大,无形中增加了戒烟的难度。

3. 社会环境因素　吸烟在部分地区被认为是社会交往的需要,是拓展及维护人际交往关系的重要方式之一,随着交往程度的加深,朋友、同事、上下级之间彼此递烟的行为更为频繁。此外,导致人们吸烟的主要原因还有好奇心驱使、家庭其他人吸烟影响及自我形象定位等。

（三）干预策略

1. 政策支持   大力宣传各种控烟政策,如《烟草控制框架公约》以及省市的控制吸烟条例,室内公共场所全面禁烟等规定。除此之外还要宣传警示烟草危害等规定、提高烟税等政策。这种策略适用于所有戒烟者。

2. 创造无烟支持环境   全面无烟环境是唯一能够保护所有人免遭二手烟危害的手段,许多国家和地区的实践证明,全面无烟环境在各种社会都是可行的。创造无烟环境是一项重要的控烟干预策略。

这种策略更加适合于群体戒烟活动计划,可以针对一个国家的所有人群,也可针对特定地区或特定社区制定。不仅能教育公众,而且能帮助吸烟者戒烟。这种以激发人们主动性为基础的群体行动计划已获得不少成果。

3. 戒烟信息和技术服务   提供给想戒烟的个体和群体需要的戒烟知识及技能,包括吸烟危害健康知识、戒烟门诊、戒烟热线、戒烟药物服务等。这种策略可以针对个体的不同特点实施,对个体行为干预效果更好。

（四）干预方法

1. 简短戒烟方法   简短戒烟干预是指在日常的诊疗服务中,尤其是在日常的寻医问诊中,在病人和专业人员接触的短短 3~5 分钟之内,专业人员为吸烟者提供的专业戒烟建议和帮助。包括戒烟意愿改变模型、5A 戒烟干预模型、5R 模型等。

（1）戒烟意愿改变模型:吸烟者的戒烟意愿改变过程符合行为转变阶段模式中的 5 个阶段:尚未准备戒烟期、戒烟思考期、戒烟准备期、戒烟行动期、戒烟维持期。专业人员应该根据吸烟者所处的戒烟意愿的不同阶段,给予戒烟者不同的干预内容（表 3-1）。

表 3-1   阶段戒烟法

阶段	态度	人群特点	对策
尚未准备戒烟期	没有戒烟愿望	偏爱吸烟,不愿知道害处,给予劝告会产生逆反心理	做出决定:让其简要地去思考吸烟的利弊,欢迎他们随时来寻求帮助;要等待时机,使其做出决定
思考期	犹豫不决阶段	知道吸烟的危害想戒烟,但又担心戒烟会带来不良后果	准备戒烟:帮助其解决困惑,开诚布公地探讨,以吸烟者为中心,让其自己做出抉择,并开始准备戒烟
准备期	准备戒烟阶段	具备一定的信心和戒烟技巧,但对困难估计不够充分	戒烟:为其提供戒烟方法,帮助其克服戒断症状,给予信心
行动期	开始戒烟	开始戒烟,但不到 6 个月	开始戒烟:鼓励表扬为主,环境支持
维持期	预防复发阶段	6 个月内复发率 75%~80%,1 年后仍有高达 40% 的复发率,缺乏信心,复发的危险因素多	巩固阶段:帮助其认识复发的危险因素,制订短期长期预防复发计划,探索预防复发的有益的生活方式

（2）5A 戒烟干预模型:询问（ask）:询问并了解吸烟者目前的吸烟情况以及健康状况;建议（advice）:提供有针对性的戒烟建议;评估（assess）:评估吸烟者的戒烟意愿,根据需要评估烟草依赖程度;帮助（assist）:在吸烟者采取行动后,给予行为支持和帮助;随访（arrange）:在开始戒烟后安排随访。

（3）5R 模型:强调健康相关性——relevance,告知吸烟的危害——risk,告知戒烟的好处——rewards,告知可能遇到困难和障碍——roadblocks,在每次接触中反复重申建议——repetition。

2. **戒烟门诊**　戒烟门诊的特点就是医生针对个人的戒烟方案更具有有效性,从而大大提高戒烟成功率。戒烟门诊也会对吸烟者进行评估,制订个性化戒烟治疗方案。包括处方戒烟药物,进行行为干预,提供戒烟咨询等。

3. **戒烟公共咨询服务**　戒烟咨询服务是帮助吸烟者戒烟的一种行为支持方式。目前戒烟咨询的方式有:电话戒烟热线、网络戒烟服务等。作为行为干预手段,戒烟咨询服务可以作为一种有效的干预方法予以推荐。

4. **联合戒烟干预**　综合性的戒烟干预是最有效的,虽然行为疗法能帮助吸烟者克服吸烟的社会及心理诱导,但单独使用行为疗法常常不足以促成戒烟。综合性策略包括健康教育干预、药物替代疗法、社会和家庭支持等。

(五)干预步骤

1. **询问并记录病人吸烟者情况**　采取访谈形式或问卷调查方式获取吸烟者的吸烟情况,主要包括吸烟的频率、吸烟年限、是否戒过烟、曾用的戒烟方法以及复吸原因等。所以在干预之前,一定要评估个体或群体的吸烟情况,尤其是对烟草的依赖程度。除此之外,还要收集吸烟者的一般情况,包括吸烟者所处的环境、家人对吸烟的态度及其他吸烟的影响因素等。填写详细的吸烟日记。

2. **力劝吸烟者戒烟**　专业人员应该提供吸烟及戒烟有关信息,向吸烟者展示吸烟危害健康相关手册、海报等传播材料,介绍关于控制吸烟的国际和国内政策。在干预环境中应该摆放禁止吸烟标识,或者陈列戒烟相关传播材料或影视品。向吸烟者进行吸烟危害的宣传,以帮助树立吸烟有害健康的意识。

在充分介绍吸烟对自身、家人健康的危害后,动员吸烟者戒烟。要根据吸烟者自身的具体情况进行动员。弄清吸烟者是否愿意尝试戒烟;动员那些不准备戒烟的人采取行动;增强他们的意识;对于没有戒烟想法者,在每次接触过程中反复重申戒烟建议,最终使得吸烟者能够做出正确的选择。

3. **评估每一位吸烟者的戒烟动机与烟草依赖情况**　对愿意尝试戒烟者,要补充戒烟后需要注意的事项。可以用5R模型对其进行动机干预,强调戒烟过程中自我效能的作用,向吸烟者介绍在戒烟过程中可能遇到的困难和障碍,如果遇到障碍应该如何处置等。

吸烟会导致烟草依赖,烟草依赖是一种复杂的精神行为,表现为个体反复摄取尼古丁所致的一种慢性易复发综合征,它受到社会、心理、生理等多个方面的综合作用,已被广泛认知为一种慢性病。

(1) 烟草依赖诊断标准:参照 ICD-10 中关于药物依赖的诊断条件,《中国临床戒烟指南(2015 年版)》对烟草依赖的临床诊断标准如下:在过去 1 年内体验过或表现出下列 6 项中的至少 3 项,可以做出诊断。①强烈渴求吸烟;②难以控制吸烟行为;③当停止吸烟或减少吸烟量后,出现戒断症状;④出现烟草耐受表现,既需要增加吸烟量才能获得过去吸较少量烟即可获得的吸烟感受;⑤为吸烟而放弃或减少其他活动及喜好;⑥不顾吸烟的危害而坚持吸烟。

(2) 烟草依赖的严重程度评估:《中国临床戒烟指南(2015 年版)》做出推荐,对于存在烟草依赖的病人,可根据《法氏烟草依赖评估量表(FTND)》(表 3-2)和其简化版本《吸烟严重度指数(HSI)》(表 3-3)进行严重程度评估。

4. **提供帮助**　一项完整的戒烟计划,一定要包括戒烟日期、社会支持、问题解决技能、戒烟药物资料等内容。

(1) 戒烟日期选择:戒烟日期通常应该为心理准备 1 周或 2 周后,选择 1 个吸烟者心理放松,没有压力的日期。也可以选择对吸烟者具有特殊意义的日期,如生日、纪念日、节日等。

(2) 戒烟方法:①完全戒断:就是从某一时间开始,完全不抽烟;②逐渐减量法:以此减少每天吸烟的数量,逐渐过渡到不抽烟;③延迟法:每天延迟抽烟的时间,逐渐过渡到不抽烟。

表 3-2　法氏烟草依赖评估量表（FTND）

评估内容	0分	1分	2分	3分
您早晨醒来后多长时间吸第一支烟？	>60min	31~60min	6~30min	≤5min
您是否在禁烟场所很难控制吸烟？	否	是		
您认为哪一支烟最不愿意放弃？	其他时间	晨起第一支		
您每天吸多少支卷烟？	≤10 支	11~20 支	21~30 支	>30 支
您早晨醒来后第 1 个小时是否比其他时间吸烟多？	否	是		
您患病在床时仍旧吸烟吗？	否	是		

注：0~3 分：轻度烟草依赖；4~6 分：中度烟草依赖；≥7 分：重度烟草依赖。

表 3-3　吸烟严重度指数（HSI）

评估内容	0分	1分	2分	3分
您早晨醒来后多长时间吸第一支烟？	>60min	31~60min	6~30min	≤5min
您每天吸多少支卷烟？	≤10 支	11~20 支	21~30 支	>30 支

注：≥4 分为重度烟草依赖。

（3）社会支持：由于吸烟的成瘾性，吸烟者在戒烟过程中需要获得外界的支持和帮助。这种支持不仅来自于医生，而且应该来自家人和朋友。在戒烟的同时，告知家人营造戒烟环境，避免参加需要抽烟的活动，清除家中的打火机、烟灰缸。除此之外，戒烟者可以参加由专业人员组织的戒烟学习小组，从成功戒烟者那里得到经验和信心。

（4）戒断症状应对：戒断症状的本质是尼古丁依赖和心理依赖，戒断症状在戒烟后几小时内即可出现。如：烦躁不安、易激惹、头疼、口渴、咳嗽、睡眠障碍等症状。应告知吸烟者戒断症状是暂时的，在 1~2 周内最强烈，3~4 周后逐渐减弱至消失。可以采用以下方法：①5D 法：向身边所有人宣告（declare）自己戒烟的决心；借此争取他人的支持，后采取拖延策略（delay）降低烟瘾，延迟吸烟行为；烟瘾难忍时，深呼吸（deep breaking），饮水（drink water），及改做其他事情（do something else）。②戒烟后体重增加：告知吸烟者戒烟后体重会增加，因为尼古丁会影响人体代谢方式。戒烟后应改变饮食结构，少吃热量高的食物，多吃水果和蔬菜。③避免复吸诱因：提醒吸烟者注意抵御烟的诱惑，一般包括以下情况：工作和人际关系方面感觉不安时，心情抑郁时，看到有人在吸烟时。

（5）戒烟药物治疗：某些药物能够帮助戒烟者更有效地实现戒烟。过去二十年广泛的、严格的科学研究表明，尼古丁能被作为有效的治疗药物加以利用，而且还证实近来出现的非尼古丁药物也是有效的。医生应该给戒烟者介绍戒烟药物种类和治疗机制。

目前药物治疗大致分为两种：①尼古丁替代疗法：尼古丁替代疗法（NRT）能有效地减弱坐立不安、感觉痛苦、注意力减弱、食欲增加以及渴望香烟等尼古丁戒断症状的强度。尼古丁替代产品有多种形式，包括口香糖、戒烟贴片、喷鼻剂、糖锭和吸入剂。这些尼古丁替代产品不会使动脉中尼古丁浓度达到很高的程度，它们提供的全部尼古丁剂量只有香烟的 1/3~1/2。②非尼古丁药物疗法：安非他酮缓释片是弱去甲肾上腺素、5-羟色胺及多巴胺抑制剂，它本身不含尼古丁，其戒烟机制可能与抑制去甲肾上腺素和/或多巴胺介导的神经传导的激活和强化作用有关，具有较强的尼古丁依赖抑制作用。伐尼克兰是一种新型戒烟药，是一种选择性烟碱受体部分激动剂，是近 10 年以来开发成功的首个通过影响尼古丁依赖性神经机制产生戒烟效果的非尼古丁戒烟药，但是其有效性及安全性结论不一致。

5. **随访**　随访可强化戒烟效果。戒烟后的第一个月内，戒断症状较严重，一般要求在 1 周、

2周、1个月时间点均应进行随访。对于复吸者,需要增加随访咨询力度,适当增加随访次数。

在随访时,应鼓励戒烟者就以下问题进行讨论:戒烟者是否从吸烟中获得益处,对戒烟本身有什么想法,戒烟过程中有什么困难,自己是如何解决的。帮助了解戒烟药物的使用,如何预防复吸等问题。对于坚持戒烟者要给予表扬和鼓励。

二、过量饮酒行为干预技术

(一)流行现状与危害

有害使用酒精被列为世界上导致早亡和残疾的第三大风险。一次饮酒过量(酗酒)和长期嗜酒均危害健康,酒滥用、酒依赖还会引起相关社会问题。据 WHO 报告,全球每年由于饮酒导致225万人死亡,导致死亡的交通事故 35%~50% 与酒后开车有关。过度饮酒对健康的危害和饮酒随之而来的社会问题,已经成为全世界最严重的公共卫生问题之一。

(二)影响因素

1. 社会环境因素 受传统习俗和文化的影响,饮酒在中国是一种普遍的行为,在社会生活中具有其他物品无法替代的功能,几乎渗透到政治、经济、农业、商业、历史、文化等社会生活的各个领域。自古以来关于饮酒的诗歌也是数不胜数,形成了无酒不欢的酒文化。

2. 个体因素 个体的工作和职业因素,以及个体的态度、认知会导致饮酒的量和频次增多,少量饮酒可以兴奋神经系统,所以有的人会喜欢喝酒。在改变行为时,要充分考虑到个体因素。

(三)干预策略

1. 政策支持 给予饮酒者进行限酒政策和饮酒驾驶政策的宣教。国家出台有关简化接待、不安排宴请、工作餐不得提供香烟和酒水等相关政策,在一定程度上减少了高档白酒的消费。2011年,《中华人民共和国道路交通安全法》中增加了对饮酒驾驶的处罚,大大减少了饮酒后驾车的概率,同时也限制了饮酒的量。

2. 健康信息服务 各国饮酒行为的规范,均以倡导健康饮酒、控制高风险饮酒为主。原国家卫生计生委发布的《中国居民膳食指南(2016)》借鉴了其他各国的经验、充分考虑中国国情,对成人饮酒做出了限量的建议,如:建议男性一天饮用的酒精量不超过25g,约相当于啤酒750ml 或葡萄酒250ml;或38%白酒75g 或高度白酒50g。成年女性一天饮酒量不超过15g 纯酒精,约相当于啤酒450ml 或葡萄酒150ml 或38%白酒50g。

(四)干预方法

1. 拮抗剂戒酒 戒酒硫能抑制乙醛脱氢酶,使乙醇代谢受阻,造成体内乙醛的聚积,再饮酒时产生强烈的恶心、呕吐、呼吸困难、心悸、脸红、焦虑等身体反应和不愉快感觉,致使酒精依赖者再见到酒时对酒产生望而生畏的体验,借以消除其对酒的依赖。此方法应在最后一次饮酒后的24 小时开始应用戒酒硫,最初剂量为 0.25g 或 0.5g,每日 1 次,服 1~3 次,或将总量一次顿服。

2. 行为疗法 其机制为经典性条件反射。目的在于建立厌恶性条件反射,使病人产生对酒的厌恶感,消除对酒的依赖。具体方法是:给病人皮下注射阿扑吗啡 2.5~12.5mg/次后,令其闻酒味,当病人产生恶心、呕吐时,再给病人饮酒约40ml,每日1次或隔日1次,约10次为一疗程。

3. 支持疗法 酒精依赖者,多以酒代饭,进食较少,导致营养不良,维生素缺乏,故应补充大剂量 B 族维生素及维生素 C,及时维持水电平衡,补充营养,对躯体并发症及时恰当治疗。

4. 戒断综合征的治疗 戒断综合征的躯体、精神症状是比较重的,严重者危及病人生命。治疗可使用促大脑代谢药物(如 ATP、辅酶 A、细胞色素 C 等)静脉注射,每日 1 次,并合并安定和神经阻滞剂。另有报道用锂盐、镁盐可缓解其戒断症状,但因毒性反应较大,尚需进一步研究。

5. 社会支持及精神治疗 包括改善环境、行为疗法、家庭疗法、个人和集体心理疗法,以激发病人的戒酒愿望。鼓励病人参加文体和学习活动,引导其逐步适应工作及社会生活。

（五）干预步骤

1. 过量饮酒人群筛查   过量饮酒筛查是干预第一步,专业人员可以根据饮酒情况和饮酒自评问卷两种方法进行评价。

饮酒情况问诊:内容包括饮酒量、饮酒频次、过量饮酒情况、饮酒对躯体、精神、家庭、工作造成的影响。每次过量饮酒的情况、影响因素、回忆上次醉酒情况等。

饮酒自评问卷:建议使用WHO《酒精使用障碍筛查量表》(AUDIT)(表3-4),以识别低风险饮酒者、高风险饮酒者、有害饮酒及酒精依赖症。评分0~7分为低风险饮酒;8~15分为高风险饮酒;16~19分为有害饮酒;20~40分为酒精依赖。

表3-4   酒精使用障碍筛查问卷(AUDIT)

使用说明:询问以下问题,并详细记录调查对象的回答。首先告诉调查对象"现在我将询问您最近一年饮用酒精饮料的情况",并结合当地实例解释酒精性饮料的含义,如啤酒、葡萄酒、伏特加等。记录时需将调查对象的饮酒量转化为"标准杯"计数(摄入10g纯酒精为1个标准环,约为250ml啤酒、15ml烈性白酒、1玻璃杯葡萄酒或黄酒),并将答案记录下来。(注:选项前的数字即为分值)

1. 你喝酒的次数是多少? 0. 从不——直接跳到问题9和10 1. 每月1次或更少 2. 每月2~4次 3. 每周2~3次 4. 每周4次以上	6. 最近1年,大量饮酒的次日早上需要再喝一些酒才能正常生活的情况出现过几次? 0. 从不 1. 每月不到1次 2. 每月1次 3. 几乎每周1次 4. 每天或几乎每天1次
2. 通常情况下,你每次喝酒的量是多少"杯"? 0. 1或2 1. 3或4 2. 5或6 3. 7~9 4. 10及以上	7. 最近一年,饮酒后感到内疚或后悔有几次? 0. 从不 1. 每月不到1次 2. 每月1次 3. 几乎每周1次 4. 每天或几乎每天1次
3. 一次喝酒6"杯"及以上的次数是多少? 0. 从不 1. 每月不到1次 2. 每月1次 3. 几乎每周1次 4. 每天或几乎每天1次 如果问题2和3得分都是0,则跳到问题9和10	8. 最近一年,你酒后回忆不起前夜所发生事情的情况有几次? 0. 从不 1. 每月不到1次 2. 每月1次 3. 几乎每周1次 4. 每天或几乎每天1次
4. 最近一年,一喝酒就无法立即停止的情况出现过几次? 0. 从不 1. 每月不到1次 2. 每月1次 3. 几乎每周1次 4. 每天或几乎每天1次	9. 你是否曾因自己喝酒而使本人或他人受伤? 0. 没有 2. 有,但不在最近这一年 4. 有,是在最近这一年
5. 最近一年,因为喝酒而耽误通常要做的事情的情况出现过几次? 0. 从不 1. 每月不到1次 2. 每月1次 3. 几乎每周1次 4. 每天或几乎每天1次	10. 是否有亲朋好友、医生或其他医务工作者曾关心你的饮酒问题,并劝过你戒酒? 0. 没有 2. 有,但不在最近这一年 4. 有,是在最近这一年

2. **制订干预方案** 在筛查的基础上,对人群进行饮酒评估,在自愿的情况下对过量饮酒进行干预。根据行为干预模型行为转变阶段模式:过量饮酒干预可以分为尚未准备、思考期、准备期、行动期、维持期5个阶段。专业人员可以根据这5个阶段人群的不同特点给予不同的干预方案(表3-5)。

表3-5 过量饮酒行为转变阶段

改变阶段	态 度	干预方案要点
尚未准备	过量饮酒者不考虑近期改变饮酒行为或者没有意识到过量饮酒危害	反馈筛查情况,并进一步告知酒精对身体的危害
思考期	知道过量饮酒带来相关不良后果,是否要做出改变比较犹豫不决,担心自己不能坚持	鼓励饮酒者的改变行为信心,告知改变过量饮酒行为的益处,激励其开始行动
准备期	已经开始准备改变过量饮酒行为,并计划采取行动	讨论改变行为具体日期,改变目标,提出具体建议
行动期	过量饮酒者已经开始减少饮酒或停止饮酒,但饮酒行为改变不久	给予鼓励,减少去饮酒场合,提供应对不适症状。可以采用行为疗法、拮抗剂戒酒法、环境支持法
维持期	饮酒者已经长期的节制饮酒或停止饮酒	给予鼓励和激励

3. **随访** 在病人改变行为过程中,专业人员要坚持随访。帮助病人实现每一个目标,从一个行为改变阶段转变到下一个阶段。随访可每半年一次。在随访时,应鼓励改变行为者就以下问题进行讨论:减少过量饮酒是否从中获得益处,过程中有什么困难,自己是如何解决的,自己的家人和朋友都有什么反馈。对于行为改变者要给予表扬和鼓励。

三、身体活动不足干预技术

(一)身体活动概念
目前公认的身体活动概念是指由于骨骼肌肉收缩产生的,相对于机体安静休息状态下能量消耗增加的所有活动。身体活动不仅仅包括体力劳动,也包括读书、写字等脑力活动。

(二)流行现状与危害
随着社会发展,生活水平的提高,交通领域便利的提高,缺乏身体活动已经成为全球十大死亡风险因素之一。身体活动不足,指缺乏身体活动或锻炼,目前身体活动不足的水平在全球范围内升高。

缺乏身体活动是心脑血管、癌症和糖尿病等非传染性疾病的一个主要危险因素。与身体活动充分者相比,身体活动不足者的死亡风险会增加20%~30%。目前,缺乏身体活动造成了全球每年大约6%的死亡,仅次于高血压和烟草使用,与高血糖接近。此外,缺乏身体活动造成了全球6%的冠心病、7%的2型糖尿病、10%乳腺癌和10%直肠癌的疾病负担,大约造成9%的过早死亡。

(三)干预策略
1. **环境支持** 发展全民运动,为久坐人群提供运动的便利条件。除了增加免费运动设施,还要给员工留出运动的时间。企业、院校可以开展工间操,社区必须建设公共的运动场所。

2. **健康信息服务** 给缺乏体力活动的人群提供具体的身体活动方法,或根据需求提供灵活的方法,如办公室操,坐在椅子上的运动。提供可以管理身体活动的软件,帮助个体和群体增加身体活动。

(四)干预步骤
1. **身体活动相关信息收集** 专业人员可以通过问卷调查和运动传感器监测两种方法来监测

人群的身体活动水平。

（1）身体活动调查问卷：调查内容一般包括：运动频率、强度、类型和时间等内容。根据调查目的和调查人群的不同，调查问卷的内容也不同。对于一般人群而言，目前世界范围内广泛应用的主要问卷是国际体力活动问卷（international physical activity questioner，IPAQ）（表3-6）和全球身体活动问卷（global physical activity questionnaire，GPAQ）。

表3-6　国际体力活动问卷（IPAQ）（短问卷）

在下列问题中：

　　重体力活动是指需要您花大力气完成，呼吸较平常明显增强的活动；中等强度体力活动是指需要您花费中等力气完成，呼吸较平常稍微增强的活动。

在回答下面的问题时，请只考虑那些每次至少10分钟的体力活动。

1a. 在过去7天中，您有几天进行重体力活动，例如搬（举）重物、跑步、游泳、健身房内跳健身操等。
　　1周＿＿＿＿天，或没有（　　）（若没有，请跳答2a）

1b. 在这几天中，您每天进行这些重体力活动的时间：平均每天＿＿＿＿小时＿＿＿＿分钟

2a. 在过去7天中，您有几天进行中等强度体力活动，如搬（举）轻物，骑自行车，乒乓球，羽毛球，交谊舞等。不包括步行。1周＿＿＿＿天，或没有（　　）（若没有，请跳答3a）

2b. 在这几天中，您每天进行这些中体力活动的时间：平均每天＿＿＿＿小时＿＿＿＿分钟

3a. 在过去7天中，您有几天每次步行至少10分钟，这里的步行包括您工作时间和在家中的步行，交通行程的步行以及为了锻炼身体的步行。1周＿＿＿＿天，或没有（　　）（若没有，请跳答4）

3b. 在这几天中，您每天步行的时间：平均每天＿＿＿＿小时＿＿＿＿分钟

4. 最后的问题时关于您静坐的时间，包括您在工作单位和家中，坐在办公桌前，电脑前，坐着或躺着看电视，拜访朋友，看书，乘坐的时间大约为：平均每天＿＿＿＿小时＿＿＿＿分钟

　　问卷到此结束，感谢您的合作！

（2）运动传感装置：计步器和加速仪等运动传感器可用于帮助计算步行或跑步的运动量。其中计步器只能单纯记录步数，而加速仪可同时收集动作强度的信息。目前市场上各种品牌的运动手环等均属于这类范畴。

2. 身体活动风险评估　在开始增加身体活动前，应该根据个体的身体情况进行身体活动风险评估，具体包括运动前的常规检查、健康筛查与评估，必要时要进行运动测试。

（1）身体活动前的体格检查：主要包括病史、血压、脉搏、关节等一般检查，根据具体情况还要做其他检查。主要目的是降低不适当的身体活动造成运动性疾病或者意外伤害。

（2）在开始身体活动前，应进行筛查与评估，并确定开始运动前测试和医学监督的必要性。目前应用最多的是体力活动准备问卷（PAR-Q）或由美国运动医学会健康/体适能机构修正的运动前筛查问卷。

3. 制订干预方案

（1）确定干预目标：个体行为干预的总目标是促使其增加身体活动，控制体重，改善健康状况，并根据个体健康状况设计具体目标。合理选择有益健康的身体活动，应遵循"动则有益、贵在坚持、多动更好、适度量力"的4项基本原则。我国也在2011年推出了《中国成人身体活动指南（试行）》。其主要建议：成人每日6~10千步当量活动；经常进行中等强度的有氧运动；积极参加各种体育和娱乐活动；通过专门锻炼保持肌肉和关节功能；日常生活"少静多动"等5个方面。其中千步当量是该指南推荐身体活动量的基本衡量单位。1个千步当量相当于普通人中等速度（4千步/h）步行10min（约1千步），即3MET×10min＝30MET·min的身体活动量。指南推荐的"每日6~10千步当量"身体活动是包括了日常生活、交通、职业和业余锻炼等所有形式和强度的身体活动。

（2）提供针对性干预：在个体风险评估结果的基础上，依据个体的健康水平制订干预计划。

根据个体的工作性质和生活习惯不同,选择个性化的运动时间、内容、强度和频率。运动可以分成两部分,一部分是包括工作、出行和家务这些日常生活中消耗较多体力的活动,另一部分是体育锻炼活动。

健康管理者在实施方案时,要注意防止运动伤害,个体应该自我监督运动强度是否适当:可以根据运动时心率来控制运动强度。中等强度的运动心率一般应达到(150-年龄)/min;除了体质较好者,运动心率不宜超过(170-年龄)次/min。年龄大于40岁,运动心率应控制在110~130次/min之间。对于老年人,应根据自己的体质和运动中的感觉来确定强度。

(3)环境支持:无论个体还是群体身体活动干预,都要有相对应的环境干预。提高身体活动的氛围,增加社区宣传橱窗、增加身体活动的集体活动,开展各种身体活动比赛。

4. **随访** 在每一项不良行为的健康管理方案中,随访都是很重要的。良好的身体活动习惯和吸烟、饮酒其他行为不一样,一旦个体和群体形成了良好的身体活动习惯,就会坚持下去。在每次随访中对个体和群体进行肯定和激励,享受因为运动带来的益处。

四、不健康饮食行为干预技术

(一)流行现状与危害

近年来,随着社会经济发展,我国居民健康状况和营养水平不断改善,但《中国居民营养与慢性病状况报告(2015年)》显示,与膳食营养相关的慢性病对我国居民健康的威胁日益凸显。具体表现为:膳食高能量、高脂肪与超重、肥胖、糖尿病和血脂异常的发生密切相关,高盐饮食与高血压的患病风险密切相关。

2003年WHO和粮农组织联合发布了《膳食、营养和慢性疾病预防》也表明同一种膳食成分可以影响不同的慢性病,同一种慢性病又受多种膳食成分的影响。高能量密度食物、高脂肪、高盐、低水果蔬菜、低膳食纤维的膳食是肥胖、心血管疾病、2型糖尿病等慢性病的重要危险因素,是膳食干预的重要依据。

(二)影响因素

1. **经济与文化因素** 生活水平的提高,人们可得到的物质越来越丰富。人们不再满足于温饱,而是追求食物的新鲜和丰富性。我国自古以来都有着民以食为天的风俗,尤其是在节日或有客人来访的时候,不管在家里还是在外面吃饭都会很丰盛,所以在这个时候人们往往会摄入过多高盐高脂食物。

2. **家庭饮食行为因素** 家庭的饮食行为会影响全家人的身体健康,在家庭中生活的成员会受到家庭主妇饮食观念和态度的影响,有的家庭长期摄入油脂过多导致家庭成员血脂、血压过高。所以改变个体饮食行为必须考虑到家庭饮食行为这一重要因素。

3. **个体因素** 个体的工作环境、饮食态度也会影响其饮食行为。如果个体处于每天必须应酬的工作环境,那么他的脂肪摄入量、酒精摄入量都会高于其他人。

(三)干预策略

1. **政策支持** 我国对不健康饮食进行了全民干预。2014年,国务院《中国食物与营养发展纲要》,把重点产品、重点区域和重点人群作为突破口,其主要政策就是全面普及膳食营养和健康知识。

2. **健康信息服务** 2016年,原国家卫生计生委发布《中国居民膳食指南(2016)》,提出了符合我国居民营养健康状况和基本需求的膳食指导建议。

指南由一般人群膳食指南、特定人群膳食指南和中国居民平衡膳食实践三个部分组成。针对2岁以上的所有健康人群提出6条核心推荐,分别为:食物多样,谷类为主;吃动平衡,健康体重;多吃蔬果、奶类、大豆;适量吃鱼、禽、蛋、瘦肉;少盐少油,控糖限酒;杜绝浪费,兴新食尚。针对孕妇、乳母、2岁以下婴幼儿、2~6岁学龄前儿童、7~17岁儿童少年、老年和素食人群等特定人群的生理特点及营养需要,在一般人群膳食指南的基础上对其膳食选择提出特殊指导。同时推出修订版中国居民平衡膳食宝塔、中国居民平衡膳食餐盘和儿童平衡膳食算盘等三个可视化图形,指导大众在日常生活中进行具体实践。

(四)干预步骤

1. 饮食信息收集

(1)膳食调查:膳食调查是全面了解膳食结构的重要手段,是研究营养与健康关系的基础。其目的是通过多种方法对膳食摄入量进行评估,了解在一定时期内人群膳食或个体摄入食物的情况。膳食调查方法包括记重法、记账法、化学分析法、24小时膳食回顾法、食物频率法等方法。各种方法各有优缺点,在健康管理系统中一般会采用膳食回顾法、膳食频率法等询问方法。这些膳食调查方法在一般的营养学教材上都可以找到,在膳食调查的时候还需要用统一的量具。

个体通过膳食调查结果可以分别从食物和营养素两个方面进行评估。从食物方面包括平均每日食物摄入量、食物种类,并与膳食推荐宝塔进行比较,从营养素方面包括平均每人每日营养素摄入量并与膳食营养素参考摄入量(DRIS)进行比较。群体通过膳食调查结果可以评估人群中摄入不足或摄入过多的流行情况,以及亚人群摄入量的差别。

(2)膳食行为调查:膳食行为调查包括个体或群体饮食的时间、地点、购买蔬菜水果的时间、饮食观念、摄入食物的影响因素等。意在了解影响个体或群体膳食行为的全部因素,为干预提供依据。

(3)营养情况:此外,还可结合体格检查和实验室检查对个体和群体进行整体的营养状况评估,来补充膳食调查结果。

2. 制订干预方案

(1)制定具体目标:根据饮食行为评估结果对个体和群体进行针对性干预。首先确定干预目标,目标应该包括膳食行为目标和其他身体目标。如,在一定时间内,个体蔬菜水果摄入量达到每天300~500g;维生素A的摄入量达到多少,一周在外就餐次数少于3次,体重指数降到24kg/m² 以下等;还有其他相关指标如血压、血糖等。

(2)制订具体计划:根据评估结果存在的膳食问题,可以直接建议其提高或减少某种食物的摄入。存在严重问题的病人可以根据个体的身高、体重、劳动程度以及身体状况制订针对性的食谱。同时为了方便操作,也可以给个体配发可以量化的餐具。针对团体目标,可以直接从改善食堂的餐谱做起,设计营养餐。

(3)环境支持:除了改善个体和群体的膳食模式以外,还要对其就餐环境给予改造。企业食堂进行健康饮食海报的宣传,家庭中家庭主妇的饮食培训,都属于环境支持。

3. 随访和干预评估　在个体和群体改变不健康饮食过程中,除了要鼓励和监督外,还要常规性的对其进行膳食评估。根据评估结果来看是否达到预期的干预效果。如果没有的话,还要对干预方案进行加强。在干预个体和群体饮食习惯时,一定要考虑到个体特有的饮食口味和习惯,提高依从性。

(马海燕　闵连秋)

 思考题

1. 简述系统脱敏疗法的具体步骤。
2. 简述团体健康教育的组织实施步骤。
3. 简述吸烟的干预步骤。

第四章 | 健康传播理论与方法

传播是社会性传递信息的行为,是人类生存和发展的一种基本方式。健康传播(health communication)成为一项独立的研究领域是在 20 世纪 70 年代初,是一门年轻的学科。我国学者于 20 世纪 90 年代初期确立健康传播的概念,将健康传播学研究纳入健康教育学体系。健康传播是健康信息传播、流动的过程,它作为健康教育和健康促进的重要手段和策略,是健康教育方法学研究的重要内容,发挥着巨大的社会作用。每一位公共卫生工作者都应该掌握一定的健康传播理论和技巧,这样才有利于健康教育与健康促进工作的顺利开展。

第一节 健康传播概述

健康传播是指为了促进健康,制作、交流、分享健康信息和情感的过程。健康传播的实质是把医学科学"翻译"或转化为公众容易掌握的防病保健知识、技能和行为实践的过程,是健康服务人员应用传播学的理论、策略和方法,解决健康问题的过程,也是医学社会化的过程。

一、健康传播概念

1. **传播** 传播(communication)指人类交换信息的一种过程。传播的根本目的是传递信息,是人与人之间、人与社会之间,通过有意义的符号进行信息传递、信息接受或者信息反馈活动的总称。1988 年,我国出版的《新闻学字典》将传播定义为:"传播是一种社会性传递信息的行为,是个人之间、集体之间以及个人与集体之间的交换、传递新闻、事实、意见的信息过程。"传播学是研究人类制作、储存、传递和接受信息等一切传播活动,研究人们之间交流与分享信息的关系的一般规律的学科。

2. **健康传播** 健康传播在不同角度有着不同的定义,从传播的角度,将其定义为人类传播的任何形式,凡是有关健康的内容就是健康传播。后有研究将其拓展为:健康传播是以媒介为信道,传递与健康相关的信息,以预防疾病、促进健康。从医学的角度,有学者将健康传播定义为一种将医学研究成果转化为大众的健康知识,并通过态度和行为的改变,以减低疾病的患病率与死亡率。

健康传播活动是应用传播策略来告之、影响、激励公众、社区、组织机构人士(政府、非政府机构、社会团体、私人机构)、专业人员及领导,促使相关个人及组织掌握知识与信息、转变态度、做出决定并采纳有利于健康的行为的活动。目前,健康传播的研究侧重于"传播学在健康活动中的重要作用和影响",而将来健康传播研究更关注健康信息的有效传递,充分认知健康传播的多维特性,将健康效果的制订与健康传播多层次的特征结合起来。

二、健康传播特点

健康传播是一般传播行为在卫生保健领域的具体和深化,它具有一切传播行为共有的基本特性。同时,又有其独自的特点和规律。健康传播具有以下 5 个主要特点:

1. **健康传播传递的是健康信息**　健康信息是一种宝贵的卫生资源,泛指一切有关人的健康知识、概念、技术、技能和行为模式。例如,医生告诉病人吸烟有害健康,是在传递健康知识;指导准备戒烟的冠心病病人戒烟方法,是在传授技术;医生以身作则,不吸烟或拒绝他人的敬烟,为人们树立远离烟草的榜样,这是用行为模式来传递健康信息。

在实际的生活中,信息有正、负两方面的作用。信息污染和信息饱和是对人类健康造成负向影响的两个主要因素。前者是指信息无秩序地泛滥成灾,出现信息超密集状态或混乱状态,比如色情、暴力等信息的内容,有损于社会稳定,有害于人的身心健康,对社会带来危害的状况;后者是指网络时代铺天盖地的信息,各种信息在短时间内大量涌入,信息量超过了人维持自身生存和发展的需要,使人承受更大的心理压力。因此,要通过加强媒介管理来控制信息污染,通过健康传播来增强人们抵抗信息污染的能力。

2. **健康传播具有明确的目的性**　健康传播是以健康为中心,力图达到改变个人和群体的知识、态度、行为,使之向有利于健康方向转化的目的。健康传播按照由低到高的效果,可以分为四个层次:知晓健康信息、健康信念认同、形成健康态度、采纳健康行为。

以预防青少年吸烟行为为例。健康信息的传播过程可分为:通过教学等健康传播活动,使小学生获得"吸烟有害健康"的信息(知晓信息);使小学生们相信吸烟是一种有害身体健康的行为(信念形成);从而在他们的意识里,不喜欢他人吸烟(态度转变);当有不良诱惑时,学会拒绝第一支烟(行为形成);最终,养成不吸烟的良好生活习惯。

3. **健康传播过程具有复合性**　健康传播多表现为多级传播、多种途径传播及多层反馈。以艾滋病防控模式为例,例如:1989—1993 年中国/联合国儿童基金会健康教育合作项目——《生命知识》传播,采取层层培训的手段,从中央到地方,最后由受过培训的乡村医生把保护母婴健康的12 条健康信息传递给众多的农村母亲。

4. **健康传播对传播者有特殊素质要求**　健康传播者属于专门的技术人才,有其特定的素质要求。因此,健康教育工作者与所有负有医疗保健与健康教育工作的人都是健康传播活动的主体。

5. **健康传播具有公共性和公益性**　主要表现在:①健康传播活动提供现代社会不可缺少的健康信息,在满足公众和社会的健康信息需要方面起着公共服务的作用;②健康传播是健康教育与健康促进的基本策略和方法,而健康教育与健康促进作为公共卫生服务的重要内容,有显而易见的社会公益性。

三、健康传播模式

传播是一个有结构的连续过程,人类社会的信息传播具有明显的过程性和系统性。当我们说传播是一个过程时,主要指的是传播具有动态性、序列性和结构性;当我们说传播是一个系统时,是在更加综合的层面上考虑问题,把传播看作是一个由相互联系、相互作用的各个部分(或过程)构成并执行特定功能的有机整体。这个系统的运行不仅受到它内部结构的制约,而且受到外部环境的影响,与环境保持着互动的关系。过程性与系统性,是理解人类传播活动的运动性质与普遍联系、相互作用的两个核心概念。

传播结构(communication construction)是传播关系的总和,包括从传播者一端到受传播者一端之间构成的各种关系。传播模式(communication model)是指为了研究传播现象,采用简化而具体的图解模式来对复杂的传播现象、传播结构和传播过程进行描述、解释和分析,揭示传播结构内各个因素之间的相互关系。现介绍两个最基本的传播模式。

(一)拉斯韦尔五因素传播模式

美国著名的政治学家、社会学家哈罗德·拉斯韦尔(H. D. Lasswell)将人们每天从事却又阐释不清的传播活动明确表述为五个环节和要素构成的过程。于1948年在《传播在社会中的结构与功能》一篇论文中,首次提出了构成传播过程的五种基本要素,并按照一定结构顺序将它们排列,形成了后来人们称之"5W"模式的过程模式(图4-1)。这五个W分别是英语中五个疑问代词的第一个字母,即:①who?(谁);②says what?(说了什么);③though what channel?(通过什么渠道);④to whom?(向谁说);⑤with what effect?(有什么效果)。拉斯韦尔五因素传播模式在传播学史上第一次把复杂的传播现象用五个部分高度概括,虽然没有解释全部内涵,但是已经抓住了问题的主要方面。该模式的提出为传播学的研究奠定了理论基础,并在此基础上形成了传播学的五大领域。

图4-1　拉斯韦尔传播模式

1. **传播者(communicator)**　传播者又称传者、信源等,是传播行为的引发者,即在传播过程中信息的主动发出者。在社会传播中,传播者可以以个人的形式出现,比如人际传播活动;也可以以群体组织的形式出现,如群体传播、大众传播。在生活中,每个人都在扮演着传播者的角色。

2. **信息(information)**　信息泛指情报、消息、数据、信号等有关周围环境的知识,用一定符号表达出来的对人或事物的态度、观点、判断及情感。健康信息泛指一切有关于人群健康的知识、技能、观念和行为模式,例如:戒烟限酒、限盐、控制体重、合理膳食、有氧运动等预防慢性病的健康信息。

3. **传播媒介(media)**　也可称为传播渠道、信道、传播工具等,是传播内容的载体。传播媒介有两层含义:一是指传递信息的手段,如电话、计算机及网络、报纸、广播、电视等与传播技术有关的媒体;二是指从事信息的采集、选择、加工、制作和传输的组织或机构,如报社、电台和电视台等。一方面,作为技术手段的传播媒介的发达程度如何决定着社会传播的速度、范围和效率;另一方面,作为组织机构的传播媒介的制度、所有制关系、意识形态和文化背景如何,决定着社会传播的内容和倾向性。

在人类社会传播过程中,采取不同的传播媒体对传播的效果有直接的影响。通常,传播媒体可分为以下几类:

(1)口头传播:如座谈、日常接待、新闻发布、演讲、沟通性会议、公务谈判和演说等。

(2)文字传播:如报纸、传单、杂志、书籍等。

(3)形象化传播:如照片、图画、模型、沙盘、实物等。

(4)电子媒体传播:如电视、电影、广播、广告,以及微信、微博等新媒体传播。

4. **受传者(audience)**　又称"传播对象""受者""受众"。是通过各种途径所到达并被接受的个人或群体,具体包括观众、听众、读者。受传者又叫信息接受者或称传播对象,是传播的构成要素之一,受传者可以是个人或社会团体、机构、组织等。不同的人对相同的信息也会有不同的理解,主要原因:一是信息本身的意义会随着时代的发展而变化;二是受传者有不同的社会背景。

5. **传播效果(effect)** 传播效果是指传播对人的行为产生的有效结果。具体指受传者接受信息后,在知识、情感、态度、行为等方面发生的变化,通常意味着传播活动在多大程度上实现了传播者的意图或目的。

健康活动是否成功,效果如何,主要体现在受传者知识、行为的改变。因此,按照改变的难易程度,传播效果由低到高可以分为四个层次。

(1) 知晓健康信息:这是传播效果中的最低层次,主要取决于信息传播的强度、对比度、重复率、新鲜度、定位点和创意性等信息的结构性因素。健康传播者通过多种渠道向受众传递医疗卫生保健的信息,就是要使受者在维护自身和他人健康、控制疾病危险因素、疾病的预防等方面能做到信息的共享。通过此类共享信息,使受众的医疗卫生知识水平不断提高,为其自身的保健技能打下良好的基础。

(2) 健康信念认同:受传者接受所传播的信息,并对信息中倡导的健康信念理解,认同一致。这是由认知进而形成一个人的价值观念的基础和先导。只有以受传者个人为中心所形成的价值观念,才能真正地影响其态度和行为。受传者就会自觉或不自觉地按照这样的信念,对其在健康方面的态度、行为表现和客观环境进行分析判断,有利于受传者态度、行为的转变以及对健康环境的追求和选择。

(3) 态度向有利于健康转变:受者的态度是其行为的先导。健康传播者通过健康信息的传播,使受传者获得健康知识,促进态度从不利于健康的方面向有利于健康的方向转变。健康的态度一旦形成,就具有固定性,成为一种心理定势,一般说来不会轻易改变。

(4) 采纳健康的行为和生活方式:这是健康传播效果的最高层次。受传者接受健康信息后,在知识增加、健康信念认同、态度转变的基础上,改变其原有的不利于健康的行为和生活方式,采纳有利于健康的行为和生活方式,并提高生活质量,这是健康传播的最终目的。只有实现了这一效果,才能真正改变人的健康状况。

(二) 施拉姆双向传播模式

美国传播学者威尔伯·施拉姆(Wilbur Schramm)在1954年《传播是怎样运行的》一文中结合奥斯古德(Osgood)的"基本传播行为模式"提出一个新的模式,用双向传播模式将传播过程描述为一种反馈信息的交流过程。其特点是:一种高度循环的传播模式,传者与受者作为传播主体不断传出与接受讯息。由于反馈的存在使传播过程实现了双向互动、循环往复。这个模式的贡献在于将传统的直线、单向的传播模式发展成为循环模式。这更加准确地表明了人类传播的交流、互换,共享信息的实际过程。

在施拉姆双向传播模式中,有两个重要的传播要素。

1. **传播符号(communication symbol)** 传播符号是指能被感知并揭示意义的现象形式,即能还原成"意思"的传播要素。人类传播信息,主要靠语言符号,也经常借助非语言符号。人们进行信息交流的过程,实质上就是符号往来的过程。作为传播者,编码、制作和传递符号;作为受传者,接收和还原符号,并做出自己的判断和理解。传播者和受传者相互沟通必须以对信息符号含义的共通理解为基础。例如:在健康咨询中,医生和病人之间的交流不断进行着这样的沟通和互动。

2. **反馈(feedback)** 指受传者在接受传播者的信息后所引起的心理上和行为上的反应。在传播过程中,反馈是传播者进行传播的初衷,也是受传者做出的自然反应。反馈是体现信息交流的重要机制,其速度和质量依据传播媒体的不同而不同。反馈的存在体现了传播过程的双向性和互动性,是一个完整的传播过程中不可或缺的要素。

四、健康传播的意义

（一）健康传播是健康教育的基本策略和手段

健康传播贯穿于健康教育与健康促进的信息收集、领导开发、社会动员、传播干预和反馈信息等各项任务阶段。充分应用健康传播的原理，可提高效率、减少盲目性、为健康教育和健康促进决策提供科学依据。

1. 收集信息，进行健康教育需求调研。

2. 开发领导，影响决策者制定健康促进政策。

3. 社会动员，激发各社会团体和群众关注、支持和参与健康教育与健康促进。

4. 传播干预，针对不同目标人群开展多种形式的健康教育与健康促进活动，可以有效地促进行为改变、疾病的早期发现与治疗，从而降低危害公众的健康疾病的严重性和危害性。

5. 收集反馈信息，以监测、评价、改进和完善健康促进计划。

（二）健康传播是促进公众健康的手段之一

健康传播可以对目标人群产生多层次的影响。

1. **个体水平**　健康传播的最直接对象是每个个体。个人的行为直接对个体健康发生影响，健康传播可以影响与个人行为有关的知识、信念、态度、技能和自我效能。

2. **群体水平**　健康传播通过个人所归属的社会网络和社会关系来传递健康信息，健康活动可以通过小群体内特定传播形式传递健康信息。

3. **组织水平**　健康传播通过有确定结构的正式团体，如协会、俱乐部、工作场所、学校、基层卫生保健机构等，可以向其成员提供健康信息、行为支持及开发促进行为改变的政策。

4. **社区水平**　通过信息传播，倡导和促进社区来创建支持健康生活方式的政策或者社区组织，减少有害健康的社会或物质环境因素，从而促进社区整体健康水平的提高。

5. **社会水平**　主要通过大众传播手段，促使社会作为一个整体环境对个人的行为发生影响，包括社会习俗、观念、价值取向、法律政策、物质信息等方面。

五、现代健康传播的发展与特征

健康信息的传播是人类在生存与发展过程中与医疗保健活动相伴随的行为。中国自古就有传播医药养生知识的记载。在现代社会，一些医学学者在医患传播领域的研究成为健康传播早期研究的重要组成部分，对于确立传播学在医疗保健活动中的学术性地位，起到了积极的推动性作用。

20 世纪 80 年代，全球艾滋病的流行对以疾病预防为主的健康传播学研究产生了巨大的推动力。80 年代后期以来，国际卫生机构致力于推动全球性的信息-教育-传播（IEC）运动，动员现代传播科学的力量，向广大民众传播健康知识，并帮助他们将已有的知识尽可能地运用到生活实践中去。

我国在 1990 年与联合国儿童基金会开展健康教育合作项目，该项目的工作重点主要是通过对健康教育和妇幼保健人员的逐级培训，向广大农村妇女广泛传播生命知识。20 世纪 90 年代以来，伴随我国健康教育与健康促进领域的发展，健康教育的理论和方法在不断地扩展与更新。进入 21 世纪，在健康促进理念的指导下，我国的健康传播逐步走向现代化、系统化、多样化，表现出一系列的新容貌。

（一）健康传播内容的更新

由于人类疾病谱的变化所导致的对人类健康关注点的位移。以行为改变为主要诱因和预防为重要手段的慢性非传染性疾病，正在成为威胁人类健康的主要杀手。由于不良的生活方式与健康之间的关系，使得健康传播在内容上正在实现从"提供生物医学知识"到"促进行为改变"的重要转变。在糖尿病、冠心病、心脑血管疾病等慢性病综合防治中,行为与生活方式的指导是重点干预内容。同样,在艾滋病、肝炎、肺结核等新老传染病的防治中,针对特定人群的行为特点与信息需求所开发的健康传播材料,着眼于行为改变已经达成共识。

(二)传播策略与方法的更新

健康传播已经由卫生宣传模式转向在受众研究基础上的分众传播;从以往单向的传播模式,转向为现在双向的互动传播模式;从以往单纯传递健康知识和健康技能,过渡为集中传播健康知识、健康心理、健康行为、健康文化为一体的综合模式。在明确目标人群需求的基础上,提出有针对性的传播策略和方法已成为大多数健康传播项目的活动依据。社会营销策略、同伴教育策略、"明星效应"策略、娱乐教育策略等都得到了普及和应用。

(三)工作模式的更新

由健康教育专业人员的"单枪匹马"发展为多部门、多层次、多机构的广泛社会合作。大众媒体在重大公共卫生问题的报道和宣传方面发挥着重要的作用,特别是在抗击非典型性肺炎(SARS)、应对突发公共卫生事件的斗争中担任着重要的角色。2003 年 SARS 的暴发,使国家经历了一次重大的公共卫生危机,促使了我国新闻传播学界对健康传播的高度关注和反思,使之成为我国健康传播研究与实践的另一主流力量。

(四)健康传播媒介的更新

20 世纪 90 年代以来,全球信息高速公路和国际互联网的普及将电子计算机的应用推广到了社会的各个领域。作为社会发展的基本动力,每一种新媒体的产生都开创了人类交流和社会生活的新方式。以电子计算机和互联网为代表的新媒介的出现,不仅给健康传播带来了技术上的更新,也带来了健康传播方式和传播理念上的更新。

(五)健康传播理论的融合和发展

作为传播学的一个专业研究领域,传播学研究的许多重要的理论和方法,如议程设置理论、创新与扩散理论、说服理论等,对现代健康传播的研究与实践有着重要的指导作用,而健康传播的实践中社会营销、娱乐教育等策略的应用,则丰富和发展了一般传播学的理论与实践。

第二节　健康传播分类

人类的传播活动形式多样,可从多种角度进行分类。按照传播的符号可分为语言传播、非语言传播;按照使用的媒介可分为印刷传播、电子传播;按照传播的效果可分为告之传播、说服传播、教育传播;按照传播的规模,可将人类传播活动分为五种类型:自我传播、人际传播、群体传播、组织传播和大众传播。自我传播(inter-personnel communication)指个人接受到外界信息后,在头脑中进行信息加工处理的心理过程,是人最基本的传播活动,是一切社会传播活动的前提和生物学基础。本节主要对人类传播的后 4 种传播方式进行介绍。国内外实践表明,多种传播手段的综合运用,是健康教育与健康促进最有效的干预策略之一。

一、人际传播

(一)人际传播的概念

人际传播(inter-personal communication)也称人际交流,是指个人与个人之间的信息交流活动。这类交流主要通过语言来完成,但也可以通过非语言的方式来进行,如动作、手势、表情、信号(包括文字和符号)等。人际传播是人类最早、最原始的传播方式。

人际传播可分为个人与个人之间、个人与群体之间、群体与群体之间三种形式。个人与个人之间的传播形式有交谈、访问、劝告、咨询等;个人与群体之间的传播形式有授课、报告、讲演、讲座等。人际传播是一门新兴的学科,起源于古希腊学者的谈论修辞,在 20 世纪 70 年代正式成为传播研究中一个分支学科,随着新媒体技术的发展,人际传播进入了一个全新的时代。

（二）人际传播的特点与常用形式

1. **人际传播的特点** 人际传播是人类交往中最初、最基本也是最重要的形式,是人们在共同活动中彼此交流各种观点、思想和感情的过程。人际传播的主要形式是面对面的信息交流,也可以是借助某些传播媒体的间接交流,如电话、微信、电子邮件等。因此,人际传播是进行健康信息传播、劝导他人改变行为的良好手段,与其他传播形式相比,人际传播具有以下特点:

（1）全身心:人际传播是全身心的传播,即人与人之间需要用视、听、说、触等多种感官来传递和接受信息。因此,有人称之为真正意义上的"多媒体传播"。

（2）全息性:人际传播是全息性传播,即信息交流比较全面、完整、接近事实。人际传播是"多媒体"、面对面的,人们可以通过形体语言、情感表达来传递和接受用文字和语言等传达不出的信息。可以说,人际传播是最真实的传播,这一点是其他任何传播形式无法替代的。

（3）个体化:人际传播以个体化信息为主,情感的信息交流以及非语言信息在人际传播中占了很大的部分。

（4）互动性:人际传播中信息需要充分交流,及时反馈。在这个过程中,交流双方互为传播者和受传者,通过了解对方对信息的理解和接受程度,交流双方随时调整传播策略、交流方式和内容,使交流高效、快捷、准确。

（5）多元化:人际传播在新媒体环境下呈现出多元化形式,信息的内容更加具体、生动、丰富,新媒体提供了一个相对自由平等的交流空间。

2. **健康教育中常用的人际传播形式**

（1）咨询:健康教育人员或者专业人员为前来咨询者答疑解惑,了解咨询者目前所面临的健康问题,并帮助咨询者形成正确的观念,作出相应的行为决策。

（2）交谈或个别访谈:通过面对面的直接交流,传递健康的信息,帮助咨询者学习健康知识,改变原有不健康的生活方式或态度。

（3）劝服:针对教育对象所存在的具体健康问题,通过传播正确的健康知识从而改变其不正确的健康态度、信念或行为习惯。

（4）指导:通过传授知识和技术,帮助教育对象学习和掌握自我保健的技能。

二、组织传播

（一）组织传播的概念

组织传播（organizational communication）这个概念最早出现于20世纪50年代,70年代后期组织传播理论发展逐渐成为独立的理论体系。所谓组织传播,就是组织成员之间、组织与组织之间、组织内部机构之间的信息交流和沟通。具体地说,组织传播是由各种相互依赖的关系结成的网络,为应付外部环境的不确定性而创造和交流信息的过程。组织传播是指组织所从事的信息活动,包括组织内部个人与个人、团体与团体、部门与部门、组织与其成员的传播活动以及组织与相关的外部环境之间的交流沟通活动。组织传播既是保障组织内部正常运行的信息纽带,也是组织作为一个整体与外部环境保持互动的信息桥梁。

（二）组织传播的特点

组织传播包括组织成员之间、组织与组织之间、组织内部机构之间的信息交流和沟通,这是组织生存和发展必不可少的保障。组织传播的功能包括内部协调、指挥管理、决策应变及形成合力。组织传播具有以下几个特点:

1. 组织传播主要是沿着组织结构进行的,包括上行传播、下行传播及横向传播。

2. 组织传播具有明确的目的性,其内容都是与组织有关的。

3. 组织传播的反馈是强制性的,因为组织传播的行为具有明确的目的性,要求必须产生效果,因而受者必须对传者做出反应。

（三）组织传播在健康教育与健康促进中的应用

为了推进健康教育与健康促进工作,国家从中央到地方都设置了相应的机构,中央机构包括中国疾病预防控制中心、中国健康教育中心、中国健康促进与教育协会等;地方机构主要有各级疾病预防控制中心及各级健康教育中心、所,这些机构都是健康教育与健康促进工作最直接的参与主体。

健康教育与健康促进"社会动员"目标的实现,倡导、赋权、协调三大策略的实施,都与组织传播息息相关。各级健康教育与健康促进机构与团体,为了寻求更好的生存和发展机会,都要开展有计划、有目的的自我宣传,是组织与其所处的社会环境建立和保持和谐关系、协调发展的重要活动。健康教育机构的对外宣传活动大致分为三种类型:

1. 公关宣传　公关宣传有多重形式,如举行各种形式的联谊、交流或服务性的活动,重大卫生宣传日的大型义诊和咨询活动,发行宣传刊物等,是现代公关活动的重要手段。

2. 公益广告　是组织外传播的另一种公关活动。公益广告的目的在于宣传健康理念,唤起公众意识,倡导健康行为。公益广告的效果主要取决于广告主题的确立和广告的艺术表现形式。广告主题要解决的是"说什么",广告的表现形式要解决的是"怎么说"。

3. 健康教育标识系统宣传　是指健康教育机构使用统一的象征符号系统来塑造、保持或更新事业形象,一般包括名称、颜色、图标、徽章等。标识系统这一概念主要来自于企业标识系统（CIS）。CIS一般包括三种要素:一是企业理念和价值标识,二是行为示范标识,三是视觉或听觉标识。CIS宣传主要利用普遍接触和重复记忆机制来系统塑造企业形象。健康教育标识系统在"全国亿万农民健康促进行动"的品牌塑造中得到了较好的应用。

三、群体传播

（一）群体传播的概念

群体指由共同的利益、观念、目标、关系等因素相互联结,存在着相互影响作用关系的个人的社会集合体。群体传播（group communication）又称小组传播,是群体成员之间发生的信息传播行为。表现为一定数量的人按照一定的聚合方式,在一定的场所进行信息交流。群体的规模有大有小,不同的群体具有不同的特点。但不论何种群体,在传播活动中其成员都要受群体形成的规范的调节和制约,保持大致统一的行为目标和认知结构。群体是将个人与社会相连接的桥梁和纽带,每个人生活在一定的群体之中,都是群体传播的参与者。

（二）群体传播的特点

美国社会学家戴维·波普诺认为"群体是两个或者两个以上具有共同认同好感的人所组成的人的集合,群体内的成员们相互作用、相互影响,共享特定的目标和期望。"良好的沟通能够使群体成员更有效地一起工作和学习。群体传播时代的到来是现代传播技术高速发展和社会信息高频交流的必然趋势,由于社会影响力的存在,群体传播将个人与社会联系起来,有效地将信息进行扩散又有很好的互动。群体传播具有如下特点:

1. 群体传播在群体意识的形成中起重要作用　群体意识的强弱会直接影响群体的凝聚力,群体意识越强,群体的凝聚力也就越强,越有利于群体目标的实现。群体意识在群体传播中起到重要的促进作用,同时,也对群体成员的观念、态度和行为产生制约的作用。

2. 群体规范产生重要作用　群体规范是指群体成员共同遵守的行为方式的总和。在一个群体中,群体成员有着共同的信念、价值观、思维方式、行为和某种社会身份。群体规范是群体意识最主要的核心内容,群体在群体意识的支配下活动,同时也需要遵守相应的群体规范。当群体规范形成后,就会对群体成员产生一定的作用,约束群体成员的行为,维护群体的生存和发展。

3. 群体压力导致从众行为　借助群体规范的作用对群体成员形成一种心理上的强迫力量,

以达到约束其行为的目的。群体活动的基本准则是个人服从集体，少数服从多数。在群体交流中形成的一致性意见会产生一种群体倾向，能够改变群体中个别人的不同意见，从而产生一种从众心理。

4. 群体中的"舆论领袖"具有领导作用　舆论领袖是指能够非正式地影响别人的态度或者一定程度上改变别人行为的个人。舆论领袖具有更大的影响力，更容易促成群体意识的形成。舆论领袖对群体成员的认知和行为改变具有很强的引导作用，通常是健康传播的切入点。

（三）群体传播在健康教育与健康促进中的应用

群体传播可以适用于不同目的的健康教育与健康促进活动。群体可以是社会中自然存在的形式，如家庭、学校、工作单位、居民小区等，也可以是为了某一目标把人们聚集起来形成的一种活动群体。例如，每年 3 月 4 日国际人类乳头瘤病毒疫苗（HPV）知晓日，在全国多个城市开展宫颈癌防治的健康教育活动等。活动的组织单位向聚集到医院参与活动的广大妇女介绍"什么是HPV？""谁会感染 HPV？""HPV 是怎样传播的？""HPV 相关的潜在健康问题"等。在健康教育与健康促进中，群体传播对群体意识的形成非常重要。当面临突发公共卫生事件的时候，社区群众极容易产生群体意识，在群体内或者群体间进行传播。例如：当非典流行的时候，民众会形成一种"我们"的意识，把有疫情的省份归为"他们"，对疫情蔓延的情况并不是十分关注。当非典逐渐蔓延之后，中国政府下决心要遏制疫情再次扩散，利用大众传播媒体对如何预防疫情扩散进行了大量的报道。这时，民众才渐渐上心起来，为抗击非典共同作战，从而实现了远离 SARS、远离非典的目标。因此，群体传播可适用于不同目的的健康教育与健康促进。

1. 收集信息　通过组织目标人群中的代表，召集专题小组进行讨论，深入收集所需的信息。这是社会市场学的一种定性研究的方法。20 世纪 90 年代以来引进健康教育领域，目前广泛运用于社区健康需求评估和健康传播材料制作的形成研究中。

2. 传递健康信息　健康教育活动通过小组形式，传播健康教育的知识和技能。在过程中，强调集体协作能力与互助能力，通过经验交流，互相学习，调动所有人的积极性。例如：同伴教育、自我导向学习小组等教育模式，已经得到了国内外健康教育与健康促进领域的广泛认可。

3. 促进态度和改变行为　利用群体的力量帮助人们改变不利于健康的态度和行为，是行为干预的一种有效策略。实践证明，当依靠个人的努力难以实现态度和行为的改变时，如改变个人不良的饮食习惯、戒烟、坚持锻炼等，在群体中，在同伴和朋友的帮助、监督和支持下，就比较容易实现。作为积极的强化因素，语言鼓励、行为规范和压力以及群体的凝聚力，为促进个人改变不良行为习惯，采纳和保持新的健康行为提供良好的社会心理环境。

四、大众传播

（一）大众传播的概念

大众传播（mass communication）一词最早出现于 20 世纪 30 年代的美国，是指职业性信息传播机构和人员通过广播、电视、电影、报纸、期刊、书籍等大众媒介和特定传播技术手段，向范围广泛、为数众多的社会人群传递信息的过程。由于健康传播的特点，这种传播方式越来越被健康教育工作者所采纳。

（二）大众传播的特点

在现代社会，大众健康传播是人们获得外界信息的主要渠道，是社会文化和娱乐的主要提供者，是实现国家和社会目标的重要工具。大众传播作为现代社会具有普遍影响力的社会信息系统，其功能和作用是复杂和多方面的。大众传播对人的行为和社会实践有着极为重要的影响，在人们日常生活、工作中表现出重要的作用。大众传播具有以下特点：

1. 传播者是职业性的传播机构和人员，并需要借助非自然的特定传播技术手段。传播者是从事信息生产和传播的专业化媒体机构，包括报社、杂志社、电视台、影像制作公司、互联网企业等。大众传播是有组织的传播活动,是在组织的目标和方针指导下进行的传播活动。

2. 大众传播的信息具有文化属性和商品属性。大众传播的信息是社会文化产品,人们对信息的消费是精神上的消费,因此大众传播信息是具有文化属性的信息。而社会大众所看的报纸、电视都是需要支付一定费用的,因此信息又具有普通的商品属性。

3. 大众传播的对象是社会上的一般大众,以满足社会上大多数人的信息需求为目的。只要能接收到大众传播信息的人都是大众传播的对象,受众的广泛性,意味着大众传播具有广泛的社会影响。信息的生产与传播不分阶层和群体,因此,大众传播的受众为数众多。

4. 以先进技术为基础的分发系统和设备,决定着信息传播的物理形式、时空范围、速度和数量。信息标准化和规范大众传播媒体的发展离不开印刷术和电子传播技术的发展,广播、电视成为了当今社会主要的传播媒体,而激光印刷、通信卫星、网络技术等科技的发展,使大众传播在规模、效率、范围上都有了突飞猛进的发展。

5. 作为一种制度化的社会传播,大众传播具有强大的社会影响力,很多国家将大众传播都纳入了社会制度和政策体系。每个国家的大众传播都有各自的传播制度和政策体系,这些制度和政策都在维护特定制度上发挥作用。

（三）大众传播在健康教育与健康促进中的应用

大众传播是信息时代的重要力量,担任着重要的角色。大众传播媒体是人们日常接触最多的传播形式,可以有效地进行宣传教育,传播健康知识。传统的大众媒体包括报纸、杂志、电视、广播、书籍等,而新的传播方式层出不穷,如电子邮件、MSN、微博、QQ、微信等新媒体也得到了目标人群的广泛应用。以健康教育与健康促进为目的的健康教育机构,包括政府医疗卫生、疾病预防等部门、医疗卫生领域的事业单位,以及以传播健康为目的非政府组织和公益机构等,这些机构具有庞大的专业知识储备,可以运用各种媒介传播科学健康知识。

根据预期达到的健康传播目的和信息内容,恰当的选择传播媒介是取得预期传播效果的一个重要保证。在选择传播媒介时,应遵循如下原则:

1. **针对性**　针对性是指所选择媒介对目标人群的适用情况。例如对儿童采用卡通或儿歌形式要好于文字印刷媒介;对于需要唤起公众意识,引起大众关注的信息,如关于预防艾滋病的宣传教育,宜选择大众媒介;对于青少年,如开展青春期健康教育等,采用新媒体技术效果会更好。

2. **速度快**　力求将健康信息以最快的速度、最畅通的渠道传递给目标人群。一般来说,电视、广播、网络等是传递信息最快的媒介。目前,迅速发展的新媒体技术成为信息传播速度快、效率高的信息传递技术。

3. **可及性**　根据传播媒体在当地的覆盖情况、受众对传播媒体拥有情况和使用习惯来选择媒介。

4. **经济性**　从经济实用的角度考虑传播媒体的选择,例如是否有足够的经费和技术能力来制作、发放某种材料或使用某种传播媒体。这一原则在健康教育工作中将起着决定性作用。

5. **综合性**　采用多种传播媒体渠道的组合策略。在健康传播活动中,充分利用传播媒体资源。注意传播媒体渠道的选择与综合运用,使用两种或者两种以上的传播媒体,使其优势互补,保证传播目标的实现,扩大产出的效果。

第三节　健康传播方法

人类从 20 世纪 60 年代起将传播学的概念引入健康教育领域,并逐渐形成了健康传播学,极大地丰富了健康教育的策略方法和理论宝库,有效地指导着健康教育的实践。健康信息的传播途径分为语言传播、文字传播、形象教育传播、现代教育技术方法。在开展健康教育活动时,必须从实际出发,因时、因地、因人的需要,灵活的选择传播方法,以达到最佳的传播和教育效果。

一、语言传播

语言传播方法又称口头传播方法,包括健康咨询、个别劝导、小组讨论和专题讲座等。语言传播方法是人际传播在健康教育中的具体应用。因此,人际传播的有关技巧都可以有选择性地贯穿其中。

(一)健康咨询

健康咨询是指运用医学健康相关学科的专业知识,遵循其基本原则,通过健康咨询的技术与方法,帮助求助者避免或消除心理、生理、行为及社会各种非健康因素的影响,以促进身心健康。一般以心理咨询应用最多,心理咨询需要一个安静的环境,根据受教育者的心理状态,以受教育者心理接受为原则,进行心理疏导。健康咨询具有随时随地、简便易行、针对性强、反馈及时等特点,效果最为显著。但是由于需要大量的人力和时间,所以传播效率较低。

(二)个别劝导

在健康教育活动中,健康教育人员经常会针对某一个干预对象的特殊健康行为和具体情况向其传授健康知识,教授保健技能,启迪健康信念,说服其改变态度和行为,这是健康教育工作中采用较多的人际传播形式,是行为干预的主要手段。在个别劝导中,健康教育人员要充分利用各种人际传播技巧,特别是谈话技巧。

(三)小组讨论

小组讨论是一种小范围人群交流的方法,组织者为了某一目的将一定数量、具有相似背景的人召集在一起,在主持人的组织下就某一共同关心的主题进行开放式讨论。小组讨论具有人数少、精力集中、针对性强、可及时掌握反馈信息等特点。一般在学校、部队、科研工作者的健康教育活动中,这种方法经常用于了解和收集有关信息;传播健康知识,转变信念、态度和行为;评估健康教育活动的效果。

(四)专题讲座

专题讲座顾名思义是就某个专业话题而主办的专场讲学活动。在此是指针对具有普遍意义的某个问题进行的群体健康教育活动,它具有针对性强、目的性强、专业性强、内容突出、影响广泛、有较强的感染力、效果明显、目的明确等特点。专题讲座是部队和医院健康教育活动中最常用的方法。

二、文字传播

文字传播方法是通过文字进行信息传播的一种方法,属于视觉传播。文字传播让异时、异地传播成为了可能,大大提高了传播的广度和范围。以往的语言传播,是人与人之间的口耳相传、心记脑存,既不能"通之于万里,推之于百年",亦不能保证信息在传播中不被扭曲、变形、重组和丢失。因此,"文字者,经艺之本,王政之始,前人所以垂后,后人所以识古"。常见的文字传播形式有手册、传单、卫生标语和墙报等。特点是覆盖面广、影响大、内容详细而系统,便于长时间保存,不受时间、空间和语言的限制,可以随时随地自由地进行浏览。文字传播的主要形式有纸质材料、展板、手册等。

(一)纸质材料

纸质材料是最早出现的印刷媒体,具有标准、系统、规范、严谨的风格。健康科普书籍受到受众的欢迎,也是健康传播者相互学习交流的重要方式之一。其特点主要表现为简单、便携、保存价值高、便于查阅等。

(二)展板

展板是指用于发布、展示信息时使用的板状介质,有纸质、新材料、金属材质等。健康展板主要传达与健康相关的信息,通过不同风格的画面设计,使内容更具吸引力,让人们更加乐意接受这些信息,从而达到更好的宣传效果。

（三）手册

手册是汇集一般资料或专业知识的参考书,健康传播手册便于浏览、翻检健康常识,特点是对于专业知识简明扼要、重点突出。

三、形象教育

形象教育方法在健康教育中,常以图画、照片、标本、模型、示范演示等方式进行。

（一）图画、照片的应用

人们通常将图画、照片等美术摄影手段所表现出来的,与健康教育相关内容的作品称之为"卫生美术"和"卫生摄影"。它的主要目的是传播健康知识、技术和技能,力图通过直观、可视的形象,强烈吸引人们的注意力,同时在审美的愉悦中领悟健康知识的道理。卫生摄影具有纪实性和可信性的特点,会让人产生身临其境的感觉,从而产生自觉的健康行为。卫生美术是以特定科学的题材和内容为主题的绘画创作,它通过对绘画艺术语言的运用,将其内容进行形象化的描绘和塑造,借以传播给群众的一种绘画创作形式。卫生美术的表现形式有卫生宣传、卫生漫画、卫生科普画等。卫生摄影常用的表现形式有卫生摄影小说、摄影科学故事、卫生摄影小品等。

（二）标本、模型的应用

标本和模型都是以实体的真实感向人们展示某种动物、植物个体及其器官、组织的形状和结构。其最突出的特点就是可视性强,直观可信。用它们作为材料进行健康教育,有其他形式所不具备的独特优点,教育效果较好。

（三）示范演示

在健康教育中,示范和演示对传播健康知识,尤其是传播健康技能起着重要的作用。其特点是可以直接把健康知识的理论与实际操作结合起来,直观有趣、生动活泼、作用迅速。健康知识和技能,通过示范和演示来传播,对教育者自身素质要求比较高。首先,在以示范形式进行教育时,要求实施者不仅要有准确的自身技能,熟练的操作,还需要叙事清楚。尤其当示范某项技能时,事先要做好各方面的准备工作,一举一动,一招一式都要到位。

总之,无论是演示还是示范,都需要教育者要有所设计,需要预想到在演示或者示教过程中可能出现的种种问题,并准备好有效的解决方法。不仅如此,还需要了解教育对象的接受能力。最终,需要根据教育对象的接受能力来安排详细且具体的训练计划。

四、新媒体技术

新媒体是指利用数字技术、网络技术等,通过互联网、宽带局域网、卫星等渠道,以及电脑、手机终端等进行大众传播和人际沟通的形态。新媒体一词从20世纪60年代末诞生以来,很快成为西方发达国家新闻界、科技界及学术界最热门的话题之一。它是相对于报纸、广播、电视等传统传播媒体之外的新的媒体形态。新媒体是一个不断发展的概念,近年来在我国得到了长足的发展,在健康教育中得到了广泛的应用。随着现代化计算机技术、网络技术、通信技术的发展,计算机网络、手机以及多媒体等已经成为新一代的传播媒介,由于其快速性和及时性大大提高了传播的速度,因此成为传播家族中不可或缺的一份子。合理地利用新媒体对于开展健康教育来说,可以起到至关重要的作用。新媒体可以分为以下三种类型:

1. **互联网新媒体**　网络已经成为居民获取健康类信息的一个重要途径。在我国,随着网络的普及和公众的健康意识逐渐增强,越来越多的人使用网络获取健康相关的知识与信息。互联网和移动电子设备的普及使得各种形式的健康信息能够跨越时空的限制在人群中传播,大大降低了传播成本,提高了健康传播的效益。

2. **手机新媒体的应用**　微信、微博作为新媒体时代的代表产物,信息传播方式上更加体现了新媒体传播的便捷性、及时性、交互性等特点。将新闻及时发布在网上,与大众同步阅读浏览,前所未有地改变了公众的媒体习惯和信息传播的模式,许多"博主""官方微博"、微信公众号等,利用其专业知识,进行健康咨询,订阅该账号的"粉丝"可以阅读并参与到内容的分享和讨论中,在不同平台上乃至平台之间形成健康传播的网络社群。因其易于被大众接受,传播者与受众互动性强,畅通了反馈和交流,成为健康传播在新媒体中最为即时性、用户最活跃的信息传播平台。

3. 数字电视新媒体　数字电视使传统电视的媒体形象发生了变化,如开机画面、EPG(electronic program guide,电子节目指南)指南、数据广播、自办 NVOD(near video on demand,视频点播)乃至互动电视,都成为全新的广告载体。利用数字电视,传播健康知识,使大众在看电视的情况下,就能掌握更多有利于健康的知识,方便大众学习。

五、融媒体技术

融媒体具有全媒体形态,包括报纸、期刊、广播、电视、网络、手机、户外视频等,是一种新颖的、开放的、不断兼容并蓄的综合传播形态,是实现资源通融、内容兼融、宣传互融、利益共融的新型媒体。

融媒体作为一种全新的媒介观念、媒介形态、信息生产方式和媒介运营模式,不是一个独立的实体媒体,而是一个把广播、电视、互联网的优势互为整合,互为利用,使其功能、手段、价值得以全面提升的一种运作模式。

融媒体时代的信息传播具有:媒介集成化、主体多元化、载体多样化、载体移动化、结构扁平化、采编智能化、内容碎片化、影响情绪化、表现视频化、行为社交化等十大特征。

融媒体时代的到来给社会生活方式、健康科普传播等诸多领域带来革命性的影响,因此必须掌握融媒体时代的传播规律和受众特点,实现融媒体时代传播效果最大化。

第四节　健康传播的影响因素及对策

健康传播效果是指受众在接受健康传播信息后,在情感、思想、态度、行为等方面发生的反应,是一个效果的积累、深化和扩大的过程。在每一个环节上,都有许多因素能直接或间接地影响传播效果。健康传播的效果可分为四个层次:知晓健康知识、认同健康信念、转变健康态度和采纳健康行为。这是一个由浅入深、循序渐进的过程。从应用的角度出发,加强对影响健康传播效果因素的研究,并提出相应对策,是健康传播学的重要内容。

一、传者因素

虽然人人都可以是传播者,但并非人人都能充当健康传播者。健康传播者既要具有健康教育意识和以"人人健康"为传播的出发点,又要有医学科学知识和必要的传播与教育技能。因此,健康教育工作者与所有负有健康教育职责的人是健康传播的主体。传播者决定传播过程的存在和发展,同时还决定着信息内容的数量和质量。因此,健康传播者的素质直接影响到传播效果。

(一)做好信息的把关人

"把关人",最早是由美国社会心理学家、传播学四大奠基人之一库尔特·卢因(1947年)提出的。卢因认为,在研究群体传播时,信息的流动是在一些含有"门区"的渠道里进行的。在这些渠道中,存在着一些把关人,只有符合群体规范或把关人价值标准的信息才能进入传播渠道。在健康传播过程中,主管部门、社区的决策人、医学专家和健康教育工作者都是健康信息的把关人。要想提高把关质量,需要:①不断探索、更新知识、更新理念,不断提高自身的能力和业务水平;②对于基层的专业人员,要对其进行业务培训和指导,帮助他们不断提高健康教育理论和技能水平,快速变成一个专业人员;③要制作和使用一些内容科学、通俗易懂、符合大众需要的健康传播材料;④加强媒体管理,建立相应的监督机制,对于信息流通渠道和传递过程中进行质控,防止内容陈旧或有损健康的伪科学进入传播渠道误导公众。

（二）树立良好的传播者形象

传播者的威望和信誉越高,传播效果也就越好。真正的专家能给予大众可以信赖的有效的健康指导。传播者的信誉通常是由传播者的专业知识水平、态度以及信息的准确性、可信性决定的。只有不断提高健康教育机构和人员的业务水平,加强自身修养,树立言行一致、健康向上的良好形象,才能使健康教育和健康促进活动贴近群众,贴近生活。只有可靠的信息、可行的方法,才能使健康传播者在群众中树立威望。

（三）加强传受双方的意义空间

传受双方共通的意义空间又称共同的经验范围,指的是交流双方有着大体一致的生活经验和文化背景,在传播过程中所使用的语言、文字等符号的含义理解相一致。共通的意义空间是人类得以交流和沟通的重要前提,可随着沟通交流的增加而扩大,也可以随着隔阂的产生而逐渐缩小。传播者努力寻找和扩大与受者之间的共同语言,并以此为切入点进行传播(图 4-2)。

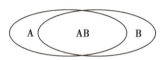

图4-2　人际传播过程中共通的意义空间

对于新的健康知识和健康概念,双方的共通意义空间越大,传播效果就会越好。从认知角度来说,要注意传播对象的价值观、知识结构、文化程度和接受能力;从文字、语言等传播符号的使用上来说,需要注意准确、通用,能够被对方理解和接受;从情感上来说,要获得传播对象的认同感。

二、信息因素

健康传播过程中,信息因素起着举足轻重的作用。健康传播就是通过健康信息的刺激,来激发受传者的某些健康需求与健康知觉,产生健康信念,最终形成或建立某种健康行为。健康传播的信息连接了整个传播过程,是取得良好传播效果的重要环节。

（一）提高信息内容的针对性、科学性和指导性

健康传播活动传播的是有关健康的知识、技术、观念和行为模式的健康信息,能有效地指导人们的健康行为。因此,信息内容不仅包括"是什么""为什么",还要告诉人们"如何做"。要想提高信息内容的针对性和指导性,需要做到信息内容统一,行为目标明确,实现目标的方法具体、简便、易行且可行。此外,还应注意结合受众的需求,选择热点话题。例如:根据社区中育龄妇女的状况,选择孕产期保健、儿童预防接种等话题;结合疾病流行特点,选择话题,如冬春季流感、夏季感染性腹泻等;结合重大的卫生宣传日,选择传播内容,如4月7日"世界卫生日"、5月8日"世界红十字日"、5月20日"中学生营养日"、5月31日"世界无烟日"、9月20日"全国爱牙日"、12月1日"世界艾滋病宣传日"等。

（二）同一信息,反复强化

选择适宜的大众媒体,进行大面积的信息覆盖,可以取得良好的健康传播效果。例如:在1987年11月,世界卫生组织在日本东京举行的第六届吸烟与健康国际会议上,建议把每年的5月31日定为世界无烟日。在每年的这一天,通过举办各种知识讲座、在校园、社区开展宣传活动、利用新媒体科学传播等健康传播活动,带动全国30多个省市的公众参与"世界无烟日"的各项活动,规模超大,百姓参与度也很高。研究表明,简短、反复出现的健康信息可以使受传者加强记忆。一则好的电视公益广告能让人记住不忘,就在于其生动形象,短小精悍、朗朗上口、反反复复。

（三）注意信息反馈

信息反馈是传播过程中的一个重要的环节,健康传播机构需要建立健全的信息反馈机制。

信息反馈通常不会由受传者自觉地向传播者发送,而是需要传播者有意识地从受传者那里去获得。信息反馈是一种双向对话,传播者和受传者之间常常互换角色。因此,需要健康传播机构建立健全信息反馈的机制,不断了解受众的反应,分析健康传播工作状况,找出存在的问题,从而提高健康传播的效果。

三、媒介因素

在健康传播活动中,充分利用传播媒体资源,注意传播媒体渠道的选择与综合运用,使用两种及以上的传播媒体,使其优势互补,保证传播目标的实现,能够起到减少投入,扩大产出的效果。在健康教育与健康促进活动中,常采用的手段有:大众传播为主,重点目标人群人际传播和群体传播为辅;以人际传播或群体传播为主,健康教育材料为辅,如幻灯片、画册、视频、挂图等作为口头教育的辅助手段;应用多媒体的组合策略,人际、群体、组织、大众传播等多种传播方式并用,开展综合性的健康教育和健康促进活动。

四、受者因素

健康传播的受众是社会人群,有着多样性的健康需求和信息需求。传播内容要符合受传者的年龄、生理与心理特点。根据受传者的特点和需求制订健康传播策略模式是提高健康效果的重要途径。受传者的属性如性别、年龄、种族、文化程度、职业及人际传播网络、群体归属关系和群体规范、人格和性格特点、个人过去的经历和经验等都决定着人们对传播媒体或者信息的兴趣、情感、态度和使用。根据受众特点制订传播策略是传播学理论在健康传播中的具体应用。以下是受传者的心理特点:

(一)受传者的选择性心理

人每时每刻都在接受来自周围大量信息的刺激,同时也在对这些刺激做出选择。选择性心理是一种普遍存在的心理现象,其正面意义在于,促进了对"重要信息"的认知,但是如果信息处理的不妥当,就会成为一种影响信息交流的干扰因素。选择性信息主要表现为选择性接触、选择性理解和选择性记忆,人们普遍都倾向于接触、注意、理解、记忆和自己的观念、个性、需求等因素的一致性信息。如果按照听众的心理发展去制订传播计划,决定信息内容,选择媒介渠道,那么传播的效果一定会更好。

(二)受传者对信息需求的共同心理特征

受传者对新信息除了 3 种选择心理因素外,在接触信息时还普遍存在"五求"心理,即求真(真实可信);求新(新鲜、新奇、吸引人);求短(短小精悍,简单明了);求近(与受传者在知识、生活经验、环境空间及需求欲望方面接近);求情厌教(要求与传播者情感交流,讨厌过多居高临下的说教)。在广告学中,有一个理念与之相通,那就是"AIDAS"理论,通过一系列心理过程,使受众达成购买的行为。即:A(attention)使受众注目;I(interest)使受众产生兴趣;D(desire)使受众产生欲望;A(action)使受众采取行动;S(satisfaction)使受众满足,这便是 AIDAS 理论。传者应客观、全面地收集受传者的反馈、掌握受传者心理,以达到最佳传播效果。

(三)受传者接受新信息的心理行为的发展过程

受传者在接受一种新信息或者在采纳一个新行为时,都会经历一个心理行为的变化,这一过程大致可分为知晓、决策、采纳、巩固几个阶段。若研究者根据受众的心理行为的发展阶段制定干预项目,决定信息内容,选择传播渠道,那么,会取得更好的效果。其基本策略可分为:

1. **无知阶段(当人们处于无知状态时)** 宣传扩散,使其知晓;
2. **知晓阶段(当人们得知此信息时)** 提供知识,进行劝服;
3. **决策阶段(对新信息已经形成积极的态度,准备尝试)** 提供方法,鼓励尝试;
4. **采纳阶段(已经尝试过新行为时)** 支持鼓励,加以强化;

5. 巩固阶段（已经采纳新行为）　继续支持，不断强化。

（四）受传者对信息的需求和使用

人们在接受信息的过程中，不仅是有选择性的，而且还会主动地寻求和使用信息。一般来说，人们寻求信息的主要动机是为了消遣、填充时间、社会交往、咨询解疑等。具体到健康传播领域，人们的健康状况和对健康问题的关注会直接影响其对健康信息的需求、选择和迫切程度。如自己或者家人处于患病阶段时，会产生强烈的健康信息需求，常常表现为寻医问药，甚至是有病乱投医，这正是我们为其提供健康传播服务，避免其上当受骗的最佳时机。处于特定生理阶段时，产生与该阶段相关的信息需求，如育龄妇女对孕产期的渴望；老年人对老年保健知识的关注。还有潜在的健康需求，每个人都有接受健康信息的客观需求，但是往往缺乏主观意识，这就要求我们运用强有力的健康传播手段，激发公众的健康需求，提供一些稍微超前的健康知识与技能，实现疾病预防和健康促进。

五、环境因素

除了上述传播过程的四要素外，还有一个重要方面不可忽视，那就是传播活动赖以发生的自然环境和社会环境。

（一）自然环境

如传播活动地点、场所、距离、环境布置等。这些环境因素的处理与安排，对营造交流氛围，扩大传播活动的影响，有着积极的作用。

（二）社会环境

包括宏观社会环境和微观社会环境。前者如特定目标人群的社会经济状况、文化习俗、社会规范、政府及社区的政策法规，社会支持力度；后者指受传者生活圈子内的所有人对其态度和行为的影响等。

上述这五方面因素无不直接或间接地影响传播双方的心理和行为，从而不可避免地对健康传播效果造成影响。

第五节　健康传播方法的选择

在健康服务与管理工作中，进行个性化健康传播方法的选择，是实现健康教育效果最大化的关键，也决定着健康服务与管理能否成功。一名优秀的健康管理师，不仅要具有扎实的医学基本功和丰富的临床经验，而且还必须具备熟练的健康传播技能、心理咨询与干预技能、综合分析和管理能力，以及善于应变、不畏困难的能力等。只有具备了这些健康传播者必备的素质与能力，才能在健康教育及管理中选择适合目标人群特点的传播方法，最终取得最佳的健康教育效果。一般而言，健康传播方法的选择可参考以下几方面：

（一）按教育场所进行选择

在健康管理中，健康传播场所通常不是固定的，可以是健康管理中心，也可以是家庭、工作单位、学校、公共场所等。不同的场所，教育设施、设备通常是不一样的，传播的环境与氛围也不尽相同。如果健康传播活动场所发生在健康管理中心外，在进行健康传播活动前应事先了解活动环境与设施。健康管理师外出指导服务时，需提前与客户预约时间及地点。如果预约场所是家庭或公众场所，通常不具备电子设备，可以选择语言教育与文字教育方式进行。健康传播过程中健康风险评估报告、健康宣传手册、彩页等教育资料是常用的材料，供目标人群参考及阅读，有助于健康教育的实施及取得更好的效果；如果预约场所是企事业单位或机构，通常来讲是具备诸如电脑、投影仪、液晶电视等设备的，这时可以根据实际需要选择提前制作的科普课件进行健康传播。

（二）按教育对象进行选择

人类是具有社会属性的，外部环境是人类活动的主要场所，因此个人的生活方式、心理及行为受到周围环境的影响很大。职业场所与职业压力也在很大程度上决定了人类的健康水平。通过对职业及职业环境的分析，找出其内在规律，加以充分利用，可以更好地提高职业群体及个体的健康教育效果。另外，个体的文化水平在较大程度上也会影响健康素养水平的高低，不同文化水平对健康的需求程度也不同。在健康教育方法的选择上，应该重视受教者的文化教育程度和背景。其次，健康程度与疾病轻重影响民众对健康的需求程度，也影响其对健康的关注角度。研究还发现，慢性病呈现家族性特征，这与家族性饮食习惯、心理性格特征、行为模式及健康素养水平等因素关系密切。例如北方的家庭，通常受到地域环境及风俗习惯的影响，吸烟、高油高盐的饮食方式等不良生活方式尤为突出，流行病学调查也显示北方心脑血管疾病的发病率明显高于南方家庭。所以，健康传播方法的选择一定要参考目标对象的职业特点及所处的社会环境进行选择。

（三）按教育内容进行选择

健康管理中的健康教育内容广泛，一切与健康相关的知识、态度和技能均能纳入健康教育的范畴。常见的健康教育内容包括：健康生活方式、减重管理、疾病风险控制及心理压力疏导。对于平衡膳食教育，可采用形象教育法，通过形象的食物-热卡模型的讲解，更有利于对营养膳食能量和结构的掌握；也可通过举办厨艺竞赛及营养专家点评来增进对营养膳食知识的学习。对于心脑血管疾病等慢性病病人的教育，可采用语言传播的口头教育、健康科普讲座及视听教育；在慢性病病人疾病康复期，可采用口头教育（门诊咨询）、疾病防治指导手册教育、慢性病保健讲座及行为矫正与干预等教育手段。目标对象检后健康教育，可采用咨询访谈、示范指导及小型讲座等健康教育。

（四）结合自身健康教育能力选择

随着健康管理学在国内的兴起与发展，越来越多的人员参与到健康管理工作中。目前大多数健康管理中心的工作人员健康教育水平良莠不齐，大多数从事健康管理专业的工作人员都是从临床转行进入健康管理领域，他们曾经是临床医生与护士，对与健康管理专业的相关培训并不是很到位，对健康教育基本技能及方法掌握程度也有所不同。因此，在健康教育过程中不仅要参考目标人群的职业、社会环境、教育程度、性别、年龄、健康状况等情况，还要结合自身健康教育能力。对于高年资、经验丰富的医疗专业人员可以选择咨询访谈、慢性病健康科普讲座等健康传播方法，多与健康管理个体面对面交流，从而增加健康教育的效果；对于语言传播能力较差、医疗经验不足者可考虑利用文字传播方法（宣传彩页、宣传手册、板报设计），以及制作科普视频、健康APP等新媒体形式进行健康传播，同时尽量避免与目标人群直接面对面沟通。

（马　莉）

 思考题

1. 请运用拉斯韦尔的"5W"传播模式，就如何有效地开展学校控烟项目进行阐述。
2. 针对农村社区育龄妇女开展"母乳喂养"健康传播活动，如何从信息的角度提高传播效果？
3. 在健康传播中，人际传播具有哪些优势？
4. 新世纪健康传播有哪些新的特点？
5. 以糖尿病防治为例，简述影响健康传播效果的因素与对策。

第五章 健康信息开发及传播材料制作

健康传播材料(health communication materials)是在健康教育传播活动中健康信息的载体。制订健康传播计划首先考虑从现有的传播材料中选择可利用的传播材料,以便节约时间和资源。但是,在现有的信息或材料不充足时,则需要制作新的传播材料。作为健康教育和健康促进的重要干预策略,有效的健康传播活动必须致力于倡导健康的生活方式,改变目标人群不良的行为和习惯。这就要求健康教育工作者强化以目标人群为中心的思想,在健康传播项目中加强目标人群研究,制定适宜的传播策略,研制适用的传播材料。

第一节 健康传播材料制作概述

一、健康传播材料的分类

在日常生活中,传播材料多种多样。每天看的微博、微信,随手翻阅的报纸、杂志、书籍,橱窗里张贴的海报,茶余饭后观看的视频、电视节目、电影,听的广播以及现在您手中的教材,都是常见的传播材料形式。健康传播材料有以下几种常见的分类方式:

(一)根据传播关系分类

分为人际传播材料、组织传播材料、大众传播材料。

(二)根据健康信息载体分类

分为纸质材料(书籍、报纸、杂志、折页、小册子、海报、传单等)、声像材料(网络快播平台、录音带、录像带、DVD 等)、电子类材料。

(三)根据健康信息表现形式分类

分为文字图片类、声音类、影像类、电子类和新媒体类等。

二、健康传播材料制作原则

除遵循健康教育基本原则外,为取得预期的传播效果,恰当地选择与合理的制作传播材料,还应遵循如下原则:

1. 科学性原则 传播材料在制作时一定要遵循一整套科学、完整的制作程序。这个程序在健康传播材料制作与实际运用过程中周而复始,促使健康传播材料不断发展和完善。忽略其中的任何一个程序都有可能导致材料在制作过程中出现失误。

2. **适宜性原则**　由于受众对象的文化水平、生活阅历和习惯、健康意识与传统观念均存在显著差异,在材料制作上,如果采取"一刀切"的方式,只能满足部分人的口味,其效果肯定是不理想的。

3. **可及性原则**　根据传播者的能力,目标人群的使用习惯和对媒介的拥有情况来选择传播材料。从传播者角度考虑,如果材料开发的专业人员只具备开发平面材料的实力,就不要超越能力范围,强求开发视频、动漫作品;从目标人群角度考虑,如在偏远山区,就尽量避免使用网络作为传播媒介;从媒介拥有角度考虑,应尽量选择目标人群方便使用的材料形式。

4. **及时性原则**　力求将健康信息以最快、最畅通的渠道传递给目标人群。一般讲,电视、广播是新闻传递最快的渠道。

5. **经济性原则**　传播材料制作必然存在经费问题,要注意在选择传播材料之初便要考虑可支配经费情况。如可支配经费较少,则尽量选择采用板报、墙报,发掘团队内部力量,以评比形式开展活动;有一定活动经费可选择折页、手册、健康简报、杂志等形式;经费很充足可考虑开发动漫或视频 DV 作品。在实际工作中,这一原则最具决定性。

三、健康传播材料制作流程

健康传播材料在制作过程中一定要符合特定的活动内容和目的,符合目标人群的真实需求,并适应当地实际情况,才能达到真正的传播效果。因此,健康传播材料在制作过程中要遵循一定的制作流程。一般情况下,健康传播材料的制作程序包括以下步骤:

1. **根据目标人群实际情况,进行需求分析**　收集目标人群需求,初步确定传播材料的内容和形式。

2. **筛选、凝练和加工信息,提出制作计划**　根据传播主题和目的、目标人群的特点等对所收集的信息进行筛选、凝练和加工,对不同内容的信息进行认真分析,从而确定最需要传播的核心信息。然后根据传播者自身条件,将目标人群的需求与现有制作条件相结合,提出详细的制作计划。制作计划应考虑使用传播材料的目标人群、材料种类、适用范围、使用方法、发放渠道、如何进行预实验、确定数量、如何评价和经费使用等。

3. **根据制作计划,制作初稿**　初稿设计是健康信息研究和展示的过程。在这个过程中,要充分考虑目标人群的特征,尤其是目标人群的文化程度和接受能力,并以此决定信息量的大小和复杂程度。同时,在设计初稿时,最好设计几种不同的形式,以供选择使用。

4. **预实验**　健康教育传播材料预实验是指在传播材料还没有正式制作之前,针对设计初稿在一定数量的目标人群中进行传播,结合相应指标对目标人群进行调查,了解目标人群对信息的理解程度和表达方式的满意程度,达到完善传播材料设计的过程。主要是了解传播材料是否满足目标人群的需要,其针对性与适应性如何,目标人群有什么要求,材料中还存在那些不足等,为传播材料的进一步完善提供依据,也是合理利用有限资源提高传播效果的重要环节。

5. **修改设计稿**　在对传播材料初稿进行预实验后,设计者根据预实验中发现的问题以及目标人群的意见对初稿进行修改。在修改时不仅要把初稿中存在的问题解决,还应认真分析目标人群意见,在全面权衡的基础上进行修改。设计稿的修改包括内容与形式两个方面:对内容的修改要以科学性和实用性为前提;对形式的修改可以多参考目标人群的建议,以目标人群喜爱为前提。要经过多次修改后才能最后定稿,进入正式制作阶段。

6. **制作成品**　当健康传播材料的设计稿经过多次修改,目标人群满意后,就可以正式制作了。在制作过程中,要注意把好质量关。对于印刷类材料,要注意纸张的选择、油墨与颜料的使用、压膜与塑封的挑选等;声像类材料要注意信息载体(磁盘、CD 盘等)的质量,声音与画面的清晰度以及健康信息传播中人物表演的准确性等。同时,注意大批量制作成品时,一定要进行抽样检查,以保证成品的质量。

结合健康传播材料制作的流程,本章将就目标人群需求分析,信息收集和加工,常见传播材料制作和预实验进行详细讲述。

第二节　健康传播材料需求分析

健康传播的目标人群,有着多样性的健康信息需求。健康传播内容要符合不同年龄、工作生活环境、文化程度的目标人群对于健康信息和传播形式的需求。健康传播材料作为健康传播活动中健康信息的载体,其制作要符合各方面人群和各项工作的需求。

一、对接国家政策与工作计划要求

健康促进与教育工作作为卫生与健康事业的重要组成部分,对于提升全民健康素养和健康水平、促进经济社会可持续发展具有重要意义。尤其自 2016 年全球卫生大会在我国召开以来,国家相继出台了多个文件,例如《"健康中国 2030"规划纲要》,《关于实施健康中国行动的意见》以及该行动的《实施和考核方案》等,对健康教育工作具体实施起到了方向性作用。有关部门也对绝大多数健康主题传播信息的内容做了明确规定,包括《健康 66 条——中国公民健康素养读本》、老年健康核心信息、中国居民膳食指南、科学就医健康教育核心信息、合理用药十大核心信息、世界无烟日核心信息等。健康教育也是国家基本公共卫生服务项目之一,各级政府部门对健康教育都有具体的工作计划。因此,健康传播材料在内容与形式上应对接国家政策的规定和健康教育工作内容的要求。

二、符合专项健康教育活动需求

开展健康教育活动是健康教育工作中最常采用的方式之一。一个好的活动一定会注重受众的参与性及互动性,充分利用大众传播、组织传播、人际传播等多种传播方式对活动对象和活动所在地产生长期的影响,从而达到预防疾病、提高民众生活质量和健康素养的目的。针对专项健康教育活动而制作的健康传播材料应符合其特有的需求,需要综合考虑本次活动举办方的基本情况,包括单位的工作性质、举办此次活动的原因和目的、活动内容、活动形式、活动时间(日期、具体时间和活动时长)、活动地点以及是否为讲者准备相关物资,如音响设备、投影、电脑、实物、模型等,通过需求分析,恰当选择与合理地制作传播材料。

三、不同人群的健康传播材料需求

一个健康教育或健康促进项目,往往涉及不同的目标人群,不同人群的社会属性和生物属性均不同,职业、文化程度、心理状态、年龄、生活与工作环境等这些因素决定着目标人群的健康信息需求存在差异,接受新生事物的途径亦有不同。

(一)年龄

不同年龄段目标人群的生理、心理状态存在差异,故而存在特定的健康信息和传播方式需求。对于幼儿群体,可能更好的健康信息传播方式是游戏;对于工作岗位上的年轻人而言,可能更多的是通过新媒体途径,更会倾向于微信、微博、音视频平台等;对于中年群体,选择可能会更复杂一些,新媒体、传统媒体都可以接受;对于老年群体,或许广播电视等会成为他们的首选。由于健康信息内容与传播方式的需求不同,健康传播材料的需求存在较大差异。表 5-1 是不同年龄服务对象对于科普课件的喜好,供制作时参考。

表 5-1　不同年龄服务对象对于科普课件的喜好

	年轻者	年长者
色彩	清淡	浓重
质感	简洁	立体
文字	少	多
结构	跳跃	连贯
画面	活泼	严谨
风格	多变	统一
速度	快	慢

（二）文化程度

文化程度不同的人群,对于健康信息内容的理解程度不尽相同,对于健康传播方式的喜好程度也存在差异,同时文化程度也是影响健康素养水平的重要因素。因此,在健康传播材料制作时需要考虑不同文化程度目标人群的需求。表 5-2 是不同文化程度的目标人群对于科普课件的喜好,供制作时参考。

表 5-2　不同学历背景服务对象对科普课件的喜好

	学历一般	学历较高
色彩	浓重	清淡
质感	立体	简洁
文字	多	少
结构	跳跃	连贯
画面	活泼	严谨
风格	多变	统一
速度	快	慢

（三）职业

不同职业人群有其特定的健康信息需求,因而健康传播材料的制作要符合不同职业人群对于健康信息的需求。应侧重于职业人群对一般健康知识及职业病防治方面的信息需求,针对核心知识的薄弱环节以及职业人群比较关心的热点问题开展健康传播材料的制作,例如宣传视频要寓教于乐并控制时间长短,便于在工作间隙播放。

（四）健康状况

人群健康状况不同对于健康信息的关注程度存在差异,人们往往对于个人或其亲属所患疾病相关信息有较高的了解愿望,健康状况不同也影响健康信息获取的方式。因此,针对目标人群的健康状况,健康传播材料需求也会不同。以针对慢性病人群的健康教育科普讲座为例,一般讲座课件应侧重向全民传播"三减三健"(减盐、减油、减糖;健康口腔、健康体重、健康骨骼)知识及《均衡营养更健康》《慢性病预防科普知识》等;专题讲座课件主要是针对慢性病病人,传播《"三高人群"饮食指导》《慢性病人群营养配餐》《运动指导与药物干预》《学会在家测血压》《合理配餐稳血糖》等。

（五）其他（如民族、婚姻、经济、地域等）

目标人群的其他特征如居住地域、民族、经济水平、婚姻状况等,与其生活方式有密切的关系,对健康信息的内容需求和传播方式需求均会产生影响。因此,需要考虑目标人群的居住地域、经济水平、民族文化等方面对健康传播材料的特殊需求。如少数民族地区,健康传播材料不仅要有汉字,还需要有少数民族的文字材料。

对于传播材料的制作,要根据服务对象的具体特征和需求进行具体分析,只要进行深入分析,才能真正制作出有针对性、切实可用的传播材料,才能真正为广大服务对象所接受。

第三节   健康信息收集与加工

信息是传播活动能够得以进行的最基本的因素,是传播活动的灵魂,是指传者所传播的内容。健康信息(health information)指健康相关信息(生理、心理、社会适应性、营养与环境、运动与生活方式等)、疾病相关信息、健康素质能力、健康寿命等信息。健康信息特点:信息量大、获取方便、鱼龙混杂、真假难辨,获取健康信息时,首推政府机构的信息。

一、健康信息收集的途径

健康信息收集可以来自报纸、杂志、网站、权威专家等多种途径。无论何种途径获得的健康信息,都应经过筛选评价后方可采用。

(一)健康核心信息的特点及获取途径

任何健康传播项目,都有其传播主题。根据传播项目中所要强调的传播主题,在对目标人群需求分析的基础上形成核心信息,是进行健康信息设计的重要环节。核心信息是传播干预的行为焦点,是设计健康信息和传播材料的依据。

1. 健康核心信息的特点

(1)核心信息语言精炼:应是一句话,文字加符号不能超过40个字符。围绕某一个问题,可以有3~5条关键信息。

(2)核心信息表述准确:关键信息的内容在科学上不能存在争议。

(3)核心信息要具有可操作:内容是受者所需要的或容易做到的。

2. 获取核心信息的途径

(1)权威出版物:2016年1月6日,国家卫生计生委官网发布《中国公民健康素养——基本知识与技能(2015年版)》,提出了中国公民必须掌握的66条健康素养要点,其实就是66条健康核心信息。

(2)权威网站查询:以世界卫生组织、国家卫生健康委员会及其他部委发布的健康核心信息为主要出处,下面列举部分健康核心信息网站(表5-3)。

表5-3   部分健康核心信息网站

网站名称	网站名称
世界卫生组织(健康主题)	中国疾病预防控制中心(健康主题)
中华人民共和国国家卫生健康委员会	中国健康教育网(核心信息)

(3)权威专家学者的观点:由国家卫生健康委员会、中国疾病预防控制中心、中国健康教育中心等国家相关卫生行政机构和中国医学科学院、中国科学技术协会、国家科学技术委员会聘任的医学或健康科普专家发表的观点。

(4)对现有信息进行凝练:当未能检索到所需核心信息时,可根据需要将现有信息进行凝练。健康核心信息凝练时,可根据目标人群存在的问题逆推,也可根据前期知识积累和收集的健康信息进行归纳凝练,也可将此两种方法结合使用。例如:围绕"安全注射"这一传播主题,便可相应形成"儿童除了打疫苗,减少注射最安全""安全注射要做到:一人一管一针头一销毁""不安全注射可以传播乙肝、艾滋病"等核心信息。

(二)主要信息来源

根据《健康中国行动(2019—2030年)》方案,我国正在建立并完善国家和省级健康科普专家库和国家级健康科普资源库,届时将为健康科普信息收集提供科学的官方信息平台。在现阶段,主要通过衡量信息发布源的权威性筛选收集健康信息。下面列出部分信息来源的可靠网站(表5-4)和报纸杂志(表5-5),以供参考。

表5-4　部分来源可靠的网站

网站名	网站主办方
世界卫生组织网站	世界卫生组织
中华人民共和国国家卫生健康委员会	中华人民共和国国家卫生健康委员会
中国疾病预防控制中心	中国疾病预防控制中心
中国健康教育网	中国健康教育中心
科普中国	中国科学技术协会
健康报网	健康报社
中国健康网	国家卫生健康委员会主管 健康报社主办
健康时报网	人民日报社主管
12320 卫生热线	全国卫生 12320 管理中心

表5-5　部分来源可靠的报纸和杂志

刊名	主办方	创刊时间
健康报	国家卫生健康委员会	1931 年
健康时报	人民日报社	2000 年
健康文摘报	国家卫生健康委员会	1991 年
大众医学	上海科学技术出版社	1948 年
家庭医生	中山大学	1982 年
健康	北京市卫生健康委员会	1980 年
自我保健	上海市卫生健康委员会	1995 年
健康文摘	天津市卫生健康委员会	1985 年

二、健康信息加工的方法

在信息收集的基础上,对健康信息还需要进一步加工,进而产生衍生信息,这个过程是信息增值的过程,是对已有专业信息进行整合、科普化的过程,使得信息更通俗,更有趣,更能引起受者的共鸣,是产生具有指导意义的知识和信息的过程。

(一)健康信息加工的流程

1. 信息的分类和排序　收集的信息是一种初始的、零乱的、孤立的信息,只有把这些信息进行分类和排序,才能存储、检索、传递和使用。

2. 信息的分析和比较研究　对分类排序后的信息进行分析和比较研究,选用与受众需求更加贴近的信息。

3. 健康信息的科普化　健康传播针对的受众绝大多数是非医学专业群体。在开展健康传播时,要想使被服务对象掌握健康知识,形成正确的态度和观念,养成促进健康的行为,就必须将医学专业信息科普化,便于受众接受和理解。

(二)健康信息加工的方法

医疗保健信息具有一定的专业特点,原始信息较难被非医学专业人群所接受。所以在健康信息加工过程中要注意科学性、知识性与通俗性、趣味性的结合，深入浅出地将深奥的医学知识和技能传递给受众。

1. 健康信息的通俗化   通俗就是浅显的，适合于受众的文化程度，尽量避免拗口难懂及过于专业的词语。通俗化的健康信息要达到受众一听就懂，一看就会，一用就灵的地步。在健康医疗工作中由于使用专业化的词语，导致被服务对象很难读懂所要表达的意思，甚至引起各种误会。

例如：当被服务对象看到"在呼吸时，应当注意积极调动横膈膜的运动，使得全肺五分之四的中下肺叶的肺泡得到充分的锻炼"这样一句话时，其理解过程需要很久，且不便记忆。因此，有必要通过信息加工将其变得更加口语化，"建议大家常做腹式呼吸，就是吸气时让肚子鼓起来的呼吸。"

在以往的工作中，还出现过不少误会，如：婴儿科学喂养中提到的"果泥"，被受众理解成水果上粘的泥巴；体检过程中"在家不要吃早饭"，被理解为不能在家吃，于是就在外面早点摊吃早饭等。

2. 健康信息的趣味化   为了增强讲解语言表达的趣味性，可以采用多种修辞技巧，积极调动各种语言因素，用加工后最完美的语言形式来获得最理想的表达效果，从而使受众在整个健康教育活动中，不仅获得丰富的健康知识，更使受众感到轻松愉快、妙趣横生，提高受众对健康信息的吸收率。一般来说，趣味性既可体现为信息内容上的幽默风趣，也可体现为表达形式上的喜闻乐见。

3. 常见健康信息加工的方法   健康教育工作者既要学会活用多种修辞方式美化信息，又要结合当地风俗习惯，创作各种喜闻乐见的文化形式。

（1）常见的健康信息修辞技巧：在趣味化的加工过程中，除了对健康信息的表达形式有所要求外，修辞技巧也值得重视。此处简单例举几种健康信息加工中的修辞方式。

1）比喻与借代：在信息加工过程中，为了更加形象化的表达，可以将晦涩难懂的医学专业用语转化成为生活中被广泛认知的事物。以对脂肪的描述为例，讲述比喻与借代的应用。

脂肪的医学描述：脂肪又称脂质，是富含能量的物质，是机体代谢过程的主要燃料；是细胞膜、神经细胞周围的髓鞘以及胆汁的重要组分。脂肪从食物中获得或内源性合成，大部分在肝内形成，储存在脂肪细胞中备用。脂肪细胞具有御寒和保护身体防止损伤的功能。

加工后的描述：脂肪既可以吃出来，也可以自产。它是人体的汽油，提供能量，是糖产生热量的 2 倍；人体的建筑材料，组成细胞膜、胆汁等；人体的羽绒服和防弹衣，御寒和保护身体。

2）排比：借助排比将语句变得具有规律和节奏，便于记忆。比如下面帮助受众调节心情的理性信念的小诗。

> 我们不能左右天气，但可以改变心情！
> 我们不能改变容貌，但可以展现笑容！
> 我们不能控制他人，但可以控制自己！
> 我们不能预知明天，但可以利用今天！
> 我们不会样样顺利，但可以事事尽力！
> 我们不能延长生命的长度，但可以增加生命的宽度！

3）顺口溜：在生活过程中，顺口溜更容易被记住，因此可以将复杂的文字进行凝练，加工成一些便于记忆的顺口溜。以外出就餐点菜原则为例，概况 6 个一点：菜色浅一点，香味淡一点，口味清一点，素菜多一点，品种杂一点，总量少一点。

下面以生活中常见的"细菌"为例，对健康信息加工过程中的其他修辞技巧进行讲解：

细菌，生物界当之无愧的元老

大约在 35 到 36 亿年前，地球上产生生命不久，细菌就出现了。当地球上的生命过半时才出现了真核细胞生物，5.8 亿年前才出现多细胞生物，人类的出现是极其晚近的事情，只有 200 万年的历史。可以说地球上的生命史一半是细菌的故事。

他们是地球上的生命之树的根基，并且至今仍有巨大的生命力。他们即能承受-30℃严寒又有能抵抗 150℃酷暑；即能生存于大气、水和土壤中，又能生存在动植物体内。他们无处不在，无时不在,并且数量和质量非常可观。举几个例子,一粒普通的泥土中有几亿个细菌,人的一滴唾液中有几百万个细菌,甚至人体体重的10%是由细菌构成的。地球上细菌的总量是多少很难估计,但是很多学者愿意尝试解开这一难题。一个学者测出了一杯水中的细菌,由此推论,海洋中的细菌总质量是陆地上全部生物的1/50。另一个学者,作了更艰难的估算,地球上全部细菌的总和超过其他全部生物的总和。顺便说一下,1只蚂蚁的重量是1~5mg,但世界上共有1亿亿只蚂蚁,其总重量和人类相同。可见,小个子们的实力是不可低估的,细菌才是地球上真正的"巨无霸"。

在我们这个世界的各个角落里,细菌都发挥着重要作用。20亿年前植物还未产生时,细菌最先进行光合作用转化出氧气。一些动物的反刍,人的消化过程,都离不开细菌的作用。有些植物需要氮气,但不能直接吸收,靠根瘤菌的帮助来完成。另外,饲料发酵,奶酪、酸奶、酸菜等食品的制作,有机垃圾通过腐烂成为植物的营养肥料,都与细菌有着密不可分的联系。细菌在我们生活的方方面面都扮演着重要角色。

如果你害怕细菌,并试图消灭他们,那你可能即将在做一件极其愚蠢的事,因为细菌的不可毁灭性。细菌具有别的生物不可匹敌的生命力。他们对生存条件的要求很低,地上天上水中土中无所不在。而人类不行,人类对生存条件的要求十分苛刻。而且随着不断发展,人类生存的风险越来越大。人类创造了许多可以彻底毁灭自我的方法,人类在自我发展的同时还正在毁灭着其他的生物。如果发生核战争,在毁灭人类的同时还将毁灭脊椎动物,但是大多数的昆虫能够幸存下来,核武器更奈何不了细菌。

4）拟人法:把将人体器官、组织、系统、外源性微生物、促进或危害健康的各种因素等没有生命的事物描写成有生命的人,要注意找出它们与人的相似之处,并进行细致的描写。这种手法在上小学时便已接触,可以使被描述事物更具感染力,受众更易接受。上面的一段文字,通篇都对细菌赋予了人的生命气息。

5）双关法:利用词语同音或多义,使一个语言片段同时兼有表里两层意思,并以里层意思为重点。这种技巧在讲解中国民俗文化时运用十分普遍。恰当地运用双关法能够将一些健康信息巧妙地传达给受众,从而生动形象地反映表述内容,给受众留下深刻印象。例如,细菌是生物界当之无愧的"元老"。"元老"既表达了细菌是地球上出现较早的生物,又表达了它在地球生命发展中不可替代的重要地位,是不可消灭的。

6）夸张法:是巧妙、刻意的言过其实,也就是在真实生活的基础上对事物的某些特征、某些方面进行艺术上扩大或缩小的修辞方法。既可以采用夸大夸张,表达上将客观的性质、作用、程度、数量、形态等方面的情况加以扩大、加强;又可以采用缩小夸张,表达时将客观事物的性质、作用、程度、表态等特征缩小。

7）别解法:是在特定语境中对特定词语的原意进行巧妙回避,并临时引申出其本来并不具备含义的修辞技巧。在讲解中运用这种修辞技巧主要是为了调节气氛,增加表达的幽默效果。例:细菌才是地球上真正的"巨无霸",用巨无霸的概念来说明体积极小的细菌很重要。

8）对比法:是将两种相互对立的事物或一个事物的不同方面放在一起进行比较、对照的修辞方式。它具有明显的修辞效果,能使对比各方相辅相成,相得益彰,使对比各方的特征都能得到进一步的强调,给人留下深刻印象。例:细菌平均1~2周可繁殖300代,平均一天可繁殖30代,而人类繁殖30代则需要1 000年,在繁殖的速度上细菌的一天等于人类的1 000年。

9）数字法:数字可以清楚地表达信息所蕴含的具体意义。与定性描述相比更容易被受众掌握,具有实际的指导意义。当然上例也是数字法很好的例子。需要注意的是,在使用数字法进行表达时,要注意对那些抽象的单位进行转换。例如在高血压防控活动中,普及"每日摄入6克盐"的信息时,"克"这个单位并不容易被受众掌握,因此换算成生活中常见的物品,如啤酒瓶盖等。当然,如果可以配合活动下发盐勺等辅助工具,更可直接这样描述。

当然,在信息加工过程中,能够增强语言表达趣味性的修辞手法还有很多,但需要注意的是,无论利用哪一种修辞技巧来增强语言表达的趣味性,都应以语法、修辞、逻辑为基础,以语言技巧的巧妙运用为手段,以幽默为基本目的。这样健康信息的趣味性,才具有真正意义上的吸引力和感染力,而不至于沦为一般性的诙谐或滑稽。

(2) 常见的健康信息表达形式:我国文化悠久,民间艺术种类众多,健康教育工作者可以结合当地风俗习惯,创作各种喜闻乐见的文化形式。

1) 讲故事:故事是一种喜闻乐见、容易被人们接受的信息表达形式。一个优秀的故事,要设有悬念,在故事结尾处一定要与所讲述的健康话题相呼应,做到点睛主题。以讲述"选择的故事"的剧本为例。

"有三个人要被关进监狱三年,不幸之中的万幸是监狱长答应实现他们每人一个愿望。第一个人要求这三年只吃麦当劳,他的愿望被满足了;第二个人要求从始至终有爱人陪伴,他的愿望也被满足了;第三个人要求有一部随时可使用的手机,他的愿望也被满足了。

三年后,当监狱大门打开时,请猜猜走出来几个人(**设计悬念**)?

(此时,可以等待受众的反馈……)

答案是走出来5个人!"

为什么是5个人呢? 第一个犯人已经不在人世了,三年如一日地只吃麦当劳,健康状况极度恶化,最终离开了我们;第二个犯人带着太太和两个孩子走出来,也就是走出了4个人;第三个犯人,就是走出来的第五个人,他紧紧握住监狱长的手说:"这三年来我每天与外界联系,我的生意越做越大,为了表示感谢,我送你们监狱2 000万!

您看,同样三个犯人,三年前三个不同的选择,三年后三种截然不同的结果,您今天的选择决定着您明天的结果,您的健康就在您的手中(**点睛主题**)。

2) 打油诗:是通过运用民间流传较广或现成的比较整齐押韵的段子来简练地描述某种现象的修辞技巧,内容简练,形象生动,具有较强的诠释性和概括性。

清晨起,莫慌忙,伸伸懒腰再起床;日头出,晨练宜,空气新鲜利身体。

大步走,小步跑,每天万步比较好;循渐进,持之恒,常年坚持必然灵。

午饭后,睡一觉,自我调节减疲劳;吃晚餐,宜清淡,有利健康和睡眠。

晚饭后,散散步,身心放松更舒服;重健康,在心理,心理健康数第一。

葆青春,养天年,合家幸福到永远;胸开阔,勤运动,活到百岁不是梦!

上面的例子,通俗易懂,朗朗上口。突出展现了健康养生的方方面面,又给受众留下深刻印象,便于记忆。

3) 歌谣:是一种民间文学体裁。与歌曲不同,歌谣以押韵为主,往往表达一些有趣的小事,有时也阐述深刻的道理。将健康信息变成简短押韵的健康歌谣,有利于传唱,例:校园不气歌。

校园生活青春梦,志同道合才相聚。相处几年不容易,是否更该去珍惜。

为了小事发脾气,回头想想又何必。勿因利益闹情绪,闹出病来无人替。

困难挫折同面对,坚强乐观显友谊。苦乐年华获佳绩,齐心协力创未来。

上例在结合校园特点的前提下,利用歌谣的形式向广大学子传递了在遇到各种心理压力时,应该乐观处之的心态,对维护心理健康起到重要的作用。

4) 相声、小品:是大众喜闻乐见的艺术形式,不论是相声前辈留下的老相声段子,还是现在流行的新相声段子,都有许多内容与健康相关,如《烟酒论》《情绪与健康》等。健康教育工作者可以将已掌握的健康信息转化为相声和小品脚本,提高传播效果。

4. 健康信息加工的注意事项

(1) 信息加工要善于运用创造性思维,对信息内容进行定性分析和定量分析,从中找出本质规律性的东西。如果只局限于情况介绍、数据罗列,这种信息加工的作用就被减弱许多。

(2) 在信息加工过程中,要实事求是地对信息进行加工整理,切忌主观臆断,把不同时间、不同空间、不同性质的信息硬性拼凑,造成信息失真;切忌人为地加以夸大、缩小或在加工中使客观事物变样。

第四节 常见健康传播材料的制作

在信息技术不断进步的今天,多种形式的健康传播材料构建成媒体矩阵针对健康教育核心信息进行表达,从而提高受众的知识知晓率,信念态度改变率,最终实现改变危害健康行为,养成促进健康行为的目的。

在互联网语境下,媒体矩阵是指各媒体平台的排列布阵,即通过不同的传播媒介,将信息内容发布至目标受众,以实现传播材料对受众的立体覆盖。在生活中以报纸、杂志、书籍、手册和展板等为代表的纸质传播材料,以广播、歌曲为代表的声音传播材料,以电影、电视和微视频为代表的影视传播材料,以幻灯片、电子书、Web 动画等为代表的电子技术传播材料,以网络和手机为代表的新兴传播材料,都已成为面向社会大众进行健康传播的重要传播媒介。了解不同类型健康传播材料的特点,并加以制作和使用,可以更好地发挥它们在健康教育过程中的效果,因此,健康传播材料制作是健康教育工作者必须掌握的技能。

一、常见纸质类健康传播材料的制作

传播学界通常把以印刷形式为介质进行传播的材料称为"纸质材料",也可称为"平面材料"。报纸、杂志和书籍等作为传统平面材料的典型代表,在健康传播过程中具有很大的影响力,仍覆盖着大量中老年人群,但需要更高的专业化团队完成,其制作成本仍然较高,此处仅对这类传播材料做简单介绍。目前,便于广大健康教育工作者制作和使用的传播材料主要形式有:健康教育处方、传单、手册、折页、展板、宣传画等,本书着重对手册和展板的制作进行介绍。

(一)传统纸质传播材料

1. **报纸** 《健康报》《健康时报》《健康文摘报》等都属于健康科普报纸。由于其具有内容详实、时效性强、覆盖面广、阅读方便、便于携带、利于保存等特点,在健康信息传播过程中起到了很重要的作用。但随着现代网络技术和移动互联技术发展,报纸发行量受到一定影响,因此报业相继上线电子报刊业务,便于读者利用 PC 或手机浏览。虽然在形式上,报纸已可以脱离纸张而存在,但文字仍然是报纸的主要构成要素,而且字体相对较小,所以在适用人群方面需要受众具备一定的文化水平和阅读能力,没有一定文化水平,就无法理解报纸所述内容;视力不佳人群在阅读中困难也较大。

2. **杂志** 在传统平面传播材料中,杂志起到了对其他媒介所传播信息进行补充和完整化的功能。《家庭医生》《大众医学》《健康世界》等都是典型的健康科普杂志,与报纸相比,杂志具有更多的优点,如内在容量大、图文并茂生动形象、市场细化度高、受众明确、印刷质量好等。但其存在出版周期长,时效性差;覆盖面小,广告占据篇幅较多等问题。杂志近年来也受到信息化时代的冲击,为适应时代需求电子杂志、有声杂志相继出现。

其适用人群更加宽泛,对受众文化和视力要求都略低于报纸。设计的内容更多,并且图文并茂,所以需要投入更多的人力,进行信息加工、排版、美工等工作,会给原本紧张的工作带来一定的压力。同时杂志均为彩色印刷,需要经费投入较多。

3. **图书** 书籍是最早出现的印刷媒体,加上"书以传世"的美名,历来以其正统、规范、严谨的风格在读者心中具有无上的权威性。健康科普书籍同样受到大众的欢迎,也是健康传播者相互学习交流的方式之一。其特点主要表现为简单、便携、简洁明了,可具有系列性,即某一主题的系列图书,保存价值高,便于查阅等。

（二）手册的制作

手册和健康教育处方、传单、折页等一样，都是常见的健康教育纸质传播材料，具有造价低、使用技术难度小、设备要求低、携带方便、信息容量大、制作费用相对低廉的特点，往往作为首选的健康教育传播材料形式。在开展健康教育活动中，手册、处方、传单和折页等适用于有一定文化基础的人群。由于中老年人群已经养成纸质媒介阅读习惯，在开展中老年人健康教育工作中，纸质传播材料的使用率较高，效果较好。制作流程如下：

（1）了解制作预算。在开展工作之前要明确此次活动的整体预算，根据预算情况决定手册制作的方式。在预算紧张时，仅通过简单的文字就可以传递健康科普信息，利用电脑和打印机便可完成手册制作；当预算充裕时，进行专业化设计，图文并茂的展现科普信息，并交由专业机构完成印刷装订。

（2）手册定位。制作者必须明确制作意图，也就是为什么要制作该手册；清楚知道为满足该意图所需要表达哪些信息；还要清楚手册要配合哪些健康教育活动使用。

（3）信息收集与加工。手册的内容简单、页码较少、页面较小，一般以较短的句子或与不长的段落组为主。因此，手册的内容不需要面面俱到地把所有知识罗列进去，只要求突出最核心的信息内容。

（4）设计排版。版面设计是手册吸引受众的重要因素。标题的制作、文字的排列方式、字号与字体的运用、行间距的大小、图片的位置等，都是影响手册整体效果的因素。健康传播材料的设计流程都应遵循先整体后局部，先文字后图片的顺序。

第一，确定设计风格。设计风格包括手册整体布局，色调搭配（饱和或者不饱和），字体选择（中、英文字体）和图片风格等。手册的设计风格需要根据不同的健康主题和所面对的受众来决定。健康传播材料应当保持简洁轻快的风格，视觉效果明快，整体布局要注意结构分布匀称，内容详略搭配。布局尽量避免出现某一部分出现大段文字，而另一部分仅用寥寥几语的情况；色调搭配保持以受众习惯的颜色为主色系，避免选择过多的颜色；字体运用要保持一致，适当运用粗体或另一种字体来强调所要表达的重要信息；同时整体必须保证有适当留白。

第二，文字表达。虽然图片浏览可以大幅减少阅读者浏览的时间，但只有图片，而没有相关的文字说明，会使受众不知所云。由于手册的信息量受到限制，所以文字内容要简练，应以传播核心信息为目标。在制作时，应紧紧抓住核心信息做文章，主要信息要突出，不惜笔墨；次要信息要简略，惜墨如金。通过简洁的文字、通俗的语言、富有节奏的段落安排，组成手册的内容架构。手册简洁明快的内容，可以吸引受众的注意力。文字排版应保持较大的行距（如 1.5～2 倍行距），中英文对照说明时，两种文字段落之间间距应当拉开（如 2～3 倍行距），这样可以便于受众阅读，避免视觉疲劳。

第三，图片选用。一图胜千言，图片的优劣决定着手册的传播效果。所选图片应与文字内容相关，图片色调风格与手册整体一致，插图的位置要合理。一般插图与说明文字紧连在一起，不能将两者分离得太远，更不能放置在两个不同的页面上。尽量选择高分辨率的图片以保证后期的印刷效果。

（5）印刷制作。由于印刷制作阶段是手册展现的最终形式，也是手册制作环节中耗资最多的环节，因此应结合可用经费和预期效果进行综合选择。

第一，纸张选择。纸张选择可以为手册带来不同的质感。铜版纸表面光滑，白度较高，色彩表现上十分良好，胶版纸印刷层次较铜版纸略为平淡。预算充足或总页数较少时，可选用克数较高的铜版纸，如 150 克、200 克的铜版纸，尺寸多为 16 开，封面纸张通常比内页稍厚，并可以在单面（封面、封底覆上一层雾面膜）。预算较少或总页数较多时，也可以选用克数较低的纸张，如 90克及以下的胶版纸，手册尺寸可适当缩小到大 32 开或 32 开，封面纸张与内页相同即可。

第二，制版印刷。彩色的印刷品可以提高 40% 的阅读率，所以彩色印刷可以提高视觉效果和阅读率。彩色印刷有许多种类可供选择,最常见的是四色印刷,即 CMYK 模式。为强调健康核心信息可以运用凸凹压印使文字更加突出,并有不同的手感。

第三,装订成册。大多数手册都是用骑马钉,这种装订方法要求书的页数必须是 4 的倍数。因此在设计手册内容时,需要考虑到,以免到装订成册环节出现空白页。

（三）展板的制作

随着社会节奏不断加快,人们阅读的习惯已经从文字阅读时代进入了"读图时代"。图片配合文字的使用是图片类纸质传播材料的一个特点,受众可以通过图片对传播的内容有一个初步的认识,再结合文字对所表达的意思充分了解。由于图文并茂,因此对受众文化程度要求较文字材料低。

展板在开展各类宣传教育中使用较为广泛,使用方便,传播效果和影响范围较广,制作较为简单,此处对其做详细介绍(图 5-1,见书末彩插)。

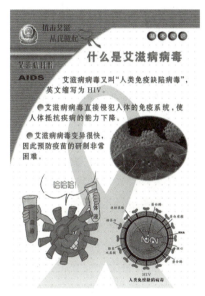

图 5-1　艾滋病科普系列展板

目前,作图软件较多,如:Photoshop、CorelDRAW、Illustrator、InDesign、Firework 等,由于本书篇幅原因不能一一介绍,在具体制作过程中需对所使用软件进行学习,掌握基本使用方法。

1. 展板及宣传画的特点

（1）传播效果好。宣传展板有信息广泛、影响面广和现场互动效果好等特点,健康教育工作者可在活动中与受众互动,取得反馈意见。

（2）经济实用,简便易行。宣传展板轻便灵活,便于长时间保存,可以在常规宣传点及宣传日活动点置放,活动后可回收,重复使用。展板制作成本较低,不受场地环境限制,适合于在任何场景中使用。一般不采用昂贵的材料或特殊设备制作,框架可用不锈钢、铝合金或易拉宝支架等,可多次重复使用,既经济又环保。

（3）图文并茂,亲切感人。展板及宣传画的文字材料多是科普短文、知识小品、小故事和诗歌等,具有短小精悍、通俗易懂的特点,再配以标题、插图等形式,图文并茂,具有强烈的吸引力。要科学准确地应用文字和美术技巧,吸引受众掌握卫生知识的兴趣。使受众主动学习,转变态度,自觉养成良好的行为和生活方式,提高自我保健能力。

2. 制作流程

（1）确定版面大小及版式风格:在展板及宣传画制作过程中要首先明确版面的大小。版面较大的作品在不影响传播效果的前提下,往往能够涉及更多画面和文字内容,传递更多的健康信息。因此在根据活动主题构思内容之前,要先考虑允许使用的版面大小,如制作 300cm×1 200cm 的宣传橱窗、90cm×150cm 版面的展板和 40cm×60cm 的宣传画,可以发现这三种不同版面大小的图文传播材料,在设计制作过程中显然有区别。随着版面的不断缩小,所传递的信息量也会随之变少,若同样围绕一个主题进行健康信息传播,为了达到同样的传播效果,在图画和文字内容的构思方面,版面越大构思难度越小,而版面越小对制作者的构思精妙程度要求越高。

根据宣传活动的主题、要求、展示环境和宣传对象进行初步构思,同时用生动活泼、色彩丰富的美术技巧、绘画、花边和美术字等不同的形式来活跃版面,吸引受众的注意力。有了初步的版式框架后,整理文字内容并收集加工图片。

(2)标题突出,内容精炼。好的标题起到画龙点睛的作用,在设计手法上不必局限,但应尽量与整个版面保持统一,完整和紧凑的标题是展板的精髓。受众往往看到标题之后,才决定是否继续阅读全部的内容。标题应尽量新颖别致、简明扼要、优美醒目。

(3)文字设计力求简洁易懂,字体、字号选择得当。正文内容根据版面大小进行选择,一般以 50~300 字为适宜,不宜长篇大论。大型展示墙或展示橱窗文字数量上可以有所增加,但要保证受众可在短时间内阅读并理解,做到一目了然。在有限的版面里,主题突出,生动有趣,增加可读性,并穿插科普小文章、知识问答、谚语、顺口溜和诗词等,提高宣传展板的观赏性。选择较为活泼的字体,尽量避免使用常用的文件字体,可以适当加入美术字体使文字显得活泼。字号根据版面大小和受众的阅读距离决定,但尽量不要小于 60 号字,同时要注意控制行间距与字间距,既要注意间距不能过密影响阅读,又要注意不能使整段文字感觉过于松散,如选择 80 号字,行间距一般选择在 120 点,而字间距(AV)一般使用 100 点。

(4)背景设计注重画面清晰,重点突出:背景设计要尽量清新,配合主题。一般一个版面使用 3~5 种色彩较为协调,色彩单一会感觉单调和枯燥,而色彩过多或者不协调,使人眼花缭乱。同时背景要尽量突出本次活动的主题元素,如前图 5-1 中,背景就是一个大大的"红丝带"标志。由于背景起到衬托文字和画面的作用,因此要注意尽量与文字颜色和画面保持一定的色差以突出主题内容。获得背景的方法:一是通过理解主题,独立进行创意设计;二是借鉴他人的设计,结合本次主题进行模仿;三是使用已有矢量图,这种方法可以大大节省设计时间。

根据文字内容选择图片,即"先文后图"的设计理念。在图片选择上要注意分辨率和清晰程度。分辨率太低会使画面不清楚,产生马赛克效果。受众在浏览时,容易产生头晕目眩的效果,大大降低传播效果。若在网络上获取图片时,尽量选择大图或超大图;若扫描图片,其分辨率最好在 300dpi 以上,同时尽量避免使用报纸上的图片,因为报纸较薄会使背面的文字或图片出现在所选用的画面中,影响效果;还可用拍摄的照片或手绘的画面。

(5)调整格式,使其符合受众审美和日常场景。设计者在设计过程中了解受众的生活喜好和环境氛围,作品不能脱离受众的审美习惯。在受众群体中开展健康教育活动,最好使用与受众生活紧密相关的照片和图片,如针对社区老年人群体开展健康教育,就应多使用老人在社区和居家生活运动的场景图片,使用老人们之间或和子女聊天的图片展示心理关爱的内容。展板版式及色彩的选择尽量与该活动区域内环境设施色彩相搭配,若有其他展板或展示窗可与其主色调保持一致。

(6)系列展板进行风格统一。在系列展板的制作中,设计者要采用同样或相似的图形元素(色彩、色块和造型),以保持系列展板的连续性与整体性。除了图形元素的应用保持均衡外,每一幅展板的字数、占据的空间与位置也最好保持均等或相近,这样设计出的系列展板在画面形式上不仅显得更加均衡、和谐与美观,也可以使受众在视觉上产生呼应和连续感,还能够解决不同内容、不同画面展板间的和谐与统一。

Note

（7）纠正人为错误。纠正人为错误是展板制作的最后一步，在实际操作中发现，这一步是不可缺少的一个环节。在设计过程中，虽然设计者会非常细致的检查每一个环节，但仍有可能出现一些操作失误。因此，在定稿前尽量输出一份纸质小样（Demo），进行最终校对，避免以下几种情况的出现：一是文字方面，避免错别字和语法错误的出现；二是图画方面，避免不清晰画面出现，还要避免图层操作失误所导致的错误，如主要画面被背景图层覆盖或无意中拖动不该移动的图层等；三是展板制作过程中，要避免版面内容被展板包边压住等情况出现。当然还会有很多具体情况出现，需要在实际操作过程中不断积累经验，提高展板的制作水平。

二、声音类健康传播材料

语言传播的特点之一，是运用准确的词汇（概念）、语法和语音传达明确的信息。广播是采用电波通过声音（口头语言与音乐等）来传递信息的传播媒介，它具有一点对多点的信息传播特性及强大的辐射力。

1. 传统声音类健康传播材料的特点　健康科普广播是用声音进行传播的，因此适用于所有可以听到声音并理解语言的人群，其优点主要有：

（1）信息传播迅速，覆盖面广，不受时空的限制；

（2）经济实用；

（3）方便易行，收听时可以兼做其他事情；

（4）不受文化水平的限制。

尽管在信息传播领域，广播传播信息的时效性和广泛性超过报纸、杂志等纸质传媒，但专业的电台广播也有其不可避免的不足：

（1）节目具有一过性，稍纵即逝；

（2）按顺序收听；

（3）播出的信息内容不便于检索与保存。

2. 自媒体平台短音频　随着现代手机 APP 的不断更新，被专业化的大众传媒广播电台所垄断的音频平台，已经被众多自媒体音频平台所分享。利用自媒体音频平台传播健康科普知识越来越受到广大受众的喜爱。

三、影视类健康传播材料

影视类媒体是以影像作为主要的传播手段来传递信息、传播知识。影视类媒体包括电影、电视、动漫等，它们在当今健康传播的实践中具有举足轻重的作用。但是影视类健康传播材料需要的影视制作专业技术较高，经费投入较大。

影视类传播材料具有视听冲击力，对受众影响力强；内容便于保存，可重复开展；娱乐性强；受众面最为广泛。此类传播材料在使用过程中存在唯一的缺陷是受场地和设备的限制。

但随着许多微视频手机 APP 的出现，使微视频制作成本大大降低，有效地避免了原有影视类传播材料的缺陷，使人们可以随时随地地观看微视频。因此，微视频已成为传播速度更快，影响范围更广，传播效果更佳的新兴传播模式。

此处仍以较为传统 PC 端微视频制作为例进行讲解。健康教育微视频与手机 APP 拍摄的数十秒的微视频不同，需要完成前期准备、拍摄录制和后期制作加工三个阶段。

前期准备阶段主要包括：创意剧本、制订拍摄计划、配置服装、道具布景和成立摄制组。

通过对健康核心信息提炼，构思故事脚本和分镜头脚本（表 5-6）。故事脚本属于信息加工，在本章第一节中已经讲过；分镜头脚本是将故事脚本进行拆分，便于导演拍摄，包括：镜头编号、景别、摄影方法、镜头时长、分镜头画面、内容及旁白对话、音响效果等部分。

表5-6   妊娠期高血压疾病健康教育宣传片分镜头脚本

镜头编号	景别	摄影方法	镜头时长	分镜头画面	内容及旁白对话	音响效果
1	由远景及中景	固定	60s	画面:产房内新生命诞生,婴儿呱呱的哭泣,迎来产妇温馨的笑容,丈夫拉着妻子的手,幸福的对视	每一个生命来到这世界上,都承载着父母的爱。为了这份爱,妈妈不仅要经历十月怀胎,还要忍受分娩之痛,更有一些妈妈承受着孕期高血压、高血糖等疾病的困扰	音乐:温馨幸福的伴奏乐(待选)轻背景声:婴儿的哭泣声
2	近景	固定	15s	画面:专家出境	自我介绍+主题介绍我是……今天和大家分享妊娠高血压疾病的话题	
3	由近景及特写	固定	20s	画面:孕妈妈满怀爱的抚摸着肚子	是妊娠期特有的疾病,妊娠20周后出现血压异常增高,多发于妊娠晚期,产后12周恢复	
4	特写	固定	20s	画面:孕妈妈手扶头表现出不适表情	孕妈妈可能出现高血压、水肿等症状。严重时出现头痛、胸闷、眼花、甚至昏迷、抽搐等	

摄影景别对表达内容起到重要作用,对景别功能总结如表5-7。

表5-7   景别功能表

景别	定义	功能
大特写	放大局部	突出特点
特写	局部	特点
近景	主体	个别
中景	个体	环境中的个别
全景	环境中的个体	个体与环境
远景	人的环境	人所处的环境
大远景	环境	环境或众人

通过对分镜头脚本的理解,完成拍摄前期准备,包括:场地考察、确定拍摄时间、确定演员、配置服装道具、调适灯光和完成演员化妆。

拍摄过程需要调整机位,并根据分镜头脚本调整景别以表达健康传播核心知识点意图。

完成拍摄后,利用剪辑软件对视频进行剪辑。根据脚本需要完成录用配音,选曲编曲,增加二维和三维特效,调整整体色调,最终形成成品输出。

手机APP虽然使得拍摄及剪辑环节变得更加便捷,但却无法改变拍摄前期准备,尤其是脚本编写仍是决定健康教育微视频效果的关键要素,因此健康教育工作者应通过反复练习,熟练掌握脚本编写技能。

四、新媒体类健康传播材料

随着现代计算机技术、网络技术和通信技术的发展,网络和手机已经成为新一代的传播媒介,由于其快速性与及时性大大提高了传播速度,因此成为传播家族中的后起之秀。以新媒体打造的传播平台主要分为两类:一类是各大综合性门户网站的健康频道,另一类发展最为突出的就是社交网络或自媒体平台。

Note

新媒体是利用数字和现代通信技术,使信息传播突破时间和空间的限制,同时使信息发布者、传播者、受传者不再被严格区分的信息传播模式。以新媒体为媒介的健康传播具备以下5个特点:传播途径以网络为基础,方便快捷;传播方式丰富多样,易于被大众接受;传播者与受众互动性强,畅通了反馈和交流;传播内容个体化,可以针对个人需求;营造出健康传播的网络社群,增强个体在健康传播中的参与感。

(一)新媒体健康传播载体概述

1. 网络(包括互联网和内部局域网) 网络传播就是通过计算机网络进行的信息交流与传播活动,其被称为继报纸与杂志、广播、电视之后的"第四媒体"。网络已演变成为现代社会的新工具,技术创新的新手段,经济贸易合作的新载体,社会公共服务的新平台,大众文化传播的新途径,人们生活娱乐的新空间。在促进社会生产力发展和人类文明进步中,网络发挥着越来越重要的作用。它改变着我们的技能、知识、观念、思维模式;改变我们的学习、生活、工作、娱乐的模式。

(1)网络的特点:①沟通功能的交互性,这主要表现在,一是"交流性",互联网提供了一个网民交流的公共场所,大量意见和观点通过网络媒介汇集、交换和传播。二是"参与性",网民通过网络传媒发表自己的观点,实现作为一个社会成员的权利和义务。网络彻底颠覆了传统传媒单项传播的方式,是充分实现了双向传播的传媒。②信息的即时性与丰富性。互联网无与伦比的优势还在于它信息量的极大丰富,在互联网上几乎没有找不到的信息。信息传播速度之快令人难以置信。在影响力上,信息通过网络在发出的同时就可以被全世界的网民看到。③信息服务的开放性。网络受众追求开放的信息传授,这在互联网上比传统媒体更容易得到满足。在网上,一切资源几乎可以是共享的,如电子报纸、图书、光碟等,可以方便地获得。④传播地位的平等性。网络传播从根本上改变了传播者和受传者之间的关系,是对任何"以传播者为中央"的传播模式的解构和颠覆。网络传播既有点对面的传播,又有点对点、多点对多点的传播。在网络的信息平台上,传播者和受传者处于完全平等的地位,其角色能够互换,互为传播的主体,一起享有根据自己的需要选择信息的自由和发表意见与观点的权利。平等性和交互性共同为实现分众传播提供了物质基础。⑤传播者身份的隐蔽性。由于人们发表言论、发布信息一般采用匿名的形式发出,人人都可以自由地发出信息,这样互联网上的信息就具有了隐蔽性。这种隐蔽性对保护信息传播者起到一定的作用,但也为伪信息和有害信息等垃圾信息的出现提供了方便。

(2)适用人群:主要集中在中青年人群,需要使用者了解基本的计算机操作技能,并要满足一定的硬件要求。

2. 移动互联网(智能手机) 手机是移动电话的俗称,移动电话是与传统的固定电话相对而言,即人们在移动的过程中就可以打电话。1987年移动电话进入中国,从此,这种轻便、快捷的通信设备迅速发展,改变了人们的生活节奏与交往范围。

目前,移动通信技术已经进入4G与5G更新迭代的时代,硬件上的发展,移动互联网为手机实现全时全域开展健康传播创造了物质基础。手机定位技术与物联技术的整合,将健康管理带入一个全新的时代;手机摄像技术、电容屏等手机传感技术和手机4G/5G技术的整合为远程医疗和远程诊断提供了物质基础;手机可视技术与3D技术和投影技术的整合,为我们实现科幻电影全息投影成像奠定了基础,并势必引发一场新的传播革命。

3. 二维码 二维码(quick response)作为一种全新的信息存储、传递和识别技术,诞生于20世纪40年代初,但移动互联网时代使其得到实际应用和迅速发展。它的应用极大地提高了数据采集和信息处理的速度,改善了人们的工作和生活环境,为管理的科学化和现代化做出了重要贡献。

二维码是比一维条码更高级的条码格式。一维条码只能在一个方向(一般是水平方向)上表达信息,而二维码在水平和垂直方向都可以存储信息。一维码只能由数字和字母组成,而二维码能存储汉字、数字和图片等信息,因此二维码的应用领域要广得多。

二维码样式很多,包括:条码、堆叠式、行排式和矩阵式,矩阵式二维码是生活中最常见的样式。

二维码已被广泛应用于日常生活中,其具有如下特点:

(1)高密度编码。信息容量大比普通条码信息容量约高几十倍,可对图像、声音、文字、签名和指纹等多种信息进行数字化编码。

(2)容错能力强。二维码具有纠错功能,因污损、缺失等引起局部损坏时,照样可以正确得到识读,损毁面积达50%仍可恢复信息。

(3)误码率低。普通条码译码错误率百万分之二,二维码误码率不超过千万分之一。

(4)可引入加密措施:保密性、防伪性好。

(5)成本低,易制作,持久耐用,条码符号形状、尺寸大小比例可变。

二维码与移动互联网改变着人们的日常生活,将原有生活边界重构,使人们可以充分利用碎片时间,实现全时全域全媒体形态下的资源共享。购物时,二维码实现了支付功能;看电视时,二维码改变了原有大众传播单项传播的特点;进入旅游景区时,二维码提供了景区介绍等资讯,等等。二维码几乎存在于生活的每一个部分。在开展健康教育工作中,二维码可以为人们提供跨越空间、全时段多种形式的健康传播材料,因此健康教育工作中要利用好这一新兴传播渠道(图5-2,见书末彩插)。

图5-2 全时全域全媒体形态

(二)新媒体传播材料制作要点

1. **内容设计** 应包括内容策划与内容把关两部分。内容策划包括文字内容、文字表达、图片视频配合等,文字内容应简短、准确、精炼,10~20个字说明问题,需要大量文字表达的内容可用图表、视频、绘图来表达,文字表达最好用流行的语言或网络流行语。视频、图表经过美编,视频时长控制在15~30s为宜,最长不超过1min。解说语速快、幽默,画面有趣或震撼,表达内容简练准确。制作完成后还需对内容进行把关审核。

2. **文字设计** 新媒体受众多为青年人,在文字设计时应考虑受众特点,在设计时用手写体、娃娃体、儿童手写体等字体为好,也可以设计动态字体、图像化字体等个性化字体。

3. **色彩选择** 色系对人的心理会产生影响。一般而言,红色象征热情、危险;黄色象征光明、活力;绿色象征新鲜、安全;蓝色象征自由、冷静,新媒体传播材料整体颜色可选择蓝色或绿色,细节内容可根据需要使用红色、黄色、橙色等鲜艳、醒目的颜色。

随着现代信息技术的发展,新媒体与传统媒体不断融合,建立起一种新型和谐互补互信的媒体关系——融媒体。通过分析新老媒体的利弊,以优势互补、扬优去劣,达到1+1>2的效果。

五、健康传播材料制作应注意的问题

1. **注意传播材料制作过程中各环节的密切联系** 由于健康传播材料的制作有一套相对完整、科学、前后相依的制作程序,各环节之间应紧密联系、缺一不可。

2. **材料制作者要有虚心的工作态度** 作为健康传播材料制作的专业人员,要有虚心的态度,这是保证传播材料有效制作和充分发挥作用的基础。在信息收集阶段,要充分收集信息;在预实验阶段,要虚心听取意见。

3. **材料制作者要有严谨的工作作风** 对任何健康传播材料,在制定时一定要严谨,不能有任何马虎。健康传播材料给目标人群传授的是科学知识、保健技能,甚至是一些治疗措施,它与目标人群的身心健康直接相关,有的甚至影响生命。

第五节　健康传播材料预实验、应用与评价

健康教育传播材料预试验是指在传播材料还没有正式制作之前,针对设计初稿在一定数量的受众中进行传播,结合相应指标对受众进行调查,了解受众对信息的理解程度和表达方式的满意程度,达到完善传播材料设计的过程。主要是了解传播材料是否满足受众的需要,其针对性与适应性如何,受众有什么要求,材料中还存在哪些不足等,为传播材料的进一步完善提供依据,也是合理利用有限资源提高传播效果的重要环节。健康传播材料预试验包括内容和形式两个方面。

一、预实验

(一)内容方面的预实验

健康传播材料的内容直接关系到健康信息的准确性与完整性,影响到传播材料的实际使用效果。因此,传播材料内容的预试验要从材料的完整性、实用性与易懂性三个方面进行。

1. 完整性　任何一种形式的健康传播材料都是围绕着某个健康问题或专题来制作的。因此,其内容要紧紧围绕所要表达的主题进行资料收集与文字撰写,力求传播材料所容纳信息的完整性。若传播材料所体现的信息不完整,甚至缺失某些核心信息,就会直接影响到健康信息的传播效果。因此,在进行传播材料预试验时,应注意对信息的完整性进行意见收集,具体可以通过专家意见收集、小群体受众意见征询等方式进行。

2. 实用性　不管是面向个体的传播材料,还是面向小众,甚至大众的健康传播材料,在制作过程中都要注意传播材料所传达信息的实用效果,便于受众掌握更多的健康技能。预试验中要注意了解材料所表达的内容是否为受众所接受,是否为受众所急需了解的信息等。

3. 易懂性　健康信息属于健康专业领域的知识与信息,具有专业特点。因此,对于面向广大公众的传播材料,需要采用通俗易懂的语言表述,这样才能够被受众所接受。在传播材料预试验中,要注意针对所传播信息内容的通俗性和易懂性进行资料收集,便于受众理解。

(二)形式方面的预实验

内容是通过形式进行表现的,形式是内容的有效补充。在健康传播材料的制作过程中,要尽量做到信息内容与表现形式的完整统一。

1. 是否符合内容的需要　任何形式都是为了能够更好地体现内容,不能脱离内容而任意设计。在健康教育活动中,可以采用折页、宣传画、展板、音像制品和网络作品等不同形式的传播材料,但每一种健康传播材料形式都有其自身的特点与表现手法,应根据具体的健康信息内容选择适当的表现形式。

2. 是否能够满足受众的需求　制作传播材料的目的是向受众传播健康知识和技能。要达到这个目的,就要求受众能够接受所制作的健康传播材料,并不断学习材料中的内容,进而按照所传播的健康知识与技能实践。所以,传播材料的表现形式一定是受众喜闻乐见的。

3. 是否符合最佳经济效益　在进行材料制作之前,要对传播材料制作所需经费以及可产生的预期效益进行成本-效益分析。在制作过程中,要量力而行,因地而宜、因人而异,尽可能用较低的成本投入,制作出能够产生较大社会效益与经济效益的传播材料。

(三)预试验方法

传播材料预试验的方法(表 5-8)有多种。可以通过在受众的典型代表中进行小范围的预调查,借以为修订、完善和确定健康材料提供反馈意见。根据传播材料的性质不同,需采用不同的预试验方法。例如,凡是适用于群体教育的印刷材料,如宣传画、画册、歌曲、广播稿等,都可以用

专题小组访谈的形式进行预试验。

表 5-8　健康传播材料预试验方法

方法	目的	适用范围	理想人数	所需资源	优点	缺点
专题小组访谈	了解受众的认识、态度;收集当地习惯性语言	视听材料、印刷材料	6~8 人 1 组,至少 4 组	1. 讨论提纲 2. 培训人员 3. 选择典型代表	小组气氛有利于信息交流;相对较快	小样本定性调查,不能用于前后对照比较
个人访谈	深入了解受众的态度和情感反应	同上	至少 10~25 人	1. 调查表或提纲 2. 培训人员	可接触到难以接触的对象;信息反馈真实,可获得敏感性或情感性信息	费时,定性调查结果不能用于广泛概括
中心场所拦截式调查	短时间内获得较大量的信息资料	印刷材料	100~200 人	1. 调查问卷 2. 人员培训 3. 调查场所	快速灵活,封闭式问题有助于结果分析	调查时间受限,不适于敏感性问题的调查
函调法(邮寄调查)	取得目标受众对材料的初步反映	书、小册子	至少 20 人	1. 选择典型代表 2. 标准化调查问卷	方便、廉价,无需培训调查人员	反应率可能较低,时间迟缓;不能对读者进行控制
把关人咨询	征求同行专家的意见与建议	视听材料、印刷材料	12~15 人	1. 有关专家名单 2. 短篇的咨询表	价廉,取得专业性意见,有权威性	需要妥善处理调查意见
电教资料观摩	评估材料的吸引性、教育性、趣味性等	电视、电影、广播节目	50 人	1. 初步版本 2. 调查问卷 3. 设备与设施	标准化程序,可与其他材料比较;参加人员较多	费时,不宜展开深入充分的讨论

预试验的方法主要采用定性研究的快速评估方法,包括专题小组讨论、中心场所阻截式调查、个人访谈、把关人咨询、音像资料观摩等。

（四）预试验程序

无论采用哪种形式的预试验,都要按照一定的预试验程序进行。健康传播材料预试验的程序包括:前期准备、过程实施和总结三个部分。

1. **准备阶段**　材料预试验的前期准备包括人、财、物三个方面,人力、财力与物力是保证材料预试验顺利实施的三个基本要素。

（1）人力准备:主要包括两类:一是主持预试验的人,二是接受预试验的人。主持预试验的人一般由传播材料的制作者担当,或者由传播材料制作者培训过的专业人员担当。接受预试验的人可以根据不同传播材料有条件地进行选择,但这类人群一定要有代表性,并在进行预试验前给予通知并确认人数。

（2）经费准备:是预试验工作顺利进行的基本保障。应根据预试验规模的大小、参加人数的多少,合理地进行预算,确保经费充足,能够满足预试验过程中的各项需要。

（3）物质准备:在预试验中,根据预试验实施的地点与过程的需求,安排相应的车辆、设备等。同时,制作一定数量的预试验材料,无论是大小、颜色都要与传播材料的设计稿相同。预试验中所需要的调查表、访谈指南等,也应该及时准备,并制作、印刷妥当。

2. **实施过程**　在实地开展预试验时,当接受预试验的人到达后,首先要告知预试验的目的,使他们对预试验有初步的了解,并取得他们的信任和配合。接着,发放预试验材料,并留出充足的时间,便于他们认真观看和阅读。

根据所采用预试验形式的不同,掌握和运用不同的实施技巧,比如,专题小组讨论要参阅小组讨论的技巧进行实施,专家访谈要参阅访谈的技巧等,并有效地组织实施。同时做好详细的材料预试验记录,记录可以采用文字、录音、录像等不同的方式。无论哪种记录方式都要力求全面、完整、准确。

3. **总结阶段**　在每一个预试验结束后,都要及时地进行小结;当一个主题的所有预试验完成后,要撰写详细的预试验实施报告。预试验报告与一般的调查报告大致相同,但应重点突出预试验中发现的问题,以及受众的意见和建议,以便材料制作者根据所收集的建议进行修改和完善。

二、健康传播材料的应用与评价

（一）健康传播材料使用的基本要求

不同类型的传播材料有着不同的使用要求和技巧,基本使用要求包括以下几点。

1. **根据不同的目标人群特点,选择不同的健康传播材料**　在使用传播材料时,要充分考虑不同目标人群的特点,有针对性地选择和使用传播材料。

2. **传播材料使用时要正确、规范**　无论是文字类传播材料,还是图片、声音类传播材料,在使用时一定要规范操作、正确使用,传播材料的不规范使用将直接影响传播效果。

3. **注意对传播材料使用效果的评估**　任何一种传播材料在使用后,都应该进行及时的效果评估。评估不仅可以了解该种传播材料的使用效果,还可以发现存在的问题与不足,为以后此类材料的合理使用提供经验借鉴。

（二）健康传播材料使用的监测与评价

健康传播材料制作完成并投入使用以后,其效果如何,应进行及时的监测与评价。监测与评价不仅可以发现传播材料在使用中的问题,及时对材料的使用方式进行调整,还可以为以后同类传播材料的制作与使用提供借鉴。

1. **健康传播材料监测**　健康传播材料监测的内容大致可分为传播材料的发放情况及实际使用情况两大方面。具体内容包括:了解传播材料的发放渠道,即通过何种方式、何种途径发放到目标人群;发放过程中有哪些值得注意的问题,这些问题是发放渠道自身存在的,还是发放方式使用不当造成的。传播材料的实际使用情况包括:传播材料在何种场所与环境中使用,在目标人群中停留时间的长短,目标人群对传播材料的认可程度等。

2. **健康传播材料评价**　健康传播材料评价的内容大致包括传播材料制作的质量和使用中产生的效果两方面。健康传播材料制作的质量与传播效果之间有着非常密切的关系,材料制作的质量直接影响着传播的效果,而传播效果的好坏也从某一方面反映了传播材料的制作质量。传播材料制作的质量主要是评价这些材料设计是否科学,内容与形式是否满足目标人群的需求;制作是否合理,是否符合美观、大方、得体、实用的传播需要;信息含量是否合适,信息是否准确等。传播材料的使用效果是评价不可忽视的重要内容,应客观地、实事求是地进行效果评价。

（谢长俊　钱国强　马海燕）

思考题

1. 如何按照健康传播材料制作流程,根据自拟主题,描述制作纸质传播材料的过程?
2. 如何分析不同人群的健康传播材料需求?
3. 传统 PC 端微视频制作的基本步骤包括哪几个阶段?根据自拟主题,制作视频脚本。

| 第六章 | 健康教育实用技能

本章要点

1. **掌握** 专题小组讨论和 KABP 问卷概念;专题小组讨论的实施步骤;KABP 问卷结构和制作流程;课件制作一般程序;现场讲授与答疑技巧;医学科普文章创作流程;个体化指导技巧;倡导和动员技能等。

2. **熟悉** 专题小组讨论的计划;问卷的定义和作用;课件制作的评价;科普讲座的概念和特点;科普文章的创作原则,个体化指导策略和实施;倡导和动员定义。

3. **了解** 科普课件和科普文章的定义;专题小组讨论和 KABP 问卷的评价;讲座者具备的素养;个体化指导的目标。

卫生与健康事业的发展不仅需要理论层面的提升,更重要的是还要在实践层面实干推进。这就要求专业人员不仅要有理论素养,还要有相关的操作技能。本章主要介绍健康管理过程中健康教育的实用技能,包括需求评估技能、传播技能、行为干预技能、组织动员技能等。力求使专业人员在健康管理与服务的各个环节中灵活应用健康教育技能,有效做好健康教育与健康促进工作。

第一节　专题小组讨论

专题小组讨论(focus group discussions)是最常见的资料收集手段之一。熟练使用专题小组讨论方法,是健康服务与管理专业需要掌握的一项实践技能。

一、概述

专题小组讨论这一方法发展至今,已经形成了一套相对成熟的模式,使得这一方法更具操作性和可重复性,范式化的专题小组讨论进一步减小了主观偏倚。

（一）概念

专题小组讨论又叫焦点团体访谈,它是将若干个访谈对象集中起来,就某一问题开展访谈的一种定性研究的方法。访谈者一般来自于某一特定目标人群,在主持人的组织下就某一共同关心的主题进行深入、自由、自愿的讨论。在健康管理和健康教育领域,专题小组讨论广泛应用于健康教育需求评估、健康传播材料预实验、团体行为训练集中分享等场景,还可作为科学研究的手段之一,进行定性调查。

（二）专题小组讨论的组成要素

专题小组讨论组成要素主要包括主持人、小组成员、记录员、访谈提纲和访谈场所等几项内容。

1. **主持人**　主持人是小组讨论的核心,起到引导小组讨论顺利实施的作用,是影响小组讨论成败的关键因素。因此主持人必须具备如下素质和条件:

(1) 要有比较丰富的工作经验,有较强的组织能力与人际沟通能力。在讨论过程中,主持人要善于启发和鼓励,并造就一种自由、和谐、积极、热烈的讨论气氛,使每个参加者都能充分表达自己的观点;善于观察和倾听;善于运用点头、微笑等非语言性动作;不对访谈的观点表示赞同或反对;善于控制讨论时间;没有语言障碍。通过上述努力,调动每个参与者的积极性。

(2) 可以不是该领域的专家,但一定要对将要讨论的话题比较熟悉。同时,要有文化敏感性,尊重地方文化习俗。

(3) 要有良好的个人魅力,具有热情、随和、乐于助人的性格。在与人接触时,能够让人马上产生与之接近的渴望,并使人容易产生信任感。

(4) 最好能够具备与小组成员相似的背景特征,比如生活在同一个区域、相似的工作环境等,这样容易使参加者在心理上产生亲近的感觉,有利于创造出自由、和谐的讨论气氛。

如果主持人不具备上述条件,可以组织相关专业人员进行专门的主持技能培训,掌握一定的主持技巧。

2. **成员**　即参加小组讨论的成员,也称焦点团体。应有一定的选择与数量限制,典型的专题小组讨论人数最好控制在 6~12 人之间。参加人员的选择应遵循同质性原则,即尽可能使小组成员之间在年龄、性别、社会经济地位、生活背景等方面具有相似性。

3. **记录员**　记录员主要是帮助主持人记录讨论的内容,可以是手写,也可以采用录音机或其他音像设备帮助记录。另外,记录者也可以起到辅助主持人圆满完成讨论的作用,在主持人漏掉问题时给予及时提醒,并进行必要补充。记录员有时兼具观察者的角色。一般情况下,记录员不参加提问和讨论,主要任务是记录、观察现场讨论情况。在不能进行录音、录像时,记录员应有熟练的速记技术,并善于观察口头语言以外发生的现象。

4. **访谈提纲**　访谈提纲是一系列讨论问题的一览表,是对专题小组将涉及的问题和将达到目标的综合性阐述,是主持人的讨论指南和备忘录。其主要内容应包括:讨论题目、讨论目的、讨论内容、语言组织、问题和对策等。

5. **访谈场所**　为小组讨论提供一个良好的访谈场所是必要的。要求这一场所要有适宜的温度、充足的光线、可以容纳讨论成员的空间;应有椅子以便参加者坐下,有桌子以便记录或放置记录设备等。

(三) 专题小组讨论的优缺点

与其他访谈方法相比,专题小组讨论具备的优势是不言而喻的,但相对于问卷调查,它所具备的定量测量功能是有限的。

1. **优点**

(1) 团体内的互动。专题小组讨论最显著的特点是团体内的互动。主持人的主要工作是倾听,促进参与者在宽松、舒适的环境里自我表达。访谈不是组员与主持人的交流,而是组员之间相互交流、相互补充、相互纠正,对问题进行深入探讨。比如在团体行为训练中,当参与者对某些问题存在争议时,群体讨论可以激发参与者辩论。在辩论中,参与者会主动调整对抗能力,自己平时意识不到,或主动压抑的情绪或想法也可能会在讨论中出现。

(2) 与个别访谈相比收集数据更快,实施时间短。在进行健康需求评估时,可以短时间内快速收集到想要的信息。同时,该方法在问卷设计和后续访谈上具有引导性,可以进一步研究由组员提出的意见。

(3) 可以获得更多的信息。专题小组讨论的回答经常比个人访谈更具全面性且受到较少限制。一位回答者的论述有助于鼓励其他人顺着这条思路去思考。能够胜任的主持人,可使讨论产生滚雪球效应,即发言者不断地对别人的观点进行补充或表达自己的不同意见。当其他人发言时,主持人可通过面部表情和非语言行为,观察出语言表达能力不强的访谈对象的意见和态度。

（4）研究结果易于理解,比复杂的调查数据分析更能被人们接受。

2. 局限性

（1）讨论时对小组的控制很大程度上依赖于主持人的能力和技巧。主持人的主观性和能力大小将会直接决定工作的效果。

（2）整理资料相对困难,需要花费更多的时间和精力,且不宜收集定量资料。同时由于参与人员相对较少,研究结果很难代表更大群体。

（3）在促进参与者相互交流的同时也可能抑制个别参与者的表达。在一个群体中,总会有不同性格的成员存在,有人外向健谈,而有人内向寡言,前者往往能引导、甚至控制交流的方向,而后者会因此感到压抑,趋向于更沉默或随波逐流,从而导致"集体趋同",最后使专题小组讨论失去应有的意义。

（4）群体会对在场的个人思维造成一定影响,尤其当谈论的话题比较敏感,涉及组员的隐私,或可能给组员招致麻烦,那么组员可能会隐藏自己真实的想法。

（四）专题小组讨论的应用

专题小组讨论在健康教育工作中主要应用在以下四个方面。

1. 进行健康需求评估或探索性研究   在开展新的卫生计划时,此形式能帮助了解目标人群对计划的看法、存在的问题和困难,从而使计划更适合于目标人群。还可用于探索目前了解不多或很少有书面记载的问题,如发现重大卫生问题、健康需求评估、健康风险因素调查等,了解目标人群的知识、观念、态度、行为及其社会影响因素。

2. 搜集目标人群资料   对于某些不易通过定量方法获取资料的项目,专题小组讨论可以作为搜集资料的一种方法。例如针对具有敏感性和隐私性的性行为问题、心理问题等,如果采用问卷调查的方式,被访者的无应答率可能很高,或不回答真实的情况。但采用专题小组讨论,小组成员由相互不认识的人组成,在平等宽松的讨论气氛中会得到更多真实信息。

3. 健康管理的过程与效果评价   在健康管理实施过程中和结束后,专题小组讨论可作为一种评价手段,了解目标人群对管理的意见和建议以及对实施情况的满意程度,了解他们对管理效果的评价和对以后管理模式的改进意见与建议。

4. 补充定量研究的不足   专题小组讨论也是科学研究的一种方法,用于定性调查研究,可用来补充定量研究的不足,帮助回答诸如"为什么"或"怎样"之类的问题。比如,我们想了解某社区居民就诊意向的问题,在定量研究的结构问卷中通常问"你是否愿意到社区卫生服务中心就诊",回答要么肯定要么否定,问及"愿意（不愿意）的原因是什么"时,问卷中的备选答案有限,有时不能包括所有可能的答案,从而无法全面了解该问题的原因。如果组织若干组社区居民的专题小组讨论,就可以充分了解到不愿就诊的原因。

二、专题小组讨论设计、实施及评价

专题小组讨论作为一种严谨的方法在操作上有着严格的规定和要求。一般来说,组织一次专题小组讨论的过程可分为三个阶段,即设计和准备阶段、实施阶段和评价阶段。

（一）专题小组讨论的设计和准备阶段

专题小组讨论的设计和准备是指在讨论实施前,对操作流程和规范以及讨论所需的人力、物力、场地等所进行的前瞻性准备和讨论提纲的撰写,它是保证讨论顺利进行,并确保讨论质量的关键。

1. 专题小组讨论设计

（1）制定讨论提纲:讨论提纲就是围绕讨论主题的一组简明、单一的开放性问题,并按由浅入深、由非敏感问题到敏感问题的逻辑顺序排列,从日常生活的一般话题开始,逐步深入,提出问题。如,以"如何预防儿童手足口病"为主题,讨论问题可以是:大家听说过手足口病吗? 你的亲戚朋友中是否有孩子得过这种病? 您认为这种病是怎么得的? 怎样才能预防孩子得这种病? 问题可以经过预试验后确定,一般设计 8~12 个问题。

(2) 确定目标人群:取决于信息收集的要求和目标人群的可及性,一般抽取目标人群中具有相同特征和共同需求与兴趣的人员,这些特征最好结合项目内容,把年龄、性别、职业、行政级别、社会背景等有可能影响讨论效果的因素作为分组的依据。

(3) 了解参与讨论者的社区特征:在准备过程中应对参与者所在社区的自然环境、人文环境和社会文化传统有所了解,避免不必要的误会。如在回族居住区进行调查需要了解其传统禁忌,避免引起反感;若项目实施地区刚做过类似访谈,而组织者又一次实施,则可能因内容重复让参与者感到厌倦等。

(4) 时间和地点的选择:良好的访谈环境是访谈成功的基本保证。要选择参与者都认为较为合适的时间和地点,讨论时长一般掌握在 1~1.5 小时。讨论场所应安静、无干扰,不要太大,也不要太小。室内布置温馨,光线柔和,不要放置会过分吸引组员注意的东西。在这样的环境中,发言者更倾向于流露最真实、客观的思想或态度,从而保证访谈资料的有效。另外,被访者最好能围坐成圆圈或马蹄形,这样有利于参与者面对面的交谈和参与。

(5) 确定讨论场次数:对组织专题小组讨论的场次数一般没有严格的限制,它取决于项目需要、资源及遵循"信息饱和"原则,即围绕本项目进一步组织专题小组讨论将无法得到新的信息。一般来说,每个主题至少组织 2 个小组的讨论。

(6) 制定资源需求清单:考虑专题小组讨论所需人力、物力、经费,以决定工作人员的数量、是否需要人员培训、培训哪些技能、是否需要进一步购置设备,主持人和记录员的选择等。同时还要考虑与目标单位的协调等。

(7) 制定评价标准:专题小组讨论的评价是指在讨论结束之后对本次讨论的客观总结,一般来说分为对讨论的评价和对主持人的评价两个部分,在设计阶段应当明确评价的标准。

(8) 确定资料收集方法和分析方法:明确专题小组讨论资料的收集方法,包括现场文字速记、录音、录像等。在讨论结束后,针对所收集的资料,确定资料分析方法。

2. 专题小组讨论提纲撰写　专题小组讨论提纲指的是在访谈过程中主持人拟采用的访谈路径,一般来说,包括讨论的框架设计、讨论的语言组织、问题与对策三个部分。

(1) 讨论框架设计

1) 讨论题目:讨论题目是指本次专题小组讨论的话题,题目应当尽可能具体,比如"某社区卫生服务中心健康教育工作开展情况专题小组讨论",题目不宜过大或者宏观,具体、针对性强的讨论题目有利于小组成员深入探讨,从而获取深层次的对于问题的描述或解释。

2) 讨论目的:指通过研究者所要实现的意图,是对所研究的现象或问题进行描述、解释或预测等。在一次讨论中,讨论的目的一般控制在 1~2 个。

3) 讨论内容:讨论内容是围绕讨论题目所展开的具体讨论,是讨论题目的具体内涵,一般包括 8~12 个具体问题。在讨论中,主持人应当引导讨论内容的发展和变化,以确保讨论围绕中心,不偏题。

(2) 讨论语言组织

1) 开端引言:主持人的开端引言是一场讨论的开始,主要作用是活跃气氛,促进成员之间沟通,鼓励积极发言。包括欢迎致辞、介绍讨论方式及要求、对现场记录(录音或录像)进行解释、对敏感问题要强调其保密性等。

2) 讨论引导语言:主持人引出讨论话题,并控制讨论过程的语言组织,可运用探索、提醒和复述等技巧来引导小组成员就某一讨论内容发表看法、意见或观点。

3）结尾语言:结尾语言是在讨论结束之前,主持人对讨论进行简单总结或补充,再次强调保密原则以及对小组成员表示感谢,并告知他们如果有需要可以再次召集进行二次讨论。

（3）问题与对策:问题与对策是指对在讨论过程中有可能出现的突发情况进行预见,并给出解决方案,以保证现场讨论顺利进行,是专题小组讨论质量控制的重要方法。

（4）专题小组讨论提纲模板（表6-1）

表6-1　专题小组讨论提纲模板

一、讨论框架设计
1. 讨论题目:＿＿＿＿＿＿＿＿＿＿＿＿＿＿＿＿＿＿＿＿＿＿
2. 讨论目的:＿＿＿＿＿＿＿＿＿＿＿＿＿＿＿＿＿＿＿＿＿＿
3. 讨论内容:
（1）＿＿＿＿＿＿＿＿＿＿＿＿＿＿＿＿＿＿＿＿＿＿＿＿＿＿
（2）＿＿＿＿＿＿＿＿＿＿＿＿＿＿＿＿＿＿＿＿＿＿＿＿＿＿
（3）＿＿＿＿＿＿＿＿＿＿＿＿＿＿＿＿＿＿＿＿＿＿＿＿＿＿
（4）＿＿＿＿＿＿＿＿＿＿＿＿＿＿＿＿＿＿＿＿＿＿＿＿＿＿
（5）＿＿＿＿＿＿＿＿＿＿＿＿＿＿＿＿＿＿＿＿＿＿＿＿＿＿
（6）＿＿＿＿＿＿＿＿＿＿＿＿＿＿＿＿＿＿＿＿＿＿＿＿＿＿
（7）＿＿＿＿＿＿＿＿＿＿＿＿＿＿＿＿＿＿＿＿＿＿＿＿＿＿
（8）＿＿＿＿＿＿＿＿＿＿＿＿＿＿＿＿＿＿＿＿＿＿＿＿＿＿
二、讨论语言组织
1. 开端引言:"＿＿＿＿＿＿＿＿＿＿＿＿＿＿＿＿＿＿＿"
2. 讨论引导语言:"＿＿＿＿＿＿＿＿＿＿＿＿＿＿＿＿＿＿＿＿＿＿＿"
3. 结尾语言:"＿＿＿＿＿＿＿＿＿＿＿＿＿＿＿＿＿＿＿＿＿＿＿"
三、问题与对策
（1）问题:＿＿＿＿＿＿＿针对性语言或对策:"＿＿＿＿＿＿"
（2）问题:＿＿＿＿＿＿＿针对性语言或对策:"＿＿＿＿＿＿"
（3）问题:＿＿＿＿＿＿＿针对性语言或对策:"＿＿＿＿＿＿"

（二）专题小组讨论的实施

1. 专题小组讨论实施过程阶段划分　专题小组讨论在实施过程中,按照时间的先后顺序,整个过程包含开始前准备阶段、开场阶段、热身讨论阶段、专题讨论阶段、结束阶段。

（1）开始前准备阶段:主持人与记录员应提前到场,整理和安排会场,准备所需工具（录音机、录音笔、电源、记录用纸与笔、速记机等）。热情接待陆续到会的成员,并与之轻松交谈,了解他们的姓名和兴趣,开始建立良好的人际关系,为正式讨论提供方便与基础。

（2）开场阶段:是正式讨论之前的一个简短介绍,主持人、记录员进行自我介绍,说明讨论的目的和主题。开场白要简单明了,有亲切感。开场阶段还需主持人介绍本次讨论应当注意的问题,比如会进行发言记录、强调讨论保密等。

（3）热身讨论阶段:请每位小组成员做自我介绍,使人们互相了解,主持人询问参与者一些不太敏感而又可能感兴趣的问题,帮助大家放松紧张情绪,然后逐步引入讨论主题。

（4）专题讨论阶段:此部分为专题小组讨论的核心。在主持人的引导下,所有参与者围绕主题的一系列问题展开讨论,以收集讨论信息,达到预期的讨论目的。在讨论中,主持人应尽量使用开放型、具体型和清晰型的问题,避免提出封闭式和带倾向性或诱导性的问题。主持人提问还应有意识地遵循一个重要原则是"追问",即使用参与者自己的语言和概念来询问参与者自己曾经谈到的看法和行为,以便深入了解人们对某个问题的看法、是怎样形成这种看法的以及形成这种看法的原因。

（5）结束阶段:归纳总结大家讨论的意见,询问是否还有不同的观点,还可进一步讨论、补充和修正。在所有参与者没有什么再需说明和解释的情况下,对讨论的问题作简要总结,感谢大家参加讨论并提供信息。

2. 专题小组讨论现场组织中遇到的问题及对策　在小组讨论的组织过程中,主持人会遇到各种各样的现场状况。这就要求主持人提前准备好应对方案,以控制讨论沿着讨论主题方向发展。

(1)小组讨论开场时冷场:讨论开始时,常会出现参与者沉默不语的情况。主持人可预先设计一些打破僵局的方法。如,使用宣传海报或者播放一段短小的录像片作为引子,采用头脑风暴法,提出一个可以各抒己见的开放式问题;或者讲一个实际案例或故事等。如果主题过于敏感或涉及个人隐私的问题,可用一些活动技巧鼓励参与者讲话,有时也可以利用对照比较的办法激励他们参与。有时短暂的中断也是必要的,允许参与者活动一下或换个话题。

(2)小组成员随从他人意见:主持人在开场白阶段可以强调小组成员的回答不受限制,可以发表相同的看法,也可以有不同的看法。每一个参与者的发言同等重要,访谈信息才具有完整性。

(3)出现胆怯性回答:利用眼神接触鼓励胆小的成员讲话,并表示对他讲的内容感兴趣。仔细观察胆小的成员,看看他们何时准备发言,如可能的话,找一个简单而无威胁性的问题鼓励他直接发表看法。如果回答得很不自然,继续让他人发言,最后再让这个成员发言。

(4)组员发言不积极:可以采用根据讨论提纲,依次提出开放式问题,鼓励大家积极发言。对发言者给予适当的肯定性反馈,可用个别提问、点名法来征求发言不积极者的意见。也可采用轮流发言,给每个人均等的发言机会。

(5)发言者表达不完整:在讨论初期强调需要大家同心协力,共同完成讨论。通过重申问题,尽量得到详尽的发言,也可以表现出主持人对问题也不完全理解,进而鼓励发言者更具体地阐述其看法。

(6)发言者时间过长:直截了当地使用探索性问题询问,使获得的信息具体化并有针对性,也可以礼貌地中断发言者的讲话,提醒发言者虽然他的发言很好,但还想听听其他人的意见。或者通过向其他人提问,改变对话的方向。

(7)发言者出现混淆性发言或者讨论不相干话题:给发言者这样一种信息,"你似乎把……搞混了",重申问题或对问题重新做解释,也可以简短提供一个例子。

(8)出现跑题:当大家情绪高涨讨论热烈时,难免出现偏离主题或产生争论的现象,主持人不要强硬制止,应巧妙地把讨论引回到讨论主题上。现场应该热烈而又不偏离主题,发言者平等、有序,成员之间信息交流通畅,主持人对信息回应及时、合理。

(9)遇到参与者询问主持人的看法:小组成员之间在进行讨论时,相互之间必然会产生互相影响,常常会出现不同的意见和态度,有时候就会询问主持人的看法。这时候主持人需要保持不偏不倚的客观态度,不要在现场对讨论主题进行明确表态。比如可以这样说,"与你们一样,我也有自己的看法和观点,但今天我们的目的是想知道你们是怎么想的。如果必要的话,我会在讨论结束后和大家分享我的看法"。态度既要坚定又要和善,所以要求主持人必须训练有素,有一定控制局面的能力和经验。

(10)发言者的真实意思和现场表达不一致:主持人和记录员要有敏锐的头脑和注意细节的能力,能够捕捉到重要信息,并能够听出发言者的"话外音"。

3. 专题小组讨论资料的整理和分析　专题小组讨论所获得的资料属于定性资料,指的是组织者从讨论中所得到的各种以文字、符号表示的观察记录、访谈笔记以及其他类似的记录材料。在一定意义上,对这种资料的分析,可以通过定量和定性完全不同的两组方式进行。在本节中,我们将简单介绍两种定性资料的处理和分析方法。

(1)文字整理方法:虽然分析专题小组讨论所获取资料的技术是多样的,但多数技术的第一步都是对访谈进行文字整理。现场速记或录音整理后的文字材料并不总是完整的,但此时不要试图进行补充和修改,应尽可能保持原貌,因为其中不完整的句子、不清楚的思想、奇特的短语等都有可能表达一定的意义,都能说明访谈参与者在访谈过程中的所思、所想及对所讨论的问题的态度。另外,访谈记录中所记访谈参与者的非语言沟通、手势、行为反应等也是非常有用的,可以作为语言资料的补充。

(2) 剪贴分类技术:剪贴分类技术(cut-and-sort technique)是一种分析专题小组讨论结果的快速、简捷的方法。其实施步骤是:①通读整理好的文字材料并确定与主题有关的部分;②在此基础上形成主要论题的分类系统并找出与每一论题有关的内容;③对材料中说明不同论题的内容进行编码;④将编码后的部分剪掉并按编码进行归类,这些分类后的材料是进行分析和撰写总结报告的基础。

(三)专题小组讨论的评价

专题小组讨论结束后,主持人和记录员应及时交流意见和看法,并撰写讨论评价报告,评价的内容包括对讨论的评价和对主持人的评价两个方面。

1. 对讨论的评价

(1) 小组成员是否合适? 他们是否满足要求? 如年龄、性别、家庭情况、社会经济状况、健康服务使用情况或其他必须的要求。

(2) 小组成员是否理解讨论的意图?

(3) 小组讨论的时间是否合适? 能保证所有成员都有足够的时间来发表自己对问题的看法吗?

(4) 小组讨论的场所、环境是否让人感到轻松舒适?

(5) 座位安排合适吗? 成员是否感到自然,有助于互相讨论?

(6) 访谈提纲内容是否完整? 是否满足所有的信息需要及目标要求?

(7) 讨论过程与讨论中出现了哪些问题? 是否有效解决?

2. 对主持人的评价

(1) 对主持人准备工作的评价:主持人对项目背景及主题、访谈目标的理解如何? 是否在小组成员到来之前已经准备就绪,如将访谈提纲熟记于心、是否收集到了小组成员的全部想法等。

(2) 对主持人主持讨论的方式进行评价:主持人的态度是否轻松、友好、热情;是否能够促进小组成员相互启发、发生兴趣并积极参与;是否做到边听边对信息进行有机地综合;对一种新的想法深入了解时是否恰当、灵活;在没有理解小组成员的意思时,能否明确并恰当表达;在讨论中有没有出现拷问、过分控制讨论、进行对错判断等问题;以及临场发挥情况和运用身体语言及面部表情的情况等。

(3) 成员对他人产生影响时主持人的处理:主持人能否适时制止几个人同时讲话,劝阻无关的谈话;是否鼓励说出真实的想法而不仅是理性的回答;是否能鼓励小组成员主动发言并能引导害羞和不发言的成员加入到讨论中;是否允许所有成员发表不同的见解等。

第二节 健康教育 KABP 问卷设计

调查问卷制定是进行健康教育的一种基本技能和现场调查的基本手段,也是在健康教育的调查、监测与评估中常用且重要的测量工具。制作一份科学、实用、针对性强的调查问卷是健康教育工作者必须掌握的一项重要实践技能。

一、问卷作用

健康教育 KABP 问卷是健康教育与健康促进研究最常用的一种信息收集工具。研究者通过问卷收集人们的知识、观念、态度、行为等问题来测量相关变量,通过分析所获得的信息来解释所研究的问题和验证所提出的假设,从而发现事物发生、发展和变化的规律。问卷可以使问题和回答统一化、规范化,不仅可以提高工作效率,而且在一定程度上保证了收集资料的质量。

二、健康教育 KABP 问卷的编制

健康教育 KABP 问卷一般用于了解目标人群的卫生保健知识、态度、信念及行为现状和评价健康教育的效果,对健康教育的主观要求,对健康教育方法的接受程度等许多方面的信息,是健康教育与健康促进研究最常用的一种收集资料的工具。

(一)一般格式

1. **问卷的题目**　问卷的题目一般放在问卷最前方,健康教育 KABP 问卷题目一般包括调查对象、调查主题、KABP 三部分。如:"全日制本科大学生健康素养 KABP 调查问卷",全日制本科大学生为调查对象,主题为健康素养。编写原则:题目字数一般不超过 20 字,调查对象尽量要具体,主题一定要简明。

2. **说明部分**　说明部分又称为前言部分,是调查者在调查前需要向受调查者说明的内容,用以取得被调查者的信任,争取其合作与支持。说明部分内容包括调查者的身份、调查目的及重要性、受调查者需要做的事项、致谢等。如涉及敏感问题要在问卷说明中强调保密原则。说明部分可以比较简短,一般是放在问卷的开头或结尾处,也可以一封信的形式单独附在问卷前面;说明部分编写原则要注意文字简洁、平易近人,使调查对象感到亲切。

3. **指导语**　指导语用于解释如何填写问卷,或解释某些调查问题的含义。当问卷中问题的回答方式一致时,指导语可置于所有问题之前统一说明,指导语也可置于问卷中,如解释问题含义,提示从一类问题转入另一类问题或跳答等。

4. **资料登录部分**　可分为三部分:其一用于区分资料,如问卷编号、调查对象姓名、住址等;其二用于核实资料,如调查日期、审核日期、调查员姓名;其三是用于分析资料,如备选答案编码。

5. **问卷主体**　即研究中所需测量的变量和问题,是问卷中的主体部分。KABP 问卷调查问题一般包括以下内容:

(1)个人基本情况:如姓名、性别、受教育程度、职业、婚姻状况,经济收入等。

(2)卫生保健知识(knowledge):指与研究问题有关的知识。

(3)信念与态度(belief and attitude):如对某疾病易感性的信念,对某种观点的态度等。

(4)行为(behavior/practice):调查对象与所研究问题有关的行为。

(二)问卷编制步骤

1. **初步罗列调查条目**　可以根据调查目的和内容,查阅相关文献罗列文献中测量或分析的变量内容,也可以结合自己的专业知识和个人经验提出调查条目,还可以借用已有的同类调查表的条目。个人情况是调查问卷的基础,一般包括调查对象的社会阶层、文化程度、理解能力等社会文化特征。

2. **条目筛选**　对罗列的调查条目进行分析和筛选,以便精简调查条目。可采用专家咨询法或专题小组讨论方法来确定调查条目。

3. **确定每个调查条目的提问形式和类型**　调查条目提问的形式决定了问题的难易度,如用于小学生的问卷,提问语言应通俗易懂、口语化,提问形式应以选择题型为主;如用于大学生的问卷,提纲语言可以偏书面化,问题形式可以更复杂一些。

4. **确定每个条目的回答选项**　回答的选项与条目的提问方式和类型有关。

5. **问卷预调查及评价**　将编号的问题按照逻辑顺序排列,形成初步的调查问卷,可采用专家评价和小组讨论等方法进行初步评价。修改完善后进行小范围的预调查,对调查表的信度、效度等特性进行评价。

6. **修改完善**　在上述基础上作进一步完善,形成最终的调查问卷。

(三)问卷的问题设计

1. **确定变量类型**　变量有两种类型:数值变量和分类变量。前者用来收集计量资料,后者用来收集计数资料,后者又可分为无序分类变量和等级分类变量。同一个变量可以设置成数值变量和分类变量,如年龄变量,直接填写"具体年龄"时为数值变量,选择"成年人或未成年人"时为无序分类变量,按 10 岁为单位划分年龄组时可视为等级变量。但是在一般情况下身高、体重、血压等变量都会设置成数值变量,而血型、是否知道某项知识、对某种现象的态度等会设置成分类变量。变量类型的设置需要根据研究具体要求来确定。

2. **问题和答案形式的设计**　依据问题答案的形式可以把问题分成 2 种类型:①封闭式问题。即针对问题的所有可能性同时提出两个或多个固定的答案,供被调查者选答。优点是答案标准化,容易回答,节约时间,一般拒答率低,记录汇总方便;缺点是被调查者容易随便选答而失真,调查者易圈错答案,也无法获得固定答案以外的信息。②开放式问题。即不预先给定固定答案,让被调查者自由地说出自己的情况和想法,如症状或病程等。优点是可用于设计者不了解答案有哪些,或答案难于一一列举;缺点是容易离题,调查时间花费较多,不便综合汇总。在实践中,健康教育 KABP 问卷的设计可以考虑两种形式结合,封闭式问题多一些,开放式问题少一些,以尽量避免两种问卷的不足,使研究结果更接近实际。在具体设计时两类问题形式有多种变化形式:

(1)填空式:即在问题后画一短横线,让回答者直接在空白处填写。填空式一般只用于那些对回答者来说既容易回答,又容易填写,通常只需填写数字的问题。比如年龄、家庭人口、收入等。

(2)是否式:即问题的答案只有是和不是(或其他肯定和否定)两种。回答者根据自己的情况选择其一。

(3)多项选择式:即给出的答案至少在两个以上,回答者根据自己的情况选择其一。这是各种调查问卷中采用最多的一种问题形式。

(4)矩阵式:即将同一类型的若干问题集中在一起,构成一个问题的表达方式。

(5)表格式:是矩阵的一种变体,其形式与矩阵式十分相似。表格式的问题除了具有矩阵式的特点外,还显得更为整齐、醒目。但应当注意的是,这两种形式虽然具有简单集中的优点,也容易使人产生呆板、单调的感觉。在一份问卷中这两种形式的问题不易用得太多。

3. **问题数量和顺序的设计**　一份问卷应该包括多少个问题,这要依据调查内容,样本性质、分析方法、拥有的人力、财力和时间等各种因素来决定,没有固定的标准。但一般来说,问卷不宜太长。通常以回答者在 20 分钟以内完成为宜,最多也不要超过 30 分钟。

安排问题的次序时应遵循下列常用的规则:①把简单易答的问题放在前面,把复杂难答的问题放在后面;②把能引起被调查者兴趣的问题放在前面,把容易引起他们紧张或产生顾虑的问题放在后面;③把被调查者熟悉的问题放在前面,把他们感到生疏的问题放在后面;④一般先问行为方面的问题,再问态度、意见、看法方面的问题;⑤个人背景资料,一般放在开头;⑥若有开放式问题,则应放在问卷的最后面。

在问卷设计中,要注意相倚问题的处理。所谓相倚问题,指的是在前后两个(或多个)相连的问题中,被调查者是否应当回答后一个(或后几个)问题,要由他对前一个问题的回答结果来决定,即前一个问题作为"过滤性问题"。在问卷设计中,可以采取下列两种不同形式的相倚问题:

例 1　你吸烟吗?

　　A. 吸烟→如果选 A,请回答每天平均吸几支烟?

　　①1~10 支　②11~20 支　③>20 支

　　B. 不吸烟

例 2　你吸烟吗?

A. 吸烟

B. 不吸烟→如果选 B,请跳过问题 12~18,直接从问题 19 回答。

4. 问题编制注意事项

(1)合理性:合理性指的是问卷必须与调查主题紧密相关。违背了这一点,再漂亮或精美的问卷都是无益的。而所谓的问卷体现调查主题,其实质是在问卷设计之初就要找出与"调查主题相关的要素"。

(2)一般性:即问题的设置是否具有普遍意义。这是问卷设计的一个基本要求,但我们仍然能够在问卷中发现这类带有一定常识性的错误。

(3)逻辑性:问卷的设计要有整体感,这种整体感即是问题与问题之间要具有逻辑性,独立的问题本身也不能出现逻辑上的谬误。从而使问卷成为一个相对完善的小系统。

(4)明确性:明确性是问题设置的规范性。这一原则具体是指:问题是否准确、是否清晰和便于回答;被调查者是否能够对问题作出明确回答等。

(5)非诱导性:避免心理诱导倾向。由于调查员有意无意的"诱导"被调查者向某一方向回答问题,以及被调查者复杂的社会心态,给调查带来系统误差,为了减少这种误差,可以设置正反提问。心理诱导在这里是指提问问题的方法包含了对应答者反应的期望,应答者往往根据诱导来回答问题,此时测量到的结果是不真实的。

(6)保密性:对于敏感问题,如涉及政策、伦理、社会规范、个人隐私等问题可采取提高问卷保密程度,用假定法转移对象的警觉性或使用答案显示卡等方法提高应答率。

(7)便于整理、分析:成功的问卷设计除了考虑到紧密结合调查主题与方便信息收集外,还要考虑到调查结果的容易得出和调查结果的说服力。这就需要考虑到问卷在调查后的整理与分析工作。首先,要求调查指标是能够累加和便于累加的;其次,指标的累计与相对数的计算是有意义的;再次,能够通过数据清楚明了地说明所要调查的问题。只有这样,调查工作才能收到预期的效果。

(四)问卷定稿

1. 预调查　初步完成调查问卷设计和确定调查方法后,经由经过培训的调查员在小范围内作预调查,以检验调查问卷的可行性,以及设计的问卷是否与研究目的相符合。

预调查是问卷设计的一个重要步骤。即使是具有丰富经验的设计者,经过深思熟虑后设计出的调查问卷,也还会发现值得修改和进一步完善的地方。设计者设计调查问卷的技巧和对实际情况的不完全了解,都可能使调查问卷需做进一步的修改。只有当完成预调查并进一步修改调查问卷后,再进行正式调查,才能避免在正式调查中出现需要的资料收集不到,收集到的资料又不需要的局面。

由于预调查的目的仅仅是为了修改调查问卷,预调查样本并不严格限制数量,也不限制在目标人群中进行。预调查的结果不能列入正式调查结果一同进行分析。预调查的方式应与正式调查一致。

2. 修改定稿　根据预调查的结果进行问卷的修改,从问题涉及的项目内容到指导语和说明语、问题选项和提纲的措辞都需要调查者进行一次又一次的修改,甚至需要进行多次预调查。除了关注问卷主要内容以外,定稿的问卷还应该注意以下事项:①一份问卷不应过长,否则容易吓退使用者,使人失去填写的兴趣。一般情况下以两页为宜,能够放在一页上的尽量使用一页单面,超过三页的问卷会使人产生厌烦的感觉。②问卷的整体设计要详略得当,使人一目了然。使用字号不应过小,如果问题不多可使用四号字,如果问题较多,可以采用小四号;行间距与字间距要稀疏得当,间隔要均匀。③问题的编排要整齐、规范、自然、清晰。一般情况下,一个问题放在一行中,不能够在一行中出现几个问题。对于缺乏经验的人来讲,他们总想将问题简化,以便可能地减少问卷的页面数量,而将几个问题放在一行,这样不仅使问卷看起来显得拥挤不堪,也容易使部分受访者遗漏一些问题。因此,问卷中的问题应整齐、平展地放置,不能将众多问题搅在一起。④问题的表述要清晰,不能为了节约页面而将问题简化到难以理解的地步,一定要以清晰的表述为前提。⑤问题之间要留有足够的空间,以便受访者填写答案,避免受访者在狭小的空间里填写较长的答案。

三、健康教育 KABP 问卷的评价与使用

(一)问卷的评价

1. 题目的难度和区分度　难度是指试题的难易程度,主要反映试题是否符合受试者的实际水平。计算难度的方法有 3 种,此处仅介绍采用正确回答试题的比例来计算难度指数(power index)的方法。难度指数 $P = R/N$,其中 R 表示答对某题的人数,N 表示受试的总人数。

区分度(discrimination)是指试题能否较好地将受试者的水平区分开的量度指标。此处仅介绍采用比率相减法计算区分度指数(discrimination index)的方法。区分度指数 $D = P_H - P_L$,其中 P_H 表示高分组(总分排序前 27% 的人)答对该题的百分比,P_L 表示低分组(总分排序后 27% 的人)答对该题的百分比。

2. 问卷的信度　信度(reliability)指对同一事物进行重复测量时,所得结果一致性的程度,即测量工具的稳定性或可靠性。信度分析有 2 种,即内部一致性和稳定性分析,或重复性分析。通常情况下,研究者可以在调查对象中随机抽取 10%~15% 的对象进行重复调查。信度分析的方法有多种,适用于健康教育问卷的主要是同质信度(评价内部一致性)和重测信度(评价稳定性)。

同质信度(inter-item reliability):需要对问卷的知识、态度的每部分进行内部一致性分析,通常克伦巴赫(Cronbach)系数(即 α 系数)大于 0.7,表示问卷的内容同源性、相关性较好。同质性分析可以通过计算题目间相关的平均数来衡量,也可以通过因素分析方法来衡量。

重测信度(test-retest reliability):用同一问卷对同一组调查对象进行前后两次调查,两次问卷的时间相隔不宜过短或过长,通常以 2~4 周为宜。对于分类变量资料,可用 Kappa 值来表示两次调查结果的一致性,反映问卷的可信度;对于数值变量资料,可用 Pearson 积差相关系数,或称简单相关系数(r)来表示两次调查结果的符合程度。

3. 问卷的效度　效度(validity)是指测量结果与试图要达到的目标之间的接近程度,即问卷的有效性,效度的研究方法有多种,适用于健康教育领域的主要是内容效度和结构效度。

内容效度(content validity):指问题设计是否能反映欲测量的内容,一般由有经验的专家来判断,尚无量化的标准。可以通过专家判断法、统计分析法、再测法和经验法来确定问卷的内容效度。

结构效度(construct validity):通过因子分析来确定问卷与健康教育相关理论的吻合程度,通常认为公因子解释整个问卷的比例越大越好。

(二)问卷的使用

1. 调查方式　从问卷的使用角度讲,问卷可分为自填式问卷和访谈式问卷两类。自填式问卷可通过邮寄调查或当面调查来完成,而访谈式问卷则通过直接访谈或电话访谈来完成。以不同的方式使用问卷收集资料时,问卷在设计上略有不同,使用问卷的技巧也各有侧重。在问卷设计方面,两种问卷除了遵循一般设计原则外,在以下方面也有所区别,见表6-2。

2. 调查基本步骤

(1) 问候被调查者:内容包括自我介绍,调查目的,征得同意。

(2) 开始调查:内容包括解答疑惑,监督填答质量,保证问卷质量等。

(3) 调查结束:内容包括调查后致谢,再次检查问卷等。

表6-2 访谈式问卷设计和自填式问卷设计的区别

	访谈式调查问卷	自填式调查问卷
1. 填写对象	调查员	调查对象
2. 问卷设计原则		
（1）项目设计原则	符合调查员的理解能力	符合调查对象的理解能力
（2）专业术语的采用	适当采用	尽量少用
（3）答案设计类型	可相对增设开放性答案设计	尽量使用封闭式答案设计
（4）项目的组织排列	可遵循一般组织排列原则	尽量考虑调查对象的可接受性
3. 适用对象	对文化程度相对较低者或不愿使用文字表达者尤为适用	有一定文化程度的人群
4. 常见问题	调查员的诱导作用 调查对象对某些问题的拒答现象	调查对象的理解程度不一致
5. 着重点	调查对象的选择和培训 统一标准	调查项目的组织排列 调查对象的统一认识

（三）问卷的处理

资料整理是指运用科学的方法,将调查所得的原始资料按调查目的进行审核汇总与初步加工,使之系统化和条理化,并以集中简明的方式反映调查对象总体情况的过程。

1. 资料的审核 资料的审核是资料处理的第一步。它是指研究者对调查收集的原始资料(主要是问卷)进行初步审查和核实,校正错填、误填的答案,剔除乱填、空白和严重缺答的废卷。其目的是保证原始资料具有较好的准确性、完整性和真实性,从而为后续资料整理录入与统计分析打下良好基础。

资料的审核工作包含两方面的内容:一是检查出问卷中的问题,二是重新向被调查者核实。

为了确保调查资料的真实性、准确性,除了要对原始资料进行审核外,通常还要进行复查。所谓资料复查是指研究者收回调查资料后,由他人对调查样本中的一部分个案进行第二次调查,以检查和核实第一次调查的质量。

复查的基本做法:由研究者自己或者由研究者重新选择另外的调查员,在调查过的样本中,随机抽取5%~15%的个案重新进行调查。一方面核实原来的调查员是否真的对个案进行过调查(有的调查员会由于各种原因自编自填问卷答案,而实际并没有发送给被调查者或访问被调查者);另一方面可将两次调查的结果进行对比,以检查第一次调查的质量。

通过审核和复查,研究者可以发现并纠正原始资料中存在的一些错误,可以剔除一些无法进行再调查但又有明显错误的问卷,还可以普遍了解整个资料收集工作的质量,从而掌握资料的真实性和准确性。

2. 资料的编码与录入 要对实地调查中所收回的成百上千份问卷进行分析,还必须进行资料的转换。编码一般应用于大规模的问卷调查中。因为在大规模问卷调查中,调查资料的统计汇总工作十分繁重,借助于编码技术和计算机,可大大简化这一工作。

（1）编码的原则:为了便于计算机处理资料,需要将调查问卷中的有关项目及其各种可能的答案给以适当的代码。一般原则如下:①对于地址:可根据所属调查范围的"总队/机动师、支队/团"名单分别给以代码。②对于定性变量,如"性别",男性代码为1,女性代码为2。③对于等级变量,可按答案的升序或降序编码。如"文化程度:文盲、小学、初中、高中、大学及以上、不详",可按升序相应编码为"1、2、3、4、5、6"。④对于数值变量,如年龄,可以不必另行编码,只需写明单位为"周岁",调查时直接填入数字。⑤由于预计有时不能提供预期的答案,或失掉信息,最好制定一个取值范围的最高值,如9、99、999等代表"不详"。⑥为了减少调查误差,可将调查登记和编码录入分开进行。

（2）编码的分类：编码是将调查问卷中的调查项目以及备选答案给予统一设计的代码。编码既可以在问卷设计的同时就设计好，也可以等调查工作完成以后再进行。前者称为预编码，后者成为后编码。在实际调查中，常采用预编码。①预编码的优缺点：优点是应答者在回答问题时即提供了数字编码，编码者不必阅读全部问卷内容并为每一个答案编码，可以节省工作量。调查表本身就可作为定义编码意义的编码册，不必另外再做编码册。缺点是不适用于不可预测答案类型的问题，如开放型问题。②后编码的优缺点：主要优点在于让编码者在编码前确切知道应答者做出了哪些回答，可使资料处理简单化。后编码允许研究者用单个变量代表复合答案，因为可以用不同数字表示各种答案的组合。后编码的缺点是必须阅读所有调查表内容后才能给答案编码，耗费大量的时间和经费。

（3）如何进行编码：编码就是给每个问题及答案一个数字作为它的答案。从资料的处理看，编码就是用阿拉伯数字代替问卷中每一个问题的回答，或者说是将问卷中的文字答案转换成数字的过程。

下面，举例说明编码的过程与方法。①答案代码的确定：通常，调查问卷在设计时就已将答案的代码确定好了。②问题栏码的确定：除了将问卷中问题的答案进行编码外，还需要给每一个问题分配栏码，即指定该问题的编码值共几位，以及它们在整个数据文件中所处的位置。栏码的指定方法是从问卷的第一项目或问题开始，先根据每一个项目或问题答案数码的位数，来确定该项目或问题所占有的宽度，再根据前后顺序来确定其在整个数据排列中所处的位置，这样从头依次往后排列。③编码手册（编码簿）：在编码手册中，研究者要将需要编码的项目和问题一一列出来，逐一规定它们的代码、宽度、栏码、简要名称、答案赋值方式及其他特殊规定等。整个编码手册的格式要规范统一，指示要明确，且容易理解，便于操作。下面结合表6-3的例子进行介绍。

表6-3   编码手册（节选）

项目名称	变量名	含义	宽度	栏码	答案赋值
社区	V	社区名称	1	1	1=A社区 2=B社区 3=C社区 4=D社区 5=E社区 6=F社区 7=G社区
个案号	ID	个案号	4	2~5	根据问卷上的编码填写
问题A1	A1	性别	1	6	1=男 2=女
问题A2	A2	年龄	2	7~8	按实际年龄填写，大于99岁的填99
问题A3	A3	文化程度	1	9	1=小学及以下 2=初中 3=高中及中专 4=大专以上
......	......	......	......	......	......
问题A8	A8	个人收入	4	16~19	根据实际数字填写
问题A9	A9	全家收入	4	20~23	根据实际数字填写，10 000元及以上者填9 999
......	......	......	......	......	......
问题C1	C11	有几人	1	39	1=完全清楚 2=大部分清楚 3=小部分清楚 4=不清楚
	C12	叫什么	1	40	同上
	C13	在哪里工作	1	41	同上
	C14	性格特点	1	42	同上

Note

续表

项目名称	变量名	含义	宽度	栏码	答案赋值
问题 C2	C2	串门	1	43	1=每周一两次　2=每月一两次 3=半年一两次　4=一年一两次 5=从来不去
……	……	……	……	……	……
问题 F2	F21	平时看电视 的时间	3	120~122	将所填的小时数乘上60加上所填的分钟 数,以总数计
	F22	周日看电视 的时间	3	123~125	将所填的小时数乘上60加上所填的分钟 数,以总数计
……	……	……	……	……	……

有了编码手册,不同的调查员(或专门的编码员)就可以按照同样的标准和方法对收回的问卷进行编码。

(4) 数据录入:经过前述的编码处理,调查所收回问卷中的一个个具体答案都已成功、系统地转换成由0~9这10个阿拉伯数字构成的数码,接下来的任务就是将这些数码输入计算机内,以便进行统计分析了。

数据录入的方式主要有两种:一种是直接从问卷上将编好码的数据输入计算机;另一种是先将问卷上编好码的数据转录到专门的登录表上,然后再从登录表上将数据输入计算机。登录表的横栏为问题及变量名,且都有给定的栏码,纵栏为不同的个案记录数据,表6-4就是登录表的一部分。

表6-4　数据登录表（部分）

	城区	个案号	A1	A2	A3	A4	A5	A61	A62	……
	1	2~5	6	7~8	9	10	11	12	13	
个案 1	2	0387	2	39	3	2	2	1	1	
个案 2	4	0441	2	41	2	3	4	1	0	
个案 3	3	1024	1	50	2	5	2	2	1	
个案 4	6	0036	1	28	3	7	1	0	1	
个案 5	1	0189	2	30	4	1	1	0	0	
个案 6	3	0816	2	44	1	6	2	2	1	
……	……	……	……	……	……	……	……	……	……	……

无论是直接录入计算机还是转录到登录表后再录入计算机,都有一个用何种软件来输入,以及最终建立一种什么样的数据文件以便于统计分析的问题。

目前运用较普遍的统计分析软件主要有SPSS、SAS、SYSTAT等,SPSS应用更为广泛。

由于一项问卷调查的数据总量(每份问卷的栏码总数乘以全部问卷,即为输入数码或字符总数)往往是很大的,故实践中常常是由多人共同输入来完成的。因此,研究者必须对数据的输入进行精心组织和安排。具体说来,要做好以下几方面工作:①挑选和培训输入人员;②统一规定数据输入格式和数据文件名;③每个输入人员独立完成各自所输的那一部分问卷,不同输入人员的问卷相互之间,以及同一个输入人员已输和未输的问卷之间,千万不要混淆搞乱,以免造成漏输或重复输入,影响数据质量;④在每个输入人员完成各自所负责的问卷输入任务后,由研究者把他们的数据合起来形成一个总的数据文件,以供统计分析时调用。

(四)问卷的分析

健康教育问卷一般从以下几方面进行分析:

1. **人口学指标的分析**　如性别、年龄、文化程度构成等。
2. **知识方面**　某项知识的知晓率、知识合格率、知识分值等。
3. **信念方面**　某个信念持有率等。
4. **行为方面**　某种行为改变率、发生率等。

附:大学生校园控烟知信行调查问卷

大学生校园控烟知信行调查问卷

　　我们是××单位工作人员,为实现无烟校园的发展目标,现对同学们控烟的知识、信念、行为现况进行无记名调查,请仔细阅读以下内容,将符合自己情况的答案序号写在括号内。谢谢合作!

　　请将正确答案的序号写在括号内。

调查时间:_____　　　　　　　　　　　　　　工作人员:_____

一、一般情况

1. (　　)性别:①男;②女
2. (　　)年级:①1 年级;②2 年级;③3 年级;④4 年级;⑤5 年级
3. (　　)所学专业:①医学相关专业;②军交运输专业;③建筑工程专业;④军事经济专业
4. (　　)家庭住址:①城市;②城镇;③农村
5. (　　)父亲文化程度:①小学及以下;②中学;③高中或中专;④大专;⑤本科及以上
6. (　　)母亲文化程度:①小学及以下;②中学;③高中或中专;④大专;⑤本科及以上

二、控烟知识

1. (　　)吸烟损害:①消化系统;②心血管系统;③呼吸系统;④生殖系统;⑤(①+②+③);⑥全部
2. (　　)香烟有害物质包括:①放射性物质;②焦油;③一氧化碳;④尼古丁;⑤(②+③+④);⑥(②+④);全部
3. (　　)香烟的烟雾对周围不吸烟的人有伤害吗:①有;②没有;③不清楚
4. (　　)焦油含量低的香烟对健康的损害小:①是;②不是;③二者没关系;④不知道
5. (　　)吸烟对健康只存在中远期影响(几年或十几年之后):①是;②不是;③不知道
6. (　　)吸烟不是一种成瘾性疾病:①这种说法是对的;②这种说法是错的;③不知道
7. (　　)香烟产生的烟雾分为主流烟和支流烟:①这种说法是对的;②这种说法是错的;③不知道
8. (　　)办公室内由于吸烟而产生的污染物浓度要远远大于室外雾霾天气时空气中的污染物浓度:①这种说法是对的;②这种说法是错的;③不知道
9. (　　)戒烟越早越好:①这种说法是对的;②这种说法是错的;③不知道
10. (　　)戒烟所产生的好处在 20 分钟内就会显现:①这种说法是对的;②这种说法是错的;③不知道

三、控烟态度、信念

1. (　　)你对吸烟的态度:①反感并劝阻;②反感但不劝阻;③无所谓;④赞成吸烟
2. (　　)你认为被动吸烟对健康损害程度:①非常大;②较大;③一般;④没有损害;⑤不清楚
3. (　　)你认为自己掌握的控烟知识量:①非常多;②较多;③较少;④非常少
4. (　　)你认为吸烟是个人行为吗:①是;②不是;③不清楚
5. (　　)你认为戒烟难吗:①非常难;②较困难;③困难;④容易;⑤较容易;⑥非常容易;⑦不清楚
6. (　　)你认为控烟工作对社会经济发展的作用是:①弊大于利;②利大于弊;③没有关系;④不清楚
7. (　　)你认为控烟工作与自己有关吗:①关系密切;②有关系但不密切;③没有关系;④不清楚
8. (　　)你认为学院开展控烟工作有必要吗:①非常有必要;②有必要;③没必要;④无所谓
9. (　　)你认为目前学院的控烟力度如何:①非常大;②较大;③较弱;④非常弱;⑤不清楚
10. (　　)如果将来你有了孩子,你让他吸烟吗:①坚决阻止;②不干涉;③支持;④不清楚

续表

四、控烟行为
1.（　　）在过去的 7 天里,有几天时间有人在你面前吸烟:①0 天;②1～2 天;③3～4 天;④5～6 天;⑤7 天
2.（　　）你参加过控烟科普知识讲座吗:①参加过;②没有参加过
3.（　　）你曾经主动查找过控烟相关知识吗(如购买书籍或刊物、上网等):①有;②没有
4.（　　）你现在吸烟吗:①经常吸烟;②偶尔吸烟;③已戒烟;④不吸烟(如果第 4 题选③或④,请回答 5～7 题。)
5.（　　）你劝阻过他人吸烟吗:①有;②没有
6.（　　）他人强烈给你递烟,你将:①接受并吸烟;②接受但不吸烟;③不接受
7.（　　）在公共场合有人吸烟,你将:①远离他;②出面劝阻;③忍受;④找工作人员劝阻;⑤无所谓(如果第 4 题选①或②,请回答 8～16 题。)
8.（　　）你为什么吸烟(可多选):①使自己显得更加成熟;②打发无聊的时间;③提神儿;④有瘾;⑤缓解自己紧张焦虑的情绪;⑥更好地和别人交往;⑦其他(请填写)
9.（　　）你什么时候开始吸烟:①入学前;②入学后
10.（　　）在过去的 1 个月里你有多少天在吸烟:①1～5 天;②6～10 天;③11～20 天;④21～31 天
11.（　　）在过去的 1 个月里你平均每天吸多少支烟:①1 支;②2～5 支;③6～10 支;④11～20 支;⑤1 盒以上
12.（　　）在学校里你吸烟的主要场所包括(可多选):①教室;②宿舍;③宿舍卫生间;④教学楼卫生间;⑤楼道走廊;⑥操场等室外空间;⑦其他
13.（　　）获得香烟途径(可多选):①校外购买;②别人给的;③学院小卖部;④网购;⑤其他
14.（　　）在过去的 1 个月里吸烟花销占你津贴的百分比是:①大于 50%;②40%～49%;③30%～39%;④20%～29%;⑤10%～19%;⑥0～9%
15.（　　）在过去的 1 周里有多少人曾劝阻你吸烟:①0 人;②1～2 人;③3～5 人;④6～9 人;⑤10 人及以上
16.（　　）你在吸烟时,陌生人告知你不要吸烟,你会:①很生气并反驳他;②熄掉香烟走开;③道歉并熄掉香烟;④熄掉香烟并感谢对方的提醒;⑤不理会继续吸
17.（　　）你戒过烟吗:①想戒,但还没行动;②戒过烟,但没有成功;③已经戒烟了;④根本没想过要戒烟

×××课题组
××年××月

第三节　健康教育科普课件制作

课件是指可以在计算机上展现的文字、声音、图片、视频等素材的集合,是一种常见的教与学的工具,它的本质是一种软件。健康教育科普课件是健康教育工作的重要工具与手段,广泛应用于健康传播、培训与教育、健康干预等实际工作中。本书以 PowerPoint 为例,介绍健康教育科普课件制作的相关内容。

一、健康教育课件制作一般程序

健康教育科普课件制作是一项系统的、复杂的技术性工作,课件制作的过程具有较强的程序性,课件制作的程序一般包括需求分析、构思设计、素材搜集与整理、开发制作、测试与调整等 5 个环节。

（一）需求分析

在着手制作课件之前,课件制作者必须充分考虑课件在使用过程中所面对的受众、演示环境、传播内容等诸多要素,在充分分析各要素实际需求的基础上,因人、因时、因地的设计针对性较好的课件。

（二）构思设计

构思设计是课件制作的关键,一个课件是否有创意,能否抓住受众,其关键就在于其构思设计的巧妙程度。课件的构思设计一般包括内容呈现设计和形式呈现设计两部分。内容呈现设计首先要对课件内容进行梳理,梳理的过程可以在脑海中完成,也可借助纸和笔通过思维导图完成。明确了要展现的内容后,接下来要确定内容的表现形式,一般来说,课件内容可通过文字、图片、音频、视频等形式展现出来,在课件中如何穿插这些内容要素则是内容呈现设计的关键。一般来说,内容表现形式应当遵循多样化、可视化、富于变化等基本原则。形式呈现设计是指课件以什么样的形式呈现,主要包括页面设计、层次结构设计、媒体应用设计、附件内容设计、页面链接设计、课件交互设计、导航设计以及时间分配策略等。

(三)素材搜集与整理

素材整理不仅包括文字素材的收集与整理,更重要的是图片和视频素材。优秀的课件必须插入适当比例与主题相关的图像和视频材料,才能使课件更生动和易于传播。在搜集素材时,课件制作者应该根据课件的内容有目的地去搜集,搜集的内容应当与课件内容密切相关,同时要注意素材的科学性、合理性、来源合法性。素材的收集与整理是一个长期积累的过程,需要设计者在日常生活中多留心,从生活中寻找素材。在网络上有不少提供课件模板、图表、图片等素材的专业网站,课件制作者也可参考。

(四)开发制作

撰写好课件脚本,并根据脚本的需要搜集和整理素材后,就可以利用 PowerPoint 软件对各种素材进行编辑与加工处理。课件的开发制作,有赖于课件制作者对软件功能的掌握程度,虽然 PowerPoint 软件的功能基本能够满足课件制作的要求,但有时候为实现一些特殊的演示目的,课件制作者仍需要使用其他软件配合课件的制作,比如图片的编辑软件、视频的编辑软件等。

(五)测试与调整

在课件进行播放测试时,主要评价课件内容的完整性、艺术性、流畅性以及是否有误。需要注意的是,课件的测试与调整并非是在课件制作完成后进行,而是在课件制作过程中,制作者就要有意识地对课件进行不断的测试与评价,并及时的根据评价结果进行调整与完善,这是课件制作过程中的重要组成部分,也是课件质量的保证。

二、健康教育科普课件标准

制作课件的过程,实质上是课件制作者将图片、文字、图标等素材,按照一定的目的进行排版、组合的过程。因此,每一个课件的最终呈现,作品风格、质量、效果等方面都会不尽相同。科普课件与其他课件相比,应当更具趣味性、通俗性与可接受性,有利于健康信息的传播。课件要达到一个良好的传播效果,制作者就应该遵照基本的标准去编辑与制作,这样才能最大程度保证课件的质量。

(一)内容完整

健康教育科普课件的完整,是指一个科普课件至少需要包括主标题页、次标题页、正文、结束页等四个部分。

1. **主标题页**　主标题页又称课件的首页,首页一般应当介绍本课件的主题,以及课件使用者的基本信息,如使用者的姓名、单位、职称等。

2. **次标题页**　次标题页又称扉页,在这一部分应当展示本课件的内容结构,比如内容提示、目录等,课件的扉页能够帮助受众更容易理解和接受课堂内容,也是课件层次感的重要体现。

3. **正文部分**　正文是课件的主体,制作者应当按照一定的逻辑结构进行编辑与制作。课件主体应当主题明确、内容丰富、科学正确。

4. **结束页**　结束页是一个课件的终结,一般包含内容总结、祝福语、期望语等内容,课件结束语部分展现的是课件使用者对受众最基本的尊重。

（二）页数恰当

健康教育科普课件是健康教育讲座的基本工具。因此,课件的页数设计应当按照讲座的时间进行规划。对于一般使用者来说,一页幻灯片匹配1~2分钟的讲解。因此,一个小时的健康教育课件,幻灯片的页数大概控制在30~60页左右。课件页数过少,课件对课堂内容的提示能力减弱,增加了讲座者讲课的难度;课件页数过多,可能会导致信息传播不充分,从而影响授课质量。需要注意的是,课件首先是为讲座者服务的,有的讲座者习惯于简略的课件,有的讲座者喜欢采用课堂内容面面俱到的课件。因此,课件页数的规划,更重要的是考虑到使用者的授课习惯。

（三）重点突出

健康教育科普课件重点突出应该从两个方面去把握,一方面,从课件的内容上来看,健康教育课件应当着重突出某一个健康问题的预防方法,特别是有关个人行为养成与改变相关的内容,是健康教育课堂的重点。另外一个方面,从课件展现的形式上来看,每一页幻灯片,都应该详略得当,突出每一页的重点,制作课件时,我们提倡"一个中心"法则。

所谓"一个中心"法则,是指每页PPT画面只需要一个中心点,使受众在同一时刻只关注一个焦点,便于理解和记忆,也便于交流。中心分散的直接后果就是"乱",中心多了,内容再精彩、颜色再协调、风格再接近,都会让人眼花缭乱。要突出一个中心,有以下几个途径:

1. **集中** 把相同或相似的内容集中到一个区域,按照一定的顺序排列。
2. **删减** 把不必要的文字及图片删除,只保留最核心的内容。
3. **突出主角** 突出的方式包括放大、调整成醒目的颜色、把对象置于画面中心或至上位置,不要让配角抢了风头。

（四）层次分明

一个层次分明的课件,从效果上来看,它更有利于健康信息的传播,便于受众接受、理解与记忆课件内容。在制作健康教育科普课件时,要达到层次分明的效果,就应当注意课件的整齐划一以及课件画面的统一。

1. **整齐划一** 整齐是课件精致的前提。但课件整齐不是传统上的方方正正,每个人对齐的方式是不同的,只要确立了一定的规则,并且始终如一的保持即可。当然,不同的对齐模式带来的效果是不同的,不同的对齐有不同的艺术效果。健康教育科普课件中,常用的对齐方式包括左右对齐、上下对齐及中心对齐。通过对课件要素进行对齐处理,可以让课件内容一目了然,增强内容之间的关联性。此外,规矩、严谨的对齐,可以使得健康教育内容更具有说服力。

2. **画面统一** 画面的统一,是站在整个PPT文件的角度,讲究的是整个PPT中各个页面中色彩、质感、大小、风格的一致性。如同级的文字采用同样的字体、字号、颜色和背景图表;颜色的变换要有规律,而不要随意设置等。追求统一的目的有二,一是美观,使PPT看起来舒服;二是便于理解,杂乱的画面会分散观众的视线。

（1）文字的统一:PPT里的文字主要有4种,标题文字、阐述文字、注释文字和强调文字。一般情况下,所有的标题文字的字体及颜色都要保持统一,而且主要是黑色或白色,背景比较特殊时也可以用灰色或较深的彩色,不同层级的标题字号大小要有明显的层次性。阐述文字、注释文字也是如此。强调文字一般是在前3种的基础上加上醒目的颜色,或者增大字号,在字体上不要有变化。一般来说一套PPT使用3种字体基本上就可以了。

（2）色彩、质感的统一:色彩和质感主要指图表,坚持一套PPT只用一种色系和质感的图表,保持图表与背景的兼容性。

统一不是完全一样,绝对的统一会让PPT显得呆板和僵化。就像对齐讲究的是规则一样,对画面的统一主要强调画面的设计要有一定的规则,让人看起来自然、工整、美观。

（五）文字清晰

文字是课件的核心要素,在制作课件时,对于文字的编辑与处理应当给予充分的重视。文字清晰与否直接决定了课件的质量与艺术水平。文字内容的清晰主要体现为文字表达与编辑的技巧。文字的表达与编辑处理,主要包括文字内容与文字形式的编辑处理。

1. 文字内容的编辑处理　制作健康教育课件时,幻灯片所呈现的文字需要课件制作者精挑细选,从文字内容所发挥作用的角度来看,文字素材主要包括三类。第一类是健康教育主题框架,主要用于提示讲座者的课堂逻辑结构,具体来说,是指课件的各级标题,也是健康教育内容的论点。第二类是注释说明素材,主要用于对主题框架的解释、说明、注解等。注释说明类文字素材应当言之有物、简洁明了、准确科学、表达清晰。第三类是文字修饰素材,这一类素材主要起到课件修饰与课件辅助的作用,一般包括引导语言文字、气氛调节语言文字、启发思考语言文字、总结归纳语言文字等。不管哪一类文字素材均要求采用简洁的文字表达。课件里的文字宜少不宜多,课件上展现过多的文字,会影响课件的视觉美感,亦会增加受众的阅读负担。因此,在制作课件时,如非必要,切忌将整段的讲稿内容原封不动的复制进课件。

2. 文字形式的编辑与处理　文字形式的编辑与处理,主要是指对文字的字体、字号的处理。PowerPoint 所提供的字体有两类:衬线字体和无衬线字体。衬线字体是艺术化字体,在文字的笔画开始、结束的地方有额外的装饰,而且笔画的粗细会有所不同。文字细节复杂,较注重文字与文字的搭配,在纯文字的 PPT 里表现较好。如宋体、楷体、行楷、隶书、粗倩、胖娃、剪纸、舒体等都属于衬线字体。无衬线字体没有额外的装饰,笔画的粗细差不多。文字细节简洁,字与字的区分不明显,更注重段落与段落、文字与图片、图表的配合及区分,在图表型 PPT 里表现更好。如黑体、综艺、雅黑、幼圆、粗黑、超粗、中等线、幼线等为无衬线字体。

在科普讲座时,受众一般远距离观看 PPT,所以要选用较为粗壮的字体,并且要保证文字的字号恰当。一般来说,课件正文的文字字号不得小于 28 号,正文标题不得小于 32 号,课件标题不得小于 54 号。细节方面过于复杂反而会干扰对文字的辨认。对于健康教育演示用 PPT,建议多采用饱满的无衬线字体,少用衬线字体。

3. 字体嵌入　在制作健康教育课件时使用了电脑预设字体以外的字体,当在别的电脑播放该 PPT 时,很可能因为缺乏字体而全部显示成宋体,因此需要在保存文件时嵌入字体。

PowerPoint 提供了两种字体嵌入选项:

(1) 不完全嵌入:仅嵌入演示文稿中使用的字体,文件比较小,在任何电脑中都能正确预览字体,但缺乏其中某些字体的电脑只能观看,无法编辑。

(2) 完全嵌入:嵌入所有字体,文件会非常大,在任何电脑中都能观看和编辑。但文件会明显增大(通常增大 10MB 以上),而且保存时间会延长。

建议平时在制作 PPT 的过程中不要嵌入字体,只有当所有操作完毕时再完全嵌入。如果对文件大小没有明确的限制,就可采用完全嵌入的模式。

(六) 图片适宜

图片是课件中最具视觉冲击力的要素,在课件中,图文并茂的信息往往能够有利于受众快速高效的获取与接收,这种现象,在认知科学中被称之为“图优效应”。因此,在课件中适当地运用图片表达信息,是提高信息传播效果的重要手段。

课件中,根据图片所发挥的作用,通常将其分为四类:

第一类是情境再现类图片,这种图片可以简单地理解为“有图有真相”,课件中通过插入与文字描述相一致的图片,用来进一步验证信息的真实性,让信息更具有说服力,从而给受众以真实感和现场感。如在健康教育课件中介绍某种疾病的具体症状(图 6-1,图 6-2)。

第二类是气氛渲染类图片,是通过放置极具视觉表现力的图片,用以表达某种情感或者展现事件氛围,从而让课件更具结构张力,主要包括实景图、写真图、渲染图等。如在健康教育课件中意图渲染医患关系、秋天的萧瑟(图 6-3,图 6-4)。

第三类是辅助说明类图片,通过恰当的配图,用生动形象的图片解释一些抽象的概念、过程

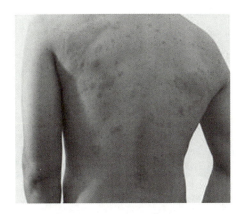

图 6-1　皮疹示意图

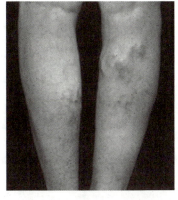

图 6-2　静脉曲张示意图

图 6-3　渲染医患关系示意图

图 6-4　展现秋天的萧瑟示意图

或者结构等,帮助受众理解与记忆。如在健康教育课件中用图示解释一些复杂的医学过程(图 6-5,图 6-6)。

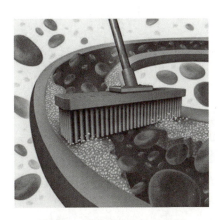

图 6-5　清除动脉斑块示意图

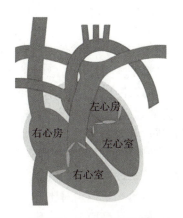

左心房

右心房

左心室

右心室

图 6-6　血液循环示意图

　　第四类是制造愉悦感的图片,这种图片的存在,更多的是为了提高课件页面的图版率,使得整个页面更加美观,提高课件的趣味性。如在健康教育课件中展现轻松愉悦或甜蜜的气氛(图 6-7,图 6-8)。

　　在课件中使用图片,需要注意几个问题。首先,图片的主题应当与课件内容相一致,图片与文字要能够相得益彰,互相解释;第二,在选择图片时,切忌喧宾夺主的图片,课件中使用这一类图片,可能会过度吸引受众的关注,从而削弱讲座者对课堂的影响力;第三,图片的色彩、大小、视觉度、清晰度等要素的把握,制作课件时也应当充分注意,相关技巧在后文中有具体的叙述。

Note

图6-7　轻松愉悦气氛示意图

图6-8　甜蜜气氛示意图

（七）图表恰当

图表可以用来表示各类数理关系、逻辑关系,使得各种关系更加可视化、清晰化、形象化。在课件中通常使用两类图表,第一类为逻辑图表,这类图表有利于演讲者更清晰的表达演示内容的思想与逻辑,通过图表,可以把纷繁复杂、长篇大论的文字梳理清楚,让观众一目了然。第二类图表为数据图表,它的作用是用来描述数据,本质就是把高度抽象的数字以形象化图形展示,让人即使不看数字也知道演讲者希望表达的内涵。图表的呈现形式可以灵活多变,课件制作者应根据内容选择恰当的图表形式。

在制作健康教育课件时,往往需要对某些观点进行科学论证,此时,数据图表是最恰当的表现形式。图表的编辑处理,同样包括内容和形式两个方面。内容方面要注意图表的时效性、科学性、权威性与科普性。对于专业的数据图表一定要进行科普转化才能达到。从图表的呈现形式来说,主要包括数据图与数据表。数据图较直接、明确、易懂,数据表较详实、权威、更具有说服力。在制作健康教育课件时,应当根据授课对象、内容主题等实际情况进行选择。

（八）色彩和谐

颜色鲜明,符合主题,赏心悦目是课件对色彩的基本追求,课件的色调,是课件艺术性体现的关键之一。

1. 善于着色　PPT 课件对颜色的调配主要强调配色、选择冷暖色以及灵活运用相近或对比色。颜色的调配主要需要考虑到对事实的还原、受众的接受度以及授课者的情感表达。在选择冷暖色时,应该注意到冷色调与暖色调带给人的感觉,前者给人安静、稳重、冷酷的感觉,后者给人热情、奔放、温暖的感觉。一般情况下,幻灯片模板色调决定了 PPT 的色调。此外,还要善于灵活运用相近色和对比色,用相近色做 PPT,比较素雅、正式、严谨,画面看起来也比较统一。

但是,运用相近色也可能会导致两个问题:第一是画面较平淡,长时间观看会让人感到枯燥乏味。第二是页面对象间的区分度不够,有时候会让人忽视各个对象之间的差别。因此,在制作课件时仍需要恰当地运用对比色,对比色反差较大,画面显得比较灵活,吸引眼球,同样的,如果颜色把握不好会让画面眼花缭乱,冲淡了要表达的主题。

2. 善于对比　对比是辨认的基础,也是冲击力的前提。要让强烈的内容凸显出来,就需要增强它与其他元素之间的对比度。而对比度,主要是通过颜色的差异来实现的。

（1）保持画面内容与背景的高对比度。传统的 PPT 背景一般采用纯色填充,内容则宜选用鲜艳、立体、靓丽的效果;现在半透明效果、模糊效果应用越来越多,画面会显得透澈、活泼。但采用这类背景时,内容就需要用纯色和厚重的颜色,慎用透明色和高光效果。

（2）保持文字与图标背景的高对比度。灵活运用白色、黑色文字。在深色背景上用白色文字,在浅色背景上运用黑色文字,有时为了强调或者凸显艺术效果,也可以用彩色文字。

（3）保持不同内容之间的高对比度。标题与正文之间,图表中各对象之间都需要用形状或颜色相区别。一般来说,每页的大标题不宜过分醒目,只要有一定的分量,能够引起注意即可。

（九）布局合理

课件页面的布局,主要是指每一页幻灯片中,文字、图片、图表等要素之间位置的排列与组合。布局合理的页面,给人以心旷神怡、赏心悦目的视觉享受。课件的页面布局主要强调画面稳定均衡以及各要素协调搭配。

1. **稳定均衡**　课件画面要有均衡感,不能左重右轻或右重左轻,在页面上达到平衡。做到平衡可以采用以下几个技巧:

（1）心中有框:在制作 PPT 时,需设想一个矩形,放在除标题区域以外画面的正中,把所有正文内容包含在里面,并在四周留有适当的空白。一般情况下,PPT 页面所有的内容都不宜突破这个矩形的范围。

（2）添加砝码:PPT 里经常出现这样的情况,标题栏比正文区域分量重,容易导致头重脚轻;某页只需放一些简短的文字,导致中心偏向一侧等。这时,可在底部、左侧、右侧添加一些元素,如色框、图片、图表、线条等,看似为装饰,实际是让 PPT 重心下移,以保持画面的稳定。

2. **协调搭配**　课件的基本要素是文字、图、表,纯图片、纯文字或纯图表的 PPT 都会让人感到枯燥。要让这三者达到完美融合,需要从以下三方面入手:

（1）版面率:PPT 上、下、左、右都有一定幅度的空白,称为留白。版面率指非空白所占版面的多少,版面率越高,空白就越少,内容所占空间就越大。与报纸、网站、杂志相比,PPT 是一种多媒体、形象化、远距离观看的内容展示形式,这就决定了其版面率相对较低,一般为 30%～70%,超过 70% 的版面就会显得拥挤,表现内容过多,效果也会打折扣。

有时候留白还可以是一些网格,一幅抽象画或一幅风景,这样的留白不会显得太空,也避免了纯色的单调。

（2）图版率:即图片或图形占 PPT 画面的比率。图版率越高,画面越形象、生动,带给受众的视觉冲击力越强。当然,图版率的高低跟 PPT 表现的内容、应用场合以及要实现的目标有关。一般来说,健康教育课件要求 PPT 图版率应当高于 50%。

（3）视觉度:指在 PPT 中不同的文字、图表、图片、动画等元素给人视觉上带来的强度。总体上,文字的视觉度最低,其次是图表,接着是图片,视觉度最高的是动画。要特别注意不同类型图片的视觉度有很大不同。一般情况下,遵循以下规律:

一是生物类图片的视觉度高于静物类图片。仅就图片表现的对象而言,风景(特别是大海、天空、草原之类的远距离风景)视觉度最低,一般适合做背景;没有生物的静物类次之;水果、食物等能够刺激人的食欲的物品再次之;动物和人的视觉度较高,而其中可爱的小动物、儿童因为可爱和弱小,较能唤起受众的喜爱;视觉度最高的是人的脸部特点写,特别是眼睛的表现力最强。

二是逼真图片的视觉度高于虚假图片。图片越逼真,对受众的诱惑力就越强,所带来的视觉度就越高。

三是强烈型图片的视觉度高于平淡型图片。画面里元素之间对比较强的图片视觉度往往较高。有些图片颜色对比强烈,给人热烈的感觉;有些图片光线对比强烈,给人明显的层次感;有些图片空间对比强烈,形成明显的立体效果。与此相反,有些图片缺乏层次、缺乏对比,看起来无法给人清晰的印象。

四是趣味型图片的视觉度高于写实型图片。健康教育科普讲座不要求高度严肃,所以可以使用一些趣味性的图片,给 PPT 加上幽默的成分,使受众记忆深刻。

（十）动画得当

课件中的动画可以通过动作设计、超链接设计以及页面切换设计来实现。动画一般可分为逻辑动画和强调动画两类。逻辑类动画是指根据演示策略,对内容的出现次序进行动作设计,从而凸显内容的逻辑性。强调类动画是根据内容的重要程度,通过动画设计,吸引授课对象的注意力,从而达到强调内容的目的。恰当的使用动画,特别是健康教育课件,可以让内容更鲜活,但如果使用不当,效果可能会适得其反。尤其对于一个初学者而言,在设计动画时,往往容易出现动画特效选用不当、频繁且随意使用动画、过分强调动画的华丽性等问题。动画归根结底是为主题服务,因此,在设计课件动画时需要注意以下几个方面。

1. 动作频率要适度　适度使用动画可以增强课件的逻辑性、引导性与趣味性。但不是所有的对象都适合使用动画效果,也不是所有的动画效果都可以随意添加到课件内容上。动画的设计应适量、适度、适当,过量使用往往会分散授课对象的注意力,产生喧宾夺主的副作用。

2. 动作方式要恰当　PowerPoint 软件提供多种动作方式,在选择动作方式时,一定要充分考虑课件内容的情境、场合等要素,使得动作与内容相得益彰。一般来说,逻辑类动作应简洁与温和,比如切入、淡出、盒状、擦除、展开等动作,强调类动作可以适当华丽,比如缩小、放大、变化颜色等动作。另外,在选择动作方式时,一个基本的原则是同一页幻灯片避免出现三种以上动画效果。

3. 动作时间要适宜　在设计课件动作时,要把握好每一个动作的呈现时长。过长的呈现时间可能会分散授课对象的注意力,而过短的时间会使授课对象感觉节奏太快、思维混乱,影响传播效果。此外,动作时间一定要与授课者内容讲授时间匹配,呈现时间过长或过短,都会干扰到授课进程,影响授课者的讲课节奏,从而影响课堂的流利性与最终效果。

第四节　健康科普讲座技能

在健康教育活动中,运用通俗易懂的语言作为工具,传播健康知识、观念和技能,是健康传播的基础方式和有效形式之一。健康教育讲座是解决公众健康问题最经济、最有效的方法。作为专业人员要掌握将专业的医学术语巧妙地转化为通俗易懂的语言的技巧,提高传播效果,帮助目标人群养成促进健康的行为和生活方式。

一、健康科普讲座概述

（一）健康科普讲座的概念

《中华人民共和国科学普及法》明文规定:科普是以公众易于理解、接受和参与的方式普及科学技术知识、倡导科学方法、传播科学思想、弘扬科学精神的长期性活动。健康科普就是以科普的方式将健康领域的科学技术知识、科学方法、科学思想和科学精神传播给公众的,旨在培养公众健康素养,学会自我管理健康的长期性活动。健康科普讲座是以讲座形式向听众传播易于理解的医学健康知识,在信息的选择方面秉承科学性的原则,在表达方面体现通俗易懂的原则。

（二）健康科普讲座的特点

健康科普讲座是健康教育的重要传播手段之一,其特点必然遵循健康教育的基本特点,即:思想性、科学性、针对性、实用性、通俗性、趣味性和长期性。

（三）健康科普讲座的流程

健康科普讲座的操作流程一般可分为五个部分,即需求分析、信息收集与加工、PPT 制作、现场讲授和课后答疑。我们也可将讲座过程分为三个阶段:准备阶段、讲座阶段和答疑阶段,相关内容已在前面章节进行详细讲述,不再赘述。

二、现场讲授与答疑

（一）现场讲授

讲座是健康信息传播的关键手段,主要介绍开场、表达、控场、互动、结尾等五部分技巧。

1. 入场与开场技巧　在讲座开始,尽量用精简的语言,迅速抓住听众的心,引起听众对讲座的兴趣,使其跟随讲者的节奏获取健康知识。因此,掌握匠心独运的开场,以其新颖、奇趣、敏慧之美,给听众留下深刻印象,做到控制场上气氛,快速集中听众注意力,从而为提高讲座效果搭梯架桥。

(1) 入场前练习:需要克服紧张情绪,可采用以下方法进行练习:①深呼吸。②自我暗示。为自己设计心理暗示语,比如"别慌,放慢速度!""要勇敢、镇定地说出第一句!"。③"眼神放松"。目光自然平视,看到最后一排听众头顶上方,然后运用深呼吸和自我暗示调整心态。

(2) 入场练习:练习"扫、笑、招"法则:"扫"指的是扫视全场,眼神从左到右,然后返回中间;"笑"指的是面带微笑;"招"指的是招手,招手时注意幅度和姿势。

(3) 开场白练习:根据《现代汉语规范词典》释义,开场白指的是讲话时引入正题的开头部分。开场白设计得如何,是入题入课的关键,也是一堂课成败的重要因素。

1) 开场白的作用:第一,迅速拉近讲者与听众之间的距离;第二,激发听众的好奇心,吸引听众的注意力;第三,向听众阐明讲座的必要性和内容梗概。

2) 开场白设计:开场白的方式有很多种,常用的有:第一,正统式开场:这种方式往往由主持人为讲者垫场,通过介绍讲者简历以增强讲者的威信;第二,自我介绍;第三,以"言""景""事""情"为媒介开场;第四,轻松幽默的聊天式开场;第五,调查或提问式开场;第六,模型或实物展览式开展;第七,视频式开场;第八,游戏式开场;第九,故事式开场;第十,事例式开场。

此处介绍一种万能开场白,即"好、高、名、在、去、来"法则。该方法虽然不是最精彩的,但可以适用于绝大多数人。上述每个字分别指的是"朋友们,大家好""很高兴认识大家""我的名字叫×××""现在我在做什么,处于怎样的状态""过去我做过什么""将来我打算做什么"。

3) 设计开场白注意事项:第一,要有的放矢,贴近听众。第二,要紧扣主题,简洁明快,不拖泥带水。第三,要不落俗套,少说套话、废话或过分谦虚的话。第四,要讲究文采。

开场白的方式很多,除学习模仿外,要根据不同场合、不同对象设计、打造适合自己风格的开场方式。

2. 表达技巧　健康科普讲座的表达要做到"一听就懂,一懂就用,一用就灵"的标准。表达技巧包括文字和语言等方面,文字表达技巧参看第五章第三节信息加工,语言又包括声音语言和体态语言两方面。

(1) 声音语言表达技巧:声音语言是讲座主要的传播方式。要想提高讲座的质量,就必须研究和掌握声音语言的特点。声音语言包括语音、语速、语调、语气、停顿、吐字清晰等要素,在讲座过程中要注意发音准确、吐字清晰、掷地有声、语音洪亮、语速适中、语调富于变化、语气注意顿挫、克服口头语。

(2) 体态语言表达技巧:体态语言也称肢体语言、体态语,是指通过自己的身体姿态、仪表风度、手势动作、面部表情和服饰打扮等来进行思想和情感交流的一种方式,是演讲中不可缺少的直观性因素。体态语言是演讲者必须具备的一种非口头语言。

美国心理学家艾伯特·梅拉比安说过:"人的感情表达由三个方面组成:55%的体态,38%的声调及7%的语词。"这说明了体态语言表达的重要性。所以,除了要注重声音语言的表达,更多的注重体态语言的表达。体态语言中有手势、眼神、表情、站姿、移动、着装等。

1) 手势:人们在讲座中,往往用手势来强调或描述某个观点或某种事物,但手势一定要用得合适,用得自然。手势语分为三类:①手指语言:"大拇指"一般表示夸奖、很好,但有时表示高傲的情绪;"十指交叉"一般表自信、敌对情绪、感兴趣;"抓指式"一般表示控制全场之势;"背手"表示镇定、自信,但不提倡多用;"手啄式"表示不礼貌,具有挑衅和强制性。②手掌语言:"向上"表示诚恳、谦虚;"向下"表提醒、命令;"搓掌"表期待;"手掌向前"表拒绝、回避;"手掌由内向外推"表安慰;"劈掌"表果断、决心。③手臂语言:"手臂交叉"表防御;"交叉握拳"表敌对;"交叉放掌"表示略微有点紧张并在努力控制情绪;"一手握另一只手上臂,另外一只手下垂"表缺乏自信。根据当时情景运用合适的手势,切忌把手势始终固定在某个位置上,也要避免连续用手势,否则,就像表演一样滑稽。

2）眼睛：眼睛是心灵的窗户，眼睛不能说话，但可表达真实。眼睛注视的方式有三种：环视、虚视和凝视。在听众较多的场合，运用较多的是环视，环视是眼睛从左到右扫一遍，使所有听众都感觉你注意到了他（她）。其次是虚视，指似视非视，讲座需要虚与实的目光交替，"实"看某一部分人，"非"看大家，演讲要作到"目中无人，心中有人"。凝视指聚精会神地注视某个特定区域或某位受者。眼神要收放自如，要随时关注着每一位听众，与他们经常保持目光接触，切忌望天、望地、望黑板而忽视了听众的存在。

3）表情：每个人都有面部表情，脸上的每个细胞、每个皱纹、每个神经都表达某种意愿、某种感情、某种倾向。面部表情是最准确的、最微妙的人的"晴雨表"。人的面部表情贵在四个字：自然，真挚。面部是思想的"荧光屏"，讲者的面部表情要自然，可适度放大与夸张，要有亲和力，要带有真诚的微笑，保持愉悦感。

4）站姿：鲁迅先生说过："演讲有三美：意美以感心，一也；音美以感官，二也；形美以感目，三也。"演讲者一般都是站着讲，因为只有站着讲，态势动作才能自如，才能给人一个完整的形象，才能给人美的感觉。听众就是讲者的镜子，可从各个角度来反映演讲者的形象。演讲者的体态、风貌、举止、表情都应给听众以协调平衡乃至美的感受。

讲者站在台上，要像青松一样挺立，不能掉肩斜背；可呈稍息式，即一脚略前，一脚稍后，但绝不可扭曲身子；挺胸，收腹，精神饱满，气息下沉；脚应绷直，稳定重心位置，切忌双脚交叉站立。总的要求是：站姿应自然、大方、不拘谨、不呆板，身子要正，无论动与不动，都应当像一尊优美的雕像，体现出一种体态美。高尔基赞扬列宁的演说时说："他站在讲台上的整个形象，简直就像一件古典艺术作品，什么都有，然而没有丝毫多余，没有任何装饰。"

5）移动：为了增强语言的效果，讲者常常要用身体的移动作为语言的补充。值得注意的是，身体的移动要有目的性，用移动来增强参与性，不能为移动而移动。一般来说，在正规的场合演讲者站立好后是不宜移动的，但在特殊情况下，有时也要适当的移动。演讲者的身体如果需要移动的话，应注意以下三点：

第一，动要在理。必须符合讲座内容的需要，比如，为了进一步鼓动听众或者制止一些特殊情况的发生，讲者可以向前走动。

第二，动有规则。讲者应根据当时讲课的情景调节走动方向、节奏、快慢。

第三，动要适当，宁少勿多。移动范围不应过大，不可来回走动，不要走"碎步"。

6）着装：讲者的着装一定要得体、大方，符合职业特点。讲者要如何才算着装得体呢？简单地说，就是讲者的着装符合听众心目中的期望形象。

3. 控场技巧　控场技巧指的是讲者对讲座场面进行有效控制的技能和方法。在正式讲座过程中，由于各种原因，听众的情绪、注意力及现场气氛、秩序均有可能发生变化。讲者要有效地调动听众情绪，集中听众的注意力，驾驭场上气氛及秩序，使之向有利方向发展，必须要掌握控场技巧，主要有以下几种：

（1）目光的控制：讲者的目光到哪里，影响力就到哪里。无论讲者讲得多好，都难免会有人交头接耳，这时如果置之不理，这些人可能会影响其他人的听课效果，这就需要将目光移至耳语者身上，面带微笑地看着他们，一般情况下可以使其安静下来。

（2）声音的控制：为了使讲座产生好的效果，讲者要调整语音、语调、语速、节奏等。例如，讲者声音突然提高音量，很可能会让开小差的、打瞌睡的人突然惊醒，然后认真听讲；或者突然降低音量或停止讲话，现场会慢慢安静下来，交头接耳的人也会停止讲话。

（3）动作的控制：在听众精力分散，开小差时，讲者可以带着听众做一些手口互动小游戏，也可以调动听众鼓掌以改变现在节奏，从而起到吸引听众的作用。调动听众鼓掌，与听众做一些手口互动活动。

（4）内容的控制：在讲座中，面对听众不耐烦的情形，讲者需要进行内容的调整。例如，理论效果不好，就多举实例；这方面内容不吸引人，就换一个内容，或者提前结束讲座。

（5）时间的控制：在演讲过程中，应注意10分钟原则。应每10~15分钟变换一下讲座节奏，如播放视频、讲故事、做活动等，以缓解听众的疲劳感，避免其走神或私下交流。

讲者对讲座整体时间分配应该把握"一二三"原则，即将讲座总时长分为六份，一份时长用于讲"是什么"（概念），二份时长用于讲"为什么"（意义），三份时长用于讲"怎么做"。例如：开展一场30分钟关于居家运动防慢性病主题的健康讲座，5分钟讲什么是居家运动、包括哪些运动方式，10分钟讲居家运动对听众有哪些益处，15分钟讲如何开展居家运动，带着听众现场运动，掌握居家运动技巧。

（6）突发情况应对技巧

1）现场冷场：如果现场出现冷场，讲者可以采用自问自答方式进行圆场，或者与听众进行其他互动，以此来打破现场冷场的局面。

2）忘了词：如果现场出现忘词，讲者可以放慢语速，重说一遍，并同时努力回想接下来的内容，或者可以不理会，继续往下讲。

3）讲错了：如果讲者意识到讲错了，要自然地进行更正，这样更正不会引起听众的异议。如果讲者没有意识到讲错，而被听众指出，要保持镇定，不要慌张，不对错误进行强化，可以根据听众指出的问题进行引申讲解深度问题以化解现场的尴尬，也可以告诉听众课后进一步沟通。

4）听众提问答不上来：没有人可以保证自己能够回答出所有问题，如果对听众提出的问题不太确定、不太有把握，可以采取几种技巧：一是夸奖这个问题很有水平、问得好。听众高兴的同时，自己立即整理思路，想想能不能做出更准确的回答。二是让听众回答。如果讲者确实无法解答听众提出的问题，可以请提问题者自答。讲者可以说："这个问题非常好，我想先听听你的建议。"三是可以将问题转给听众。讲者可以说："相信这个问题很多人有自己不同的见解，多请几位听众谈谈自己的看法、意见"。四是实话实说。如果这个问题自己真的不懂，可以直接回答自己在这个方面没有研究，如果听众关心的话，回去查资料后给予解答，这样听众反而会更加尊重讲者。

除此之外，还有很多突发情况，比如讲座现场有人"随意进出""窃窃私语""打瞌睡""唱反调"等，讲者都要事先准备好应对的技巧。

4. 互动技巧　讲座是讲者和听者双方互相沟通、互相交流的过程，所以，互动始终是讲者的必备技巧。可以通过以下方式进行讲座现场互动：

（1）通过举手促进参与：中国人都比较含蓄，在公开场合较不愿意露面，所以很多人举手时都要前后左右看看大家。让听众举手存在一个小窍门，就是讲者自己先把手举起来，这时所有人的焦点都在演讲者的这只手上，就不会去看其他人，就很容易引起听众的配合。讲者要通过举手促进听众的参与，与听众互动，让听众投入到课程中。

（2）通过提问引发思考：讲座时提出问题既可以控场，也可以形成互动。提出问题就是将疑问抛给听众，让他们思考。可能并非所有人都直接进行回答，但是多数人都会认真思考。听众思考过的和讲者直接讲出的效果不同，前者能给听众留下更深刻的印象。

（3）化句号为问号：化句号为问号也是一种互动的重要方式，具体方法是在一句话的后面加上"好不好""是不是""对不对"等词，听众回答的同时就产生了很好的互动。

（4）重复加深印象：讲座中，重复一些内容可以加深听众的印象，也可以形成良好的互动。例如，跟着我来读一遍、大家跟着我一起回顾一下。

（5）通过呼喊口号引发互动：讲者可以根据所讲授的内容设计几次互动，一般可运用容易控制的、简便的方式，比如呼喊口号进行互动，比如"我行，我能行，我一定能行！""学习是快乐的！"等。

5. **结尾技巧** 有了良好的开端,精彩的过程,还要有一个完美的结尾,讲座才算真正成功。南宋著名主持人姜夔说:"一篇全在结尾",别出心裁的结尾往往是文章的画龙点睛之笔。讲者可根据自己讲座的具体时间、地点、主题、听者及自己个性等因素,设计适合于自己结束演讲的方法,使之有效地为自己讲座的思想和目的服务。结尾的总体要求为言简意明、言简意准、引人深思、激情满怀,或以豪言壮语催人奋进,或以妙语佳句荡人心扉。在此介绍几种常见的结尾方式,供读者参考:

(1)以总结结尾:这是讲座结束语最常用的方式,就是用极其精练的语言,总结收拢全篇的主要内容,概括和强化主题思想。这种结尾,扼要地总结演讲内容,能起到提醒、强调的作用,给听众留下完整的总体印象。例如在讲"心理健康维护"时以总结的方式结尾,请牢记:心理问题以自我调整为主;还可求助于社会支持系统;若效果不佳,请找心理医生,不要长时间积压。新观念:找心理医生与身体有病求医一样,是当今社会积极的保健措施,是趋向心理健康的表现,应提倡。

(2)以引用名言或诗句结尾:例子:"最后,我想引用×××的话来结束我的演讲……""路漫漫其修远兮,吾将上下而求索!"

(3)以期望结尾:例子:"生命的质量决定于每天的心境。生命是一种过程而不是结果。希望大家快乐学习,享受过程,精彩每一天!"

(4)以呼吁结尾:例子:"健康在自己手中,让我们立刻行动起来,为实现健康、自信的自己而努力奋斗!"

(5)以幽默结尾:在多种多样的演讲结束语中,幽默式可算其中极有情趣的一种。要使讲座能在结束时赢得笑声,不仅是自己讲座技巧十分成熟的表现,更能给本人和听众双方都留下愉快美好的回忆,也是讲座圆满结束的标志。例子:我国著名作家老舍先生在某市的一次讲座中,开头即说"我今天给大家谈六个问题",接着,他第一、第二、第三、第四、第五,井井有条地谈下去。谈完第五个问题,他发现离散会的时间不多了,于是他提高嗓门,一本正经地说:"第六,散会。"讲座的幽默式结尾方法是不胜枚举的。关键是讲者要具有幽默感,并能在讲座中恰如其分地把握住讲座现场的气氛和听众的心态,才能使讲座结束语收到"余音绕梁,三日不绝"的轰动效应。

(6)以祝愿结尾:愿大家快乐奋斗,健康成长!

(7)以感谢结尾:感谢聆听,谢谢!

6. **辅助教具的使用** 辅助教具指为达成教学目标,并促使教学活动能依照教案进行,所使用的有助于"激发学习兴趣,提升学习效果"的教学软、硬件的总称。常用的辅助教具有麦克风、话筒、音响、幻灯笔、投影仪等。在此主要介绍话筒和投影仪的使用技巧。

(1)话筒使用技巧:①使用话筒时要注意话筒离嘴巴的距离要适当,一般2~5个指位;②在移动话筒,比如从左手换到右手时暂不讲话,否则会有失音;③切忌不要敲击、吹、夹话筒,否则会有欠优雅的印象或者噪声出现。总之,使用话筒要达到熟练自如的程度。

(2)投影仪使用技巧:①要走到最后一排听众的位置能否看清楚;②注意身体避免进入投影仪的投射光幕之中;③当不能正常投影,安排其他人进行调节,讲者需要与听众开展互动或正式讲述,切记让因调适投影仪让听众等待过久。

(二)现场答疑

讲座之后,讲座的内容若能引起听众的兴趣,答疑则是必不可少的一部分,但是要注意现场控制。概括地讲,答疑需要倾听、建立与听众的联系,分析听众存在的问题,然后针对问题进行解答。

1. **倾听** 讲者在答疑时首先要学会倾听,要全神贯注、耐心地听,对提出的问题要给予高度重视。

2. **与听众保持良好的关系** 即要用积极的态度,耐心解答每一个问题,并且确认自己的回答是否能让他们满意。

3. **预见、分析问题**　回答问题时,要预见、分析还有哪些潜在的问题会提出来,要准备足够的资料。

4. **澄清问题**　听到问题后,要仔细分析,若有疑问,则要请提问者再重复一遍,如果是一个问题里含有几个问题的话,应该让提问者一个一个地提,然后逐个解答。

5. **耐心解答**　在回答问题之前要考虑到提问者的知识层次、知识结构,尽量避免用专业术语。

三、讲者应该具备的技能与素养

1. 讲者要具备高尚的人格品质,在实践中不断修炼自己的人格,做人要正,言行如一。感情要充沛、真挚、实在。因此,在讲座中要秉承科学的态度,实事求是,要言之有理,言之有据,诚心为大众的健康服务。

2. 讲者要具备深厚的知识积累。讲座是一种输出,一位优秀的讲者首先应是一位博览群书的学习者。尼克松是当代的演讲家,他说:"所有我认识的伟大领导人,几乎都有一个共同的特征,那就是他们全都是伟大的读书者。"只有多学习,多读书,才能思路畅通,话如泉涌。在生活中不断学习,时时刻刻充实自己。李燕杰说:"取之于古人用之于今天,取之于洋人用之于国人,取之于老年用之于青年,取之于青年用之于老年"。

讲者可从以下几方面提升自己:①投资自己;②学习的速度一定要比听众的速度要快;③学习的量一定要比听众的量要大;④向同行的顶尖人物学习;⑤向同行的长处学习;⑥向"问题"学习;⑦向实践学习。

3. 讲者要具有一定的文化底蕴和写作能力。由于健康科普讲座的语言应具有通俗、准确、生动的特点。这就要求讲者勤于观察,勤于练习,不断提高文字写作能力和信息加工能力。

4. 要有较强的语言表达能力。良好的语言表达能力是一名优秀的讲者必须具备的能力,无捷径可言,只有勤练、苦练、用心练。

除此之外,讲者还应具有模仿能力、感染能力、控场能力、丰富的肢体语言、良好的沟通能力、思辨能力、创新能力以及把握时间的能力。

第五节　医学科普文章创作技能

科普文章属于科普创作的一个最普遍的形式,是科学活动重要的组成部分,有人将科普创作比喻成科学活动的左膀右臂,而科普文章创作是这一翼中的核心骨架。而医学科普文章是医学科普创作最常见的表现形式,掌握医学科普文章撰写的技能,无疑为今后更高效地开展健康教育工作提供技能支撑。

一、医学科普文章概述

(一)医学科普文章的概念

医学科普文章是在医学科学技术前期研究的成果上,运用科普文章创作的手段,完成以长篇、中篇或短篇的文章为载体的一种医学科普形式。

(二)医学科普文章创作意义

1. 是医学领域的重要组成部分,关系到人民身心健康。普及医药健康知识,不仅对提升人民群众的健康素养水平、提高医学科学水平起着重要作用,同时也对于转变观念、振兴医学科技、实现中华民族伟大复兴的重任都有着巨大的推动作用。

2. 关系到人们的生活和生存,关系到每个人的终身利益。试想从精卵结合受孕开始的孕期卫生到呱呱坠地的婴幼儿喂养,从青少年的青春期卫生,到中老年人的养生保健,无不需要医药卫生知识和技能的指导。

3. 医学科普文章创作是所有健康传播载体文本创作的基本功。健康传播的形式多样,但不管是哪种健康传播方法,虽然体例、风格不一,可基本的文本创作功底就是医学科普。医学科普也恰恰是专业人员最难突破的瓶颈,往往容易被行业内外忽视或轻视。即使是微信、微语音、微视频等新媒体,若没有合格的医学科普文本、脚本,也只能是外表看起来热闹,其核心信息的传播效果多会不尽人意。

(三)医学科普文章分类及举例

按照文章的文体大概可以分为四大类:说明叙事体、文艺体、新闻体和其他类。

1. 说明叙事体

(1)医学科普短文:医学科普短文,是一种常见、影响又很大的科普文章,俗称"豆腐干"科普文,一般千字左右,短小精悍,用通俗语言说明一个科学问题,朴实无华,不需要文艺色彩,大众喜闻乐见的形式。例如,傅连暲写的《谈痔》"痔疮简称'痔'。我国有句俗话:'十男九痔,十女十痔',显然有些过分夸大,但是因为这种病在青年以上的男女都容易患,因此它在肛道疾病中相当普遍的。我国有关痔的记载,最早见于《庄子》。书中有这样的一个故事……"

(2)医学科普读物:一般以杂志或者丛书的形式出现,分为知识性科普读物和技术性科普读物。这两种医学科普读物有其各自的侧重点。例如,万景华编写的知识性科普读物《征服病菌的道路》节选段"免疫的故事",文中以"在这一章里我们就要讲到人类对这些杀人的祸首所做的英勇搏斗了。这是人类对传染病的最初攻击,这场攻击的历史却是从天花开始的"开头。紧接着罗列了几个题目:"死神的忠实帮凶、中国走在最先进行列、大夫你看错了、牛痘的秘密、第一次种痘、免疫学新领域、新年前夕的奇迹、卡默德介兰和他们的卡介苗",以陈述历史的口吻通过一系列的历史话题叙述这段"免疫的故事"。知识内容具有一定的深度和宽度,发掘医学科学本身的真实魅力,同时注意对知识内容持慎重态度,不能有丝毫马虎和随意性。

(3)医学科普工具书:这是一类医学科普的工具书,例如,医学辞典、医药大辞典、药典、医学百科全书等。

2. 文艺体

(1)医学科普小品:以丰富的联想、优美的语言和颇具匠心的构思,列入医学科普文章作品的行列,充分利用各种文学手段,使医学成为一种"易为公众接受"的、兴味盎然的东西。由于它选材的故事化、情节化、人格化的要求,小品的语言在准确表达原本刻板、深奥的医学知识内容的前提下,有着十分广阔的生动自由空间。例如,高士其的《细菌是怎样发现的》,"细菌,是一大群眼睛看不见的微生物,它们经常在我们的周围活动。无论在空气里、水里、泥土里、垃圾堆里、动植物的身上、阴暗潮湿的角落里,都有细菌。一听到细菌这个名字,你别以为他们都是坏蛋。它们有的还是人类的好朋友呢! 像酵母菌,它就是发酵的小技师,它有一套特殊的本领,一落到糖汁和果汁里面,在适当的温度下,会把糖分解成酒精和二氧化碳,帮助我们造酒……"。

(2)医学科普童话:儿童文学的一种,通过丰富的想象、幻想和夸张来塑造形象,反应生活,对儿童进行医学科普教育,一般故事情节神奇曲折,生动浅显,对医学问题往往做拟人化的描述,能适应儿童的接受能力。例如,王天胜的《老猴过寿》"居住在峨眉山上的猴爷爷要过三十大寿了,它请来了猴亲兽友。石洞正中挂着一个'寿'字,石桌上摆着一盘寿桃和许多干果、干菜、昆虫和蠕虫,最显眼的还有石桌两旁猴子猴孙从山下偷来的一大堆香烟。……猴亲兽友们好奇地接过香烟,学着猴爷爷的样子,大口大口的吸了起来,这时山洞里烟雾弥漫,猴子猴孙以及松鼠、羚羊、梅花鹿等都被呛得流眼泪、喘粗气、咳嗽不止。突然,黑叶猴和一个小猴孙孙躺在地上不动了,猴爷爷见势不妙,推了一下羚羊:'老弟,赶紧送兽医院'……"。

(3)医学科普诗歌:用形象化的精炼语言讲述医学知识,揭露医学的奥秘和深刻哲理,有激

情,有美好意境,大致押韵并有节奏的诗歌。例如,高士其的《揭穿小人国的秘密》:

一九四九年秋,
北京、天津各地,
蔓延着大脑炎的传染病;
大家都觉得莫名其妙,
非常恐慌。
许多小朋友跑来问我:
"这是怎么一回事?"
于是我就向小朋友们做了下面的报告。
我说,大脑炎这传染病,
是小人国的特务匪徒在暗中捣乱,
是小人国的蚊式飞机在盲目投弹。
……

(4)医学科普小说:以普及医学知识为目的的科普小说体裁,归于科学小说的范畴,这些医学知识是已有的医学知识或医学假设,以此为基础对未来医学发展进行了推测和预测。人物方面常常撰写发生在未来的故事,任务设计必须考虑未来的特征;情节方面,既可以采用人工发明模式,也可以采取探索未知世界的模式;场景方面,通常用奇、异、幻的方式呈现。例如,《天外病毒》从一颗卫星回到地球带来了瘟疫开始,医学工作者未来寻找这种天外致病微生物而开始工作,科研过程中,外来微生物发生了变异,它们突破了防护层开始跟医务人员接触,自动装置启动,将在几个小时内引爆实验室。这是一个不可更改的过程,但是医务工作者却发现,此时的微生物已经没有致病能力。小说的情节一直与医学科学发现相互联系,体现出对医学科学知识的强烈认知性。

(5)医学科普报告文学:医学科普报告文学,是以刚发生或正在发生的医学事件为主线和核心,但同时也能将人物刻画深刻、人物命运的主线和医学事件的主线有机交融,人事并重,这是一个优秀的医学科普报告文学作品的基本特性。

(6)医学科普故事:例如,《小白兔和北京鸭的故事》小白兔本来应该吃胡萝卜和白菜,如果我们每天给它吃鸡蛋黄拌黄油,4周下来,胆固醇就增高,8周全动脉硬化,12周个个得冠心病、心绞痛。但是换全聚德的北京鸭来做同样的实验,鸭子不管怎么吃,胆固醇就是不高,动脉也不硬化,更没有冠心病和心绞痛,此故事告诉我们不同的基因型,患某种疾病的倾向性是不同的。

3. **新闻体**　主要包括以医学为信息内容的新闻、消息、通讯、综述、评述等。例如,某大学附属第四医院成功进行我国首例"设计婴儿",医护人员可以在胚胎植入子宫前就对其进行遗传学检测,然后挑选健康的胚胎,从而避免怀孕后才发现胎儿异常不得不做引产的风险。

4. **其他**　主要包括医学科普广播稿、医学科普电影剧本、医学科普电视剧本、医学科普微课微视频脚本等等。例如,电视剧《当心开水烫伤》剧本,分为画面内容和解说词,画面内容:"一辆救护车迎着镜头疾驰而过,闪耀着救护车信号灯,车厢内,年轻的妈妈抱着烫伤的女儿,痛心地哄着,爸爸的脸上紧缩双眉,不知如何是好……(音乐起)";解说词:"烫伤,生活中意外的不幸,怎么不叫人心急火燎,惊恐万状呢? 据上海市瑞金医院烧伤科病房统计……,因此,亲爱的观众,为了你的幸福,请你提醒你的亲人:当心烫伤!"

二、医学科普文章创作原则和标准

专业人员在健康教育活动中,为达到高效传播的目的,常常采用医学科普短文、医学科普小说、医学科普故事等医学科普文章形式,本节以医学科普短文为例,对创作过程进行阐述。

（一）医学科普文章创作原则

主要包括七个原则：医学科普文章要俗、要雅、要美、要借、要大、要"不绝对"、要"不确定"。

（1）医学科普文章要俗：这里所说的俗，就是无论哪种科普文章都需要做到通俗、明快、易读、易懂，并不是庸俗和粗俗。很多人认为俗很容易，恰相反，对于科普文章而言，俗却是一种意境，只有文章俗才能通达，只有文章俗才叫成功，前提是对科学的深刻理解和丰厚储备，才能深入浅出，不可生硬弄俗，最终很容易变成庸俗或粗俗。

（2）医学科普文章要雅：指科普文章是深入以后的浅出，是一种高雅、淡雅、雅致。不因承载科学之道而失去雅风、雅气、雅量。科学是最能反映人类的理性光辉、沉稳深邃，所以科普文章的雅是有坚实基础的，但雅也要有度，作品不能充满轻浮、躁进之气，雅不起来或者过了头都会给读者带来阅读障碍。

（3）医学科普文章要美：指科普文章应当以真正艺术的标准要求，需要美的构思、美的语言、美的图案、美的意境、美的画面、美的内涵和美的想像等。只有文章接近或者成为美文时，才真正具有生命力和影响力。这需要多修炼自己的文学审美，多读书，才能做到文章美的自然流露。

（4）医学科普文章要借：指对人类早已有其他文本的借用，包括文字、语言、构思、谋篇布局、色形图表和审美要求等，均是对某类现有文本的借用。因此一个优秀的科普文章，不仅要有精深的科学思想和丰富的科学知识，还要有良好的文学和其他文本的涉猎和理解，没有对其他文本借用的能力，是绝对无法创作质量上乘的作品。

（5）医学科普文章要大：指科普文章在文本选用、风格取舍、流派归属等方面，应该最不拘一格、兼收并蓄。一切人类已经创造出来的文本，都可以被借用，还可以创造出新的文本样式、风格和流派，科普文章由此走在科学与人文相结合的最前沿。

（6）医学科普文章要"不绝对"：在现实生活中，很难讲有什么绝对正确的行为准则和绝对正确的客观知识，这取决于我们的判断标准。一切知识的基本框架，从逻辑上说都属于假设，科学也不例外，当然科普文章更不例外，科学技术不断发展，不断深入地揭示事物的真理，所以永远也不会有绝对的科学技术，只有不断的变化发展。

（7）医学科普文章要"不确定"：在科普文章创作中，要注意在许多困扰我们的科学问题中，客观事实并不能提供绝对的确定性证据。不确定性其实是人类与生俱来的一种状态，如何面对不确定性则可能是人类所面临的最古老的社会问题之一，诺贝尔物理学奖获得者理查德费曼曾说过：科学家往往与疑难和不确定打交道，所有的科学知识都具有不确定性。这就需要我们创作科普文章，不仅要有文学的渲染力，也要有哲学的思辨力，不只写事实，还要适当进行侧面观察和分析，给人以引导、思考和启迪。

（二）医学科普文章的标准

最好的医学科普文章是研究出来的，需要真、善、美。所谓科普，不能简单理解为自然科学的科普，应当包括人文学科和社会学科的科普，也不能简单理解为孤立的自然科学和人文社会科学，应当有二者的相互交叉与融合。所谓科普，不能简单的理解为狭义的科学本身。好的科普文章也是好的文学作品，不仅有科学性、可读性，还应该有思想性，尤其是中国式的科普应当是具有中华民族特色的科普。

1. 立意要新颖　文章之本在于立意，立意一定要新，医学科普文章的所谓新，是指读者不知道的东西，有些题材虽然多次被引用，似乎无新意，如果从另一新的角度或与别的题材串在一起，也会给读者耳目一新的感觉。例如，《我们的身体》（阮芳斌著）《人体趣谈》（徐家安著）《孙小空漫游人体王国》（姚德鸿著）三本书都是讲人的解剖生理知识，如果各自没有立意创新，很容易出现雷同，但这三本书却各具特色。

《我们的身体》的作者，像一个循循善诱的教师，用准确的语言从人体的细胞结构、组织器官说起，有条不紊地、系统地把关于人体的解剖生理知识告诉每一个读者。《人体趣谈》的作者，则像一个能言善辩的讲解员,通过形象、生动、夸张的艺术手法,结合科学的阐述,向读者展示了一幅幅令人兴趣盎然的人体结构图。《孙小空漫游人体王国》可谓别出心裁,通过虚构的神话人物孙悟空的后代——孙小空化为石头、蜜蜂、细胞等钻入人体漫游、考查,用一个个细节曲折离奇的故事妙趣横生地但又较准确、通俗地传播了人体结构的有关知识。但是现在报刊上很多科普文章缺乏新意,往往写同一个题材,内容、形式、笔调大致雷同。比如"××病防治""漫谈××""浅谈××药物的使用"等,并且春天写流感、夏天写食物中毒、秋天写痢疾、冬天写冻疮,年年如此。一篇文章,今年这个刊物发表,明年那个小报登载。当然,不是说这些题目不需要,而是医学科普的海洋如此宽广,为什么要挤在这个狭小的空间呢? 医学新鲜题材永远写不完,但开掘要深,应标新立异。

2. **语言的运用要得当**　医学科普文章,就是反映客观事物组成的书面语言。语言是健康科普作家进行思维活动和表达思想的工具,也是构成一篇文章的物质基础。医学科普文章常常涉及专业术语,有些理论性很强,有些很难用浅显易懂的词语表达清楚,因此语言运用十分重要,也需要下大力气提升语言运用的底蕴,一般科普文章的语言,基础的要求应达到准确、简洁、易懂、生动。

(1) 准确:是医学科普文章最基本的要求。医学科普文章与人民健康息息相关,如果文不达意,就会造成误差,发生不良后果。因此,必须选用最恰当、最贴切的词语来反映客观事物。这就需要作者精心推敲、炼词炼字,不用艰涩难懂的词语,不用似是而非的词语,不自造不确切的词语。

(2) 简洁:就是以最少的文字,表达尽量多的内容。医学科普文章,特别是科普短文、科普小品之类,往往几百字或是"千字文",更要节约用字,不能杂乱、啰嗦、冗繁。要做到文章简洁,就要设法使自己的文章干净、明白、晓畅。该改的改,该删的删,舍得忍痛割爱,一切从简,达到言简意赅,简短有力的效果。当然,也决不能为了从简,而有失文章的本意或交代不清楚。

(3) 易懂:就是语言的表达要清楚易懂。医学科普文章,要让人看得懂,学得会,用得上。否则就达不到这个目的,文章也不会产生好的社会效果。要做到语言易懂,首要的是要有把深刻的思想、复杂的事物,说得深入浅出、易于理解的本领。正如鲁迅论述的:"现在的许多白话文连'明白如话'也没有做到,倘要明白,我认为第一是作者先把似识非识的字眼放弃,从活人的嘴上,采取有生命的词汇,搬到纸上来,也就是学学孩子,只说自己的确能懂的话。"这段话对我们很有启发。

(4) 生动:就是语言要活泼、优美、形象、感染力强。以强烈的艺术魅力吸引读者,使其在美的享受中,接受医学科技知识。要使语言生动,必须注意语句的变化要有节奏感,有音乐美,幽默、新鲜。医学科普文章重点对象就是人民群众,要使语言生动,更应注意运用群众语言,对医学术语进行生动的、大众化的、准确的讲解。

三、提升医学科普文章创作能力策略

为了长期更有效提升科普文章创作的动力和能力,应从以下五个方面下功夫,成为科普文章创作的"五位一体"策略。

(一) 积极参与各类科普文章创作活动
要想写好科普文章,要积极主动参加周围环境提供的各种活动形式,不仅仅局限于医学科普的范畴,要突破束缚枷锁,各类科普文章都有相通之处,而且也会在参加各类创作活动过程中,激发出本领域的灵感和火花,有助于创新思维的培养。

(二) 夯实基础,多读多背名家科普文章
俗语道"好记性不如烂笔头",多读、多写、多背诵名家名篇自然是走上科普文章创作道路的必由之路,这样可以为今后科普创作提供源源不断的知识源泉。以下是一些推荐的与医药相关

的科普名著:明代李时珍的《本草纲目》、英国哈维的《心血运动论》、苏联依尼查叶夫的《元素的故事》、奥地利薛定谔的《生命是什么——活细胞的物理学观》、美国克鲁伊夫的《微生物猎人传》、我国董纯才的《董纯才科普创作选集》等。

（三）努力寻找发表科普文章的新阵地

科普文章创作后必须要有交流和争鸣,因为科普文章都是研究出来的,也是研究的一种形式,需要有一个展示的平台和阵地,找到一些业内比较认可的相关杂志、报纸发表科普文章,不断提升科普创作能力。

（四）参加科普文章学术交流

为能尽快掌握国内外科普文章的学术前沿发展,提升自己在科普文章创作领域的认知度和知名度,需要经常参加业内的学术交流,在交流过程中发现自身的优势和短板,结合国内外发展趋势确定下一步努力的方向。

（五）整合社会资源,共赢科普文章收益

国家对大学教育一直提倡产学研一条龙的思维和办学模式,让广大学生在上学期间就可以有实践教学平台,还能产生社会效益,体现个人及团队价值,这样不仅可以通过收益维持此项学习工作的持续发展,同时也为今后就业拓宽了一个有效途径。

四、医学科普文章创作流程

从医疗实践中发现,一些医学技术问题需要广泛普及,这就为科普作家提出了任务和课题,科普作者要在已有的一般医学知识的基础上,进行分析、归纳、概括,使其成为具有思想性、科学性、艺术性和通俗化的科普文章。一个科普文章的产生,并非是一蹴而就,不管你是自觉或不自觉,它都要经历以下几个程序。

（一）提出选题

确定选题,并对所提出的选题进行分析。把比较大的、全面的问题,分解为较小的、较局部的问题,以便具体细致地揭露问题的性质,提出解决问题的办法。因为每一篇科普文章,甚至一本科普读物,也只能解决矛盾的某一个侧面。提出选题,它是创作的第一个环节,是工作的起点。选题能体现出作者的科学思维、理论认识以及要达到的目的。它对文章的成败、社会影响力的大小,起着决定性作用。

医学科普文章的选题,第一,要有所创新,应体现创作者的创造性。创新是选题的重要特点,是科普文章题目得以成立的基础条件和价值所在,也是选题中值得努力和追求的。第二,题目尽可能具体明确。第三,要考虑作者能力水平、知识深度、语言素养,以便确保文章的完成。在选题中要切忌贪大求全,脱离主观条件,结果是题目定了,但力不从心,束之高阁或作品失败。

（二）搜集资料

搜集、积累资料是创作的基础,是医学科普作家的一项重要工作,是创造性劳动的一种特殊形式。俗话说:"兵马未动,粮草先行。"科普作家仅靠总结、介绍自己的实践经验是不够的,只有通过长期艰苦地努力,搜集积累和整理资料而形成的知识,才是编写工作的宝库。素材多了,写起来就会得心应手,妙笔生花。搜集资料实际上就是准备工作和学习的过程,学习对于科普作家来说应成为习惯。

搜集、积累资料,一般要坚持以下几个原则:

1. 有明确的方向。积累资料是为既定创作目标服务的,因此,战线不要拉的太长,搜集范围不要太杂,以免淹没创作的重点。

2. 优选与统筹。摘取资料要沙里淘金,去粗取精,去伪存真,从纵横两个方面考虑,所谓纵向是积累那些有利于把自己创作主题引向深入的资料,而横向是搜集与自己创作主题有密切关系的资料,以便在阐述时能够旁征博引。

3. 及时、准确、认真。当阅读报刊时,发现有用资料,应及时摘录或抄在笔记本上,否则过眼烟云,用时再重新查找费时费力,且往往难以找到。搜集资料务必讲究准确性,其资料必须经得起时间考验,且有实用价值。摘抄时应认真负责,反复与原文核对,特别是医学数据、结论等,最好摘抄原文,以免失真,资料的出处也要记录清楚,以便需要时翻阅原著。

4. 全面、系统、求新。搜集某一创作主题的资料时,要全面、系统地按内容分类归纳,做到主次分明,所搜集的资料,不仅包括古代的、近代的,更要注意搜集现代的,与时俱进,发觉现代的新观点、新理论、新技术。

5. 锲而不舍,持之以恒。搜集积累资料,要突出一个"勤"字,数年如一日,一点一滴,长期坚持;不能三天打鱼两天晒网,只有资料积累到一定程度,方有可能产生高水平的创作。

整理资料时可分为:关键资料、辅助资料、留供参考资料。整理资料过程中取舍时应考虑:判断所搜集资料的可靠性;资料必须能比较透彻地说明问题;资料必须能表现事物的特点;资料要合乎所编书稿和文章的需要与要求。

总之,要跟上时代,查找最前沿的科学文献,要不失独创精神和观点的新鲜,搜集阅读时要抱着批判思考的态度。一般来说,所积累的文献资料,应加以分析概括整理综合成文献综述,这对资料系统积累理解和进一步创作科普文章大有裨益。

(三)确定体裁,明确对象

一篇好的医学科普文章的特定思想内容、目的用途、表达方式,决定了这篇文章的特定体裁。初学者往往掌握不了不同文章问题的写法与要求,容易混淆。其原因都是在构思时没有精心研究和掌握体裁特点。因此,在动笔前,首先要根据自己掌握的资料,文章的对象和自己的创作能力,确定这篇文章的体裁。

要想使文章发挥社会效果,认定对象有的放矢很重要。明确对象,才能对准口径,符合对象的需求和阅读习惯,这样的科普文章才能具有感染力,使读者满意,实现实用性和艺术性上的"得体"。

(四)拟定提纲

提纲是文章或书稿的骨架,体现文章的中心。拟定提纲是编好科普文章或读物的第一步。拟定提纲的过程,就是对文章进行构思和设计的过程,提纲主要是决定作者意图、议论和要说明的问题。提纲内容包括:主题思想、范围、重点、组织结构和叙述线路等。这也是一个整理思路的过程,有了提纲写起来就可以胸有成竹,就可以约束自己,不至于离题和感到头绪杂乱,也不会发生前后矛盾,互相重复等毛病。

列提纲一般由大到小、由粗到细,先把大架子安排好,再考虑内部层次。然后在各层次下列出要点和事例,最后在各个项目里记下需要的材料,如精彩的语言、观点、数字、比喻、引文、对话及某些新的提法等,以备行文时应用。提纲繁简程度,要看篇幅、内容和作者习惯,总的要求,应把文稿中心写出来。提纲应包括以下四个部分:如何开头;章节篇幅;全体内容中总的论点(主题思想)写什么、总论点下又有几个分论点、每个分论点,各自又写什么具体内容;如何结尾。当然提纲只是搭个架子,在写作过程中,应不断补充修改某些章节,使其更符合逻辑,更容易被读者所接受。

(五)草拟初稿

草稿要按照提纲顺序依次往下写,尽量一气呵成,要受提纲的约束,不可信马由缰,草拟初稿是进行科普创作的中心环节。写医学科普文章,不是为写文章而写文章,而是以能准确无误地表达所需要普及的医学知识为目的。因此,不可忽视科学上的要求以及思想性、艺术性和通俗性。

科普文章为了阐明自己的观点,为了普及人类已经掌握的医学科学知识和技能,必然要引用别人著作中的理论、观点、思想和方法,但是在引用过程中,摘引其他书刊文章中的原文,前后应加引号,并注明原著人名及书名等,尤其在引文中是疾病预防等方面的文章,更应注意忠实于原著,不能马虎,不要从其他刊物引文中转抄,以免有错误时越传越错,尊重一手原著文献。

科普文章中应用的名词和术语,应以官方发布的标准为依据,外国人名的处理,已经熟知的和在报刊上习惯的译法的,可用通用译名不必加注外文,一般来说,外国人名在全稿中第一次出现,应加括号注明。名词术语一般应写全称,不宜随意缩写。例如:人工流产,不要写成"人流",输卵管不要写成"卵管"。至于已经通用的简称术语名词,如流行性脑脊髓膜炎,简称"流脑";X射线胸部透视,简称"胸透";放射线治疗肿瘤,简称"放疗"等,在书稿中初次出现,应写明全称并附简称,以后全书皆用简称。

学点逻辑,可以帮助我们确切的表达思想,对一个医学科普作者来说,非常有益。判断是人运用概念对事物及其属性做出肯定或否定的一种思维形式。判断要恰当、准确、有分寸。科普文章要写得准确,判断恰当是重要一条。判断是用句子表达出来的,正确地运用判断这种思维形式和正确地掌握句子这种语言结构,对科普文章的科学性有密切关系。判断有肯定、否定、必然、或然、可能、实在等形式;他们各有各的作用和应用范畴。

对于那些表示数量、范围及程度的词句,表示时要注意准确有分寸,因为他们往往有些相似,但常又有一定程度的区别。例如,对病例数观察分析的多少写全部、许多、很多、不少、部分、有些、少数、个别、极个别,数量的含义则不同。对病人病情治愈的情况写完全、基本上、大体上、很大程度上、一定程度上,其病情治愈程度,则差别很大。因此,我们在用词时,要仔细体会他们之间相同之处,近似和差别之处,恰到好处地反映客观实际。

推理要合乎逻辑,论点要有证明。推理是以一个或一系列判断为依据,合乎规律地推出另一个新判断的思考过程。科普文章要讲逻辑,这对正确表达思想很有作用,推理由两部分组成,分别是前提和结论,文中的某个结论,必须和前提密切联系。所以在写医学科普文章时,要学会充分说理,不仅有鲜明论点,而且善于使用有效方法来证明论点,以达到逻辑严密、推理清楚、论点明确、论证精辟。

(六)修改完善

科普文章需反复修改才能得以完善。舍不得忍痛割爱,这大概是古今为文者的通病。所以白居易说:"凡人为文,私于自足,不忍于割裁,或失于繁多。其间妍媸,益又自惑。必待交友有公鉴无姑息者,讨论而削夺之,然后繁简当否得其中矣。"鲁迅先生说:"写完后至少看两遍,竭力将可有可无的字、句、段删去,毫不可惜。"文章的初稿一般是不够完备、不很成熟,这是因为人们对某一事物或问题的认识,有一个逐渐深入、逐渐细致的发展过程。

修改的过程是再认识的过程,是减少错误的必要步骤,修改应贯穿整个创作过程。修改主题,使它表现得更鲜明,更充分,更深刻;更替材料,力求事实确凿可靠,材料更加典型化,使那些概括、虚构而成的文章,能反映生活本质的真实;推敲观点,使某些提法与概念,更准确,更有科学性;调整结构,使它更完整,更紧凑,更好地为表现主题服务;锤炼语言,使它更精炼,更生动,更优美。当然,并不是每篇文章都必须从以上几个方面进行修改,各种不同类型的文章修改不能强求一律。

医学科普文章是向人民群众传播医学知识技能,是为人民的健康服务,应"从群众中来,到群众中去",听取群众意见,不断修改。这是提高文章质量的好方法。如果说科普文章有什么"秘诀"的话,那就是反复征求意见修改。

(七)投稿发行

根据文章的主题,结合自身需要和稿件水平,投稿发行,或者组织印刷内部发行。在发行前,还需要在编辑的协助下逐字逐句的校对,力争呈现在受众面前的是一个准确无误的艺术品。

总括上述七个程序,可以归纳成三个部分,即确定题目,是战略性决定;安排创作,是战术性组织;拿出成果完成文章。这七个程序是医学科普创作的必经之路,自觉地安排好这些程序,能让自己的创作更科学、严密、生动和有所遵循。

第六节　个体化指导

人际传播是通过语言和非语言交流来影响或者改变服务对象的知识结构、态度和行为的双向交流过程，是健康教育活动中最基本、最直接和最灵活的信息传播手段，个体化指导则是在健康管理与服务中应用最为广泛的人际传播形式。这一节我们就来探讨健康教育中的个体化指导。

一、个体化指导概述

（一）个体化指导的概念

个体化指导是通过个别交谈、知识传授、技能操作示范等，有针对性地对服务对象进行指导，帮助服务对象学习和掌握自我保健技能，提高他们的自我保健能力，促进其行为改变和新行为的保持。

（二）个体化指导的目标

1. 促进健康人掌握健康的知识和技能，养成健康的行为生活方式，达到不得病、少得病、晚得病的目标。

2. 协助高危人群控制或去除健康危险因素，达到不得病、晚得病的目标。

3. 提高患病人群对疾病的全面认知、自我疾病管理能力，达到减少伤残和死亡，提高生命质量和延长寿命的目标。

针对健康人群、高危人群、疾病人群开展个体化指导的最终目标，是提升个体健康水平和生命质量，最终提升全社会健康水平和生命质量。

二、个体化指导的技巧

健康教育人员在个体化指导的活动中为达到有效传播的目的，常常采用谈话、倾听、提问、反馈、表情动作等方式来恰当地传达信息，这也是个体化指导的基本方式，主要包括以下五种技巧：谈话的技巧、倾听的技巧、提问的技巧、反馈的技巧和非语言传播的技巧。

（一）谈话的技巧

掌握谈话的技巧，就是要使用对方能够理解的语言和能够接受的方式，提供适合对方需要的语言信息。谈话的技巧主要表现在：

1. **谈话内容明确，重点突出**　一次谈话要紧紧围绕一个主题，保证沟通的完整性，避免涉及内容过广。重点内容应适当突出和强调。

2. **语速适当，语调平稳**　谈话的语速要适中，避免语速过快，应适当停顿，要给对方思考和提问的机会。语调应保持平稳，适当起伏，避免声调过高或过低。

3. **语言通俗易懂，谈话内容深度适当**　应根据谈话对象的年龄、身份、文化层次及对健康问题的了解程度选用适当的医学术语，必要时应使用当地的语言和居民的习惯用语。

4. **适当重复重要的概念**　一般在一次交谈过程中，重要或难以理解的内容适当重复两到三遍，加以强调，可以增强服务对象的深入理解和记忆。

5. **注意观察，及时取得反馈**　交谈过程中，对方常常会以表情、动作等非语言形式表达出他对谈话的理解或者感受，要注意观察，这将有助于谈话的针对性和不断深入。

6. **适当停顿**　避免长时间一个人自说自话，应适当停顿，给对方充分思考和提问的机会。

（二）倾听的技巧

倾诉与倾听共同构成了交流的基础。倾听是通过认真和专心地倾听每一个字句，从听到的信息中了解其表达的方式，借以洞察说话人的真正含义和感情。只有了解了服务对象存在的问题、对问题的想法及其产生的根源，才能有效地进行健康教育工作。要做到这些，倾听是必不可少的，倾听是维持人际关系不可缺少的环节，倾听有以下几个技巧。

1. 主动参与，积极反馈　在倾听的过程中，采取稳重的姿势，力求与说话者保持同一高度，目光注视对方，积极参与，及时反馈，可以用点头、发出"嗯、哪"的鼻音或作简单应答，表明对对方的理解和关注。

2. 集中精力，克服干扰　在倾听的过程中要专心，不要轻易转移自己的注意力，做到"倾心细听"。倾听过程中可能会有外界环境干扰，如环境噪声、谈话过程中有人来访等。除了这些客观原因，还有分心、产生联想、急于表达自己的观点等主观因素。对外界的干扰，要听而不闻，即使是偶尔被打断，也要尽快把注意力收回来；对于主观因素，要有意识地加以克服和避免。

3. 充分听取对方的讲话，做出适时适当的反应　不轻易作出判断或妄加评论，也不要急于做出回答。听的过程中，不断进行思考和分析，抓住要点，不轻易打断对方的讲话，但是对于偏离主题或不善表达者，必要时可以恰当的引导。

4. 注意观察，体察话外之音　注意观察讲话的人的内心活动，如撇嘴、皱眉等，以捕捉真实的信息。

（三）提问的技巧

提问是交流中获取信息、加深了解的重要手段。提问要选择合适的时机，问话要有所间隔。一个问题该怎么问，常常比问什么更重要。有技巧的发问，可以鼓励对方畅所欲言、表达更多的想法，从而获得所期望的信息。提问的方式可分为 5 种类型，每种提问都会产生不同的谈话效果。

1. 封闭式提问　封闭式提问的问题比较具体，把应回答的问题限定在有限的答案中，要求对方作出简短而确切的回答，如"是"或"不是"、"好"或"不好"、"有"或"没有"等，以及用于询问年龄、姓名、地址、数量等具体问题。如，"您今天测量血压了吗？""您今年多大年龄？""您患糖尿病几年了？"适用于收集简明的事实性资料。

2. 开放式提问　开放性提问与封闭式提问相反，询问的问题比较笼统，所提问题是没有限定的，旨在引发对方说出自己的感觉、认识、态度和想法。常用的句式为"怎么""什么""哪些"等。如，"您今天感觉如何？""您平时参加哪些体育锻炼呢？"适用于收集对方的基本情况。

3. 探索式提问　又称探究式提问。探索式提问的问题为探索究竟、追究原因的问题，以深入了解服务对象存在的某些问题或认识，了解行为产生的原因等，常常进行更深层次的提问，探究"为什么"或"怎么样"。如"您为什么不愿意去做体检呢？""能否再具体说说您的看法呢？"适用于对某一问题的深入了解。

4. 偏向式提问　又称诱导式提问，提问者把自己的观点包含在问话中，有暗示对方作出自己想要得到的答案的倾向。如，"作为糖尿病病人，您应该坚持体育锻炼吧？"回答者会倾向于回答："是的，应该坚持。"此提问方式适用于提示对方注意某些事情的情况。但在通过调查研究了解病情、健康咨询等以收集信息为首要目的的活动中，应避免使用此类提问方法。

5. 复合式提问　复合式提问是指在一句问话中包含了两个或两个以上的问题。如"您经常吃水果和蔬菜吗？"问题中的"水果和蔬菜"是两类食品，是否"经常吃"则又是一个问题。此类问题使回答者感到困惑，不知如何回答，易顾此失彼。因此，在任何健康传播活动中，都应该避免此类提问方式。

一般来说，在实际工作中，提问以一般性日常问题开始，再逐步引向健康或疾病方面的主题；所提问题要尽可能简单、明了，易于听懂和答复；使用亲切温和的语气，避免用质问的口气；尤其应注意敏感性问题的提问，要逐步深入询问，不要单刀直入；不要连珠炮式发问，令人紧张局促；要注意观察对方的反应和感受，营造轻松舒适的交流气氛。

（四）反馈的技巧

反馈及时是个体化指导的一个重要特点。反馈技巧是指对对方表达出来的情感或言行举止作出恰当的反应,可使对方得到指导和激励,也可促进谈话进一步深入。常用的反馈方法有以下几种。

1. **肯定性反馈**　即对对方的正确言行表示赞同和支持。在袒露情感、表明态度和采取新行动时希望得到他人对自己的理解、鼓励和支持,是人们的一种普遍心态。在交谈时,适时地插入"是的""很好"等肯定性反馈语言,或运用点头、微笑、伸出拇指表示赞同等非语言形式予以肯定,会使对方感到愉快,受到鼓舞。在技能训练、健康咨询和行为干预时,运用肯定性反馈尤为重要。

2. **否定性反馈**　当发现对方的言行不正确或存在问题的时候,应及时提出否定性意见。但是需要注意,为了取得预期效果,运用否定性反馈时应注意两个原则:一是首先应肯定对方值得肯定的一面,力求心理上的接近;二是要用建议的方式指出问题所在。如,"您这样说有一定的道理,但是从另一方面来看……"。不要直截了当地予以否定,这样可以使对方保持心理上的平衡,更易于接受批评和建议,而达到沟通的效果。否定性反馈的意义在于使谈话对方保持心理上的平衡,易于接受否定性的意见和建议,能够正视自己的问题。

3. **模糊性反馈**　当需要回复对方某些敏感性问题或难以回答问题的时候,可做出无明确态度和立场的模糊性的反应,如,"是吗""哦"等。

4. **鞭策性反馈**　有些情况下,健康教育工作者需要向服务对象提出更高的行为目标和挑战,这种反馈称为鞭策性反馈。作这种反馈需要做好充分的准备,并将谈话分解为 4 个步骤:

（1）对对方的言行作出客观的评述;

（2）说明这种言行给你的印象;

（3）向对方提出要求;

（4）请对方做出答复。

这种反馈既指出了问题所在、改变的方向,又以征求意见的方式要求对方自己作出抉择,很有激励性。如,"您不愿谈论这个问题,这让我感到您还不敢正视它,希望我们能一起分析一下问题的原因,您看怎么样?"

（五）非语言传播的技巧

非语言传播指以表情、动作、姿态等非语言形式传递信息的过程。在传播活动中,非语言传播在人际交往过程中的作用尤为突出。美国学者雷·伯德惠斯特尔(L. Birdwhistell)认为,人际交流中大约 65% 的信息是通过非语言形式传播的。非语言传播常常是人的心理活动的自然反应,是无意识的。因此,表情眼神、语音、语调等都具有丰富而真实的信息内涵。非语言传播形式多种多样,融合在谈话、倾听、提问、反馈等过程之中,在运用时需要注意一些技巧。

1. **动态体语**　即通过无声的动作来传情达意。如以亲切的目光注视对方表示专心倾听和对对方的重视和尊重;以点头表示肯定;以手势强调某事的重要性等。

2. **静态体语**　包括个人的仪表形象,如服装服饰、体态、姿势等,与行为举止一样,它能够显示人的身份、气质、态度及文化修养,有着很好的信息传递功能。在与交流对象接触时,衣着整洁大方,举止稳重,有助于对方的信任与接近。

3. **类语言**　类语言并不是语言,但和语言有类似的地方,即通过适度地变化语音、语调、节奏及鼻音、喉音等辅助性发音,以引起对方的注意或调节气氛。在与人交谈的过程中适时适度地运用类语言,通过改变音量、音调和节奏等,可有效地引起注意,强化自我表达,调节气氛。

4. **时空语**　时空语是在人际交往中利用时间、环境、设施和交往气氛所产生的语义来传递信息,包括时间语和空间语。

（1）时间语:时间语对传播效果有潜在的影响。如,提前到达或准时赴约,是表示对对方的尊重,可以给人以信赖感;而不遵守预约时间或无故迟到,会给对方带来不信任、受冷落的感觉,会对传播效果产生负面影响。

（2）空间语：使双方置身于有利交流的空间和距离，有利于增进交流，包括交往环境和双方所处的距离。如，安静整洁的环境，给人以安全和轻松的感觉。另外，应注意与交流对象保持适当的距离，交往中的人际距离常常受到民族文化和风俗习惯等社会因素的影响。双方之间不要有大的障碍物。双方的相对高度也是一种空间语。一般来讲，人们处于同一高度时，较易建立融洽的交流关系。

三、个体化指导的策略

实践证明，个体化指导是促进目标人群改变态度和行为的有效途径，恰当地运用个体化指导的策略具有重要的作用。

（一）口头交流与传播材料有机结合

在面对面的健康传播活动中，有目的、有技巧地使用各种传播材料如画册、挂图、幻灯片、录像、模型等，作为口头交流的辅助手段，生动、形象、直观，有助于人们理解健康信息，可有效提高传播效果。

（二）采用参与式学习方法

在个体化指导的过程中，采用参与式方法，如组织小组讨论、同伴教育、角色扮演、现场观摩、生活技能培训等，教学与参与相结合，通过目标人群动手、动口、动脑，鼓励实际参与和不断思考，不仅可以收集到教育对象最关心的现实健康问题，还可以让参与者真正了解和掌握解决自身健康问题所需要的各种信息和方法，参与式方法能充分调动目标人群的学习积极性，激发其学习的兴趣，提高信息传播的效率，是近年来被广泛应用的一种行之有效的传播方法。

（三）利用新媒体开展个体化指导

随着互联网的普及和新媒体技术的迅猛发展，不仅使人们的认知、判断和行为受到了更多、更广泛因素的影响，也为健康传播带来了新的挑战和机遇，如，通过手机短信、飞信、微博、微信、互联网论坛、电子邮件等方式进行沟通，便利性高，时效性强，利于隐私保护，已成为个体化指导的一个重要模式。

（四）运用现身说法

现身说法是用真人真事来说服人，起到一种示范作用，有助于改变行为和态度，也是一种深受群众喜爱的教育形式。例如病人之间可以自身经历为例，与他人分享心得体会，指导更多人建立正确的遵医和自我管理行为，以利于疾病的控制，改善健康状况。

四、个体化指导的实施

我们以针对慢性病病人的健康管理与服务为例，介绍个体化指导的主要环节的具体实施方法。

（一）建立联系

个体化指导的一个关键环节是建立联系，首先要主动联系慢性病病人，并与之保持经常性联系，建立长期的健康教育服务关系，就像一位好友那样三天两头去问寒问暖、排忧解难。那么如何主动联系病人，怎样才能与慢性病病人建立友谊，保持经常联系呢？

通常来说，这样的联系是通过电话进行的。电话联系有其方便的一面，可以省去很多交通费用和时间，但却增加了建立关系的难度，因为很多人对于陌生人打来的电话不信赖或者有抵触情绪。万事开头难。要让对方建立一种信赖的关系，第一次电话是关键，也是最难的，但还是有些诀窍值得借鉴和参考。

1. 首先表明自己身份　如："您好！我是××健康管理中心的工作人员，小张。"然后，做短暂停顿，给对方一个思考和回应的机会。

2. **接下来谈你的意图**　如："我们在开展一个糖尿病(或其他慢性病)的管理项目,主要目的是帮助糖尿病病人更多了解疾病的知识和生活技能,更好地配合临床治疗,保障病情稳定,避免并发症的发生。"

3. **进一步解释说明你的工作内容**　如介绍自己主要是进行糖尿病的健康管理,做一下停顿,听听对方的反应,是否愿意被人冠以糖尿病病人的称号。因为,有些人忌讳别人知道自己得了病,不希望自己的病被单位、朋友甚至家人知道。因此,对方可能会否认自己的患病情况。如果是这样,需要立即阐述健康管理项目的保密原则:"我是通过您在医院的就诊记录了解到您前不久患了糖尿病,但是请您放心,我们的资料只供内部使用,为了跟踪了解病人的病情,并给大家提供进一步的医疗指导和服务,病人的姓名和医疗信息绝对不会外漏。"

4. **对话过程中避免自己滔滔不绝一直往下说**　切记,你的目的是与病人建立长期的联系,而不是在电话上发表一次演说。因此,不仅要给对方表达意见的机会,而且应设法让对方讲话,尤其那些表达能力比较差,甚至语无伦次的人。不善言辞的人难得有人听他们倾诉,在就医过程中更没有时间向医生讲述痛苦。如果发现你愿意倾听,会很乐意继续谈下去,也很乐意与你经常联系。

5. **认真倾听对方的谈话**　倾听不仅有助于建立与服务对象的联系,而且能了解他们的健康状况、就医治疗过程所面临的问题、对医疗服务的看法等。这些问题正是健康管理所要帮助解决的。如可以了解对方对健康管理和健康教育服务工作的看法与态度。可能有些服务对象对免费提供健康服务的做法喜出望外,很感激能有专业人员主动与自己联系;有些人则觉得这是没有用的做法,是想阻止他们看医生和去医院就诊,所以在电话上颇有微词,有时还冷嘲热讽甚至谩骂。但是,无论对方持什么样的态度,只要电话没有挂断,就意味着没有被拒绝,还能继续谈下去。这些人的消极态度来自对其他方面的不满,而并不是针对你个人。因为你是代表医疗服务机构打电话,所以牢骚要发给你。耐心听对方讲下去,不反驳、也不要打断,给对方一两分钟的时间。

6. **第一次联系不要说得太多**　初次联系中不必开始介绍健康教育专业的知识,但要让服务对象知道健康教育都做哪些事情,大致包括什么样的服务内容就可以了。比如说,"大娘,我会经常告诉您一些糖尿病的相关知识和生活技巧。比如哪些食物可以吃,哪些不建议吃,怎样计算饮食的热量等,争取帮助您更好地控制住血糖。"

7. **注意在整个谈话过程中要充满热情**　你要充满热情、坚定和信心,要表现得很专业,但切忌背诵课本式地叙述。机械式的背诵会让病人觉得你是个实习生或者新手,很难产生对你的信任感。

8. **大致了解对方基本信息**　如,对方的年龄、职业、居住地点。注意不要像查户口那样询问,而是自然而然地了解。如,"听您口音好像是四川人?""对,我老家是四川成都的。""那您已经在天津住了很多年了吧?""是啊,20多年了。大学毕业就被分配到这里了。"

9. **了解一下对方的附加信息**　如,兴趣爱好有哪些,平时喜欢爬山、旅游、跳舞、乒乓球? 特别亲近的人有哪些,如和父母、子女一起居住吗? 关注较多的事情有哪些,体育赛事、股市行情、某个电视连续剧? 再比如,在打电话过程中听到有小孩哭,可以顺便问一下:"那是您的孩子吗? 多大啦?""不,是我孙女。刚满周岁。"或者听到狗叫声,顺便问"您养狗吗? 什么品种?""养了两只,都是去年开始养的,是两只京巴。"争取记住对方的爱好、孩子(孙子)的性别年龄、宠物的种类名称,下一次联系时先从谈论这些事情开始。这样做会使病人觉得你不仅关心他的疾病情况,而且关心他的生活,关心他这个人。力争对服务对象全面关怀而不仅片面关注其疾病,是健康管理的一个重要方面。实践也证明,这样做容易产生信任感,也容易舒缓谈话的气氛,有利于你马上要开始的健康和疾病知识教育。

10. **预约下次联系时间**　询问对方方便的时间,预约下一次电话联系的时间,计划要谈什么内容,也可以询问对方感兴趣的问题,比如药品、锻炼、血糖测试等,作为下一次电话的议题。

(二)再次联系

第二次电话,先聊几句家常。"您孙女怎么样?现在开始说话了吧?""又听到那两只京巴在您旁边叫。"这些话似乎无关紧要,却能体现对病人的关切,会让人倍感亲切,同时又容易缓解气氛。当然,重点是了解服务对象的健康状况。

下面的例子是健康管理师与一位糖尿病病人的电话聊天,从中领悟一下健康管理师所需了解的方法和内容。

问:"您这几天身体怎么样?血糖稳定吧?有没有特别的不适?"

答:"这几天还是老样子。血糖没有太大起伏,只是觉得腿疼。"

对于糖尿病病人,下肢疼痛可能预示周围神经和血管病变,必须进一步了解。

问:"您什么时候开始觉得腿疼的?"(onset:症状开始时间)

答:"差不多有两周了。"

问:"什么部位的腿疼?双腿都疼吗?"(location:具体部位)

答:"两腿膝盖以下。"

问:"一直疼,还是有间歇,断断续续的?"(duration:持续长短)

答:"开始有间歇,这两天一直疼。"

问:"是什么样的疼?烧灼疼、针刺疼、还是隐隐作痛?"(characteristics:症状的特点)

答:"就像不小心碰到桌子腿上的那种感觉。"

问:"有没有注意什么时候疼痛加重,什么时候会减轻?"(aggravating and relieving factors:可能造成症状加重与减轻的因素)

答:"坐的时间长了就疼得厉害,走一会儿路疼痛会好些。"

问:"有没有治疗?吃药没有?"(treatment:采取了什么治疗措施)

答:"吃了些止痛片,但好像没有什么作用。"

以上括号内英文词的第一个字母(大写的)组合起来为OLDCART(老推车)。记住这个词,每一个字母代表一个问题,以免遗漏,从而全面了解一个症状或者不适感觉的方方面面。上述例子的糖尿病病人双腿可能出现了糖尿病引起的周围神经和血管病变,应该尽快去医院做进一步检查,同时加强运动锻炼,需要在沟通之后及时与之反馈信息。

(三)说服和引导

与服务对象建立并保持联系只是第一步,接下来的重要工作是引导、说服、劝告对方,接受健康的知识,配合医生的治疗,同时要改变不健康的生活方式,这就需要向服务对象做好解释、指导与建议,提高其依从性。

1. **解释**　是指从医学和心理学角度向病人及咨询者提供疾病防治相关知识和技能,通过解释让病人或咨询者对所患疾病或所关心的健康问题有比较清楚和详细的了解,增强病人或咨询者战胜疾病的信心和能力。首先要以病人能够听懂的方式解释问题;其次要考虑病人的知识水平和受教育程度、医疗经验、家庭背景、社会阶层和人格特点等。

2. **指导与建议**　是指为了使病人尽快康复,根据病人的具体情况,提出的合理用药、自我保健、改变不健康行为生活方式等方面的忠告。医务人员通常在提出建议的同时,也要向病人传授知识和技能,这样更有利于病人接受。在实施个体化健康教育时发放和使用健康教育处方,是指导病人进行自我保健和家庭护理的一种有效的辅助手段,有助于口头教育内容的补充和完善。

3. **提高依从性**　通常我们把服务对象配合医嘱的程度称为依从性,依从性越高,治疗和干预的效果越好。必须向服务对象讲清楚这些道理,奉劝对方遵从医嘱持续用药。

但由于种种原因,慢性病病人的依从性很低。很多病人要么不能按时用药,要么次数或剂量不够。有些病人甚至擅自停药,结果病情不能得到有效控制,或者控制后的疾病症状又卷土重来,以前的治疗前功尽弃。即使在发达国家,依从性也很低。美国慢性病病人用药的依从性平均只有 50%。不同慢性病的依从性也有差异,比如哮喘病人的依从性在 50%左右,高血压病人的依从性在 50%~70%,糖尿病的依从性在 65%~85%。依从性低下导致疾病复发、症状加重,大大增加了医疗费用。美国的资料显示,每年由于服用药品依从性低而造成的额外医疗费用达到 1 000亿美元,而且导致大约 12.5 万名病人死亡。

除了药品治疗,依从性也包括健康的生活方式。慢性病病人的医嘱必然包括健康的饮食起居或者生活注意事项。病人遵照的程度属于生活方式方面的依从性。健康管理的一项重要工作,也是最有挑战性的工作就是说服病人改变不良的生活方式或习惯。以下是最常见的不良生活方式:

说服病人遵从医嘱也要讲究方式方法,在交谈中了解对方不能改变习惯或者不能配合治疗的原因、困难或障碍,并引导和启发病人找出解决问题的办法。如,与慢性病病人一起分析服药依从性低的原因一般有:

(1) 忘记;

(2) 对药品不信赖,抱无所谓态度;

(3) 害怕不良反应或副作用;

(4) 认为药物会影响日常生活或者身体功能;

(5) 节省费用;

(6) 认为症状消失就可以停药;

(7) 认为药品没起作用而放弃;

(8) 不清楚医嘱,没有搞明白用法用量;

(9) 药品太多,吃不过来;

(10) 有些年老身体虚弱的病人服药有困难(比如,不能揭开瓶盖或者吞咽有困难)。

根据这些原因,分析出可以解决的对策有哪些,以及最容易做到的改变有哪些等。最终协助、督促服务对象逐一落实在行为上,提高依从性,达到说服和引导服务对象的最终目的。

个体化指导是针对每个服务对象量身定做的,避免了服务对象盲目遵从、被动参与、目标性差等弊端,具有服务对象积极配合、主动参与、目标清晰等优点。个体化指导在高血压、糖尿病等慢性病防治中正发挥着越来越重要的作用,使服务对象更积极地把医学知识融入日常生活中,成为其改变生活方式、行为习惯的动力。

第七节　倡导与动员

健康教育是有计划、有组织、有评价的一项系统化的社会活动,专业人员要想顺利地在健康服务与管理业务工作中开展健康教育,就必须用健康促进的思维以及策略倡导主管部门和领导的支持,协调各有关部门的配合,动员目标人群的积极参与。因此,掌握倡导、动员与协调技能尤为重要,本节重点学习倡导、动员技能。

一、实用倡导技能

倡导是健康促进三项策略之一,它也是专业人员提出工作计划或建议,并争取决策者和领导给予支持的一种工作策略。我们之所以要进行倡导,一方面是为了开发领导层争取他们对该项工作的支持或融入相关政策;另一方面也是为了让领导带动周围环境支持配合,大众积极参与来提高健康教育工作的效率。这里的倡导特指"开发领导"。

提起健康教育工作,专业人员最多的说辞就是"领导不支持",这既包含了工作的无奈,同时也说明了倡导的重要性。那么,专业人员怎么开发领导,做好倡导工作呢?

（一）倡导前准备

在做一项工作或项目的倡导之前,一定要做好充分准备。

1. 明确主题   要确定倡导的项目或主题是什么,要干什么,达到什么目的。例如要推进某单位健康行动启动周,明确为什么启动这项工作,目前的现状是什么,要达到什么目的和具体目标,启动后如何持续推进等。

2. 找准对象

（1）逐级倡导:先从直接领导开始,若没有决策权,则在下一级领导允许或征得同意的情况下再向上一级领导汇报。这样也为今后项目或工作顺利开展创造条件,直到最终找到能决策拍板的领导为止。此时的领导不一定是权威领导。

（2）换位思考,找出共同利益:找出领导支持该项工作的理由,是上级单项工作文件要求还是单位工作需求,寻找共同利益点,合理公私兼顾;要了解其工作状态,是积极开拓型还是碌碌无为混日子型,并了解其目前关心的工作、专业背景,以寻找共同话题和语言,确定简要方案。

3. 拟好方案   从项目的背景和政策文件、自身能力、人脉资源(外请专家、同级支持度等)、业务队伍水平、经费渠道、可行性分析等方面做好充分的论证及准备。一项工作一般要做2~3个简要方案,汇报时供领导选择。篇幅简短,每个方案大约1~2页。

4. 选择时机   向领导开展倡导工作,时机很重要。最好选择其相对不忙、心情较好的时机。这时,单位大项任务或活动、会议、上级检查或其他牵涉很大精力、压力较大事件等因素都是考虑之列。

（二）倡导方法

向决策者进行一项工作或项目倡导,其实就是一个有效沟通的过程。也就是说倡导的核心技能是沟通,它是组织行为学的重要内容。本专业部分教材也有涉及,在此不赘述。这里仅就其在倡导中的应用简单阐述。

向上对领导的倡导沟通有正式渠道或非正式渠道之分。

1. 正式渠道   正式渠道包括办公室、会议室、电话等的口头沟通,还有请示报告、邮件等形式的书面沟通。

（1）办公室:电话或微信预约;准时前往,敲门,进屋,打招呼,进入正题;站在距离领导1~1.5m的位置,保持斜45°方位,一般不坐;强调仅用5分钟,领导相对愿意专心听;递上简要方案文本,然后简要、清晰汇报自己要做的事情;全程不卑不亢,态度要热情,语气要坚定,语速适中稍快;最好按照预定方案让领导做出选择,不要给领导出思考题;一般每次只汇报一件事情,多了难记住,也容易烦,不易达到倡导沟通的目的。

（2）会议室:重大项目或工作,涉及全单位或决策才用此方式。此种方式可以避免领导办公室电话和来人的干扰。电话或微信预约;制作简短PPT,汇报时要采取站位汇报,时间最好不要超过30分钟;同时准备文本,汇报之后可以递上文本;汇报过程中对于领导和相关人员的提问要耐心且有自信地回答,这样容易获得决策者的信任和支持。

（3）电话:一些小项目和单项工作,可以电话沟通。选择合适的时间段,避开休息、会议和吃饭时间。有充分的准备,简短清晰,最好征得明确的反馈意见。

（4）请示报告:按照请示文件的体例格式书写。要点有背景政策要求、目的、项目内容、如何实施、可行性分析、经费来源或预算等,按程序报送。不同性质的单位,程序也会有一些差异。

（5）邮件:领导忙,约见无果,可以把简要或完整方案发给他,要适时跟进,尽快获取反馈批示。

2. 非正式渠道   包括多种场合碰面的口头沟通,还有微信等形式的文字沟通。

（1）多种场合碰面:领导开会结束途中、去餐厅途中、运动场所、下班路途等非正式场或者在视察工作结束后的碰面,都有机会向领导请示或汇报。此类沟通也要有充分的准备,沟通更应简短、直接,看情况递上简要方案,或预约见面正式汇报。

注意非正式场合碰面沟通,最好不要打乱领导的原计划或时间安排,可以边走边说,在相对轻松的氛围中完成,或许就是一次成功的预约。

（2）微信沟通:现在工作上沟通最普遍的工具就是微信了。不论是领导下达的任务,还是同事之间的沟通大多都是通过微信的。在职场和领导微信沟通,一要注意少用调皮、可爱或者是搞笑表情,认真严肃为好;第二,不要发语音,尽量用文字来表达,写的时候可以反复斟酌不至于出错,还可以节省对方时间,同时能够向对方表示尊重;第三,信息要简洁明确,根据情况及时传递相关文件。

（三）倡导过程中应具备的其他技巧

不管正式或非正式渠道的倡导,还有一些其他技巧也可以恰当应用:

1. **适度自荐,展示能力与水平**　可提供一些职业证书、作品、经历,以促进他对倡导者能力的认可,从而尽快决策。

2. **提供相关的数据和信息**　掌握大量方案以外的相关数据和信息,表明倡导者做了大量的准备和论证工作。

3. **平时工作不抗拒与领导接触**　平时见面不躲避,工作多汇报,至少让领导认识自己;获得工作支持后要及时感谢,也可以邀请参加本单位相关会议。

4. **提升非语言沟通技巧**　不管是正式渠道还是非正式渠道的沟通,用语言沟通不能忽略非语言沟通的因素,非语言沟通包括肢体动作、说话语调或用词的语调、面部表情以及人际距离。而且这些因素常常使语言沟通变得更为复杂。其实,沟通、倡导能力是一个人素质、情商、能力的综合体现,专业人员只有在工作中、生活中不断实践、学习、总结,才能逐渐应用自如。

二、一般动员技能

动员是通过采取一系列综合的、高效的社会动员的策略和方法,促使社会各阶层主动参与,把健康促进、健康教育目标转化成满足大众健康需求的社会目标,并转变为区域共同的社会行动,进而实现区域全面健康的过程。在健康教育与健康促进的实际工作中,社会动员、人群动员是核心策略。

（一）动员前准备

1. **明确动员目的**　动员的目的在于统一思想、统一行动,明确共同目标,促成社会相关行业、部门为一个共同目标而有效合作;激发目标人群的健康需求,调动其参与的意愿和积极性;争取人力、财力、物力等社区资源投入健康促进工作;建立多学科间的广泛联系,搞好多部门的合作,与相关组织机构形成密切的合作伙伴关系。

2. **确定动员对象**　动员对象主要是指参与动员的专业人员、部分社会团体以及要动员的服务对象。对象不同动员的方法也不同。动员专业人员是让其发挥自己的优势,高效完成所承担的健康促进与健康教育工作;动员学校、居委会（村）等社区团体是让其支持和参与健康促进工作;动员家庭/个人是让其对自己健康负责,积极行动,参与健康促进相关活动。

3. **分析现有资源**　分析所在单位或区域现有资源,哪些是可利用的,哪些是尚待开发的。这是开展健康教育/健康促进的基础,是制订相应实施计划的重要依据。资源包括政策、人力、经费、文化、体制等。

4. **确保信息价值**　若做健康教育项目,其内容、目标要切实符合目标人群的健康需求。信息首先要保证科学且有说服力,其次要对信息进行加工,达到喜闻乐见的效果。如果信息不足、无用或受众不感兴趣,那么动员技巧也只能是空中楼阁。

5. **设计动员方案**　动员方案设计详见第八章。

（二）动员的方法

动员的方法有人员培训、信息传播、组织协调和社会营销等。

1. **人员培训**　是对负有某种责任的人员进行专门知识传播和技能训练的过程，旨在强化各类人员在社会卫生项目中的有关知识能力而确保项目的顺利进行。如参与项目的人员有的可能要负责传播材料制作、有的需要给服务对象开展健康教育讲座、有的要做需求分析、有的会保障活动现场等，这些人员必须进行相关培训。常用的培训方法包括讲授法、谈话法、讨论法、演示与练习、案例分析、角色扮演等。

2. **信息传播**　在社会动员方面，信息传播具有关键性的作用，要通过适宜的传播渠道和方法，将有价值、能落实的信息传播出去，引导社会舆论，达成共识，激发服务对象积极参与到活动中来。信息传播的形式主要包括人际传播和大众传播两种。

3. **组织协调**　是指根据工作任务，组织协调相关的部门和人员，各负其责，充分发挥每一个机构和人员的主观能动性，调动大家参与到活动中来，从而实现活动目标。组织协调能力包括组织能力、授权能力、冲突处理能力和激励能力等。

4. **社会营销**　20 世纪 80 年代，社会营销技术被引入公共卫生领域，并得到迅速发展，广泛应用于以大众传播为基础的健康促进运动，如预防伤害、药物滥用、推动合理膳食、推广使用安全套、青少年远离烟草、提高计划免疫接种率等。对于健康教育而言，社会营销是一种发展方向，即借用营销的理念和方法来开展各种项目，找到目标人群，并设法达到组织者的目标，以满足群众的健康需求和需要。借鉴市场营销的理论和方法可以使健康教育与健康促进活动更为有效。

（三）动员的策略

动员的最终目的是让相关的社会群体和个人参加到健康促进活动当中。因此，针对群体的动员和针对个人的动员都必不可少。

群体动员的策略主要包括：

1. **通过教育提高技能**　常用的方法很多：①因地制宜组织社区活动，如义诊、巡讲、巡演、相关疾病病人的现身说法等；②在社区招募宣传志愿者，把健康教育和健康管理融入到社会全体公民的生活中；③组织民俗、文体活动，如庙会、赶集等；④通过新旧媒体进行知识宣传和普及。

2. **改善环境**　改善目标人群所处的物质环境及生活条件等，从而使人们采纳健康行为的意愿更强，如提供低脂、低盐的食物，在生活、工作场所提供一些锻炼设施等，使其能够更便捷地采纳健康行为。

3. **政策引导**　政策可以通过影响资源配置、环境改善从而促进健康行为。例如，在企业员工健康管理中，员工有健身的欲望，企业也配备了健身设备，但没有调整工作时间的政策支持，员工运动依然落空。因此，企业通过制定有关工间操制度、轮班制度等，就能确保员工有时间去运动。

4. **扩大目标群体**　健康不仅仅是个体的责任，更是家庭、单位、社区、城市、国家共同的责任。除非是特别有针对性的项目，一般做某一项目动员时，应该让更多的相关人员参与。例如生殖健康的目标群体，有人认为仅是备孕夫妇或准孕妇，其实生殖健康的知识与孕妇相关的人都需要了解，尤其是之前被忽视的青少年和男性群体，也在目标群体之列。

5. **发挥各相关机构的优势**　健康教育不仅仅涉及一个或几个部门，既包括专业机构，又涉及社会多部门，比如保险公司、医疗机构、当地政府、制药公司以及非营利组织等。要想成功实施一项健康教育活动，协调多部门合作必不可少，如东北"3+4"健康教育区域合作：辽宁、吉林、黑龙江省，长春、哈尔滨、沈阳、大连市等。只有多部门合作，才能在短时间内做到最大程度的宣传和动员，并确保健康教育活动的效果。

对于一个观念定格及行为习惯养成的成人来说，要想动员其参与健康教育或健康管理，无疑是一个重大的挑战。

个体动员的策略主要有：

1. **入户宣传**　通过接近、走访、面对面情感沟通，以理服人，以情感人，激发内在驱动力。一般选择社区内人较多的节假日、周末或下午下班后的时间，形式可以是入户发放宣传品和日常生活用具（手册、折页、海报、墙报、儿童折纸玩具、折扇、水杯、手提袋、油壶、盐勺等），进行技能指导（如膳食搭配、膳食制作、室内微运动、康复指导等），推荐有针对性的信息来源渠道等。

2. **奖惩机制**　通过激励措施推动民众改善自身行为是很多西方国家采取的一种方法，而且拥有巨大的潜力。比如，针对接种疫苗、保持某一体重、积极参加健身俱乐部或进行体检等人群采取小额奖金来奖励其健康行为，同时还帮助服务对象进行戒烟和参加减肥培训等。专业人员可以根据实际情况，协助单位推出适宜的奖励计划，如健康家庭等级评选活动等，对于做得比较好的家庭，在宣传栏进行不间断宣传。除奖励措施之外，相应的惩戒措施也能够促进健康行为的养成，如对于肥胖超重和吸烟酗酒人群，减少其医疗行为报销比例或者提高其保险费用等，从一定程度上也会起到积极的作用。

3. **建立服务数据库**　为了向服务对象提供有价值的信息，西方国家借鉴了零售企业的做法，开发自己的成员数据库，进而根据客户的风险因素、心理特征或改变生活的事件向特定个人提供更有针对性的内容。健康教育工作者也可以在已有健康档案的基础上进行信息的完善和整理，以便提供出更有针对性的指导和建议。

总之，社会动员过程就是要在分析目标人群的基础上，采取合适的方法和策略，提高动员效果。最好的动员效果是动员之后目标人群或个人信心提升并坚持去行动，动员的目的就在于此。

（谢长俊　夏　芹　曹春霞　陈济安　刘华磊　李浴峰）

 思考题

1. 专题小组讨论的基本步骤是什么？
2. 健康教育 KABP 问卷编制的基本步骤是什么？
3. 健康教育 KABP 问卷格式有几部分？
4. 在制作健康教育课件时，如何提高课件的质量？
5. 健康科普讲座的流程是什么？现场讲授技巧包括哪五个部分？
6. 医学科普文章创作应遵循哪些原则？
7. 医学科普文章创作应注意哪些问题？
8. 个体化指导有哪些技巧？
9. 实施个体化指导应注意哪些问题？
10. 作为一个初入职场的健康教育工作者如何争取领导的支持让一个好项目落地？
11. 如何才能动员更多的人参与到健康教育活动中来？

第七章 ┃ 健康教育与健康促进项目管理

 本章要点

1. **掌握** 健康教育与健康促进项目实施和项目评价的步骤。
2. **熟悉** 健康教育与健康促进项目的设计步骤;项目评价的内容和方法;影响项目评价结果的因素。
3. **了解** 健康教育与健康促进项目设计的原则;项目评价的意义与种类。

健康教育与健康促进项目管理是健康服务和管理工作者的一项基本技能,团体健康管理工作以项目管理的形式实施可以达到事半功倍的效果,取得最大的健康效益。任何一项健康教育与健康促进项目均由设计、实施和评价组成,三者之间是相互联系、相互制约、不可分割的有机整体,从而保证对某一目标人群的行为干预有针对性和有效性。其中,设计是整套项目的纲领,它基于研究目标人群有关健康问题及其特征形成该问题的理论假设,提出解决该问题的目标和为实现这些目标所采取的一系列具体方法、步骤和策略。实施是具体执行计划去实现目标,获得效果的过程。评价是监控项目质量、检测项目成效的重要保证系统,贯穿于整个项目的始终。健康教育与健康促进项目有多种类型和不同内容,从资金、实施范围、涉及人群数量来看,规模有大有小,既可以是全国性项目,也可是针对某地区、某一人群的小型项目。健康教育与健康促进项目管理的意义体现在 4 个方面:一是有利于项目的科学管理,把有限的资源应用在刀刃上;二是工作人员的行动指南;三是协调管理和支持系统的工作纲领;四是评价效果与质量的客观标尺。

第一节 健康教育与健康促进项目设计

健康教育与健康促进是一项复杂的系统工程,其作用涉及目标人群的生命准备、生命保护和晚年生活质量的各个阶段;其内容涵盖促进健康、预防疾病、控制影响健康的各种危险因素,以及政策和组织机构等众多领域。因此,每项健康教育与健康促进的活动无论周期长短都必须有科学的、周密的项目设计。

一、健康教育与健康促进项目设计概述

在健康管理领域,项目设计是指健康管理实施者根据卫生服务需求评估,通过科学的预测和决策,选择需要优先干预的健康问题,提出在未来一定时期内解决该健康问题的目标及实现该目标所采取的策略、方法、途径等所有活动的过程。项目设计是健康教育工作成功与否的关键环节,为项目实施及质量控制奠定了基础,也为科学评价效果提供了依据。

健康教育与健康促进项目设计的模式有多种,本教材以格林模式为健康教育与健康促进项目设计的重要指导模式。格林模式(PRECEDE-PROCEED model)是由美国健康教育学家劳伦斯·格林

（Lawrence W. Green）等人在 1970 年提出，该模式除了具备一般性项目设计的方法外，对找出影响行为的环境因素有其独到的优势（图 7-1）。

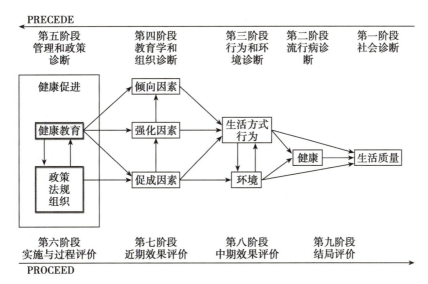

图 7-1　PRECEDE-PROCEED 模式（格林模式）

　　格林模式为整合模式，其优点是针对特定健康问题先进行诊断，然后根据诊断结果去规划并执行解决该健康问题的干预或教育计划，在干预或教育计划执行过程中进行相应评价。该整合模式对健康教育和健康促进项目的设计、实施与评价是一个非常完整的指导过程，指导公共卫生专业人员鉴别影响人们健康行为的因素，帮助制订适宜的健康教育与健康促进计划和行为干预措施。其特点是从"结果入手"，用演绎的方法进行思考，从最终结果追溯到最初起因，同时考虑了健康影响因素的多重性，帮助计划制定者把这些因素作为重点干预目标或规划的设计、执行及评价中。

二、健康教育与健康促进项目的设计原则

　　健康教育与健康促进项目设计应遵循以下基本原则：
　　1. **目标原则**　健康教育项目设计必须坚持以正确的目标为导向。目标应明确，重点应突出。健康教育的目标一般有明确的总体目标和具体目标。总体目标是指宏观的、项目理想的最终结果，如一项青少年控烟项目，其总体目标可设定为：造就不吸烟的下一代；具体目标则是切实可行的、量化的、可测量的目标。
　　2. **整体性原则**　健康教育是健康管理工作的一个重要组成部分，制订健康教育项目应围绕健康管理工作总目标展开，以健康为中心，明确目标人群健康发展的需求，解决目标人群健康问题。健康教育项目要体现出整体性和全局性，目标要体现目标人群长远发展对健康的需求。
　　3. **参与性原则**　健康教育活动需要广泛动员相关组织和目标人群的积极参与，只有把项目目标和目标人群所关心的健康问题紧密结合起来，才能吸引广大群众参与。项目制订之前，要进行深入细致的卫生服务需求分析，以使制订的健康教育项目契合目标需要。任何一项健康教育项目都必须强调参与性原则，鼓励目标人群参与项目的制订以及各项活动。
　　4. **可行性原则**　制订健康教育项目要从实际出发，根据当地的实际情况，因地制宜地进行项目设计。尽可能地预见到实施项目过程中可能发生的情况，并结合目标人群的健康问题、认知水平、风俗民情、生活习惯等主客观情况，提出符合实际、易为目标人群接受、切实可行的健康教育项目。
　　5. **灵活性原则**　项目设计要留有余地，健康教育项目应能包容实施过程中可能发生的变化，

并制订基于过程评价和反馈问题的应对策略、项目修订指征,根据实际情况,进行适当的项目修订,以保证项目的顺利实施。

三、健康教育与健康促进项目的设计步骤

(一)需求评估

需求评估又称"诊断",是项目设计的第一步,设计任何一个项目,都首先需要了解目标人群是谁,存在哪些健康问题,需要哪些健康知识和技能,喜欢什么传播形式和方法,目前拥有哪些可利用的健康教育技术和资源等。健康教育与健康促进需求评估以格林模式为指导,对目标人群或干预社区进行全面细致的需求评估,才能使项目计划有的放矢。

1. **社会诊断**　社会诊断通常针对特定的社区,进行社会现况及社会问题的调查与分析。这里的"社区"所涉及的人群范围既可以指居住在同一地域里共同生活的居民,也可以泛指更广义的社区,即一群具有相似特征或分享共同利益、价值观和行为规范的一群人。

社区诊断通过社区居民的参与,运用主观与客观资料,从社会学的角度,找出与健康生活有关的各种问题,然后根据需求程度、重要性和影响程度等不同指标,将这些问题按优先次序排列出来。此阶段不仅可以提出社区面临的社会问题,还可评价居民的生活质量和卫生服务需求,以确认社会经济因素对健康生活质量的影响,并为干预计划提供依据。

在评估的起始阶段,要了解社区居民真正关注的焦点,所以需要根据主观及客观指标收集各种资料,如居民生活的舒适度、疏离感、拥挤程度、幸福感、失业率、福利制度、犯罪率、不法事件、暴力事件等。资料的方式可通过对社区领导者的访谈、社区成员的焦点小组访谈以及观察、调查生活环境、人文习俗或进行问卷调查等。

找出社区的重要问题之后,还需要评估该社区解决问题的能力、社区资源以及居民对解决这些问题的态度。通过社会诊断,项目制定者可以针对大众所关心的焦点,设计出适合的健康教育与健康促进的项目,从而使该项目也比较容易被大众所接受,更可以有效地发挥它的效果。

2. **流行病学诊断**　此阶段是从流行病学角度找出目标人群中最重要的健康问题。流行病学诊断的目的是确立健康问题的优先顺序,需要了解目标人群的监测资料,包括期望寿命、出生率、患病率、死亡率等,然后参考社区目前拥有的资源及解决问题的能力,选出最迫切需要又有可能解决的健康问题。

流行病学诊断的主要内容包括:确定哪些健康问题是该地区最严重的问题,哪些行为因素和环境因素引起这些健康问题;该健康问题的受累人群,不同性别、年龄、种族、职业间的流行特征是否相同,而其中哪一类人群受影响最大;该健康问题的地区分布特征,其涉及范围多大;该健康问题的时间分布特征;与该健康问题有关的各种影响因素是什么、其中什么因素影响最大、项目应针对哪类人群、解决什么问题、预期得到什么效益等。在流行病学诊断中,可以用现有的政府和卫生机构统计资料进行分析。但更多情况下,应该开展现场流行病学调查。流行病学诊断的结果,除用于确定干预的健康问题和危险因素外,还应该为确定项目目标提供可靠、有效的指标。

3. **行为与环境诊断**　通过开展流行病学诊断,明确了目标人群中最主要的健康问题和影响因素,接下来就要进行行为与环境诊断。从行为和环境的角度,找出最可能影响健康问题又最可能改变的因素,并据此制订健康干预的目标,这就是行为与环境诊断。例如,为了查找与慢性病有关的因素,行为诊断可从以下三个方面着手。一是从个人行为或生活方式评价,如许多慢性病人常有吸烟、不合理饮食习惯,不按时服药、缺乏运动等问题;二是从个人周围有影响力的人进行评估,许多有吸烟、不合理饮食或有不运动习惯的病人,主要是受到家人或同伴、同事的影响;三是从大环境考虑,如一般人很容易从超市买到烟酒、电视上常看到不健康的食品广告、社区缺乏运动场所等。接着,针对找出来的各种因素,根据紧迫性、重要性、可行性等不同指标顺序。然

后,针对一两项排序在前的行为因素(如吸烟排第一位、不健康饮食排第二位)设计干预方案。此外,还应考虑基因的影响,虽然基因无法通过干预计划而得以改善,但是有关基因遗传的资料在此阶段也很重要,因为基因资料有助于找出高危人群,对确定干预计划的目标人群有帮助。该阶段的重要任务是区分引起健康问题的行为与非行为问题;区分重要行为与相对不重要行为;区分高可变性行为与低可变性行为。

环境又可分为"物质环境"和"社会环境"两大类,其中常存在许多非个人能力所能解决的因素,但是,这些因素一旦被去除或改善,却可以改善人们的健康。环境因素改善有助于个人行为的改变,但需要相应的组织或行政措施。例如,控烟法规规定公共场所不准吸烟,同时,在医院开展强化戒烟治疗服务,可以帮助吸烟者戒除吸烟的习惯。又如,通过制定相关政策,鼓励食品厂商选用健康食材,或者改善制造食品的工艺流程,提高健康食品的可及性,都是从环境着手的干预措施。

在设计项目时,必须考虑"宏观"和"微观"两个不同层面的影响。

(1) 宏观层面:主要考虑组织和环境可能造成的影响,其作用通常使"强化因素"产生正面效果,可以帮助目标人群在执行特定行为时变得容易许多。例如,社区老年人健康照护,可以提出的宏观层面的策略有:从社区招募志愿者,训练他们具备老年人照护所需要的特殊技能,然后按照时间表及分工表,定时前往有需要健康照护的老年人家里提供服务。

(2) 微观层面:是从个人、同伴、家庭,找出能够直接的影响干预效果的因素,通常是针对倾向因素、促成因素、强化因素,目的是帮助人们克服来自自身、周围他人、或外在环境带来的各种阻力,使其危害健康行为得以去除,或有益健康行为得以建立。微观层面的介入策略有很多,如通过报纸、杂志、电视、广播、网络等大众传播媒体传播健康信息,或通过社团聚会、联谊活动等倡导健康共识,或针对特殊人群提供健康咨询等。最成功的计划是能运用多重策略,并在健康议题上产生有效的影响。

行为和环境诊断的任务主要包括:①明确区分哪些行为和环境因素与我们所关注的健康问题相关;②明确哪些行为或环境因素对该健康问题影响最大或最为直接;③区分哪些行为或环境是容易改变的、哪些行为和环境是不能或难以改变的。

行为诊断通常采用现场调查、文献检索、专家咨询等综合方式进行。在实际操作中,可以将该步骤与社会诊断和流行病学诊断结合进行。

4. 教育与生态学诊断　教育与生态学诊断(educational and ecological diagnosis)的目的在于探讨影响目标人群健康行为的因素,找出引发行为改变的动机,以及使新行为得以持续的因素,这是健康教育与健康促进计划制订的重要基础。影响人类健康行为因素总结分为3类。

(1) 倾向因素(predisposing factor)是指个人从事某项行为之前,已经存在的影响因素或前置因素,即发生某种行为的理由,包括个人的知识、态度、信念、价值观念,以及年龄、性别、种族、婚姻状态、家庭收入、职业等人口学特征。例如,分析慢性病病人的吸烟行为,发现性别(男性高于女性)、年龄(年龄越大者吸烟比例越高)、文化程度(吸烟者教育程度偏低)、知识(对吸烟危害知晓度较低)、态度(吸烟者觉得吸烟是个人自由)等。

(2) 促成因素(enabling factor)是指有助于实现行为改变的因素,即促使个人某种行为得以实现的因素。这些因素可以直接影响行为,或间接地通过环境影响行为,包括实现某种行为所需要的资源及技能,如可获得的健康服务和健康保险、到医院的交通便利程度、健康服务的提供等因素。提供必要的行为改变的技能支持也是重要的促成因素。仍以吸烟者的戒烟为例,有替代方法可以使用(当烟瘾来时,可以大量喝水或吃其他食品)、有相关的戒烟计划正在执行(医生提供免费的戒烟技术指导)、社区有相应的资源(有志愿者前来关心、鼓励指导戒烟的技巧)、可能的障碍被移除(如公共场所不设烟灰缸,烟瘾不会被挑起)等。

(3) 强化因素(reinforcing factor)是指影响行为持续或重复的因素,如对良好行为形成后的奖励,如家庭支持(家人或朋友赞赏戒烟成果)、重要的行为示范(看到好朋友或病友戒烟成功,身体健康状况得以改善),以及其他的社会益处。

教育与生态学诊断主要采用直接在目标人群中开展定量与定性调查,同时辅以查阅资料、专家咨询、现场观察等方法获取资料。

5. **管理与政策诊断**　管理与政策诊断(administrative and policy diagnosis)是指计划设计者可以根据前面几个阶段确立的"影响因素",分别找出合适的策略,并考虑执行和持续计划时所需的资源、设备和政策,以及可能遇到的阻碍。由于策略是干预计划成功与否的关键,所以此阶段关注的问题是:"采用哪些策略,可以改变前面几个阶段已经找出来的影响因素""社区有哪些可用的资源""社区的组织机构健全吗""预期可能遇到的障碍有哪些""社区的优势有哪些""有哪些现行的政策与预定的干预方案有关联"等。

管理与政策诊断主要通过查阅资料、专家咨询、定性调查等方式进行。

（二）确定优先项目

此阶段注重行为与环境诊断,即诊断哪些行为因素和环境因素引起上述在流行病学诊断中发现的主要健康问题,要确定优先干预的健康问题和行为问题。社区中存在的行为与环境问题往往是多方面、多层次的,所以在行为和环境矫治时必须选择优先项目,缩短战线,节省资源。环境因素包括物理环境、政治环境、社区社会环境和经济环境,环境因素对个人来说是外部因素,但可通过个体的行动在某些方面得以改善,以支持健康的行为。健康促进项目不能仅限于个体行为改变,更要认识到社区管理的强大力量对群体行为和环境的矫治作用。

1. **评价指标**　行为指标:基本的健康行为、预警行为、保健行为、避开环境危害、戒除不良嗜好等。环境指标:包括经济、政治和卫生服务等环境因素。

2. **常用方法**　根据重要性、可行性和有效性原则确定优先项目。

确定优先项目在于真实地反映社区存在的、个体最关心的健康问题,以及各类特殊人群存在的特殊健康问题,决定那些最重要、最有效、所用人力和资金最少而能达到最高效益的项目。在众多的个人健康需求中,确立优先项目的权衡标准主要应掌握3条:重要性、可行性、有效性。此外还包括社区社会效益,如增加收益或节省开支;对个体未来健康和社会人群整体健康素质的潜在效益;公共关系的潜在效益,如提高精神文明和改善社区环境面貌;激发个体自觉参与的积极性等。优选四格表是确定优先项目的常用工具(图7-2)。

	重要	不重要
可变	第一格 最优选择	第三格 一般不予考虑
不可变	第二格 次优选择	第四格 不予考虑

图7-2　优选四格表

3. **选定优先项目的教育对象**　一个项目的教育对象,可以是一类人群,也可以是几类人群,应根据需要和可能而定,并明确其重点对象。例如:某社区控烟健康教育项目的教育对象是全体社区居民,包括吸烟者、不吸烟者,其重点对象是吸烟者。

（三）确定项目目标

任何一个健康教育与健康促进项目都必须有明确的目标,它是项目实施和效果评价的根据,如果缺乏明确的目标,整个项目将失去意义。

项目目标包括项目的总目标和具体目标。

总目标(goal)是指项目理想的最终结果,在计划完成后预期可获得的总体效果,具有宏观性和远期性。如某社区控烟健康促进项目,其总体目标是:减少吸烟给全体社区居民健康带来的危害,提高生活质量。

具体目标(objective)是为实现总体目标设计所要达到的具体结果,即为了实现总体目标而需要取得的各阶段、各方面、各层次的结果,指标要求是具体、可测量的、可完成的、可信的、有时间性。项目的具体目标必须回答4个W和2个H,即:

Who——对谁?

What——实现什么变化?

When——什么时候可实现该变化?

Where——在什么范围内实现该变化?

How much——变化程度多大?

How to measure it——如何测量该变化(指标或标准)?

如上例控烟计划的具体目标为:对谁(Who)——全部社区居民;转变什么行为(What)——降低吸烟率;什么时候可实现这一转变(When)——一年;在什么范围内实现该变化(Where)——该社区;转变程度多大(How much)——降低65%;如何测量(How to measure it)——干预前后知识知晓率、信念持有率、行为流行率和行为改变率比较。

健康教育项目中目标可以分为教育目标、行为目标和健康目标。

教育目标是指目标人群为实现行为转变所必须具备的知识、信念、态度和技巧,包括靶人群将接受什么知识? 接受多少? 多长时间内达到? 如该项目实施一年,吸烟相关知识的知晓率达90%、"吸烟危害健康"的信念持有率达80%。

行为目标:目标人群行为改变的程度。如该计划实施一年后,吸烟率由53.6%降低到20%。

健康目标指在执行后产生的健康效益,健康目标既可以是某些生理生化指标的改变,也可以是疾病发病率或死亡率的变化。

具体目标形成目标体系,反映出健康教育项目作为一个系统其各部分之间的结构关系。

如某社区控烟健康教育项目,其教育目标,行为目标,政策、环境目标,健康目标分别为:

教育目标:提高社区居民对吸烟有害健康的认识。

行为目标:降低社区居民吸烟率,提高戒烟行为形成率。

政策/环境目标:改善支持性环境,落实公共场所禁止吸烟的政策。

健康目标:降低社区居民肺癌患病率和死亡率。

(四)制定干预策略

在项目设计中,必须提出明确的策略和措施。策略是为实现项目目标而确定的总体执行思路,措施是体现项目策略的具体方法。策略与措施的制定以社区需求评估、确定优先项目以及目标确定为基础。一般将干预策略按教育策略、社会策略、环境策略及资源策略等方法分类。此阶段主要确定需要干预的行为影响因素。

1. **评价指标**　任何一种行为都是由多种因素决定的,并对行为产生不同的影响,只有全面分析这些决定因素后,才能制定出恰当的干预策略。行为的形成和发展与遗传、环境、学习等因素有关,影响健康行为的倾向因素、促成因素和强化因素三者间并不互相排斥,同一因素有时可归入两类因素,如对吸烟的态度可看作是倾向因素,然而同伴、兄长对吸烟的态度又可看作是强化因素。在任何一类因素中,都具有积极或消极的作用。教育者的任务在于克服消极作用,发挥积极作用。健康促进项目就是从分析这些因素中产生的。

2. **常用方法**　由于上述三类因素共同影响任何一项健康行为,所以项目干预策略的制定应考虑到一些有关的内容,包括教育对象(目标人群)、教育内容、教育方法、教育材料、教育队伍、教育时间、教育场所、组织管理和政策,所有这些共同构成健康教育干预策略的框架。

(五)制订实施计划

实施项目设计基本应包括以下内容:确定教育活动日程(调研计划阶段、准备阶段、干预阶段、总结阶段);确定组织网络与执行人员。见本章第二节内容。

(六)确定监测与评价计划

建立严密的监测与评价系统。对监测与评价的活动、指标、方法、工具、时间、监测人、评价人、负责人做出明确的计划。

第二节　健康教育与健康促进项目实施

实施是按照项目设计去实现目标,获得效果的过程,也是体现项目根本思想的具体行动。没有有效的实施工作,再好的项目也是一纸空文,不能产生效益。因此,健康促进项目实施是整个项目的主体工作部分,也是重点和关键。健康促进项目实施的 SCOPE 模式是对健康促进项目实施工作的理论性总结,它将复杂的实施工作归纳为 5 大环节,即制订项目实施进度表(schedule),控制实施质量(control of quality),建立实施的组织机构(organization),培训项目的实施人员(person),配备所需的设备器材(equipment and material),这 5 个环节与实施过程紧密相连,同时 5 个环节之间也互相密切关联。

一、制订项目实施进度表

项目实施进度表不是一个简单的时间计划,而是一个以时间为引线排列出各项实施工作的内容、具体负责人员、监测指标、经费预算、特殊需求等内容的一个综合执行计划表。时间表是一个项目实施过程的对照表,用来对照检查各项工作计划的完成情况,进展速度和完成数量(表 7-1)。

表 7-1　项目实施时间表样式

实施时间(2018.1—2018.12)												工作内容	负责人员	监测指标	预算(元)	设备材料	备注
1	2	3	4	5	6	7	8	9	10	11	12						
												××	××	××	××	××	××
												××	××	××	××	××	××
												××	××	××	××	××	××

1. 工作内容指各项具体活动。不必将实施活动进行过细的分解,而是将主要的活动列进去,并且按照活动的先后顺序,将各项工作内容纳入时间表。要充分考虑各项工作所需时间,根据工作内容确定时间跨度,不必平均分配时间,确保重点内容有足够时间执行。另外,需要特别注意的是工作时间应服从于工作质量,不能以牺牲工作质量的方式,争取时间。

2. 负责人员每项活动应明确具体负责人员。并不是每项工作都需要项目负责人亲自负责,但每项工作的进展都应及时向项目负责人报告,以保证项目总体进度。

3. 监测指标是监测该项工作是否完成的依据,特别是要做好痕迹管理,如以培训班的通知、培训班总结和学员名单、学员照片等作为培训班的监测指标。每一项工作都需要一个或多个能监测其执行情况的指标,特别是列入时间表的重要活动,应明确完成的指标。

4. 经费预算是对该项活动所需要的费用的估计。既要保证各项活动有必需的经费,又要做到经费的合理分配和有效使用,尽量避免出现有的活动经费过于充足,而有的活动经费又短缺不足的情况。同时,有些项目(如财政项目),有明确的经费执行进度节点,应在安排经费时予以考虑,确保按进度要求执行预算。

5. 特殊需求指该项活动所需要的特定设备、资料、场所以及技术支持等特殊需求。制订时间表的重点是对准备实施的各项项目活动的实施时间进度进行计划,并对经费进项测算。时间表的制定者在计划每项活动的时间时,应考虑其实际操作程序、运作过程、可能遇到的困难等因素。根据这些实际条件,结合以往的经验做出科学的安排。实际工作中许多活动是交叉进行的,在时间上是重叠的,因此除了考虑时间的计划外,必须考虑人员投入,以免力不从心,甚至忙乱不堪,影响实施工作,影响计划的完成。

二、控制实施质量

在实施工作中要十分注重对实施质量的控制,并且应该从项目开始实施之初就建立起有效的监测和质量控制体系。

监测是对项目实施过程的各个环节进行的监督、测量活动,是评估项目实施质量必不可少的工作。通过监测,发现项目实施中存在的问题,及时调整实施方法或方案,调整人员安排,以确保项目实施的质量。监测的内容比较广泛,主要有进度、质量、人员能力、效果、经费等。监测的指标应根据所监测内容的特点去确定,要能反映监测的内容,并且容易准确地获取。

质量控制是对实践过程的质量保证,将有助于提高标准,确定成本效益活动,其表现为通过外部机构,确保活动符合利益相关者的需求。质量控制的内容包括监测工作进程、活动内容、活动开展状况、人群知-信-行及有关危险因素、经费开支等。质量控制的方法多采用记录与报告、现场考察、参与审计和调查等方法。当实施质量控制时,以下要点应予以考虑:

(1) 公平:确保参与者有公平的机会获得服务或受益于服务。

(2) 效益:服务能达到预期目的。

(3) 效率:服务能以最低成本实现最大效益。

(4) 可及性:用户在任何时间、任何距离都很容易获得服务。

(5) 适当性:服务是目标人群所需要的。

(6) 可接受性:这项服务能满足目标人群的合理期望。

(7) 反应性:这种服务能满足目标人群表达的需求。

通过监测、评估了解实施效果,发现和解决实施过程中出现的问题,及时调整实施策略,调整人力、财力、物力的分配,调整各项工作的进度,以控制实施质量,保证计划的顺利实施并取得预期效果。

三、建立实施的组织机构

健康教育的组织管理机构应能充分发挥健康教育的组织、动员即管理作用,并能满足健康教育现场动员的组织管理工作需要,组织结果要适用于社区干预项目内容,促进项目成员相互信任,加强工作成员的相互了解从而保证健康教育的顺利开展。实施健康教育计划时,建立强有力的领导机构和高效率的执行机构对健康教育项目的顺利实施非常重要。

1. **领导机构**　一个办事效率高、具有影响力和决策能力的领导机构是健康教育的基础。领导机构的建立过程,也是开发与动员领导的过程。领导机构应包括与计划实施直接相关部门的领导和主持实施工作的业务负责人,社区政府分管领导、社区卫生服务中心领导、社区重点企事业单位分管领导、社区重点人群代表也可以根据项目的需要,纳入领导机构中来。领导机构要为健康教育项目提供政策支持、部门协调、社区开发,研究解决健康干预工作中的困难和问题,其对项目实施的作用是多方面的。

2. **执行机构**　执行机构的职责是具体负责落实和执行健康教育计划,分解项目计划中的每项活动,开展干预活动。执行机构一般设置在某一相关业务部门内,与项目负责人所在单位相一致,如健康教育所、疾病预防控制中心、妇幼保健所等疾病预防部门。其成员大多以一个部门为主体,吸收相关部门的专业人员参加。执行机构人员的数量和专业结构,应根据项目内容确定,应与设计方案保持一致。原则上,既要满足需要,又要避免过于庞杂。

四、培训项目的实施人员

项目正式实施前,应开展对项目实施人员的技术培训,使参与人员明确项目的目的、意义、内容、方法及要求等,统一认识,统一技术,统一步调。通过培训,建立一支能胜任本项目实施任务的专业技术队伍。

1. 制订培训计划 　开展培训应有充分的准备,包括确定培训内容与方法,预订培训场所,编印培训资料,落实培训师资,编制培训课表,安排后勤服务等。

2. 确定培训内容

(1) 健康教育与健康促进项目管理人员的培训:①项目计划:包括如何开展健康需求评估,并能根据评估结果、资源情况和项目要求,制订讲课教育项目计划、实施方案等;②质量控制:包括质量控制的目的、内容和方法,以及项目目标和各项干预活动的技术指标,开展项目监测与质量控制;③人员管理:使学员在项目管理中合理分配人力资源,并能运用领导艺术与激励机制鼓励项目参与者努力工作;④财务与设备管理:使学员了解基本的财务管理和设备管理知识和方法,包括经费的预算和审计、项目可用资源的合理分配等;⑤项目评价与总结:包括项目评价指标与评价方法,使学员能组织实施项目评价,资料汇总,能完成项目的阶段性报告和总结报告。

(2) 健康教育与健康促进项目技术人员的培训内容:①专业知识:应根据干预项目的目标和干预内容,确定专业知识的培训内容;②传播材料制作:包括健康信息需求评估方法、传播材料设计、制作流程和预试验等;③人际交流技术:包括倾听、表达、提问、反馈等技巧;④人员培训方法:包括培训班组织、基本教学技巧、参与式培训方法等;⑤健康干预方法,包括健康教育与健康促进干预活动可用到的各类干预方法的内容和应用技巧。

3. 组织培训 　培训时间不宜太长,可根据项目实施的技术难度确定,一般培训 1~2 次或 3~6 学时。培训方法应灵活多样,一般以讲授为主,咨询答疑及小组讨论为辅;还可根据需要,通过技术观摩、操作或演练等开展培训。培训结束时应当对培训进行评价,包括教师授课质量、学员出勤、学员考试成绩等。开展培训评价,能督促教师认真备课与授课,还可促使学员认真学习。

4. 选择培训方法 　健康教育与健康促进项目的培训是为了完成特定任务、针对有工作经验的成年人进行的教学工作,通常以参与式培训教学方法为主。常用的参与式教学方法有:①头脑风暴(brain storming);②角色扮演(role play);③小组讨论(group discussion);④案例分析(case study)。

五、配备所需的设备器材

在健康教育和健康促进项目实施过程中,为了确保项目工作与活动的顺利进行,所需的设施设备是必要的条件,也是项目实施的物质保证。设施设备通常包括健康教育材料和设备物件。

1. 健康教育材料 　类型很多,形式多样。常用的健康教育材料可包括音像材料(录像/影带、光盘等),印刷材料(招贴画、折页、健康信息宣传单、健康手册等)、实物模型(身体结构模型、实物模型、模拟情景等)以及承载健康教育信息的日常用品(如水杯、扑克、衣物、纸巾、笔记本、日历等)等。健康教育材料的制作有其规范的模式和要求,好的健康教育传播材料是获取好的传播效果的必要手段和方法。

2. 设备物件:

(1) 音像设备:照相机、录音机(笔)、摄像机等。

(2) 交通工具:各类型车辆用于运输设备和相关人员。

(3) 印刷设备:打印机、复印机等。

(4) 办公设备:电话机、传真机、复印机等。

(5) 医疗器械:血压计、血糖仪、盐勺、体重计、计步器、健身器材等。

(6) 教学设备:笔记本电脑、多媒体投影仪、黑板、幻灯机等。

第三节　健康教育与健康促进项目评价

评价工作是健康促进项目的重要组成部分,是全面监测、控制、保证项目方案设计先进、实施成功并取得应有效果的关键性措施,它贯穿于项目设计、实施和评价的全过程,而不是完成全部项目后的评价。是否执行严密的项目评价已经成为衡量一项项目是否成功、是否科学的重要标志。评价工作对于改善正在执行的项目和完善新的项目以及促进专业人员理论和实践水平的提高都是重要的手段。

一、项目评价的目的与意义

1. 衡量健康教育与健康促进项目计划的先进性、可行性和合理性。
2. 评价计划的执行情况,包括干预活动数量和质量,以确定干预活动是否适合目标人群,各项活动是否按计划进行,活动的覆盖人群是否达到预期。
3. 衡量健康教育与健康促进项目是否达到预期目标,是否解决了或部分解决了要解决的问题。
4. 评估项目的产出是否有混杂因素的影响,以及影响的程度如何。
5. 向公众和投资者说明项目结果、项目的贡献与价值,为决策者提供决策依据,扩大项目影响,改善公共关系,以取得目标人群、社区、投资者更广泛的支持与合作。
6. 总结项目的成功经验与不足之处,提高健康教育和健康促进专业人员的评价理论与实践水平,在实践中丰富和发展评价理论,完善健康教育与健康促进项目。

二、项目评价的种类和内容（表 7-2）

1. **形成评价**　是对项目计划可行性与必要性进行的评价过程,是一个完善项目计划,避免工作失误的过程,包括评价计划设计阶段进行的目标确定、目标人群选择、策略和方法设计等,其目的在于使计划符合实际情况。此外,在计划执行过程中及时获取反馈信息、纠正偏差,进一步保障计划的成功,也属于形成评价的范畴。因此,形成评价主要发生在项目设计阶段及项目实施阶段。形成评价的具体内容包括:

表 7-2　健康教育与健康促进项目评价的种类和内容

	设计阶段	实施阶段	评价阶段			
			中间目的	行为改变	健康状况	生存质量
评价种类	形成评价	过程评价	效应评价		结局评价	
			总结评价			
评价内容	项目设计的合理性	项目实施情况	健康相关行为的影响因素（倾向因素、促成因素、强化因素）	健康相关行为	健康状况	生存质量
评价指标	科学性;适宜性;可接受性	干预活动次数;参加人数;干预活动暴露率;有效指标	知识知晓率;信念流行率;资源分配;社会支持	行为流行率;行为转变率	生理指标;疾病指标;死亡指标	PQLI;日常活动量表;生活满意度

（1）项目目标是否符合目标人群的特点,如健康知识水平、态度和行为、健康状况和活动的可及性。

（2）了解干预策略的可行性，如目标人群的文化程度、健康教育资源的可及性、政策制定和环境改善的受益人群、影响程度和可行性等。

（3）传播材料、测量工具预试验，及政策制定和环境改善试点等。

（4）是否在最初的计划执行阶段根据出现的新情况、新问题对计划进行适当调整。

在形成性评价中，可采用多种技术，包括文献、档案、资料的回顾、专家咨询、专题小组讨论、目标人群调查、现场观察、试点研究等。形成性评价的指标一般包括项目的科学性、政策的支持性、技术上的适宜性、目标人群对策略和活动的接受程度以及项目目标是否合理、指标是否恰当等。

2. **过程评价**   起始于项目开始实施之时，贯穿于项目执行的全过程。完善的过程评价资料可以为解释项目结果提供丰富的信息。在计划执行阶段，过程性评价还可以有效地监督和保障计划的顺利实施，从而促进项目目标的成功实现。过程性评价的内容包括：

（1）针对目标人群的评价，包括：哪些人参与了健康教育和健康促进项目；接触到哪些干预活动；目标人群对干预活动的反应如何；是否满意并接受这些活动（包括对干预活动内容的满意度、形式的满意度、组织的满意度、对人际关系的满意度等）；目标人群对各项干预活动的参与情况如何。

（2）针对项目进程的评价：项目活动的执行率；干预活动的覆盖率；有效指数；资源使用进度指标（项目经费使用率，年度费用使用率、费用进行比等）。

（3）针对组织的评价内容，包括：项目涉及了哪些组织；各组织间是如何沟通的；他们参与项目的程度和决策力量如何；是否需要对参与的组织进行调整，如何调整；是否建立了完善的信息反馈机制；项目档案、资料的完整性、准确性如何。

过程评价方法可以分为查阅档案资料、目标人群调查和现场观察三类。例如，项目活动进度、目标人群参与情况、费用使用情况可以通过查阅资料获得；目标人群满意度等可以通过目标人群定性、定量调查获得。此外，干预活动执行情况、目标人群参与情况、满意度等还可以通过现场观察来了解。

过程评价的主要指标及计算公式如下：

①项目活动执行率=某时段已执行项目活动数/某时段应执行项目活动数×100%

②干预活动覆盖率=参与某种干预活动的人数/目标人群总数×100%

③干预活动暴露率=实际参与项目干预活动的人数/应参与干预活动的人数×100%

④有效指数（effectiveness index，EI）=干预活动暴露率/预期达到的参与百分比×100%

⑤目标人群满意度：包括对干预形式、内容、组织和人际关系的满意度四方面。

⑥资源使用进度指标：包括活动费用使用率、年度费用使用率以及费用进度比等。

3. **效应评价**   效应评价是评估项目引起的目标人群健康相关行为及其影响因素的变化。与健康结局相比，健康相关行为的影响因素及行为本身较早发生改变，故效应评价又称为近中期效果评价。

效应评价的内容主要包括4个方面：

（1）倾向因素：目标人群的卫生保健知识、健康价值观、对某一健康相关行为或疾病的态度、对自身易感性和严重性的信念、动机、行为意向以及自我效能等。

（2）促成因素：个人保健功能、卫生服务或进行健康行为资源的可及性等。

（3）强化因素：与目标人群关系密切者对健康相关行为或疾病的态度（同伴的评价、家人的理解、社会道德等）、目标人群采纳健康相关行为时获得的社会支持及采纳该行为前后自身的感受。

（4）健康相关行为：干预前后目标人群健康相关行为是否发生改变、变化的程度及各种变化在人群中的分布如何。如运动锻炼、戒烟、饮食习惯等。

效应评价常用指标包括:健康知识知晓率、健康素养水平、信念持有率、行为形成率、行为改变率以及是否有新的政策、法规出台,是否有环境、服务、条件方面的改变等。

4. 结局评价　通过项目执行,提高目标人群的健康水平,提高生活质量是健康教育与健康促进工作的最终目的。结局评价正是立足于评价健康教育与健康促进项目所引起的目标人群健康状况乃至生活质量的变化。对于不同的健康问题,从行为改变到出现健康状况改善所需的时间不同、但均在行为改变之后出现,故结局评价也常被称为远期效果评价。

评价内容包括:①健康状况评价,包括生理和心理健康指标、疾病和死亡指标;②生存质量评价,主要包括生存质量指数(physical quality of life index,PQLI)、日常活动量表(activities of daily life)、生活满意度指数(life satisfaction index)等。

5. 总结性评价　总结性评价是对形成评价、过程评价、效应评价和结局评价的综合考量,以及对各方面资料作出的总结性概括,能全面反映健康教育与健康促进项目的成功之处与不足,为今后的计划制订和项目决策提供依据。

三、项目评价的步骤和方法

一个完整的健康教育与健康促进项目评价应遵循以下步骤,即全面收集项目信息,分析项目作用机制,判断项目价值,报告和推广评价结果,使评价具有系统性、逻辑性、全面性。

1. 识别项目评价结果的使用者,了解项目信息需求。健康教育和健康促进项目使用者一般可分为 5 类:①政策制定者;②项目资助者;③项目管理者;④项目受益者;⑤项目潜在使用者。

各类使用者对项目信息的需求不同,具体如下:

(1) 政策制定者和项目投资者:这两类使用者趋向于得到能够帮助他们解决更广泛健康教育与健康促进问题的项目信息。比如,他们想知道项目是否应该继续或终止、是否能够推广、项目策略是否需要调整、是否需要增加投入等。因此,他们更关注项目的整体效果,希望评价信息能够丰富他们对项目的思考,使他们对项目做出整体性和综合性的判断。

(2) 项目管理者:项目管理者的主要任务是按照项目设计方案严格执行项目。因此,他们更关心如何使项目实施得更好,与类似项目相比时会有更好的效果。项目团队最关心的是每天的工作和技术以及与项目实施相关的细节。

(3) 项目受益者:项目受益者对项目的效果更感兴趣。这些产出可能增加他的健康水平。同时,他们还希望了解这些服务项目的效果和费用及哪些是具有成本效益的信息。

在项目评价中,正确识别项目评价结果的使用者,明确他们希望从项目中获得的信息,对于项目评价具有重要意义。首先,及时地将评价结果报告给使用者,可以使其掌握项目进展情况,以便加强对项目的控制,及时纠偏;其次,项目评价结果可以帮助决策者对是否继续支持项目作出客观判断;最后,项目评价结果可为扩大项目范围、推广项目经验等提供依据。

2. **确定项目评价问题**　项目评价的实施就是回答项目评价问题。好的评价问题必须能够说明项目的成效,满足项目利益相关者的信息需求。评价问题是项目评价的核心。要想设计出好的问题,必须了解项目利益相关方对哪些问题感兴趣,将评价问题集中在利益相关者所关注的问题和信息需求上,根据现有评价技术、数据可得性、评价可操作性和社会伦理标准,通过与利益相关者共同协商确定。常用的评价问题包括:

(1) 项目有效吗?

(2) 为什么有效? 解释项目的有效性和项目有效性形成的机制。

(3) 全部效果是什么? 回答全部效果,包括非预期的和长期效果。

(4) 项目效果能持续多久? 回答项目效果的持续性。

(5) 项目费用多少? 回答项目已经使用的资源量。

(6) 项目具有成本效益吗? 与其他项目进行成本效益比较,或进行自身的投入产出比较。

（7）项目对象或项目人员怎么看待这个项目？判断项目的可接受性和满意度。

（8）项目让其他人群也同样受益吗？判断项目的公平性。

（9）我们应该怎样改进项目？确保项目目标实现。

（10）项目是否达到预定的目标和要求？终止还是继续执行？

（11）怎么促进项目结果推广应用？

项目利益相关者可能会提出更多的评价问题，但项目评价的资源有限，不可能回答所有问题。因此，应事先确定优先回答的问题。这是一项具有挑战性的工作，取决于项目评价目的和评价结果的预期使用，应仅仅围绕项目利益相关者最为关切的问题，确保评价结果能够被他们所应用，促进项目理论的进一步完善。

3. **报告和推广项目评价结果**　当评价问题的提出、数据收集、分析和解释完成后，接下来的任务就是撰写评价报告和推广评价结果。评价报告如何撰写决定于评价报告的读者是谁。不同读者对项目会有不同的期待，因此评价报告内容将依读者不同而有所侧重。为满足资助者和项目管理需求，必须撰写一份综合性评价报告。如项目进展情况报告、项目结果或影响报告、项目的公平性报告、政策建议摘要、项目经济学评价报告等。一份完整的评价报告应具备以下特点：

（1）清晰。尽可能使用易于理解的语言，避免使用难懂的统计学、社会理论和参考文献中的专业术语。

（2）图表化。图和表是最直观的信息传递方式。评价报告的读者并不全是本领域的专业人员，因此应避免使用复杂的表格和方程式。

（3）项目理论报告。应陈述项目理论是什么，谁参与这个项目，评价多大程度上检验了项目假设，同时应指出哪些假设在项目中得到支持，哪些假设无效。无效的原因是什么？为什么？有效假设是在什么样的环境下得以支持的？如何支持的？等等。

（4）时间性。当评价报告在项目结束前完成时，这个报告具有很大的影响，显示出报告在决策上的信息优势。报告的及时性能够增加报告对决策影响的概率。如果时间非常有限，可以提交一份关键问题的临时性评估报告，呈现那些能够合理解释的结果，不必阐述分析过程。

（5）评价的优势和局限。评价报告应指出评价的自信等级和局限性，使读者能够合理地应用这些评价结果。同时报告应提出样本代表性、样本量、项目在什么样的环境下进行等问题，使读者能够把握这些评价结果的外推性。

（6）外推性。项目管理人员和政策制定者希望知道这个项目能否被推广到其他地区。评价报告应提供清晰的项目信息，包括项目开展了什么、投入哪些人财物资源、谁是受益者及样本量等。这些信息能够帮助读者掌握这些结果在多大程度上被用于其他具体环境中。

四、影响项目评价结果的因素

为评价规划效果确系归因于规划的干预，要特别注意防止偏倚因素的影响。在评价规划的效果时，必须考虑以下5种影响因素：

1. **时间因素**　时间因素又称历史因素，是在项目执行或评价期间发生的可能对目标人群健康相关行为及其影响因素产生影响的事件，如健康相关的公共卫生政策颁布、居住地自然环境改善、自然灾害等。项目执行时间越长，受历史因素的影响越大。历史因素不属于干预活动，但可以对目标人群的健康及相关行为产生积极或消极影响，以致消弱或增强项目的效果，可通过设立对照组和过程追踪排除这些因素的影响。

2. **观察因素**　在评价过程中，需要对项目实施情况、目标人群健康相关行为、健康状况等进行观察和测量。测量与观察的真实性、准确性取决于测试（观察）者、测量工具、测量对象（目标人群）三方面。测量者的暗示效应、技术成熟度以及主观愿望等可影响测量或观察结果。测量工具包括问卷、仪器、试剂等，其效应性和准确性也会影响观察、测量结果。测量对象的态度、成熟性等对评价结果也会产生较大影响。在制订评价方案时,应设法减弱观察因素对评价结果的影响。这种偏倚可通过设立对照组,对工作人员加强技术培训以及由同一批工作人员进行干预前后的调查等方法尽可能减少。

3. 回归因素　回归因素是指由于偶然原因,个别被测量对象在被测量过程中,某些指标表现出过高或者过低,测量后又回复到实际水平的现象,这种现象常见于危险因素的筛检和测量。如筛检后对高血压或高血脂水平的个体再次检查,可预期复查时血压值会下降,这是因为最初异常高的个体测量值"向均数回归"。这种降低实际上是一种统计学假象,但可能会被错误地归因于干预的结果。回归因素较难识别,可通过采用对照组、重复测量的方法以减少回归因素对评价结果正确性的影响。

4. 选择偏倚　在健康教育与健康促进的研究中,为了消除时间因素、测量因素和回归因素对评价效果的影响,需要设立对照组。如果研究组与对照组受试者基本特征不一致或差异太大,则会使研究结果发生偏倚。这种由于研究对象选择不当所致的研究结果偏离真实的现象,称选择偏倚。采用随机方法分组可克服选择偏倚。

5. 失访偏倚　在项目的执行与评价中,目标人群有可能由于某种原因而未被干预或评价,称为失访。当失访比例过高(超过10%)或为非随机失访时,将导致评价结果偏离真实,称为失访偏倚。因此,在评价中,评价者应当对应答者与失访者进行比较,以确定其为随机失访还是非随机失访,从而估计产生失访偏倚的可能性与程度。如果存在失访偏倚的可能性,应采用意向处理分析(intention to treat analysis,ITT)予以消除。

（曹春霞）

思考题

1. 在健康教育与健康促进项目设计阶段,需求评估需要做哪些工作?

2. 健康教育与健康促进项目实施的五大环节包括哪些内容?

3. 健康教育与健康促进项目评价的种类和作用是什么?

| 第八章 | 健康教育活动策划与实施

本章要点

1. **掌握**　健康教育活动策划的概念、要素及原则。
2. **熟悉**　健康教育活动策划的步骤及注意事项。
3. **了解**　健康教育活动策划的目的、意义,以及总结与评价。

随着社会经济的快速发展,各种高规格、多主题、大场面的活动越来越频繁,在健康领域,以传播健康信息、倡导健康生活方式、营造良好社会氛围为主要目的的义诊、健康咨询、科普讲座和健康展览等活动,也正逐渐引起媒体、公众及社会各界的关注,凸显出非同小可的影响力。

第一节　健康教育活动概述

开展健康教育活动是健康教育工作中最常采用的方式之一。健康教育本身就是通过有计划、有组织、有系统的教育活动,通过这些活动,促使服务对象自觉采纳有益于健康的行为和生活方式,达到预防和控制疾病、促进健康的目的。

一、健康教育活动的概念及特点

(一)健康教育活动的概念

健康教育活动是指为了提高服务对象的保健知识水平,树立正确的健康观念,改变不健康的生活方式和行为,养成良好的行为习惯,有计划、有步骤地组织众多人员和机构参与的社会协调活动。比如常见的健康教育大讲堂、大型义诊、健康咨询或健康知识展览、高血压日、糖尿病日、无烟日等各类专题化、形式多样的活动,都属于健康教育活动。

(二)健康教育活动的特点

1. **目的明确**　健康教育活动的最终目的始终围绕维护服务对象的健康,提高其健康素养这一最终目标。

2. **主题鲜明**　健康教育活动的主题要明确、简单、有号召力。既要让服务对象一看就能明白,还能从简单的几个字中悟出健康的道理,比如说"三减三健",一旦了解具体内容,就能很好地记住,并且能在生活中加以落实。

3. **社会传播效果好,包容性强**　一个成功的活动往往要包含人际、群体、组织和大众等多种传播方式,是综合性、全方位的,一旦实施便会产生一定的传播效果。通过吸引服务对象与媒体参与,活动信息得以在各种媒介和公众间继续传播,充分利用好这一特点就可以使活动产生更持久的影响力。

4. **公益性显著**　健康教育本身是国家公共卫生服务的重要组成部分,具有公益性和服务性。

因此,参与健康教育活动的各方,尤其是主办方不能将获取经济利益作为活动的最终目标,更多的是提供健康服务。

5. **组织操作严密**　活动不像拍电影、电视剧可以进行后期剪辑,每一次都是现场直播,出现失误将无法弥补,因此对于活动而言,成功的机会只有一次。所以,活动策划与实施必须严谨,需要关注到所有细节。

二、健康教育活动的要素及作用

(一)健康教育活动的基本要素

举办健康教育活动前,必须重点思考以下几个问题,这些问题作为举办活动的要素,对活动的成败至关重要,必须协调统一。

1. **活动目的**　明确为什么要举行这次活动,要有充分的理由让相关人群在最短时间内确信举办本次活动的必要性和重要性,从而获得政策与环境的支持。要结合国家、政府的相关文件要求和服务对象的实际需求进行分析,这是活动能够顺利展开的基础。

2. **活动对象**　一旦目的确定了,必须明确活动的服务人群,明确人群的特点和具体需求,才能选择出合适的活动展现形式,同时要明确活动的主办、承办和协办方等。如果泛泛地对"公众"开展活动,可能只会造成资源的浪费。

3. **活动内容、主题和形式**　根据活动目的和活动对象确定具体内容和采取的展现形式。内容必须与政策要求或活动对象的需要、愿望相一致,要求和需求分析的具体内容详见第五章第二节。

4. **活动时间和地点**　明确活动举办的时间节点,既要确保有充足的时间去准备、协调资源和组织实施,同时还需要考虑与当前的其他工作统筹协调进行,避免冲突,主要参加领导的时间也要考虑在内。同时要明确活动地点和活动场所,根据活动的规模大小、主题内容、气候特点等元素做出权衡,选择最佳地点。

5. **可支配资金和物资**　经费是一个制约因素,所有方案和计划都应该在预算范围内。活动过程中会用到很多物资,如布置现场的物资、现代化播放设备、现场发放的资料等,在活动之前要充分了解现有可用的物资,以及需要增加的物资等,确保活动顺利进行。

6. **如何评价**　评价贯穿于整个活动的前、中、后期,评价的主要目的在于及时发现问题、解决问题,确保活动质量,为后期再进行此类活动提供参考和借鉴。

(二)健康教育活动的作用

1. **提高传播效率**　一个好的活动一定会注重服务对象的参与性及互动性,还会充分发挥政府、社区、单位等的组织协调功能,动员社会各界的力量共同参与,同时通过形式多样的活动,利用多种传播方式对服务对象和活动所在地产生长远影响,从而达到预防疾病、提高生活质量和健康素养的目的。

2. **有助于开发领导,整合资源**　活动不仅可以提升主办单位的公众形象和社会知名度,还可以增强与其他组织机构的联系。因此,在活动的前期准备、中期实施和后期总结评价过程中,不仅要及时与领导和决策者进行沟通,更要利用好每一个阶段,为后续的工作造好势,形成一种多赢效应。

3. **创造健康的社会氛围**　组织活动能吸引、激发服务对象对健康教育的关注,形成蝴蝶效应,有利于营造健康的社会氛围。在某种程度上说,组织活动的过程就是"制造新闻"的过程,就是吸引相关部门与服务对象参与的过程。

三、健康教育活动的影响因素

一项健康教育活动能否达到预期的效果,会受诸多方面因素的影响,一般可简单概括为人为因素和环境因素两大类。

（一）人为因素

任何一项健康教育活动都会涉及各方面的人员,有政府领导、健康教育专家、媒体、赞助商、协调组织活动的人员、服务对象等,在策划过程中,任何一个群体没有考虑到,就会造成一些不必要的麻烦。所以,作为活动的策划和管理者,必须明确活动的关键人员、单位或组织,以及可能影响的人群、单位或组织。必须了解每一个角色在活动中所想得到的回报,只有这样,活动策划者才能处于最佳位置,驾驭创造活动的要素,并对这些要素加以塑造和管理,使活动取得最佳效果。

1. 主办及承办机构　基于健康教育活动明显的公益性和社会性等特点,主办单位多为政府部门,主办方一般也会是策划者所在的机构;承办机构一般是业务合作单位或社会第三方机构,根据主办方的要求,承办机构具体负责活动的组织实施和现场控制,既要达到主办方的目的,又要营造利于健康的社会氛围,同时还要有助于提升主办方和自身机构的大众形象。

2. 策划和组织实施的工作团队　健康教育活动往往涉及多个部门协同配合,因此在策划过程中,最好要成立专门的领导小组和领导办公室来负责活动管理,至少要开一次组织协调会,让相关各部门人员充分了解该活动,及其在活动中需要承担的任务。为了更加顺利地开展活动,也可以聘请社区负责人、媒体代表、服务人群代表、赞助商代表等作为顾问,随时进行各个环节的沟通。

3. 举办地相关机构　在某个地区开展健康教育活动,应按照活动的级别(市级、区级或县级等)尽量邀请同级卫生系统领导参加,并在制订活动计划时主动咨询他们的建议。同时活动会涉及场地的使用、媒体的宣传等,必然要与相关部门事先沟通:活动场地要提前到现场考察,以确保万无一失;多咨询经验丰富的合作伙伴,如宣保部门等,以提高工作效率和活动质量。

4. 赞助商　赞助商在健康教育活动中可以说是一把双刃剑,毕竟健康事关重大。赞助商的选择一定要坚持社会效益第一和公益性原则,在活动中要尽量避免商业气息太浓。

5. 媒体　活动策划者要考虑不同媒体的特点和需要,各取所长,如印刷媒体可以刊登活动的消息和内容;广播电台和电视台可以对活动进行直播或录播;本单位宣传部门的及时报道既可以引起各级领导的重视,又可以提高活动在社会中的影响力。总之,通过与媒体合作,更能扩大活动的影响范围,确保更多的人参与到活动中。

6. 服务对象　作为活动的主要参与者,会更加关注活动的内容、形式、地点和组织情况,是否便于到达活动现场、观看或参与活动的舒适性、内容的实用性、进入和退出活动的难易度等。比如针对老年人的活动,必须要结合老年人的身体状况,充分考虑到老年人的出行、现场的组织保障(如座椅舒适度、冷暖、医疗保障等),以免发生意外。

（二）环境因素

除人为因素外,环境因素的影响也是不能忽略的。环境因素既包括自然环境,又包括社会环境。要举办一次成功的健康教育活动就必须充分地了解、挖掘、利用好环境因素。

1. 社会环境　服务对象的社会经济状况、文化习俗、生活习惯、周围人对其态度和行为的影响等,决定了一个人群的喜好和格局,活动要取得良好效果,需要充分了解和利用这些因素。同时,政府决策、政策法规、社会规范、社区支持力度等,都是进行活动策划时要事先研究,并在活动组织和实施时加以考虑的。

2. 自然环境　举办活动时的天气、场所、距离、环境布置和座位排列等因素,对营造交流氛围、传播效果均有影响。如果确定在室外举行活动,需要充分考虑天气状况,如遇上大风、降温、暴雨等,会导致参与人数远远低于预期,直接影响到活动效果。因此,任何一项室外活动的安排,都要有备用方案。

第二节　健康教育活动策划与实施

在管理学上有一个著名的管理循环,即 PDCA 循环,又称"戴明环",是指在一切活动中,要提高活动的质量和效益,必须要进行 P(plan)计划、D(do)实施、C(check)检查、A(action)处理的循环过程。该循环不是一种简单的周而复始,不是同一个水平上的循环,是螺旋式上升的,每循环一次,就会使管理工作和活动效率提高一步。作为第一步,任何一项活动都需要经过严密策划,策划过程考虑得越细致,各种关系处理的越顺畅,组织实施过程就会越顺利,遇到的问题越少,整体活动的效果才会越好。这是一项活动成败的关键,也是必须有的基础过程。

一、活动策划的定义及特点

(一)活动策划的定义

"策划"一词有广义与狭义之分。广义的"策划"是指策划的本义,即人类为达到某种目的,利用自己的智慧所采取的一种策略或谋划手段的过程。广义的策划运用于各行各业之中,运用于中外古今之中。此处健康教育活动策划是指利用、整合各种资源,通过创新概念、理念、手段、方法等,传播健康相关信息,实现普及健康知识、倡导健康行为、提高健康传播活动知名度等预期利益目标的创造性思维和方案制订过程。策划属于活动的设计阶段,策划内容主要包括:活动名称、活动主题、举办机构、举办地点、举办时间、活动规模、活动定位、活动进度安排、现场管理和相关活动计划等。

(二)活动策划的特点

一项成功的健康教育活动策划,通常具有以下几个特点:

1. **创新性**　概念创新和理念创新是策划的本质特征,策划的关键就是看将现有资源整合在一起,能不能产生新的绩效、有没有创新。策划创新非常强调通过资源整合进行创新,这与科技创新和发明创造是不同的,也是策划的精髓所在。

2. **资源性**　没有资源的策划就完全是想象、空想。这里所说的资源,可能是物质资源,也可能是关系资源或是政府资源,这是策划的物质基础。

3. **整合性**　所有资源必须是能够整合在一块使用的,如果不能整合,也就没有使用价值,也是一种空想、想象,这是策划的条件。

4. **目的性**　俗话说:"无事不谋",要做事,就应该有方向、有目标,策划是一个行为过程,它不仅是人的行为过程,也是资源配置的行为过程,因此,达到一定预期目标,是策划的目的。

5. **知识性**　策划是人的智慧和经验总结,也就是为达到目标,运用人类的经验和知识的过程,知识是策划的工具。

二、活动策划的基本原则

(一)成功策划应遵循的原则

成功的活动策划,除了要遵循健康教育与健康促进项目设计提出的目标原则、整体性原则、参与性原则、可行性原则和灵活性原则外,还应该注意科学性、实用性和可持续性原则:

1. **科学性原则**　科学性应该是健康教育活动首先要考虑的,既要在策划程序方面符合科学的原则,又要在策划内容方面充分体现现代化的科学技术成就,通过活动传播出去的内容一定是科学的、合理的,是能够满足目标人群的需求的。

2. **实用性原则**　形式必须服务于内容,如果过分追求活动形式,会喧宾夺主,影响活动的真正目的,所采取的形式应该是受众乐于接受和吸收的,能够留下深刻印象,能够对行为改变有着促进作用的。如果一味为了吸引眼球,采用各种声光电效果,或者在活动中采用大量的气球、条幅等道具,但没有与活动主题相结合,是起不到好的效果的。

3. **可持续原则**   健康教育活动的策划还必须考虑活动的后续影响,活动的目的是通过活动能够传播知识,改变受众的健康理念和不健康的生活方式。所以,活动结束后,应该采取进一步的措施跟进,促使受众做出实质性的改变,如果现场活动结束了,工作也就结束了,活动的影响也消失了,这种活动就不是成功的。

(二)成功策划应具备的能力

1. **发现能力**   指在迅速掌握和理解所策划活动本质特征的前提下,判断其价值并发现其问题的能力。健康教育活动策划是对一个特定内容的传播活动进行预测和控制的过程,要积极培养在观察及思考积累的过程中发现和寻找亮点的能力。

2. **创意能力**   是指与众不同、独一无二的想法,来自活跃的思维,是策划人想象力的发挥和灵感的迸发,基本要求是标新立异,破旧立新,出人意料。创意的基本规律不外三个:一是从最不显眼处入手。最著名的例子:牙膏厂通过把牙膏管的管口加大,使顾客每天很自然地多挤些牙膏用,加速顾客买牙膏的频率,从而提高销量的促销创意;二是从最简单处入手。优秀的策划一定是便于操作的,美国有一家汽车出租公司,叫阿维斯公司,他们一直落后于另一家出租公司,却又苦无良策,只能眼巴巴地望着对手的柜台前天天排着长队。但是有一天一个既高明又简单的创意产生了,他们做了这样的广告:"请来租阿维斯的车,我们柜台前排的队短些",这个创意来自一个最简单的想法:来租车的顾客图什么? 不就是图个快吗? 第三个规律就是从最不可能处入手,将梳子卖给寺庙里的和尚,将鞋子卖给赤足不穿鞋的岛国人,都是一些经典的案例。

3. **协调力**   健康教育是集体合作的事业,涉及多个部门、多项任务,一人包办是不可能的。因此,协调力对策划人来说是必备的能力,要将资源进行组合配置,把既有资源集合在排列有序、新奇独特的构思里,让它们发挥最大的能量。日本千叶大学教授多湖辉说:"策划内容里97.9%是任何人都知道的,非常常见的、普遍的东西,当他们被一种新的关联体系重新组合起来,具有相当的有效性时,就能发展成策划。"举例来说,在人力资源配置中,"人海战术"和"尖刀班"是两种根本不同的配置理念。比如,每年的全国爱卫月宣传活动,省爱卫办、省卫健委都会组织协调各相关成员单位及医疗卫生机构在大型广场统一举行宣传活动,这是"人海战术";而省疾控中心等厅直单位可能就只派出几个相关科室有针对性地参加统一行动,这是"尖刀班"。只要配置得当,"人海战术"与"尖刀班"均无可厚非。当然,人力的配置不能仅仅停留在"协调"之上,因为协调毕竟是消极的。配置的目标是让分散的、具有不同能力的、不同个性的从业人员,组成一个有共同目标、为一个共同项目服务的、相互协调的整体。这个整体的能力并不是其所属成员能力的简单算术和,而是一种不论在数量上还是在质量上都远远超出原有成员能力的新的力量。

(三)成功策划应注意的事项

1. **真人化**   健康教育活动里出现的人物,即便是演员,也都以真实身份参加,角色与真人融为一体。比如请省电视台著名主持人,或者请奥运冠军参与到活动中来。

2. **平民化**   邀请更多的平民百姓参与到健康教育活动中来,与健康教育专家共同完成宣传。比如在超市随机请普通家庭参与到"找盐"活动中。

3. **可视化**   完整展示一项健康教育活动的全过程,让观众亲眼看见事情的开始、发展和结局。过程要具有悬念性,结局具有戏剧性。比如在厨艺大赛中,现场检测菜品中的盐含量等。

4. **互动化**   在健康教育活动中设计互动环节,很能刺激服务对象的参与欲望。即便是没有亲自参与其中,通过了解参与互动人的观点、想法,对自己或许也是一种促进。当然,也可以采用官方微博的形式进行互动。

5. **本土化**   进行健康教育活动时要充分注意服务对象的特点,要充分考虑到健康教育活动的地域性特点,还要考虑到要传播的健康知识的特点。同样以盐为例,可以推荐具有当地特色的低盐食品等。

6. 创新性　在当前这样一个高度信息化的社会里,各种各样的信息铺天盖地,健康教育如果没有超前创新的宣传战略,也就很难得到服务对象的关注。就减盐来说,可以采取拍摄科教电影,确定减盐核心技能等不落俗套的方法。

三、活动策划的步骤

活动策划的过程,总体上来说与项目策划基本上相同,主要也是在需要和需求分析的基础上,经过可行性分析、协调沟通,然后进行方案撰写、论证,最后做出决策。为了更好地给大家一个轮廓,在这里以高血压日活动为例,有针对性地总结一下。

(一)需要和需求调查与分析

要做一个好的策划,需要和需求调查是必须的一步,不论是政策要求还是服务对象的需求,都应该有深入的调查分析,分析得越明确,就越有可能从中挖掘出有价值的新闻点。比如要搞一个预防高血压的宣传活动,通过了解发现减少盐的摄入是一个当前人们关注较多的话题,就可以以此为重点进行策划。

(二)可行性分析

完成了调查工作以后,紧接着要进行可行性分析。将调查的信息予以整理、研究、提炼,分析其中的事实和主要观点,调查结束并不等于是解决问题,而仅仅是搜集了资料,了解了情况,在此基础上,对策划的活动进行科学预测,包括参加人员、经费、效果、长期影响等,对这些元素进行多方面的分析、研究,直至找出可选择的方案。

作为一个高血压预防活动来说,可行性分析可以从以下几个方面进行:

1. 社会环境可行性　主要包括两个方面:一是社会适应性,策划的活动是否符合政策、法规规范? 是否符合当前国家利益要求? 是否符合当前的工作中心? 没有全局适应性的活动不可能成功。二是公众适应性,这是局部适应性。策划的活动能否吸引公众参与? 无人参与不可能成功。这两个可行性是活动成功的基石。最常用的方法是"SWOT 分析法"。

"SWOT 分析法"是对各方面内容进行综合和概括,进而分析活动的优势与劣势、面临的机会和威胁的一种方法。具体表示内容如下:

"S"——Strength(优势因素);

"W"——Weakness(劣势因素);

"O"——Opportunity(机会);

"T"——Threats(威胁)。

其中,优势因素(S)与劣势因素(W)是组织部门自身存在的积极和消极因素,属主观因素;而机会(O)和威胁(T)则将注意力放在外部环境的变化对活动可能造成的影响上,属于客观因素。在调查分析这些因素时,不仅要考虑到历史与现状,而且更要考虑未来发展问题。

2. 财力可行性　主要包括资金来源、费用流向及最佳的资金使用方法。

(1)从资金来源的角度看:健康教育活动属于公益性公众活动,其来源可能有:第一,政府或上级拨款;第二,企业赞助,在这类主题活动中可以要求医疗企业赞助;第三,基金会等社会团体或慈善机构以及一些国际组织资助。

(2)从经费流向的角度看:主要是费用的合理预算,有经验的策划者,可以根据经验数据做出一个大体的流向计划并予以验证;没有经验的策划者可以咨询有经验的人员,或者需要自己继续进行市场价格调查,才能有一个准确的财力可行性研究结果。资金使用第一要节约,力求以最少的钱办更多的事;第二要坚持"好钢用在刀刃上",把有限的资金投入关键环节,以求产生最佳效果。

3. 物力可行性　健康教育活动中用到的物资可谓种类繁多,场地、设备、道具、传播材料、现场物资等,有些物资是现成的,有些可能是半成品,也有需要重新制作或购买的,因此,不能不进行物资的应用研究。

（1）活动场地及周围环境的可行性：活动的形式和性质直接影响到场地的选择，场地适合与否直接影响活动的质量以及服务对象的欢迎程度。首先是场地与活动的适应性；其次是交通方便程度、防火和预防突发事件的应急措施等问题。

（2）设备能力可行性：对各种设备设施的性能、功用都要有一个清楚的了解。例如，在场地一定的情况下，该用多大功率的音响，音响效果如何？舞台背景设置需不需要用电子大屏幕或背景板？现场指挥用电话还是对讲机，用手语还是旗语？现场是否有与服务对象互动的环节，如何互动，需要哪些设备，是否需要临时搭建设施等。此外，是否需要道具，道具该怎样设计、制作，道具的可使用性、安全性、美观性等一系列相关问题都必须认真研究。

（3）宣传资料可行性：健康教育活动离不了宣传健康知识和理念的资料，比如说手册、折页、海报、杂志、报纸、展板等，为了达到更好的宣传效果，活动现场一般会发放各种类型的高血压防治宣传资料，活动开展之前应该了解目前拥有的、可用的资料有哪些，需要重新做的资料有哪些，以便科学安排人手。

4. 应急措施可行性分析   在任何一项活动中，每个环节都可能出现变故，因此，要在事前进行全面预测并找出应对策略。如活动期间的人员疏散，名人、嘉宾出席时的安保措施；以及如果出现会场扩音设备故障、突然下雨、突然停电，或者出现火灾隐患等，总之要充分分析出可能出现的问题，制订相应的防范措施和解决办法，确保整个活动安全实施。

5. 效益分析   检验一项活动效益的标准，一是经济效益，二是社会效益。健康教育活动首先要关注的就是社会效益，包括服务对象高血压知识知晓率的提高程度，信念、态度以及行为和生活方式是否向有利于健康的方向转变等。

（三）协调沟通

调查和可行性研究之后，策划者对整项活动有了初步的掌握。为进一步推进活动的落实，策划者要积极与各级领导和相关部门进行沟通，以确保活动能够顺利开展。与领导进行沟通要注意以下问题：

1. 事先准备   策划者一要对所策划活动的基本信息、社会背景等了如指掌，二要对谈话的要点进行提炼。向领导汇报时须简明扼要，尽量在5分钟以内，对活动的目的、意义，以及活动的时间、地点、内容和初步预算等关键信息进行简要表述。

2. 选择时机   跟领导汇报工作，需要选择时机，尽量避开工作敏感期、领导未在单位的休息期等。如不知道领导何时有空，不妨通过秘书或其他身边的工作人员事先沟通，或者先发个信息征求领导意见，以确定沟通时间。

3. 选择地点   与领导沟通时，选择恰当的地点往往也会事半功倍，但这点往往不被人们所重视。很多人认为找领导汇报工作当然是选择办公室或会议室，但在严肃的气氛下，策划者在汇报时往往会紧张，沟通效果会较差。因此可以考虑利用适当的时机与领导在运动场一同散步或慢跑，若有机会同车办事，也可在乏味的旅途中利用风趣的语言，营造出和谐的气氛后进行沟通。

4. 尽量给领导出选择题而不是思考题   在请示过程中，难免会遇到一些需要解决的事情，这需要事先多考虑几种解决方案，列出每种方案的优缺点，便于领导进行分析与选择。切忌只摆出问题或一味地向领导发问，向他要答案，会给领导一种逼他做出决定的感觉，同时还会让领导觉得你没有想法，从而会破坏沟通效果，达不成共识。

5. 不卑不亢   要尊重领导，礼貌和谦逊是必要的，但跟领导沟通要敢于说话，绝大多数有见识的领导，是不会重视一味奉承、随声附和的人。因此在必要的场合，策划者要彰显出个人的见解和主张，也不必害怕说出自己的不同观点，只要你是从工作出发，摆事实，讲道理，领导一般是会予以考虑的。

开展任何一项活动都要涉及多个部门的参与，策划者在得到领导的支持后，要本着合作共赢的态度寻求其他部门的配合,要主动通过非正式渠道与各相关部门负责人进行及时沟通,寻求他们的帮助与支持。在此过程中,一定要注意以下六个词,十二个字:主动、双赢、协作、关心、谦让、体谅。跟相关部门明确沟通后,要通过召开任务部署会的方式,将事先沟通好的各部门责任通过正式渠道进行分工,并制订各项工作的具体负责人,尽量保证每项工作都有专人负责,以保证工作能够顺利开展。如果条件允许,要成立专项任务办公室,并从不同部门抽调人员,成立工作小组,以保证有效完成具体工作。在活动准备过程中,定期召开联席会,了解各部门工作进度,并结合实际情况及时调整工作计划。在合作过程中,切忌用上级领导的命令强压其他部门,或只想着个人利益忽略其他部门在此项活动中的贡献。

(四)方案撰写

在取得上级领导和相关部门的支持后,策划者就要着重进行策划方案的撰写环节。主要有以下几步:

第一步,主题设计。主题是策划者所要陈述的思想,是活动的灵魂,任何一项健康教育活动,都必须确立鲜明的活动主题。一个好的主题基本具有以下特点:一是与目标一致;二是富于特色;三要适应服务对象的需求;四要易于传播。可以准备多个主题进行选择。

第二步,策划提纲,设定具体内容,形成方案。做任何一项活动,在动手写具体方案之前,一定要先写好提纲,然后再填充具体的内容。每个方案所需要具备的元素基本上一致,主要包括:

1. **背景材料**　要想举办一场有针对性、效果好的活动,首先要进行细致的背景分析。首先要定位的是,要举办的活动是政策要求还是广大服务对象的需求,如果是政策要求,根据政策提出的目标、规模、形式等要求落实就行;如果是根据需求来策划活动,就需要对实际需求有明确了解,才能选出一个针对性更强、更有吸引力的活动主题。

2. **明确主题**　主题要单一,要继承总的宣传思想,要根据各方面信息的分析,提取当前最重要的,也是最值得推广的一个主题,而且只能是一个主题。在一次活动中,不能做所有的事情,只要把一些最重要的、最有用的、最容易记住的信息传达给服务对象即可,正所谓"有所为,有所不为"。比如 2018 年全国高血压日主题"知晓您的血压";2010 年全国高血压日的主题"健康体重,健康血压"。

3. **活动名称**　一个好的名称能让服务对象在短短几十秒内记住这场活动的主题。活动名称要切中主题,提升形象;言简意赅,易于传播;个性鲜明,富于特色。一般包括三个方面的内容:基本部分、限定部分和行业标志。基本部分主要用来表明活动的性质和特征;限定部分主要是说明活动举办的时间、地点和范围:举办时间可以用"届""年"或"季"来表示;举办地点在名称中也可有所体现,如"国际""全国""某地""全军"等;行业标志主要表明活动的行业范围。以"2016 年度中国健康教育社区行"为例,基本部分就是"行",说明此活动的性质是专家深入基层开展的;限定部分有表示时间的"2016 年度"、表示范围的"中国"和表示地点的"社区";行业标志就是"健康教育"。

4. **活动时间**　是指活动计划在什么时候举办。举办时间有两方面的含义:一是举办活动的日期和具体时间点;二是活动的筹备和结束日期。活动时间的长短没有统一标准,根据活动内容和规模而定。

5. **举办频率**　健康教育的最终目的是通过知识宣传,改变服务对象不良的生活习惯和行为,这个过程并不是一蹴而就的,需要不间断地督促、干预,所以健康教育活动需要经常举办。举办频率就是指该项活动是一年举办几次还是几年举办一次,或者是不定期举行。举办频率的确定会受活动主题的制约,如高血压健康教育活动,就可以结合每年"10 月 8 日"全国高血压日,采取以年为周期的频率开展主题活动;也可以为了强化效果,在每年的 5 月 17 日世界高血压日再举行一次主题活动。

6. **活动地点**　即健康教育活动在什么地方举办。首先要确定活动的级别,是省(市)级、市级、县级还是社区级别？而后选择适当的活动场所如学校礼堂、影剧院、广场、社区等。在具体选择开展活动的场地时，还要综合考虑使用该场地的成本，以及活动现场的设施和服务等因素。

7. 组织机构　是指负责活动的组织、策划和保障等有关单位。组织机构可以是各省(市)的健康教育中心或健康教育体系的相关机构、各地健康教育协会，或者是政府部门和新闻媒体，也可以是企业或医院等。根据各单位在活动中的不同作用，一般有以下角色：主办单位、承办单位、协办单位和支持单位等。在单位比较多的情况下，要明确各自的责任，落实各项事务的进度计划，以保障活动的顺利进行。

8. 活动规模　活动规模包括三方面：一是涉及单位的数量；二是参加活动人群的数量；三是活动场地的面积。在策划时就要对这三方面做出预测和规划。

9. 活动进度和分工计划　活动进度计划是在时间上对各项工作进行统筹安排，可以使用项目实施时间表，明确在筹办过程中，到什么阶段应该完成哪些工作，直到活动成功举办，计划中要对所要完成的事项(包括资源的协调、物资的准备等)、截止时间和负责人都做出明确安排，以保证活动的各项工作能有条不紊地进行。

10. 现场管理计划　现场管理计划是对活动现场进行有效管理的各种计划安排，一般包括活动前期的准备、活动现场的管理和活动结束后的撤回计划等。现场管理计划考虑得越周全，安排得越详细，活动的现场氛围和秩序就会越好，一些突发状况也会更有效率地得以解决。

11. 宣传推广计划　宣传推广计划是为建立活动品牌和树立组织机构形象，并同时为主题推广服务。宣传推广要考虑到当前主要的宣传媒介，包括线上、线下，如微信、公众号、电视台、现场直播、视频、音频、报纸、杂志等宣传渠道，主要是通过各种手段，使活动受益于更多人。

12. 活动经费预算　策划人员要根据实际情况，对举办活动所需要的各种费用和预期收益进行初步预算。

(五)方案论证

经过上述几轮打磨的活动策划方案已基本成形，但此时的方案还只是一个初稿，要经过各方论证才能进行申报审批。论证步骤主要有：

1. 多方案选择　策划人员应该根据对背景资料的分析，从多个角度策划出不同的备选方案，供决策时选择。备选方案可以是两个以上不同的、完整独立的方案；也可以是一个方案里，在关键项目上，列出不同的策划构思，供决策使用。多方案选择在实际工作中经常使用，由相关领导根据实际需要，在多方案中选出一个最符合现实情况、最重要或最急需的方案实施。策划者不仅要明确表述各备选方案的异同点，而且要告知每一个备选方案的优缺点和实施的可操作性。最终选定的方案可能是备选方案中的一个，也可能是多个备选方案的组合。

2. 理想方案选择　通常情况下，备选方案可以分为最佳方案、理想方案、合理方案和不理想方案。纵观许多决策，会发现在入选的方案中，通常不是最佳方案，而是理想方案；最佳方案固然好，但活动的实施往往受到诸多因素制约，其综合指标很难达到最佳状态，因此会退而求其次，将理想方案作为首选。选择过程中，通常会避免选择合理方案，坚决放弃不理想方案。

3. 方案论证优化　通过上述两种方法筛选出来的方案，还不能马上"拍板"定论，还要进一步锤炼，对方案进行进一步论证和优化。论证通常是以一个工作小组的形式进行，理想的论证组织是由决策者、专家、策划人员组成，并聘请专业顾问参与；经过论证的方案，往往还要再做优化处理，方案优化过程实际上是提高方案成功值的过程。

方案论证优化后，要进行申报审批。凡举行有一定规模的活动，必须专门办理报批手续，有关法规也有不少类似的规定，这样既能有效维护社会秩序，又能保护社会资源得以有效利用。

(1)审批是行政管理的措施：健康教育活动涉及的范围、规模大小不同，相关的审批手续也就不同。例如，在本单位地域范围内举行，由本单位人员参加的活动，单位领导及主管职能部门审批即可；在社会公共场所举办，要向地方政府的职能主管部门报批，如果活动的规模更大、更复杂,报批手续涉及的部门也随之增加。比如说,如果集中人员超过 200 人,要求向公安部门报备,策划人员必须清楚了解相应的规定。

（2）上级机构把关:经过前面的初步沟通,领导对活动已有了初步了解,此时进行方案的申报,既可以让领导更加清晰地掌握活动中的各个细节,又可以通过领导的审阅获得进一步完善方案的意见。

一项经过审批的健康教育活动,无形中就取得了一种社会保障,更易于得到宣传、保卫、财务、办公室等多部门的协同支持和保障,有利于取得各机构的配合。

（六）方案决策

通常,一个策划方案经过上述几轮的筛选、论证、优化,再加上决策者明断,这时方案就可以"拍板"了。需要强调的是,这种锤炼的过程必须以客观的调查资料、以科学核算的数据为判断依据,而不是以某些领导人的权威意见为依据,切忌搞"拍脑门"工程。

四、健康教育活动实施注意事项

实施既是按照策划方案实现目标、获得效果的过程,又是体现活动策划根本思想的过程。失去了有效的组织实施,再优秀的策划也只是废纸一张,不能产生经济效益和社会效益。实施的流程遵循第七章第二节健康教育与健康促进项目实施的 SCOPE 模式,此处不再赘述。这里简要介绍一下在活动的组织实施过程中应该注意的一些事项。

（一）营造有感染力的现场氛围

健康教育活动的感染力,最重要的莫过于场景的设计。当参加者走进活动场区,首先会感受到现场布置是热烈还是冷清,是整齐协调还是凌乱无序,这都会给参与者留下第一印象。富于感染力的场景布置,应该是一幅立体图画,能够给人留下深刻的印象和美的享受。场景的设计,一般情况下应该遵循以下原则:第一,场景的设计必须紧密围绕主题、表现主题、突出主题、深化主题,充分利用地形地物,使场景布置更具特色,只有这样才能有效利用好活动资源,提升活动效果;第二,要注重色彩的运用,在这方面,既有约定俗成的习惯,又有较强的民族性。某些人喜欢暖色尤其偏爱国色(正红色和正黄色),某些人偏爱冷色尤以喜欢绿色和蓝色。在健康教育活动现场氛围的营造中,要讲究色彩的协调性,既包括活动本身各个部分色彩的协调,又包括与活动现场其他固有部分色彩的一致性。

（二）扩大活动的传播效果

在进行活动策划时,必须着力研究应如何增加传播渠道,扩大传播规模,争取更大的传播效果。通常情况下,增强传播效果有以下方法:

1. **把握心理,抓住热点**　一项有传播力的活动,首先要把握服务人群的心理,抓住其所关注的热点切入主题,并予以发挥,这样才能有效地扩大传播力,提高传播效果。

2. **信息科普加工**　要想让服务对象能够听得懂、用得上、做得到活动所传播的内容,必须要对传播的信息进行科普加工,将专业性较强的内容转变为服务对象能够接受的东西。在该方面需要做到以下几点:第一,所传播的信息应尽量保证为单一方面的内容,知识的传播不是多多益善,不需面面俱到,越单一越容易记住,越容易执行;第二,所传播的信息要使用多种形式如语言、文字、图画、音像等表现出来,并需要精心提炼,用一个形象的概念表达出来。

3. **发挥新闻的传播效应**　首先需要策划出能达到宣传目标的"新闻点",这里常用的两大基本方法就是"借势"和"造势"。所谓借势是指要及时抓住广受社会关注的新闻、事件以及明星人物的即时轰动效应。比如,搞一次广场宣传活动,想让电视媒体报道一下,但苦于没有什么太大的特色,媒体不感兴趣,那么可以考虑请分管省长、市长出席,媒体自然会跟上。再比如,可以借大家都关注 PM2.5 之事来宣传室内禁烟的重要性,这也是典型的借势。"有条件要上,没有条件创造条件也要上!"这是造势,就是通过策划、组织和制造有新闻价值的事件,来吸引媒体、社会团体与服务对象的关注和兴趣,事件本身可能没有足够大的影响力,需要组织方进行整体的策划和有效的传播来把事件炒作起来,最大限度地引起关注,提高传播效率。

4. 把握传播的压力效应　在传播的内容与服务对象的观念不一致的情况下,传播者对受众就会构成一定的压力,压力越大,传播效果越好。健康教育活动的主要目的是要改变不良的生活方式和行为,对于某些既定的做法或习惯,要做出改变难度比较大,因此在传播过程中,应该加大压力效应,可以采取以下几种方法:第一,扩大活动规模,产生更强烈的压力效应;第二,提高主办机构的规格,规格越高的组织发出的信息,受众的认同度就会越强,信息的压力效应也就越大;第三,邀请地位高的名人出席,运用名人效应,加大信息传播的压力效应。

(三)利用名人效应

公众活动一般都会邀请社会名流、政治领袖或政府相关部门领导作为主礼嘉宾,以提高活动层次,促进传播效果,并起到激发参与者的作用。当然,想利用好名人效应,要注意以下几点:

(1) 在其职业范围内受到高度尊重;

(2) 具有广泛的公众知名度和影响力;

(3) 热衷于公益事业并具有良好的目的性;

(4) 曾关注相关的活动并有理性的认识;

(5) 具有大众亲和力、良好的个人声誉和公众形象。

邀请名人参加活动,要周密计划、妥善安排,尤其要安排好他们在活动中承担的角色,事前要清楚地告知其活动的基本程序,明确他应该出现在哪个环节,该做些什么,角色任务完成后有哪些安排等,都要让其清楚,在活动过程中要安排好引导员,随时关注所邀请人员的即时需求。

(四)分门别类

就是要将无数具体的工作,以一定的逻辑关系,划分成若干个类别实施管理。划分标准一般是两类:一类是以工作的专业划分为标准,如工程作业、礼仪项目、新闻报道、保安工作等;另一类是以时空标准予以划分,即以时间或空间为标准。通常情况下,为方便筹备工作和现场工作的一体化,会遵循一个基本的模式,以专业标准划分为主,时空标准划分为辅,分为七部分进行分类管理。

1. 程序控制　负责整个活动的程序落实与现场的指挥组织。

2. 人员组织　负责出席活动的所有人,包括主礼嘉宾、一般参与者以及工作人员,从邀请、接待、迎送,到人员参与活动的具体安排,都要负责。

3. 场地布置　场地是活动的硬件设施,场地布置既包括实施场地的外围布置;使用区域的划分(比如座位、通道、活动场所),灯光、音响的调试,现场氛围的营造等;还要包括现场所用道具的准备、运输、监督使用、用后整理归还等。

4. 资料收集　尤其是健康教育活动,现场多数需要给服务对象发放学习资料。有些活动比如健康家庭评比活动,需要收集每一个参赛家庭的各类展示资料,与每一个家庭进行各方面对接,工作细致繁琐,需要有专人负责,以确保每个家庭都能够得以完美展示。

5. 宣传工作　宣传是一项重要而又很专业的工作,要研究宣传的途径、方式方法,准备宣传的内容,联系不同性质的媒体,现场接待及妥善安排记者采访等。任何一项健康教育活动,都应将宣传视为独立且较为重要的工作,充分发挥媒体的宣传作用,进一步扩大活动的实际效果。

6. 保卫工作　安保是活动的幕后英雄,尤其是有重要嘉宾出席时,其重要性更显突出。安保人员既要注意场内的秩序,同时还要关注场外环境的变化,遇到突发事件要及时应对。

此外,最好安排专人负责财务工作。

(五)时间进程与活动进程的协调

健康教育活动涉及较多的环节和事项,需要处理的问题纷繁复杂,但实质问题是时间与事件进程的划分、协调、整合与统一,即在实施过程中如何合理安排时间和工作协调推进。由主办机构或领导主持的前期协调会（落实责任和各项工作到部门或到人）、中期通报会（各项准备工作的进程及质量）、活动前所有设备检查、组织预演都是必要的。

除此之外，还应该注重活动全程的监督与评价。

第三节　健康教育活动评价与总结

一场健康教育活动并不是随着现场活动的结束而结束了，活动后期的评价、总结和报道也是其中重要的一环。评价总结旨在发现活动在计划、筹备、组织、实施过程中出现的问题，探讨更好的解决思路；同时梳理出一些好的经验和做法，为以后举办类似的活动提供借鉴和参考。

一、健康教育活动的评价

健康教育活动评价是一个系统地收集、分析、表达资料的过程，它贯穿于健康教育活动的过程始终，旨在随时发现活动过程中可能会出现的问题，为活动的进一步实施和以后项目的决策提供依据。活动评价不仅能了解健康教育活动的效果，还能全面监测、控制、保障计划的实施和实施质量，从而成为取得预期效果的关键措施。

（一）评价的目的

健康教育活动评价的主要目的包括核实活动计划的先进性和合理性；监督活动计划的执行情况；判断活动预期目标的实现程度，以及活动的可持续性；总结活动的成功与不足之处，总结活动过程中应该注意的事项，提出进一步提高的途径和方法。

（二）评价的种类、方法以及评价过程中的注意事项

该部分内容与第七章第三节健康教育与健康促进项目评价的内容基本相同，健康教育活动过程中同样也要进行形成评价、过程评价和效果评价，评价方法以及注意事项均可参考和借鉴。

二、健康教育活动总结

总结是随着活动评价而来的，通过对活动前、中、后的评价，对整个健康教育活动有一个完整的认识，活动中成功的经验、失败的教训，都需要总结出来，为后期同类活动的进行打下良好基础，就像管理学中的 PDCA 循环一样，总结是确保不同时期的同类活动不是一种简单的周而复始，而是螺旋式上升的，每一次的总结评价，都是为了积累经验，使后期的管理工作再上一个台阶。

总结活动最终要体现在总结报告上，总结报告的基本元素应该包括活动背景、活动目的、活动举办之前的准备、活动过程的基本情况、活动效果、存在的问题及建议，以及后期举办此类活动的思考。

总结报告写完之后应该呈报给上级领导审阅，第一，通过简洁的口头汇报和总结中呈现的详细报告，让其了解整个活动的准备和举办效果；第二，对前期的请示做一个反馈，形成文件流程中的闭环；第三，通过严谨的办事思路和严密的办事流程，给领导形成一个良好的印象，便于争取后期的项目。

三、健康教育活动报道

健康教育活动并不是现场活动结束，整个活动就随之结束了，现场活动的气氛会调动参加活动人员的健康意识和投入健康的动力，而一个活动更大的效益是通过后期的新闻报道产生的，通过活动的相关报道，一方面，会让更多的人了解到活动的目的和意义，学习到活动过程中所传播的知识和理念，进一步扩大传播范围，提升现场活动的有限效果；另一方面，新闻报道也能将健康教育活动的一些新理念、新形式、新做法传播出去，供同行或相关行业借鉴和参考；再就是，通过

新闻报道,也能让领导机关对相关工作加以了解,以争取更大的支持。总之,新闻报道绝不是哗众取宠,而是活动效果的延伸和扩展,是健康教育活动中不可或缺的一环。

一篇新闻报道的扩展面或大众的阅读量,也就是宣传效果如何,主要取决于以下几个因素:

1. 标题　标题不宜过长,也不要太短,10~20 个字左右,但是标题的重要性是显而易见的,能不能吸引读者的目光完全是看标题拟的怎么样,所以,在拟标题的时候要择取活动亮点,简述活动内容,力求上口,夺人眼球;但也不要太过文艺化,网络新闻要一句话标题,副标题不太适合;切忌制作虚假或刻意夸大的新闻。

2. 导语　就是新闻稿中的第一段话或者是第一句话,它是由新闻稿中最新鲜、最主要的事实或精辟的议论组成,只有好的开头才会吸引读者有继续往下读的欲望。导语的写法一般分为:叙述式、提问式、引用式。

3. 主体　主体是新闻稿中的主要部分,它是新闻稿的核心。首先要承接导语,阐述导语所揭示的主题(或者是回答导语中提出的问题),然后要对消息事实作具体的叙述与展开。书写主体时候需要注意:主题突出,内容充实,结构严谨,层次分明。在主体部分,要着重注意新闻的特点:内容真实准确,内容新鲜有价值,时效性强,简明扼要,主体的主要内容,包括时间、地点、参与对象(适当时可加入主、承办方)、参加人物(尤其是出席嘉宾等),也可简单加入事件的意义,其实就是新闻五要素(5W:何时 when、何地 where、何人 who、何因 why、何事 what)。正文的描述一定要生动、有层次,让人有读下去的欲望。适当简洁,不可简单罗列,不可东一榔头西一棒槌,要有顺序和层次,一般以时间为序。

4. 结语　新闻稿中的最后一句或者最后一段话,它就是用来阐明新闻所述事实的意义,加深读者对新闻稿的理解和感受,从而得到更多启示。新闻稿的结尾方式分为小结式、评论式、希望式等。

在撰写新闻稿的过程中,还应该注意如下细节:一是注意稿件的新闻性、时效性;二是事件的真实性不可更改;第三,导语避免千篇一律,要将最重要或最吸引人的部分写进去;第四,稿件要有细节描述,但要抓住重点,内容要丰富;第五,新闻中可以引用重要人物原话,较大程度地还原现场;第六,新闻报道谨慎使用第一人称,只有当指群体时,才可能会出现"我们"这样的字眼。

(夏　芹)

思考题

1. 如何才能够策划出一场有创意、有实效的健康教育活动?

2. 健康教育活动的前期、中期及后期评价应该由谁来做,怎么做?

3. 健康教育活动的评价和总结究竟有没有必要,你如何看?

第九章 特定人群健康教育

🍂 **本章要点**

1. **掌握** 老年人健康教育基本内容和注意事项;女性健康教育的基本内容及注意事项;儿童健康教育的概念及注意事项;慢性病病人健康教育基本内容和注意事项。

2. **熟悉** 儿童不同年龄阶段健康教育的基本内容;慢性病病人生理和心理特点。

3. **了解** 老年人生理和心理特点;不同时期女性的生理特点及心理特点;儿童不同年龄阶段生理和心理特点。

由于年龄、生理、心理状态的差异,不同人群健康教育的需求、内容及方式等都不相同。特别是儿童、妇女、老年人这三大人群,在生理状态、心智状态、健康需求内容、对健康的关注度、患病种类、机体调节功能、患病后的情绪反应、学习能力、理解能力等众多方面差异显著。上述差异都是在健康教育时应该注意评估,依据面向人群的特点,制订行之有效的个体化健康教育方案。

慢性非传染性疾病(noninfectious chronic disease)简称为慢性病(chronic diseases or conditions)。慢性病病程长,病人需要通过药物治疗、生活方式改变、康复理疗等多种方式长期自我管理。鉴于慢性病病人的特殊性,健康教育方法的选择以及教育内容的侧重点和其他人群也有很大不同。

第一节 老年人健康教育

我国是世界上老年人口最多的国家,也是人口老龄化发展速度最快的国家之一。截至 2018年底,我国 60 岁及以上老年人口约 2.49 亿,占总人口的 17.9%;65 岁及以上人口约 1.67 亿,占总人口的 11.9%。预计到 2040 年我国人口老龄化进程达到顶峰。为了提高老年人的健康水平、改善老年人生活质量、实现健康老龄化,《国务院关于实施健康中国行动的意见》明确提出要实施老年健康促进行动,老年人健康教育必先行。

一、老年人健康教育概述

衰老是一个受多种因素影响的动态过程,老年群体的身心状态存在着很大的个体差异。老年学家提出要从年代年龄、身体年龄、心理年龄、社会年龄等 4 个方面综合判断老年人的健康状态。随着时间推移,个体所处环境、践行的生活方式,以及遗传、医疗保健等因素对身心的影响逐渐累积,在老年人身上日益显现。生活中经常可以看到很多 80 岁以上的高龄老年人依然身康体健、思维清晰,活跃在家庭、社会和行业中。也有老年人未到高龄就已经卧病在床,疾病缠身,甚至失去自理能力。疾病和衰弱不是年龄增长的必然结果,老年人通过自己的努力,可以推迟衰老。

健康是实现老年人"积极老龄化,即独立、参与、尊重、照料和自我实现"的重要前提和保障。健康教育与健康促进是政府、社会、家庭向老年人提供的基本社会保障和服务内容之一,是实现健康老龄化的重要手段和抓手。通过有计划、有步骤的系统健康教育,一方面可以促使老年人提高健康意识、知识和技能,自觉采纳有利于健康的行为,从而达到预防疾病、提高健康水平、改善生活质量的目的。另一方面,有利于充分挖掘、发挥老年人在家庭生活、社会发展、行业进步中的优势和积极作用,为实现积极老龄化、健康老龄化助力。

对于老年人来讲,参与健康教育和健康促进的意义,首先在于参与创建并享有安全的生活、工作环境,消除环境对健康的影响。其次,接受健康知识和行为指导,掌握自我保健知识和技能,主动灵活应用这些知识和技能,通过自己的观察和实践,找出最适合自己的健康管理方式,以获得最成功的保健。最后,当疾病发生时,可以依靠掌握的健康知识和技能,理智地应对,为自己的治疗和管理做出明智选择。

二、老年人的生理和心理特点

(一)老年人生理特点

1. 对外部变化的调节和适应能力减退   老年人组织器官功能、神经肌肉调节能力等均有不同程度的下降,导致机体对外部环境、社会和角色等变化的调节和适应能力下降。外界变化大到气候改变、气温升降,小到道路坑洼不平、居所变换、居家环境变化,都可能引起机体不适、睡眠改变、跌倒摔伤等问题。

2. 机体免疫平衡调节能力降低   组织器官功能减弱,免疫功能低,一旦患疾病或者出现外伤,常可引起机体内部器官功能紊乱,导致一系列健康问题出现和生理功能改变。老年人冬季患感冒后如果处理不当,常可引起血糖升高、血压不稳,引发肺炎、心功能下降甚至多器官功能衰竭等一系列并发症。

3. 认知和反应能力降低   随着年龄增长,老年人感觉、知觉、视力和听力减退,记忆、想象、思维和学习能力呈现不同程度的下降。较常见的表现为动作迟缓、反应慢、认错人、听错话,健忘、难于同时做几件事情、思路一旦被打断则难于继续。学习能力下降,学习新事物需要更长时间。因此,很多老年人愿意遵照老习惯做事,不愿接受新事物或者新改变。

4. 亚健康状态常见   由于生理功能衰退,心理状态和社会关系的明显变化,老年人是亚健康状态的易发人群。亚健康是介于健康和疾病之间的健康低质量状态,表现为一定时间内的活力降低,但又不符合有关疾病的临床诊断标准。老年人亚健康状态的突出表现是疲劳症状多(包括躯体疲劳和心理疲劳),以及与疲劳相伴发生或由疲劳引发的系列症状,休息后多难以消除或缓解。长期处于亚健康状态,且忽视调理,可导致疾病发生。

(二)老年人心理特点

1. 心理上的衰老感   衰老感是人生进入老年阶段一种特殊的心理体验,也是心理发展的必然阶段。心理上的衰老感多由生理功能的减退而引起。衰老导致的动作迟缓、反应迟钝、记忆力减退等直接影响着老年人与其家人、朋友、同事等的交往和接触,导致心理活动能力降低,容易产生心理上的衰老感。需要给予正确引导,以帮助其调节心态,积极看待、接受衰老。

2. 孤独失落感   离退休是老年人的重要人生转折,离开数十年辛勤工作的岗位,离开热爱的事业,生活节奏由忙碌到赋闲,经历人际关系变迁,社会地位起落,加上子女们已经成家立业或远在他乡,老年人内心难免产生不适和失落感。表现为沉默寡言、忧愁消沉,或者是急躁易怒,进一步会影响身体健康,引发疾病,心理学者把这称为老年"离退休综合征"。

3. 焦虑抑郁倾向   随着生理功能下降、退休、丧偶、子女离开家庭、亲朋好友疾病及亡故等事件,老年人常出现焦虑、抑郁等负面心理情绪问题。随着自身生活能力下降,老年人在外出就医、购物、走亲访友、使用交通工具、处理水电暖账单等外部杂务方面,需要不同程度地依赖子女或者照顾者协助完成。严重失能老年人的洗澡、如厕、穿衣、进食也需要别人协助。由此,老年人逐渐失去自主行动力和对生活的控制,心情难免焦虑或抑郁。当悲伤或者绝望感持续超过两周且影响日常生活工作和人际关系时,很有可能患上了抑郁症。近年来,抑郁逐渐成为老年人自杀的首位原因,还增加慢性病和残疾的风险。

4. 总体心理承受能力下降　随着心理活动能力的下降,老年人总体心理承受能力降低,对事件承受能力降低,情感变得脆弱,遇到不顺心的事和困难时,情感和情绪易波动,表现为激越易怒、焦躁不安。对家人和朋友的情感依赖性增强,渴望陪伴和倾听,容易显得固执。

三、老年人健康教育的基本内容

(一)建立新的生活秩序和生活方式

1. 关注个人卫生和居家安全,建立良好的生活习惯　安全、卫生、舒适的日常生活,对维持老年人健康至关重要。首先,做好个人卫生,应穿着宽松合体、轻便保暖,勤洗勤换;鞋袜宜轻软适足、透气防滑;保持皮肤和口腔清洁,洗澡水温不宜过热,时间不易宜过长。其次,注意营造安全舒适的家庭环境,应保持空气新鲜和合适的温度、湿度,照明良好,房间、盥洗室内安装防滑设施,楼梯加装扶手,防止跌倒。第三,建立良好的生活习惯,保持生活规律,起居有常,晨醒缓起几分钟,进餐、睡眠有规律,戒烟限酒,节假日也要注意娱乐时间不宜过长。

2. 饮食合理,营养均衡,养成良好的饮食习惯　"杂食者、美食也,广食者、营养也"。老年人膳食要多样化,以五谷杂粮为主,粗细搭配、畜禽蛋乳、蔬菜水果等合理摄入。饮食"清淡",以软烂为宜,定时定量,冷热适中,细嚼慢咽,饥饱适中。饮食合理,营养均衡,防止肥胖。

3. "动静相因",科学适度运动　生命在于运动,运动锻炼要科学,不是越多越好。有效锻炼不简单地等同于大幅度的跑跳、剧烈运动、挥汗如雨。尤其是老年人不同于年轻人,在心肺功能、骨骼的强度、关节的功能、肌肉肌腱的柔韧性、身体协调能力等各方面,都有不同程度的衰退,更应该根据自身情况,选择合适的运动方式,量力而行。八段锦、五禽戏、太极拳、经络操、气功等传统健身运动项目,可舒展筋骨、强脏通络,有助气血运行,在慢跑、爬山等锻炼的基础上结合传统健身运动项目,动静相因、动静结合,可更有利于身心健康。再次,老年人运动时机的选择一定要顺应天时和天气,按照"春生、夏长、秋收、冬藏"的四季变化规律,选择春夏晴好天气进行锻炼,秋冬寒冷天气则要减少户外运动,多休息。

4. 戒烟限酒,情绪乐观,心理平衡　老年人心理健康尤为重要,保持乐观情绪,扩大情趣爱好,学会以豁达的胸怀,冷静处理个人、配偶和家人患病、离世等情感打击。做到知足常乐,以满意的心情对待自己、家庭和社会,心平气和、乐观处事。关注自我修养,学会控制情绪,减少或避免忧虑、焦躁和情绪激动。自觉调整好心态,建立良好的家庭人际关系,创造和谐的生活环境。

(二)主动学习健康知识,积极应对衰老带来的挑战

1. 常见病的预防和管理　年龄增长是慢性病的主要危险因素之一,多数老年人患有慢性病,很多老年人患有两种及以上慢性病。目前对老年人健康影响较大的慢性病有心脑血管疾病、恶性肿瘤、糖尿病、呼吸系统疾病、消化系统疾病、关节炎、骨质疏松、营养不良、抑郁、痴呆等。进行相关预防保健和药物知识学习,可以有效协助老年人预防、控制上述疾病。

2. 意外伤害的预防　由于视力、听力、皮肤敏感性、心肺功能以及神经肌肉平衡调节能力下降,老年人跌倒、猝死等意外事件发生率高。跌倒是造成老年人残疾或者丧失独立生活能力的常见原因。因此老年人需要特别注意生活规律,遵循"日出而作,日落而息",晚上光线不佳、夜视力变差,尽量避免外出。定期进行家庭安全性评估,房间和卫生间内照明良好,加装防滑设施和安全扶手。日常可进行太极拳、气功等健身运动,增强下肢力量、锻炼平衡能力、减少跌倒风险。

3. 对衰老、疾病和死亡的认知　天地有"生长化收藏",人有"生长壮老已"。老年期是每个人生命过程中必须经历的阶段,这是生命存在与发展的必然规律。老年人要知老,承认自己已经

进入老年期这个现实,体力和精神都不如青壮年时期了,在生活的各方面量力而行、循序渐进。然而,心态不要老,树立"老有所乐、老有所为"的精神,自觉排除"老"的意识中的消极成分,在社会现实中寻求自己的新天地。积极预防治疗疾病,正确看待衰老、疾病和死亡。

4. 不良情绪的自我调适　衰老易带来负面心理情绪,老年人除了及时感知、正确认识,学会自我排解和调适也非常重要。可采用的方法有宣泄法,即把闷在心里的忧虑或苦闷及时倾诉出来,使自己得到自我排解。转移法,当心情压抑、沉重时,采用变更环境、转移目标的方法,将注意力转移到郊游、听歌、看电影等愉快的事情上。还可进行自我激励式的自我暗示,以及通过幽默风趣的言语或故事在谈笑中轻松化解一些家庭矛盾和争执。深入了解和认识心理咨询和心理治疗,必要时积极寻求专业心理医生的帮助。

四、老年人健康教育的注意事项

1. 教育者首先应该摆正位置和心态　老年人是我们应该尊重的长者,年轻健康教育者为其进行健康教育时,要注意多倾听少说教,多肯定慎评判。态度应谦逊有礼,切忌以"师"者自居,给老年人"居高临下""倨傲无礼"之感。两千年前孟子就说过:"老吾老,以及人之老",指出我们要尊敬自己的父母,也要尊敬别人的父母。相比较年轻人的一张白纸,老年人是一副历经沧桑的丰满画卷。除了在其所从事的领域,对健康、饮食、运动等生活基本方面也有一定程度的知识和经验积累。教育者为其进行健康教育时应该注意态度诚恳、谦恭有礼,认真倾听请教、评估分析他们对于相关问题的理解认识,深入了解其"已经知道的",找到"还需要加强或者纠正的"。

2. 教育内容结合实际,因人制宜　相比较年轻人初入社会、诸事始起步、可塑性强,老年人无论是思维还是生活习惯都已经形成定势、不易改变。因此,健康教育和管理的主旨是在其原有生活习惯和行为基础上,改善、调整、理顺,以期有所提高。而不是大刀阔斧地全面推翻,脱离实际地制定全新的行为和生活方式。特别是其践行了一辈子的起居作息、三餐搭配等生活习惯,改变难度很大。如果健康教育指导无法和他们已有生活方式整合,回家后没法身体力行,那么健康教育不仅没有效果,还徒增了老年人的苦恼。

3. 选择合适的教育方法　老年人记忆和学习能力呈现不同程度的下降。根据教育主题和内容选择合适的方法,以座谈、同伴分享、讨论为主,辅以视频、实物演示。引入新知识、新疗法时往往需要多种方法分步骤完成,包括现场讲解、演示、实操,回家练习、发现问题,向教育者反馈、讨论解决等。

4. 邀请家人或者照顾者一起参加　首先,老年人自身记忆、学习能力下降,容易遗忘,尤其是药物的服用方法、注意事项、疗效和副作用观察、血压、血糖等指标的家庭监测等重要内容,要求家人或者照顾者与其一起学习,更有保障。其次,居住环境的改变也需要配偶或者家人的理解、同意、协助、配合,比如提高室内照明、卫生间加装扶手、地面加防滑条等。膳食的改变需要家里负责买菜做饭的成员一起参加学习,才好实施。健康教育的最终目的是达成健康行为的改变,否则只是纸上空谈,不解决实际问题。

第二节　女性健康教育

女性是社会的重要组成部分。由于女性的特殊地位,使得她们的健康状况对社会和家庭具有举足轻重的影响。加强女性健康教育,对提高女性自身的健康水平和群体素质有着重要意义。

一、女性健康教育概述

女性健康教育是用健康教育的理论、策略和方法促使女性树立健康观念,激发健康行为,以提高女性群体健康水平为目的的教育活动。

由于社区人群中女性人数多、层次复杂,健康问题具有特殊性,加之整体文化素质相对较低。传统思想、封建意识一般较重,健康意识较淡薄,不良生活方式和行为较普遍,因而女性健康教育的任务较为艰巨。

（一）女性健康教育的意义

女性是家庭生活与保健的主角,是幼儿心身健康的最早导师。做好女性,特别是家庭主妇的健康教育工作,应当成为健康教育的重点之一。家庭是构成社会的基础,家庭的主角一般是女性,显然,发挥女性在健康教育中的作用有利于家庭健康质量的提高,有利于社会的进步与发展。

（二）女性健康教育的目标

1. 通过健康教育改变女性的行为和生活方式,培养女性自我保健的能力,提高自身的健康素质。

2. 通过健康教育提高女性在社会、家庭的地位与功能,参与社会健康知识的传播,使家庭成员的整体素质得到进一步提高。

二、女性的生理和心理特点

（一）女性的生理特点

1. 性成熟期（生育期）　又称生育期,约从 19 岁开始,持续 30 年左右。此期的特征为卵巢功能成熟并分泌性激素,引起周期性排卵和行经。女性具有旺盛的生育能力,其心理反应也因人而异。应做好月经期、孕期、分娩期、产褥期、哺乳期的健康教育和计划生育的指导工作。

2. 更年期（围绝经期）　包括绝经前后的一段时期。一般始于 40 岁,历时 10~20 年,是女性自有生育能力的性成熟期进入老年期的一个过渡时期。主要表现为卵巢功能逐渐减退,月经不规则,直至绝经,生殖器官开始逐步萎缩,丧失生育能力。

（二）女性的心理特点

女性的心理特征主要表现在以下两点:

1. 感情丰富,极具同情心理　受生理特征及性格的影响,女性一般都比较留意一些带有情感特征的生活事件。家庭是否和睦、小孩是否乖巧、丈夫与孩子的穿着打扮,以及社会上发型、服装的流行趋势等,在不少情况下,女性容易把自己带进这些事件之中,产生出与事件相应的情感变化和情绪活动,以自己丰富的内在情感,对与自己无关或不太相关的生活事件产生心理应对。

在日常的工作和生活中,女性大多关心着与自己相关的从大到小的言论和行为,并可能产生出与这些言论和行为性质不甚相符的情绪波动。针对来自于单位领导的一句话或一个举动,针对来自于周围环境中的某个熟人甚至自己亲人的某个言行等,对于男性来讲或许是无关紧要、无碍大局的事,不会因此而产生心理应对或强烈而持久的情绪反应,但对于某些女性来说,则可能被认为是一桩大事而构成较为强烈的紧张刺激,引起较大而持久的情绪波动。

自我暗示这一心理活动,在女性中也较男性多见。不论是积极的自我暗示还是消极的自我暗示,都意味着一定程度地脱离实际,是带有较强感情色彩的主观意识。受情感或情绪的驱使,女性常常对发生在自己身上或自己周围的情况进行自我暗示,并在暗示的过程中产生较剧烈的情感变化,产生与实际相脱离的情绪活动。

女性大多心地善良,富有同情心,特别是对发生在亲朋好友、同事,甚至不相识的人身上的不幸事件,极易引发自己心中的共鸣,与人同悲,与人同愁。女性一般难以忍受发生在自己身边的让人悲哀的事,哪怕受害对象是讨人喜欢的动物或植物。正因为如此,女性大多愿意帮助弱者,在社会、亲属和单位同事需要之时,力所能及地伸出援助之手。

2. 情绪欠稳定,应激能力较差　在我国及其他一些国家,女性在和男性同样忙于工作的同时,还要操持繁重的家务。过于繁忙的日子和紧张的精神情绪,往往对女性的心理构成较大的压力,所以容易在碰到某些不顺心的事情时产生较为激烈的情绪波动。女性感情丰富且细腻,对家庭、丈夫、孩子及未来的生活有自己美好的愿望,对社会环境中的人际关系也颇为在乎,而且在某些特定的情况下,甚至有忽视具体情况,强烈希望客观现状符合自己主观意识的动机,因而极易在希望与现实之间出现差距时,产生急躁、焦虑等情绪变化。

与男性相比较,女性的内在情感相对不易深藏和掩盖,在碰到不良刺激时,大多在自己的情绪上表现出来。在遭受悲哀刺激时,男性多会强忍悲痛,把眼泪往肚里咽,女性多会通过哭泣,让眼泪冲刷掉心中的痛苦。女性受性格、经历等的影响,在突然性的或较剧烈的紧张刺激来临时,其耐受能力相对较低,容易发生与男性不同的情绪及行为表现。如突受惊吓,女性表现出的惊恐情绪一般比男性明显,而且可能因此丧失相应的防御或逃避行为。

经、孕、产、乳是女性特有的生理功能,这些功能的正常与否,与女性个体的心理状况关系十分密切,常常相互影响,因疾病异常时,容易构成恶性循环。研究表明,女性痛经、闭经、不孕、难产、缺乳等疾病或异常,均与心理失衡有密切关系,当缺乏及时有效的心理疏导时,将使疾病加重,异常加剧,心理障碍更加严重。痛经的女性大多心理发展不够成熟,有神经质性格倾向,情绪不稳定,过于敏感,暗示性强,较弱的疼痛刺激就能激起强烈的疼痛反应。在治疗中,提倡心理治疗或辅以镇静剂、镇痛剂,常能获得好的效果。

三、女性健康教育的基本内容

1. **月经期健康教育**   月经期女性应该认真学好经期的生理卫生常识,以便合理地安排经期的饮食起居,情志调和,自我情绪的控制,防止月经病的发生。

(1)保持外阴部的清洁卫生:要经常用温水清洗外阴,最好早晚各洗一次。清洗时不要坐入盆中,防止污水进入阴道。所用洗盆和毛巾要与洗脚用具分开,要个人专用,以免互相传染,引起炎症,擦拭阴部或大便后擦拭肛门时,要从前向后揩拭,以免把肛门周围的细菌带入阴道。

(2)正确使用卫生用品:卫生巾要柔软、清洁、吸水性强,严格消毒,卫生用品打开包装后要注意保持清洁,卫生巾要勤换,每次更换前要洗手,不要碰脏接触外阴处的垫面。

(3)注意保暖,避免潮湿和受凉:月经期间,身体抵抗力下降,盆腔充血,要注意保暖。要特别注意不要使下半身着凉。不要坐凉地,睡凉席,洗凉水澡,用凉水洗脚,尽量避免被雨淋。即使夏天也要注意,不要过多地喝冷饮。因为月经期间,如遇寒冷的突然刺激,子宫和盆腔里面的血管极度收缩,可使月经过少或突然停止。下身着凉后,还容易引起卵巢功能紊乱,导致月经失调。另外,着凉后也容易感染其他疾病。

(4)避免剧烈运动和重体力劳动:月经期间要注意休息,保持充足的睡眠,以增加机体的抵抗力。要避免剧烈的体育运动和重体力劳动。运动量过大会引起经血过多,经期延长,甚至闭经。月经期间可参加一些轻度的运动和劳动。正常的学习、工作、早操、散步、游戏等活动,可以促进血液循环,有利于行经。

(5)注意饮食和情绪:经期注意增加营养丰富且易消化的食物,不吃生冷、酸辣等刺激性强的食物,多喝开水,多吃蔬菜和水果,保持大便通畅。月经期间,情绪容易激动,这既受内分泌系统和神经系统的影响,也受自我不适感的影响。情绪波动还会影响月经的经期和经量。因此,女性注意克制自己的情绪,精神要愉快,保持乐观开朗,稳定的情绪。反之,会影响大脑皮层的调节功能,引起月经失调或停经。

2. **生育期健康教育**   生育期健康教育是围绕结婚前后、生育前后,为保障婚配双方及其下一代的健康所进行的教育,包括婚育知识教育及婚育保健指导,可分为围婚期、围生期和哺乳期。

(1)围婚期:本期健康教育不仅有利于男女双方严肃地选定终身伴侣,为在婚前和婚后的心身健康、家庭幸福奠定良好的基础,而且也为优生优育提供科学依据。优生优育关系到民族素质的提高,围婚期健康教育是提高民族素质和生命质量的有效措施之一。围婚期健康教育的重点内容:围婚期基本知识教育与遗传及优生知识。

（2）围生期:围生期是指孕满 28 周至新生儿出生后 7 天内。围生期保健是指产前、产时、产后对孕产妇进行的预防保健工作。女性在妊娠、分娩、产褥过程中,身体和心理会出现一系列变化,如对这些变化缺乏正确的认识和指导,势必有碍于母婴的健康与安全、胎儿的发育,胎、婴儿的存活率也会受到影响。由于在孕前和妊娠期,孕妇的健康对胎儿的生长发育产生直接影响。因此,围生期保健工作不能仅限于围生期内,而要尽早开始,即从婚前开始,以排除遗传及先天因素对下一代的影响,禁止近亲及婚配双方患有重症智力低下者结婚。围生期的健康教育是在围生期内通过健康教育手段使女性获得围生期卫生知识,转变卫生观念,养成良好习惯,掌握围生期自我监护技能,促进母婴心身健康。

（3）哺乳期:提倡母乳喂养。科学证明,人工喂养婴儿的患病率比母乳喂养婴儿高 2 倍,出生头 2 个月发病率更高。①母乳是婴儿的最佳饮食,可以满足婴儿出生后 4~6 个月所需要的全部食物和饮料;②初乳含有大量抗体,成熟乳含抗细菌和抗病毒的特异抗体,具有抗肠道感染和抗病毒活性作用;③母乳喂养可建立和促进母婴感情,使婴儿获得更多的母爱,有利于婴儿早期智力发育。

在我国存在女性就业率增加、家庭模式改变以及社会舆论、个人健美、审美观点等因素,均会影响母乳喂养。要大力提倡母乳喂养,争取全社会的支持是促进婴儿发育和确保健康的重要方式。

3. 更年期健康教育　更年期是女性卵巢功能减退到功能完全丧失的过渡期。有 10%~20% 的女性因性激素减退的影响,出现一些身心疾病,表现为心悸、失眠、易于激动烦躁、喜怒无常、出汗等。心理特征主要是敏感多疑、自觉孤独、空虚、焦虑、恐惧等。更年期的心态与环境、家庭、生活、健康等因素密切相关。家人、同事应予以谅解、体贴和关心。更年期健康教育主要有以下几点:更年期知识教育;合理地安排生活;注意陶冶情操。

4. 常见妇科病的防治教育　某些常见、多发的妇科病严重影响女性的健康、生活和劳动。随着经济的发展、社会的进步和生活的改善,广大女性对掌握常见病、多发病的防治知识更加迫切,对健康教育工作者提出更高的要求。

（1）妇科病防治知识教育:通过各种渠道,采取多种方式,对不同层次女性进行妇科病防治知识教育,使她们掌握妇科病的预防及早期症状,并能进行自我防护和及早就医。乳腺癌在女性恶性肿瘤中占第二位,有必要帮助女性掌握必要的检查方法,有利于早期发现和早期治疗。

（2）定期普查女性生殖器恶性肿瘤:以宫颈癌、乳腺癌为主。定期防癌普查,才能早发现、早诊断、早治疗,提高治愈率,降低死亡率。定期普查还能发现宫颈炎、阴道炎、卵巢瘤、子宫肌瘤等。这些疾病不仅影响健康,而且有恶变的可能。要使女性懂得普查的重要意义,积极参加定期检查。加强普查知识的教育,使其自愿接受和参与,并持之以恒。

（3）加强性病防治教育:针对女性重点人群加强宣传教育,推广有效干预措施。

5. 劳动保护教育　女性承担了大量的社会劳动,几乎涉及各个领域。由于女性生理的特殊性,必须有相应的劳动保护措施。通过女性健康教育,可以增强她们的劳动保护意识和自我保健能力。

6. 美容保健教育　随着生活水平的提高,人们对美的要求也不断提高,尤其是女性接受美容的比例日益提高。为了防止美容-毁容事件的发生,应该指导女性正确选择化妆品,告知美容手术应注意的事项,传播健康的美容观念。

四、女性健康教育的组织、实施与评价

（一）女性健康教育的组织

积极争取社区党政组织和女性组织的重视和支持是开展社区女性健康教育的关键。女性健

康教育的专业组织要联合各级女性保健、医疗卫生、计划生育等机构的人员和各级妇联组织、各级工会女工委员会，以及文化教育、新闻出版、广播电视、公安政法等部门共同把女性健康教育工作开展起来。

（二）女性健康教育的实施

1. **女性健康教育的实施方案**　制订女性健康教育实施方案时要注意，不同时期女性人群的健康教育需要特点（如年龄、职业、健康状况等）；不同女性人群的文化素质、心理素质和承受能力；不同地区的社会发展、经济文化和风俗习惯等环境的差异。制订符合本地区女性健康教育切实可行的目标、计划和实施方案，促进有利于女性健康教育的外部条件的形成。建立健全与女性健康教育有关的机构，改变束缚女性发展的陈规陋习，破除迷信等。

2. **女性健康教育的实施过程**　在女性健康教育实施过程中要注意：

（1）满足女性接受健康教育的热情：女性对健康教育往往比男性更加关注和迫切，参与健康教育的积极性高。但因女性生理、心理变化较大，繁重的家务劳动、紧张的工作等都能影响女性接受健康教育的热情。因此，女性健康教育的效果评价、宣传等要强化和保护她们的热情。

（2）充分保护女性健康方面的隐私：由于种种原因，女性有某些不愿公开的隐私，对于女性家庭纠纷、性生活和生育方面的问题，要充分理解和尊重，因这些问题公开后，可能会使女性受到社会、家庭、亲人的非议，心理上产生一定的压力。保护女性健康方面的隐私，不但维护了女性的权利，而且可以保持对健康教育工作者的信任感，解除女性接受健康教育的顾虑，有利于女性健康教育的实施。

（三）女性健康教育的评价

女性健康教育的评价是社区健康教育目标管理的重要组成部分，是对健康教育活动方案及其实施过程的客观总结。即对照原有计划，衡量实施过程的效果，计划设计是否合理，完成的质量、进度、效率及对方案的满意度。效果评价是评定健康教育活动是否达到预期效果，并对健康教育工作的改进提供客观依据。

女性健康教育是一项综合保健措施。其作用和效果的显现较慢，有些效果是健康教育本身产生的，有些是在健康教育过程中逐渐显现的，因此，要针对具体情况选用评价指标。

第三节　儿童健康教育

联合国《儿童权利公约》将儿童界定为 18 岁以下的人，《中华人民共和国未成年人保护法》所指未成年人为 18 岁以下的人。儿童处于身心旺盛的生长和发育时期，处于接受教育、学习各类知识和技能的阶段，与成人相比，儿童身心以及各种能力发育尚不完善，始终是一个弱势群体，具有明显的社会脆弱性和健康易损性。因此，加强儿童健康教育，为儿童营造健康的校园和社会环境，有助于提高儿童的身心健康水平和生活质量。

一、儿童健康教育概述

儿童健康教育（health education of the child）是以儿童健康为核心的教育活动与过程。通过有计划、有组织、有针对性的多种形式的教育活动，使儿童掌握卫生保健知识，增强儿童自我保健意识，从小养成科学、文明、健康的生活方式和行为习惯，从而达到预防和减少疾病，增强体质，促进身心健康发展，为成年期的生命保护和晚年的生命质量奠定良好的基础。根据儿童身心发育特点和生活、学习环境的不同，本节主要将儿童健康教育分为学前期健康教育、学龄期健康教育和青春期健康教育。

二、儿童的生理和心理特点

（一）学前期的生理和心理特点

3~6 岁是学龄前期(preschool period)，简称学前期。学前期的生理心理特点主要有：

（1）体格生长速度平稳：学前期生长发育趋于稳定，每年体重约增加 2kg，身高约增加 5~7cm。

（2）免疫活跃：淋巴系统发育很快，中性粒细胞较少，易出现免疫性疾病。

（3）性格形成的关键期：学前期儿童脑发育接近成人，精细动作、言语、智力发展迅猛，语言复杂性提高，思维、想象力开始发展，自主性和独立性增强，自觉、坚持、自制力等随思维、语言和社会情感的发展与教育出现，情绪开始符合社会规范，逐步形成美感、理智感和道德感，是性格塑造和形成的关键时期。

（二）学龄期的生理和心理特点

6~11/12 岁是学龄期(school-age period)，相当于小学阶段。学龄期的生理心理特点主要有：

（1）体格生长稳定进展：未进入青春期的学龄期儿童体格生长平稳增长，每年体重约增加 2kg，身高约增加 5~7cm。部分女生在学龄期的中后期，少部分男生在学龄期的后期进入了青春期。

（2）容易发生某些常见病：由于不良的学习生活条件和习惯，近视等学生常见病患病率增高，单纯性肥胖、儿童高血压等生活方式病的卫生保健需求大，是接受健康教育的最佳时期。

（3）心理发育的重要转折时期：此期课程学习取代游戏成为主要学习方式，随着进入学习阶段，与学业相关的生理心理问题逐渐显现；有意注意、记忆逐步取代无意注意、记忆；注意力集中时间延长；思维从具体形象逐步向抽象逻辑过渡；情绪开始成熟，初步出现爱、憎恨、美感、义务感等高级情感；心理发育更具有社会性，学习困难、人际关系适应不良、品行障碍等成为主要的心理问题。

（三）青春期的生理和心理特点

从青春发动开时到生长基本成熟的阶段称为青春期(adolescence)，相当于人生的第二个 10 年，即 10~19 岁。青春期的生理心理特点主要有：

（1）体格生长加速：随着青春期发动，体格生长加速，身高、胸围、臂围、腿围、肩宽、盆宽等形态指标均出现第二次生长突增，最终形成肩部宽、骨盆窄、肌肉发达的男性体态，以及骨盆较宽、肩部较窄、体脂丰满的女性体态。

（2）生理功能日臻成熟：各内脏组织器官体积增大、重量增加，功能日臻成熟。

（3）内分泌功能活跃：通过下丘脑-垂体-性腺轴调节，与生长发育有关的激素(如生长激素、甲状腺素、雄性激素、雌性激素等)分泌明显增加。

（4）生殖系统功能发育骤然增快：青春期发育之前，人体内外生殖器官几乎没发育，进入青春期后男女外生殖器和生殖系统功能发育骤然增快并迅速成熟，到青春晚期已具有繁殖后代能力。

（5）第二性征迅速发育：进入青春期后，男女由于受到不同性激素的影响而出现一系列与性别有关的机体外部特征，男童表现为阴毛、腋毛、胡须发育和变声、喉结出现，女童表现为乳房、阴毛、腋毛发育，从而使得男女两性的外部形态特征差别更为明显。

（6）心理发展加速：随着体格的迅速增长和生殖系统的迅速发育与成熟，青春期儿童的心理发展特别是性心理发展也发生着快速的变化。虽然青春期的生理发育已基本成熟，然而其心理发展相对滞后，是一个半幼稚、半成熟时期，是独立性和依赖性、自觉性和幼稚性错综矛盾的时期。其心理发展过程中常常出现性生理发育迅速成熟与性心理相对幼稚的矛盾、自我意识迅猛增长与社会成熟相对迟缓的矛盾、情感激荡要求释放与外部表露趋向内隐的矛盾，从而容易出现青春期特有的心理-行为问题。

三、儿童健康教育的基本内容

（一）学前期健康教育的基本内容

学前期健康教育的内容主要包括以下几个方面。

1. 心理健康教育 学龄前期正是儿童智力、道德、心理的塑造阶段,心理健康状况将会给儿童带来一生的影响,各部门及家庭应高度重视,并采取多种形式开展健康教育。心理健康教育内容包括人际交往培养;基本的社会行为规则;注意力培养;言语训练;激发好奇与探究欲望,发展认识能力;性格塑造;适应幼儿园的生活,情绪稳定等。

2. 身体保健和生活自理教育 主要包括良好饮食习惯、睡眠习惯、排泄习惯的培育,以及生活自理能力的培养等。

3. 安全教育 主要包括交通安全教育、电与气的安全、游戏安全、食物安全等。

（二）学龄期健康教育的基本内容

1. 健康行为与生活方式 学龄期是健康行为与生活方式培养的关键时期,应教育儿童逐步养成良好的饮食起居习惯、生活卫生习惯和用眼卫生习惯等。

2. 疾病的预防 学龄期儿童要了解以下常见病和传染病的基本预防知识:①常见呼吸道传染病(流感、水痘、腮腺炎、麻疹、流脑等)、肠道传染病(细菌性痢疾、伤寒与副伤寒、甲型肝炎等)以及肠道寄生虫病(蛔虫、蛲虫等)对健康的危害与预防;②常见的与健康生活方式有关的成年期疾病(肥胖、高血脂、高血压、糖尿病等)的早期预防;③懂得接种疫苗是预防一些传染病最有效、最经济的措施,同时应当按照免疫程序积极参与疫苗的接种;④了解一些营养素缺乏对健康的危害与预防,如缺铁性贫血、碘缺乏病;⑤流行性出血性结膜炎(红眼病)的预防等。

3. 心理健康指导 学龄期是心理发育的重要转折时期,应注重加强儿童学习和人际关系有关问题的心理教育指导。

4. 生长发育与青春期保健 了解生命的孕育与生命周期,初步了解身体主要器官的功能,学会保护自己,青春期的生长发育特点,男女少年在青春发育期的差异,女生月经初潮及意义,男生首次遗精及意义,青春期的个人卫生保健知识。

5. 安全应急与避险 交通伤害目前居我国儿童伤害首位。掌握安全交通知识,提高交通安全意识,选择安全的交通行为是减少儿童交通伤害发生的有效途径。

（三）青春期健康教育的基本内容

1. 青春期卫生与行为指导

（1）青春期生理卫生指导:①养成良好的起居习惯,注意个人清洁卫生,培养正确的刷牙方法;②痤疮发生的原因、预防方法;③月经期间的卫生保健常识,痛经的症状及处理;④选择和佩戴适宜的胸罩。

（2）合理营养,平衡膳食:①认识人体需要的各种营养素及主要食物来源,了解各类营养素对人体的主要作用以及常见食物的营养价值;②食物多样,谷类为主,多吃蔬菜水果和薯类,适量吃鱼、禽、蛋、瘦肉,注意荤素搭配;③三餐合理,规律进餐,饮食应适度,不偏食节食,不暴饮暴食,保持适宜体重增长;④合理选择零食,足量饮水,不喝含糖饮料;⑤少盐少油,控糖禁酒。

（3）适量运动:①了解体育锻炼对人体身心健康的良好作用,培养体育运动兴趣和良好的体育运动习惯;②要根据不同年龄、性别和健康状况,安排不同内容和不同强度的运动;③要遵循循序渐进、持之以恒的基本原则,运动前要有准备活动,运动后要有整理活动,注意运动与休息适当交替;④要充分利用日光、空气和水进行锻炼,保证每天至少户外活动 60 分钟;⑤注意体育锻炼的卫生与安全,预防运动创伤。

（4）疾病的预防:①了解近视、肥胖、龋齿、脊椎弯曲异常、贫血、肠道寄生虫等常见病的预防知识;②了解常见传染病如肝炎、痢疾、流感等的传播途径和预防措施;③了解肺结核、艾滋病、性病的传播途径与预防策略。

（5）意外伤害的预防:①学会识别交通标志,开展遵守交通规则和交通安全教育;②了解游戏和体育运动中的安全知识;③了解预防溺水、触电、烫伤、烧伤、煤气中毒、农药中毒的卫生常识;④了解意外事故中的自救常识。

2. 青春期心理健康教育

（1）树立正确的自我观念和良好的自我意识:了解自我,悦纳和接受自我,发现自身潜能和优势,能客观、公正地进行自我评价,有意识培养坚强的意志、顽强的毅力、刚强的品格等心理素质,正确面对现实,接受现实,在面对选择时能够依据自身特点进行判断和决策,建设性处理各种生活事件。

（2）正确处理情绪问题:针对青春期容易出现焦虑、抑郁等情绪障碍方面的问题,引导青少年自愿表露或表达内心真实的情绪感受,较好地认识自己和他人的情感,以做出适应的反应;指导青少年采取适宜的方式进行情绪的宣泄和调整,正确处理情绪问题。

（3）建立和谐的人际关系:平时多与家人、老师、同学和亲友交流,学会宽容和理解;当自己心里难受或不开心时,应主动向家人、老师、同学和朋友寻求帮助。

（4）远离各种成瘾行为:了解有关烟草、酒精、毒品的基本知识及其对健康的危害,做到不吸烟、不饮酒、不吸毒;认识到网络在给我们带来许多好处的同时,也带来许多不安全因素,远离网络成瘾,警惕网络交友的危险性。

（5）正确引导青少年早恋:青春期男女间的相互倾慕,乃至早恋,是其身心发育的结果,是成长过程中很多人必经的烦恼和困惑。对寻求帮助的青少年要有足够的耐心、理解和宽容,充分尊重他们的人格、情感与隐私,正确引导,并进行恰当的性生理知识教育,消除青少年对自身生理变化和异性的神秘感。同时开展性道德教育,培养青少年与异性的正常交往。

3. 青春期性教育　青春期性健康教育是指通过宣传、教育、服务等多种途径,有目的、有计划、有组织、有系统地向青少年传授性生理、性心理、性道德、性安全教育方面的科学知识,帮助其建立健康的性意识和正确的性价值观,确立正确的性角色意识,养成正确的性行为规范。

（1）性生理教育:即性知识教育,是青春期健康教育的起点,也是性心理、性道德教育的基础。包括男女生殖器官的解剖生理学知识,男、女体格和体态发育的差异,第二性征发育,月经初潮和经期卫生,首次遗精及注意事项,手淫的危害与预防,不安全性行为的危害与预防等,还包括性病、艾滋病的预防。

（2）性心理教育:性心理教育是青春期性健康教育的难点,包括男女性别角色心理、青春期心理、性爱发展心理、择偶心理、恋爱心理、婚姻心理、生育心理以及性心理卫生知识、性心理障碍咨询、预防性变态及性犯罪心理等。重点是帮助青少年解除初潮焦虑和遗精恐惧,消除对性器官变化的担忧,克服性冲动的困扰,消除因手淫而产生的心理变异等。

（3）性道德教育:性道德教育是青春期性健康教育的重点内容。青春期性道德与成人男女间的性道德不同,它指的是青春期阶段联系和调整男女青少年之间关系的道德规范和行为准则。例如,如何正确对待两性性别的差异,怎样正确地与异性交往,如何正确区分友谊和爱情的界限,如何正确理解和对待"性自由"和"性解放"等。

（4）性角色认知教育:性角色认知教育是指教育青少年明确认知自己的性别,懂得符合自己性角色的言谈举止和健康的美,懂得性的自我调节,培养自信心和自尊心,正确对待性别问题,从根本上消除性角色认知障碍。

（5）性安全教育:性安全教育是指通过向青少年介绍性生理、性心理和性的基本社会特征等知识,帮助青少年正确、全面地认识性,预防与性有关的健康问题,保护自身性行为,免受性侵害。如向青少年讲授正确使用安全套及其他避孕方法,使其免受意外妊娠、性病、艾滋病的危害;加强性纯洁教育,倡导婚前性纯洁,指导青少年如何驾驭性欲并为将来成功的婚姻和家庭做好准备;帮助青少年学会识别不安全环境,学会预防与处理性侵害的技能,培养性防范意识和能力;教育青少年一旦受到性侵害后,要尽快报案,并采取紧急措施避免妊娠,同时进行必要检查和治疗以预防性病;必要时可向学校、社区、社会救助机构、青少年保护机构、心理咨询机构等寻求援助。

四、儿童健康教育的注意事项

1. **开展健康教育需求评估**　在对儿童开展健康教育前先对其进行健康教育的需求评估,以便确定更具针对性的健康教育的具体内容和方式方法。

2. **创建良好的教育环境**　包括良好的人际环境、事物环境和物质环境,以激发和促进儿童、家长和教师参与健康教育活动的积极性。

3. **多途径开展健康教育**　针对群体儿童可采取课堂授课与参与式教学相结合的方式,开展综合性全方位健康教育,达到教育方法优势互补,可显著提高教育效果,保证健康教育目标的实现。

4. **开展个体化健康教育**　针对不同年龄儿童阶段性身心发育特点及其生活习性的不同,从实际出发,选择合适的教育内容和方法,循序渐进,由简到难;同时,应结合每个儿童的个性特征采取适合的教育手段。如学龄前儿童多采用游戏法、示范法、图片演示法、情景表演法、视听影像法;学龄期儿童多采用课堂讨论、角色扮演、案例分析、游戏与视听活动、同伴教育、网络技术教育。

5. **正面教育为主**　在教育过程中运用积极的方法对儿童进行启发性引导,以说理、表扬、强化、疏导的方法,尽量消除悲观的、错误的思想和态度,激发其模仿、学习等动机,充分发挥儿童的主观能动性,帮助其从小树立健康的理念、正确的生活方式以及自强不息的精神,促进儿童身心健康成长。

6. **坚持理论与实际相结合**　健康教育内容应结合儿童日常生活和兴趣爱好,在实践过程中实现保教合一。要注重内容的科学性、针对性、趣味性、通俗易懂性,培养儿童良好的生活习惯、卫生习惯和道德行为规范,塑造儿童健康的心理素质、优良品质,发展良好人际互动,提高生活自理能力、语言沟通表达能力和认知水平。

第四节　慢性病病人健康教育

国家卫生健康委统计数据显示,我国现有慢性病病人早已经超过 2.6 亿,由慢性病导致的疾病负担占到总疾病负担的近 70%,造成的死亡占到了所有人口死亡的 85% 左右。心脑血管疾病、恶性肿瘤和慢性呼吸系统疾病是主要死因,占总死亡的 79.4%。慢性病严重威胁我国居民健康,已成为影响全球和我国经济社会发展的重大公共卫生问题,而且发病年龄日趋年轻化,超重、肥胖、高血压等发病率持续上升。

一、慢性病病人健康教育概述

慢性病的发生和流行与经济、社会、人口、环境等因素密切相关。包括年龄、性别、种族、遗传、生活方式、社会经济、文化、环境以及卫生保健服务等多个危险因素,涉及政府、医疗机构、工作场所、学校、社区、家庭和个人等多个方面。发病通常是多个危险因素相互作用的结果。一种慢性病是多种因素相互产生,不同的慢性病又归咎于一个或者几个相同的危险因素;多种危险因素共同作用导致多种疾病,多种疾病间又相互影响、加剧,即"一果多因、一因多果、多因多果、互为因果"。加强危险因素控制,强化慢性病早期筛查和早期发现。医防协同,预防为主,推动由疾病治疗向健康管理转变,是目前全世界公认的防控慢性病的最有效、最经济的措施。

由于危险因素的涉及面广,慢性病防控工作不可能仅由政府和卫生部门独立完成,需要全社会共同努力。《中国防治慢性病中长期规划(2017—2025年)》特别指出,要统筹各层次资源,将健康融入所有政策,健全政府主导、部门协作、动员社会、全民参与的慢性病综合防治机制,营造有利于慢性病防治的社会环境;加强健康教育,提升全民健康素养,倡导"每个人是自己健康第一责任人"的理念,促进群众形成健康的行为和生活方式,构建自我为主、人际互助、社会支持、政府指导的慢性病健康管理模式;坚持中西医并重,为居民提供公平可及、系统连续的预防、治疗、康复、健康促进等一体化的慢性病防治服务。慢性病影响因素的综合性、复杂性,决定了防治任务的长期性和艰巨性。每位医护人员以及健康服务和管理者都有义务,积极开展慢性病防治全民教育。建立健全健康教育体系,普及健康科学知识,教育引导群众树立正确健康观。倡导健康文明的生活方式,创新和丰富预防方式。贯彻零级预防理念,协助幼儿园、中小学等全面加强营养均衡、口腔保健、视力保护等健康知识和行为方式教育,实现预防工作的关口前移。协助机关、企事业单位开展工间健身和职工运动会、健步走、健康知识竞赛等活动。在农村和街道依托村(居)委会组织志愿者、社会体育指导员、健康生活方式指导员等,科学指导大众开展自我健康管理。发挥中医治未病优势,大力推广传统养生健身法。积极协助推进全民健康生活方式行动,开展"三减三健"(减盐、减油、减糖、健康口腔、健康体重、健康骨骼)等专项行动,开发推广健康适宜技术和支持工具,增强群众维护和促进自身健康的能力。

二、慢性病病人的生理和心理特点

(一)慢性病病人的生理特点

慢性病患病病程长,治疗见效慢,而且病情经常反复。长期患病,对病人的身心造成很大影响,引起一系列继发症状和健康问题。病人们尽管所患的慢性病种类可能不同,但是有上述相同的继发症状或者健康问题,这是慢性病病人们的重要生理特点。

1. **肌肉紧张和疼痛**　慢性病病人中普遍存在由疾病引起的浑身乏力、肌肉紧张和疼痛,以肩胛部、颈、腰、背部多见,如果得不到有效干预,常发展成慢性颈椎病、腰痛、背痛等。

2. **胸闷、气短**　肌肉紧张和疼痛,特别是呼吸道肌肉血管紧张,可导致呼吸循环功能下降,出现胸闷、气短,成为慢性病病人的常见生理反应之一。

3. **睡眠不佳**　慢性肌肉紧张和疼痛不可避免地影响睡眠质量,睡眠不佳在慢性病病人中非常普遍,严重者还会失眠。

4. **疲劳**　疲劳是慢性病人群的常见症状之一。不论原发病如何,仅仅是长期肌肉紧张、胸闷、气短,加上睡眠质量差,就使疲劳成为慢性病的必然结果和常见伴随症状。

5. **多个症状并存,形成恶性循环**　上述健康问题,在多数慢性病病人中共同存在,而且互相加重,并进一步导致慢性病病情恶化,反过来再加重上述症状,形成恶性循环,急需有效的干预,各个击破。因而,对不同慢性病病人一起进行健康教育时,可以从他们共同的健康问题或者症状入手,如有效呼吸、应对疲劳或者改善睡眠的方法等,而不是局限于如何治愈疾病,以此来更好地应对和管理慢性病,提高病人工作和生活质量。

(二)慢性疾病病人的心理特点

1. **震惊、否认、不知所措**　患慢性病会影响到病人的心理状态。震惊、否认、不知所措是发病初期常见的病人第一反应。病人表现为对于自己患病的诊断感到震惊和难以置信,不知道怎么办才好。这是个体正常的心理防卫反应,给病人一点时间,配合适当引导,常可顺利平复。但也有的耗时较长,四处求医,到处问诊,迟迟不肯接受患病事实。

2. **悲观失落、心境抑郁**　接受患病事实后,病人还可出现悲观失落、心境抑郁。主要表现为:忧心忡忡、沉默不语、悲观失望、愁眉苦脸、怨天尤人、甚至产生"生不如死"的轻生念头。特别是面临家中有入学、就业、婚恋的年轻人时,发现自己患慢性终身性疾病时,易自卑抑郁、郁郁寡欢,认为无药可医、未来无望,对治疗消极敷衍甚至抗拒。

3. 烦躁、紧张和焦虑　慢性病的治疗和管理过程中,尤其是在病情不稳或者恶化时,病人容易情绪不稳定,冲动、易怒、紧张、难以控制自己的情绪,以及出现烦躁、失眠、焦虑等。

4. 病人角色两极化　病人角色,指疾病病人为社会所期待的行为方式。个体患慢性病后,原有充当的社会角色就会部分或全部地为"病人"这一角色所取代,相应地部分或全部地减去其原有的家庭或社会责任。慢性病的治疗和管理过程中,由于某种原因病人可出现"病人角色行为减退",又重新承担起本应免除的社会角色和责任,放弃病人角色和治疗,不顾病情而从事力所不能及的活动。还有的病人安于已适应的病人角色的现状,自觉病情严重程度超过了实际情况,出现"病人角色强化和依赖",治疗中消极被动,将专业人员和家人的照顾认为是理所应当的。

三、慢性病病人健康教育的基本内容

(一)知晓慢性病的特点

慢性疾病,如高血压、糖尿病,起病缓慢(几年或者多年,危险因素长期损害的结果),病因常不明确,公认为是多个危险因素(如遗传、生活方式、社会压力等)相互作用的结果。没有特异性诊断,化验检查等多为排除其他可能性原因(如肾脏实质病变、嗜铬细胞瘤、醛固酮增多症、主动脉缩窄等引起的继发性高血压)。常难于治愈,多需要通过生活方式、心理和药物等多种措施进行长期管理,又称慢性病管理。管理目的是消除危险因素,控制症状,预防或者延缓疾病进展。病程长(常终生伴随),病情多反复、时好时坏。

(二)明确慢性疾病病人的角色和任务

慢性病管理中病人的角色和任务与急性病不同。慢性病治疗中,医护人员根据病人需求提供指导建议,协助制订管理方案;除非病情急性恶化或者发作,多数时间病人在家中实施治疗性保健任务(又称自我管理),医患关系是"合作伙伴型"。

(三)熟悉病人自我管理任务

慢性病治疗管理中,医护人员协助病人制订管理方案后,病人多数时间在家中实施自我管理,又称为慢性病的自我管理(chronic disease self-management)。病人自我管理是终生任务,主要有三个方面。首先,疾病和健康管理。如按时服药、合理膳食、适量运动、戒烟戒酒、定期看医生做好随访。其次,社会角色管理。如合理安排生活,继续日常家务、工作、社交等活动,减少疾病对日常生活的影响。第三,情绪管理。妥善处理自己的情绪,特别是因患病引起的情绪变化,如愤怒、沮丧、焦虑和抑郁等,保持心理平衡。

(四)学习慢性疾病自我管理技能

人们多在患病后才真正关注健康,对于"慢性病"和"自我管理"这个名词,更是陌生。慢性病病人要做好上述自我管理任务,需要在专业人员的指导下认真学习。系统学习慢性病相关知识以及自我管理知识和技能,调整身心状态。学习和自身情况结合,学习同时实践,不断发现问题,学会自己解决问题。学会利用外部资源,必要时,积极需求专业人员的帮助。切实掌握基本的慢性病管理知识、技能和方法,才能管理好身体、生活和心绪,最终胜任自我管理。

四、慢性疾病病人健康教育的注意事项

健康教育者要牢记慢性病健康教育的目的,旨在逐步提升病人参与自身疾病管理的主动性,提高病人和家人的疾病知识和自我管理能力,学会适应、解决各种生活事件,胜任自我管理任务,最终达到改善健康状况、提高生活质量、降低医疗费用等目标。条件允许,邀请病人家人、照顾者和朋友一起接受相关教育,在病人的日常生活中他们能给予强有力的社会支持、帮助和监督。慢性病的治疗和管理是一个长期、终生的任务,因此,健康教育工作要根据病人的需要,长期进行。

1. 明确病人的健康需求　慢性病病人常合并一种甚至多种慢性病,患病多年的病人除了疾

病本身的问题,常合并疼痛、疲劳、焦虑等众多生理和心理问题。容易让病人产生"不知从何说起"的沮丧感,教育者面临"不知从何讲起"的无力感。因此,实施健康教育前,全面评估病人身心状态,和病人一起确定"需要解决的健康问题",从"首要关注问题""首先需要解决的健康问题"入手,按照需要层次和问题紧迫性,分层次、步骤循序渐进。

2. **适当确立健康教育内容**　全面评估慢性病病人知识、信念、态度和行为情况,确立教育内容和主题。某些病人特别是年轻病人,发现自己患慢性病后,认为无药可医、未来无望,对医务人员的帮助随意敷衍,对药物治疗采取消极抗拒态度。此时,需要进行疾病相关信念和态度教育,帮助其正确认知和对待疾病,让病人明确慢性病是可防可治的,病人的真正医生是自己,要有信心和希望。学会自我调节,以积极的态度去了解疾病,正确认识其发展过程、治疗方法和预后,勇敢面对疾病,与医生合作,积极配合治疗。如糖尿病的管理,从改变生活方式与饮食结构入手,合理饮食、适当运动,接受正规的药物治疗,重视血糖监测,就可以良好地控制血糖。也可以参加糖尿病俱乐部活动,在丰富的集体活动中获取经验,使自己身心放松,解除心理恐慌。认识精神和心理放松是糖尿病有效的辅助治疗方法。必要时可接受心理专家的心理疏导,以一种持续的、较好的心理状态去应对糖尿病带来的压力。

3. **选取合理有效的教育形式**　除了传统的讲座和咨询,慢性病健康教育还有多种其他形式。如发源于澳大利亚的同伴教育,是慢性病健康教育常用形式之一,教育形式不是讲座和授课,以同伴分享为主,易于理解和接受,易唤起病人的共鸣,共同采纳有益健康的行为。但是,实施中要注意严把质量关。同伴分享结束后,专业健康教育人员要进行回顾和总结,肯定优点,指出不足,使同伴教育效果不断提升。

4. **定期开展效果评价**　病人确诊慢性病初期,实施系统、密集、多次课的系列健康教育,帮助病人尽快适应身心变化、掌握基本知识和管理技能,胜任自我管理,重拾健康。随后,根据病人的情况和需要,每月、每三个月、每半年对其进行需求评估,根据评估情况制订计划,进行相应的健康教育。实施教育同时,注意收集资料进行教育效果评价。阶段性的效果评价对于健康教育活动的推广以及获得相关资金和政策支持非常重要。评价项目多样化,包括治疗依从性、体育锻炼、饮食等行为改变情况,还有血糖、血压、肝肾功能等基本生理指标的好转,以及睡眠质量、生活质量改善,焦虑、抑郁等心理学指标改善,特别是健康教育前后病情恶化次数、看急诊或住院次数、年度医疗费用花销等数据对比,这些都是说明健康教育效果、取得政策和领导支持、实现可持续发展的强有力证据。

(王克芳　王　宏　常　明　曹春霞)

 思考题

1. 如何面向社区老年人开展健康教育活动?
2. 如何面向女性群体组织开展健康教育活动?
3. 针对女性特点组织开展健康教育活动过程中,应该注意哪些事项?
4. 开展儿童健康教育应注意哪些问题?
5. 如何面向慢性疾病病人开展健康教育活动?

第十章 场所健康促进与健康教育

本章要点

1. **掌握** 各健康促进场所专业人员工作策略。
2. **熟悉** 各健康促进场所的概念和标准。
3. **了解** 各健康促进场所的概述。

《渥太华宣言》提出的健康促进工作的五大领域（制定健康的公共政策、建立支持性环境、强化社区行动、发展个体技能、调整健康服务）和三项基本策略（倡导、赋权、协调）被公认为是全球卫生健康事业发展的指南。健康促进离不开人类活动的各类场所，这些场所小到家庭、社区、学校、企业、医院，大到城市、国家。本章主要介绍健康促进场所建设标准以及专业人员在建设中可能采取的工作策略。

第一节 健康中国与健康城市

健康中国是国家发展的战略，健康城市是健康中国建设的城市标准。专业人员应该了解其意义和内容，以便在岗位上发挥积极作用。

一、健康中国

在 2016 年 8 月召开的全国卫生与健康大会上，习近平总书记强调"没有全民健康，就没有全面小康。要把人民健康放在优先发展的战略地位"。同年 10 月，中共中央、国务院印发《"健康中国 2030"规划纲要》。2017 年 10 月，党的十九大报告将实施健康中国战略纳入国家发展的基本方略。2019 年 6 月 25 日国务院印发了《关于实施健康中国行动的意见》（国发〔2019〕13 号）。7 月 9 日国务院成立健康中国行动推进委员会。7 月 15 日国务院接连发布《健康中国行动（2019—2030）》和《关于印发健康中国行动组织实施和考核方案的通知》（国办发〔2019〕32 号）。这表明健康中国建设进入了实质性的全面实施阶段。

（一）健康中国战略提出的背景与意义

随着我国工业化、城镇化、人口老龄化、疾病谱变化、生态环境及生活方式变化等，也给维护和促进健康带来一系列新的挑战。健康服务供给总体不足与需求不断增长之间的矛盾依然突出，健康领域发展与经济社会发展的协调性有待增强，需要从国家战略层面统筹解决关系健康的重大和长远问题。"健康中国战略"的提出与推进，就是用健康促进的思路去解决这些问题，其意义重大。推进健康中国建设，是全面建成小康社会、基本实现社会主义现代化的重要基础，是全面提升中华民族健康素质、实现人民健康与经济社会协调发展的国家战略，是积极参与全球健康治理、履行 2030 年可持续发展议程国际承诺的重大举措。

（二）健康中国战略的指导思想及原则

推进健康中国建设,必须高举中国特色社会主义伟大旗帜,以党的历代领导人重要思想和理论体系为指导,紧紧围绕统筹推进"五位一体"总体布局和协调推进"四个全面"战略布局,认真落实党中央、国务院决策部署,坚持以人民为中心的发展思想,牢固树立和贯彻落实新发展理念,坚持正确的卫生与健康工作方针,以提高人民健康水平为核心,以体制机制改革创新为动力,以普及健康生活、优化健康服务、完善健康保障、建设健康环境、发展健康产业为重点,把健康融入所有政策,加快转变健康领域发展方式,全方位、全周期维护和保障人民健康,大幅提高健康水平,显著改善健康公平,为实现"两个一百年"奋斗目标和中华民族伟大复兴的中国梦提供坚实健康基础。

实施健康中国战略的原则:健康优先、改革创新、科学发展、公平公正。

（三）健康中国战略的主题

"共建共享、全民健康",是建设健康中国的战略主题。核心是以人民健康为中心,坚持以基层为重点,以改革创新为动力,预防为主,中西医并重,把健康融入所有政策,人民共建共享的卫生与健康工作方针,强化早诊断、早治疗、早康复,实现全民健康。

共建共享是建设健康中国的基本路径。从供给侧和需求侧两端发力,统筹社会、行业和个人三个层面,形成维护和促进健康的强大合力。

全民健康是建设健康中国的根本目的。立足全人群和全生命周期两个着力点,提供公平可及、系统连续的健康服务,实现更高水平的全民健康。

（四）健康中国战略的目标

到 2020 年,建立覆盖城乡居民的中国特色基本医疗卫生制度,健康素养水平持续提高,健康服务体系完善高效,人人享有基本医疗卫生服务和基本体育健身服务,基本形成内涵丰富、结构合理的健康产业体系,主要健康指标居于中高收入国家前列。

到 2030 年,促进全民健康的制度体系更加完善,健康领域发展更加协调,健康生活方式得到普及,健康服务质量和健康保障水平不断提高,健康产业繁荣发展,基本实现健康公平,主要健康指标进入高收入国家行列。到 2050 年,建成与社会主义现代化国家相适应的健康国家。

（五）健康中国战略任务

《纲要》坚持以人民健康为中心,站在大健康、大卫生的高度,紧紧围绕健康影响因素,按照从内部到外部、从主体到环境的顺序,依次针对个人生活与行为方式、医疗卫生服务与保障、生产与生活环境等健康影响因素,提出普及健康生活、优化健康服务、完善健康保障、建设健康环境、发展健康产业等五个方面的战略任务。

（六）《健康中国行动（2019—2030）》

为加快推动《"健康中国 2030"规划纲要》的落实,国家出台了《健康中国行动（2019—2030）》,通过 15 项行动进一步强化政府、社会、个人责任,明确任务分工,这是健康中国战略落地推进的有力抓手,也是国家动员全社会健康促进的经典案例。健康中国行动包括健康知识普及行动、实施合理膳食行动、全民健身行动、控烟行动、心理健康促进行动、健康环境促进行动、妇幼健康促进行动、中小学健康促进行动、职业健康保护行动、老年健康促进行动、心脑血管疾病防治行动、癌症防治行动、慢性呼吸系统疾病防治行动、糖尿病防治行动、传染病及地方病防控行动。

二、健康城市

随着城镇化进程的不断加快,城市人口的迅速增长,让城市本身和居住在这里的人们面临交通拥挤、住房紧张、用水困难、环境污染、生活工作紧张、暴力伤害等各种各样的问题。同时,还导致国家卫生资源的配置、卫生服务提供方式出现失衡。所以,城市的可持续性发展被越来越多的讨论和探索。

（一）健康城市概念与原则

2016 年在上海举办第九届全球健康促进大会,发表"健康城市上海共识"。在这个过程中,健康城市的概念几经发展。目前国内专家认为:健康城市是指从城市规划、建设到管理各个方面都以人的健康为中心,保障广大市民健康生活和工作,成为人类社会发展所必须的健康人群、健康环境和健康社会有机结合的发展整体。

"健康城市上海共识"提出健康城市治理的五大原则:

1. 将健康作为所有政策的优先考虑　优先实施能够共同实现健康和城市其他发展目标的政策,在制定城市规划中鼓励所有社会各方的参与。

2. 改善社会、经济、环境等所有健康决定因素　实施健康城市发展规划和政策,包括减少贫困和不公平,关注每个人的健康权益,加大社会投入,增进社会包容,促进城市资源可持续利用。

3. 促进社区积极参与　采取综合措施促进学校、工作场所和其他单位的健康;提升人群健康素养;充分利用社会创新和交互技术,使各类人群能够掌握健康知识和技能。

4. 推动卫生和社会服务公平化　确保公共服务公平可及,促进医疗卫生服务全覆盖。

5. 开展城市生活、疾病负担和健康决定因素的监测与评估　根据评估结果改善各项政策,提高执行力度。重点关注不公平问题,增加透明度,强化问责。

（二）健康城市建设的优先行动领域

健康城市建设过程中,应优先致力于以下 10 个建设行动领域,并将其全面融入 2030 可持续发展议程:

1. 保障居民在教育、住房、就业、安全等方面的基本需求,建立更加公平更可持续的社会保障制度。

2. 采取措施消除城市大气、水和土壤污染,应对环境变化,建设绿色城市和企业,保证清洁的能源和空气。

3. 投资于我们的儿童,优先考虑儿童早期发展,并确保在健康、教育和社会服务方面的城市政策和项目覆盖每个孩子。

4. 确保妇女和女童的环境安全,尤其是保护她们免受骚扰和性别暴力。

5. 提高城市贫困人口、贫民窟及非正式住房居民、移民和难民的健康与生活质量,并确保他们获得负担得起的住房和医疗保健。

6. 消除各种歧视,例如对残疾人士、艾滋病感染者、老年人等的歧视。

7. 消除城市中的传染性疾病,确保免疫接种、清洁水、卫生设施、废物管理和病媒控制等服务。

8. 通过城市规划促进可持续的城市交通,建设适宜步行、运动的绿色社区,完善公共交通系统,实施道路安全法律,增加更多的体育、娱乐、休闲设施。

9. 实施可持续和安全的食品政策,使更多人获得可负担得起的健康食品和安全饮用水,通过监管、定价、教育和税收等措施,减少糖和盐的摄入量,减少酒精的有害使用。

10. 建立无烟环境,通过立法保证室内公共场所和公共交通工具无烟,并在城市中禁止各种形式的烟草广告、促销和赞助。

（三）健康城市标准

科学评价健康城市发展水平,对于指导各地总结健康城市建设经验,及时发现薄弱环节,有针对性地改进工作具有十分重要的指导意义。1996 年,世界卫生组织根据世界各国开展健康城市活动的经验和成果,公布了"健康城市 10 条标准",作为建设健康城市的努力方向和衡量指标。为了便于操作,世界卫生组织根据这 10 条标准,提出了人群健康、城市基础设施、环境质量、家具与生活环境、社区作用及行动、生活方式及预防行为、保健福利及环境卫生服务、教育及授权、就业及产业、收入及家庭生活支出、地方经济、人口学统计 12 大项,约 300 小项的健康城市指标参考体系。

2018年3月,按照国务院《关于进一步加强新时期爱国卫生工作的意见》中关于"建立适合我国国情的健康城市建设指标和评价体系"的要求,全国爱国卫生运动委员会印发并实施《全国健康城市评价指标体系(2018版)》。评价指标体系针对现阶段我国城市发展中的主要健康问题和健康影响因素,遵循相关性原则、有效性和可靠性原则等,强调秉持"大卫生、大健康"理念,实施"把健康融入所有政策"策略,坚持"共建共享",发挥政府、部门、社会和个人的责任,共同应对城市化发展中的健康问题。指标体系包括健康环境、健康社会、健康文化、健康服务和健康人群5个一级指标,20个二级指标,42个三级指标,能较为客观地反映各地健康城市建设工作的总体进展情况。

全国爱卫办委托第三方专业机构,每年对全国所有国家卫生城市开展评价工作,构建健康城市指数(healthy city index,HCI),分析评价各城市作为健康城市建设的工作进展,促进各地及时发现工作中的薄弱环节,不断改进健康城市建设的工作质量,推动健康城市建设良性发展。

世界卫生组织的健康城市标准和我国健康城市标准指标明确,内容详实,根据这些标准,很多城市被评为健康城市。但是这并不意味着健康城市建设已经完美,评估的目的是以评促建,关注建设过程,应用这些标准去指导健康医院、健康社区、健康学校、健康家庭的建设,最终实现城市整体可持续发展。

第二节　健康促进社区

2016年7月,我国发布的《关于开展健康城市健康村镇建设的指导意见》中指出要积极推进健康社区、健康机关、健康企业、健康家庭等健康细胞的建设。健康社区是居民享有健康并从事相关活动的必需场所,是我们建设健康城市的"重要细胞"。社区的建设不仅关系着个人的健康,还涉及家庭、社区及整个社会的健康水平。健康社区与健康促进社区表述不同,意义相同。所以本节统一名称为健康促进社区。

一、健康促进社区概述

健康促进社区运动始于1985年的加拿大。美国卫生部于1989年正式启用了"健康社区"概念,并形成了全国性的健康社区、健康城市和健康州的建设。我国的健康促进社区与健康城市几乎同起进行,20世纪90年代,北京、上海、苏州、长春、成都等相继开展健康城市建设试点,并同时启动健康促进社区这一"细胞工程"的建设。因此可以认为,健康促进社区与健康城市相伴而生,只是实现的层次不同,二者属于局部与整体的关系。

(一)健康促进社区的概念

目前我国国内对于健康促进社区没有一个统一的定义,相对公认的定义是:健康促进社区(health promoting community,HPC)是指在社区内部或者与社区相关的外部正式组织、非正式组织、个体能够协同开展各项社会活动,提高社区所有个体的生理、心理、社会、道德和生态的健康水平,从而提高包括各种正式、非正式组织在内的社区整体健康水平。实际工作中健康促进社区建设是按照行政体制管辖区域划分,包括县、乡镇、社区等。

(二)健康促进社区建设的基本原则

健康促进社区是健康城市建设的重要内容之一,是推动健康家庭的最直接的环境和技术支持。健康促进社区建设应遵循以下原则:

1. **多元化发展**　社区是居民赖以生存的场所,其地方特色对于居民自身的认同感、归属感至关重要,社区的规划与发展不仅要实现空间和结构的布局合理化,还应充分考虑并积极挖掘公共资源(人、财、物、资金、信息、技术等),形成具有地方特色的健康促进社区,并保证公共资源的可获得性与公益性。

2. **以人为本**　构成社区的基本要素之一是"人",发展健康促进社区的根本目的即是提高人群健康水平,因此在建设健康促进社区过程中,应根据群众需求提供健康教育相关服务,引导群众树立积极健康观,改变不健康行为,形成健康的行为与生活方式。强化个人对于健康的责任,促进社区个体参与个人的健康管理中,积极提升个体健康素养,促进全民健康水平的提高。

3. **公平公正**　健康是一项基本的人权,在建设健康促进社区中应坚持人人平等地享有基本健康权的理念,积极做好国家基本公共卫生服务的同时,立足本社区,提供优质、高效、公平的医疗卫生服务,使全体居民平等地享受健康服务。

4. **融入政策**　健康促进社区建设不仅关注个体健康水平,也关注全人群、全周期的健康情况,还关注社区的长远规划与发展,注重健康融入所有政策。实施社区全面的健康管理,有效控制影响人群健康的各种因素,实现人与自然的和谐共处,社会的可持续发展。

5. **共建共享**　虽然健康促进社区的形成离不开政府的倡导与管理,但健康促进社区涵盖了健康住房、环境、饮水、体育运动、生活方式等各个领域,需要专家、学者、社会人员的谏言献策,也需要医疗卫生、社会管理、规划建设和环境保护等各级各类部门的协调与配合,还有社区居民的积极参与,是一个协同治理、共建共享的过程。

(三)健康促进社区意义

健康促进社区是新时期爱国卫生运动的重要载体,是推进健康中国建设、全面建成小康社会的重要内容。健康促进社区是建设健康城市的重要细胞工程,为健康城市建设提供健康支持性环境。同时通过健康促进社区的建设,利于完善社区组织、结构与功能,改进社区自然环境、社会环境与人文环境,满足群众健康需求,促使形成健康文明的行为生活方式,实现社区、社会的和谐发展。

二、健康促进社区标准

世界卫生组织于 1987 年 3 月在巴塞罗那提出健康促进社区评价指标体系,包括清洁、安全、高质量的物质环境,稳定、可持续的生态系统,互相支持、没有剥削的社区,公众参与及其对决策的影响,满足基本需求(食物、水、居所、收入、工作),公众健康和疾病照顾服务的最佳条件和较好的健康状况。世界各国针对各自的国情对健康促进社区的建设标准及要求进行了探索,众多学者也对此进行了深入研究,并在实践中得到具体应用。

我国在《全民健康素养促进行动规划(2014—2020)》中明确提出到 2020 年在全国建设健康促进社区 1 400 个。2007 年由全国爱国卫生委员会办公室批准的北京、浙江杭州、浙江宁波、江苏苏州、上海、深圳等城市,在积极打造健康城市的同时,努力完善健康促进社区这一细胞工程。在此基础上,不同的地区应结合自身情况制定符合本地区的健康促进社区标准。国家"全民健康素养促进行动"行动办要求,健康促进社区(单位)为无烟环境,有促进身体活动的场地和设施,设立固定宣传栏,定期更换宣传材料,组织全民健身、知识竞赛、专家讲座等多种活动,为参与人员发放健康生活方式宣传材料与支持工具(控油壶、限盐勺、计步器等)。根据国家爱卫会《关于开展健康城市健康村镇建设的指导意见》中健康城市发展精神,健康促进社区应满足以下条件:

1. **健康环境**　本社区空气质量、建筑设计符合健康城市要求,生活用水安全、卫生,社区环境清洁,有一定的绿化设施。

2. **健康社会**　综合考虑社区规模,结合周边情况及居民实际需要,提供一定的休闲健身活动场地,合理配置康体、医疗保健、社区养老等配套设施和相应的社会服务。

3. **健康服务**　社区基本公共卫生服务开展较好,各类卫生资源配置合理,利用率高。居民在社区的帮助下,健康素养得到提升,具备一定的健康管理能力,能够处理一般的健康问题。

4. **健康人群**　社区常见病、多发病得到有效诊治,艾滋病、结核、流感、手足口病等重大传染性疾病及慢性非传染性疾病得到有效控制,无新发传染性疾病的发生。突发公共卫生事件处理得当,控制较好。

5. **健康文化**　社区形成良好的健康氛围,人群健康行为生活方式养成,能获取科学健身知识并能积极参与各项健康活动,身体素质得到提升,人群健康素养不断提高。

三、健康促进社区专业人员工作策略

健康促进与健康教育工作是健康促进社区建设的基础性工作。专业人员在参与健康促进社区建设时须思路清晰、明确职责,并掌握一些基本的工作策略与方法。

1. **把握政策和标准,对接需求**　关注并了解国家系列宏观政策、标准,对接健康促进社区建设赋予的任务和要求,同时还要关注社区成员的健康需求。

2. **协助社区创造健康环境**　社区是群众生活工作的场所,其环境好坏将直接影响人的健康。社区自然环境包括空气、水、土壤、绿化等,社会环境包括家庭、工作及休闲地等,涉及政治、经济、文化、传媒等领域。因此,专业人员须参与并协助社区创造健康支持环境,在完善社区健康设施、丰富健康文化、推动无烟社区、改善居住环境等方面发挥专业人员的作用。

3. **密切联系社区**　积极动员并开发社区中的各类资源,帮助社区发掘健康需求,公开健康促进与健康教育工作计划并收集建议,将部分工作和权限下放到社区,鼓励群众参与。

4. **系统开展健康教育工作**　根据《健康中国行动(2019—2030)》文件要求,针对不同人群、不同健康问题全方位、全周期开展健康教育工作;建设网站、开发 APP、设立公众号、建立微信群,不断创新健康教育手段与方法;开展群众性健康竞赛、建立健康管理小组、开设社区健康论坛,不断丰富健康教育形式类别;开展各种形式的健康座谈会和小调查活动;与专业机构、院校、科研机构合作研究,不断提升健康教育的效益;开展各类人员健康能力培训工作等。

5. **调整卫生服务方向**　根据社区健康问题,优先做好预防工作,并对群众最关心的、主要的、重要的健康问题进行系统干预。

第三节　健康促进医院

随着健康中国战略的推进、医学模式的转变,医院服务模式由以治病为中心向以健康服务为中心转变已是不可逆转的趋势。发挥医院的优势,为病人、家属、工作人员和广大群众提供全方位、全生命周期的健康服务,已经成为医院提高医疗质量、控制疾病的重要策略。

一、健康促进医院概述

(一)健康促进医院概念

1988 年,世界卫生组织在哥本哈根召开国际医院健康促进研究会,发起关于启动健康促进医院(health promoting hospital,HPH)项目。截至 2016 年 12 月底,健康促进医院国际组织在全球五大洲40 多个国家和地区建立了 25 个区域性网点,会员单位累计超过 1 000 家医院或卫生服务机构。

我国健康促进医院起步于 20 世纪 80 年代末。截至 2017 年底,在中央补助地方健康素养促进行动项目的支持下,全国共有 3 014 所医院已经开展了健康促进医院试点建设工作,其中一级医院 808 所,二级医院 1 008 所,三级医院 716 所,其他医院 482 所。

健康促进医院的目的就是通过发展健康组织、弘扬健康文化、引导卫生决策和促进健康过程,提高利益相关者的健康收益。目标就是使医院成为健康促进中心,而不是手术和药物治疗中心。基于此,世界卫生组织欧洲区在 2006 年出版的《在医院实施健康促进:手册和自我评估表格》中将健康促进医院定义为:医院不仅要提供高质量的综合性医疗服务,还要达成以健康促进为目标的集体认同感,建立医院全体以员工和病人都能积极参与健康促进的组织结构和文化,医院本身要发展促进健康的物质环境,并能与医院所在的社区积极合作。

(二)健康促进医院的意义及优势

1. **健康促进医院意义**　健康促进医院是一个平台,医院、医务工作人员、病人、社区居民、社

会各界在这个平台上良性互动、互相促进,最终实现病人和公众健康水平提升。具体来讲,就是推动医院管理者将健康促进理念、策略融入医院建设管理和服务的全过程中,通过制定实施有利于健康的制度、创造有益于医患身心健康的环境、强化社区健康行动、开展健康教育、优化健康服务等举措,进一步提高病人及其家属、社区居民和医务人员的疾病防治、健康生活方式等方面的知识和技能,提升他们的健康素养和健康水平。国内外实践证明,健康促进医院的建设具有重要意义:

(1) 有利于提升医护质量;

(2) 有利于改善病人愈后及;

(3) 有利于提升病人生命质量;

(4) 有利于促进医患和谐;

(5) 有利于提高病人满意度;

(6) 有利于推进医院文化建设;

(7) 有利于提升医务人员职业素养。

2. 健康促进医院的优势

(1) 健康促进医院不但强调了对病人、家属和社区的健康知识传播,而且强调了政策、环境因素对人们的影响。健康促进医院通过制订一系列有利于促进医护、病人、家属的健康政策和规定,使医院健康教育制度化、规范化和流程化,进而保证健康促进与健康教育的实施效果。

(2) 健康促进医院将以健康为中心的理念融入到医院各项工作中去,可以极大地调动医院所有的资源,明显提高治疗效果和健康促进与健康教育的成效。

(3) 健康促进医院提倡以人为本的人文内涵,以人人享有卫生保健为目标,强调医院以人为本而不是以疾病为本的工作模式,为创建和谐的医患关系提供了良好的机制。

(4) 健康促进医院强调创建一个有利的生活环境,注重对环境的保护,使用有利于环境保护的产品。

(5) 医院以制度化的方式,把促进医务人员自身健康作为工作的重点内容之一,可以很好地保护医护人员自身的健康。

二、健康促进医院标准

1991 年,WHO 在布达佩斯召开第一届健康促进医院国际网络会议,发布了布达佩斯宣言(Budapest Declaration on Health Promoting hospital),指出:

除了提供优质的医疗和保健服务外,一个健康促进医院应做到:①医院贯彻实施以健康促进为导向的观念、工作目标和机制;②明确医院环境会对病人、医护人员和社区成员的健康构成影响。医院的物质环境(建筑)应该有助于维持和促进疾病的治疗;③鼓励病人根据自己的健康能力积极参与治疗过程;④在全院鼓励参与有益于健康的活动;⑤为医护人员提供促进和保护他们健康的工作条件;⑥努力使健康促进医院成为健康服务和健康的工作场所的示范;⑦与在社区开展的健康促进活动和地方政府保持经常性的合作关系;⑧改善与现有社区中的各种社会服务和健康服务活动的交流和合作;⑨通过社区的社会和健康服务、志愿者组织或机构对病人和他们的家属提供更多的支持;⑩确认和承认特殊人群(如老年人、疾病迁延不愈者)和他们的特殊健康需求。承认并尊重不同价值观、需求和文化背景的人群之间存在不同的需要;⑪在医院中为长期住院者和慢性病人创设支持、人道和鼓励性的生活环境;⑫改善健康促进工作的质量,为病人和医护人员提供多样化的食品与营养服务;⑬为病人和其家属提供咨询、交流和技能培训的服务;⑭为职工提供教育和技能培训;⑮建立特别是与疾病预防和意外伤害相关的数据库,把这些信息与公共政策制定者和社区中的其他机构进行沟通。

在我国,中央补助地方健康素养行动项目"2014 年健康促进医院项目工作方案"提出创建健康促进医院的七项基本工作内容:①将健康促进融入医院管理政策;②建立与完善健康促进组织管理体系;③开展员工能力建设培训与动员;④建设安全、和谐、健康的诊疗环境,包括物质环境和人文与宣传环境;⑤提高病人、家属和社区居民及医护人员健康促进的知识与技能,包括院内病人健康教育、社区健康促进与合作、医护人员健康促进;⑥特色健康教育与教育促进活动;⑦无烟医院建设。

2016 年,中国健康教育中心受国家卫生健康委员会委托,研究起草了《健康促进医院试点工作规范》《健康促进医院项目参考方案》和《健康促进医院评价参考标准》(2016 版)等技术指导文件,供各省(市)健康促进医院建设参考执行。《健康促进医院评价标准》(2016 版)设一级指标 5 项,包括组织管理、健康环境、无烟医院、健康教育和建设效果;二级指标 13 项;三级指标 41 项。具体标准如下:

(一)组织管理

1. 协调机制

(1)成立医院主要负责同志牵头的健康促进医院领导小组,职责分工明确。

(2)每季度召开 2 次工作例会,推进健康促进医院建设。

2. 制度建设

(1)将建设健康促进医院纳入医院目标责任考核、医院发展规划、服务宗旨。

(2)将控烟工作纳入医院目标责任考核和发展规划,有控烟巡查制度、考评奖惩制度、劝阻制度。

(3)明确健康促进工作牵头责任部门,明确各个科室职责。

(4)将针对病人及社区居民开展健康教育工作纳入医护人员绩效考核。

(5)制定全体员工定期接受健康教育与健康促进继续教育或专题培训制度。

(6)全体员工定期体检,接受健康管理。

3. 组织实施

(1)有固定的科室和人员负责全院健康促进与健康教育工作的组织管理和技术指导。

(2)每个临床科室和医技科室有人专/兼职负责本科室的健康教育工作,设有控烟监督和巡查员。

(3)每年制订健康促进医院工作年度计划。包括医院健康促进资源和健康问题评估、工作目标、任务分工、时间进度等。

(4)定期开展员工健康促进医院建设培训,开展控烟培训。

(5)每年全面总结健康促进医院工作,总结经验和问题,接受上级部门的考核评估。

4. 保障措施

(1)有健康促进与健康教育必备的场所、宣传阵地和设备。

(2)保证健康促进与健康教育专项工作经费。

(二)健康环境

1. 诊疗环境

(1)医院设立咨询台,设置导医标识。

(2)医院整体环境卫生,生活垃圾和医疗废弃物分类收集、处置。厕所卫生,有洗手设施。

(3)辐射安全、医疗废弃物等标识清晰、明显。

2. 人文环境

(1)医务人员对待病人和蔼和亲,使用文明礼貌用语。

(2)考虑残疾人、老年人、孕产妇等特殊人群的需求,如绿色通道、优先窗口等。

(3)根据需要提供安全的食品和饮用水。

(三)无烟医院

1. 无烟环境

(1)医院室内完全禁止吸烟,没有烟头,没有吸烟者。

（2）医院所属区域有明显的禁烟标识,所有建筑物入口处、候诊区、会议室、厕所、走廊、电梯、楼梯等公共区域有明显的禁烟标识。

（3）院内不销售烟草制品。

（4）院内无烟草广告、促销和赞助。

2. 无烟宣传

（1）有控烟宣传材料。

（2）开展以控烟为主题的宣传活动,如讲座、咨询等。

3. 戒烟服务

（1）在相应科室设戒烟服务医生和咨询电话,开展戒烟服务和咨询。

（2）医生询问门诊、住院病人的吸烟史,对其中的吸烟者进行简短戒烟干预并有记录。

（四）健康教育

1. 病人健康教育

（1）临床科室有门诊和健康教育工作流程及要点。

（2）临床科室制有病人住院期间和出院后的健康教育工作流程和要点。

（3）临床科室有不同病种的健康教育档案记录:①开展病人健康评估;②为病人提供改进健康、促进疾病康复的个性化建议;③病人出院时,给予病人或家属合理化的出院健康指导或建议;④病人出院后,通过与社区合作、随访等方式,持续提供健康建议。

（4）集中候诊区、治疗区(如输液室)、门诊科室、住院科室合理使用健康传播材料(如摆放健康教育资料,张贴健康海报或健康提示,播放健康视频等)。

（5）设置健康教育宣传栏,县级及以上医院每月更换一次,基层医疗卫生机构每两个月更换一次。

2. 社区健康促进

（1）有针对社区居民健康教育工作的流程和健康教育要点。

（2）开展面向社区的健康讲座、健康咨询、义诊、健康烹调大赛、健康训练营、健康生活方式倡导等健康活动。

（3）通过广播、电视、报纸、网站和新媒体对公众开展健康教育。

3. 职工健康促进

（1）每年对全体员工进行体检,建立健康档案,开展健康评估。

（2）根据员工主要健康问题,开展健康管理,有具体的干预措施。

（3）组织促进身心健康的文体活动,丰富员工生活,提高医院凝聚力。

（五）建设效果

通过问卷调查和座谈了解目标人群的健康干预效果,以及对健康促进工作的支持、理解、满意程度。

三、健康促进医院专业人员工作策略

专业人员是健康促进医院建设的主力军,在实际工作中,既要立足岗位,又要全盘考虑;既要业务有能力,又要策略得当。

1. 更新理念,倡导政策　确立"以健康为中心"的理念、"预防为主"的理念,并将这些理念倡导融入医院的发展战略、服务理念、规章制度、工作流程、操作标准、绩效考核内容等制度和工作环节中,积极推进医院以治病为中心向以健康为中心的服务模式转变。

2. 参与院内健康环境建设与维护　积极参与院内环境建设,完成好建设中院方布置的各项任务。

3. 明确医院、科室和岗位健康教育工作的任务和标准　健康促进医院标准的50%是健康教育工作的考评,即按门诊、病房、随访、社区康复健康教育标准考评。

4. 不断学习、提升健康教育技能　健康教育有理论,有技能,多学科交叉,实践性强,不断提高的空间很大。要做好目标人群的健康教育,必须不断学习、实践,逐渐提高其技能。科普讲座、医学科普写作、微视频、微语音等技能在医院常用。

5. 注重自我健康管理　配合医院的健康促进工作,积极参与健康管理,但现实是医务人员常常忽略自己。有调查显示,医务人员的整体健康状况差于其他行业,列入高危行业。先把自己的健康管好,才有更多的时间和机会管好别人的健康。

第四节　健康促进学校

随着社会经济、科学技术不断发展,儿童早死率不断下降,使得非传染疾病,意外伤害和精神疾病正在成为全球儿童健康的主要问题。许多健康行为和习惯都是在儿童、青少年时期形成并发展,同时她们所获取的知识能够促进改善其他家庭成员的健康行为和习惯,最终影响国家健康水平。健康中国建设的基础环节在学校,学校的健康促进与健康教育影响到未来国民健康素养及健康水平,师生健康,中国健康。健康促进学校也是健康城市建设的细胞工程之一,中小学健康促进行动是健康中国行动15大行动当中非常重要的基础性的行动。

一、健康促进学校概述

1995年,世界卫生组织通过《世卫组织关于学校健康教育和促进的专家委员会建议》。1997年,第四届健康促进国际会议通过《雅加达宣言》,健康促进学校由此从试点走向推广。我国自1995年引入健康促进学校理念和策略。通过多年探索,健康促进学校建设不断成熟。2014年,国家卫生计生委发布《全民健康素养促进行动规划(2014—2020)》,指出全国范围内开展健康促进学校工作,建立健康促进学校长效工作机制,提出每年建设200个健康促进学校的指标,并在健康促进区县开展健康促进学校创建工作,健康促进学校进入全面发展阶段。

(一)相关概念

1. 学校卫生(school hygiene)　为研究正在成长的儿童青少年的身心发展特点和规律,以及它们与教育、环境之间的关系,找出影响学生身心发育和健康的各种因素,从而利用、改造和创造条件,提出相应的卫生要求,采取卫生措施,以达到保护、促进学生身心健康、不断增强学生体力、脑力及其体质,提高整体素质为目的的一门学科。

2. 学校健康促进　学校健康促进是在学校健康教育的基础上发展起来的。学校健康促进强调通过学校、家长和学校所属社区内所有成员的共同努力,给学生提供完整的、有益的经验和知识结构,创造安全健康的学习环境,提供合适的健康服务,动员家庭和更广泛的社区参与,共同促进师生健康。

3. 健康促进学校(health promoting school,HPS)　健康促进学校是指通过学校及学校所在社区成员的共同努力,提供能促进学生健康的、全面的、积极地经验和组织机构,包括正式和非正式的健康教育课程、创建一个安全和健康的学校环境、提供适宜的健康服务。

健康促进学校的目标人群可分为一级和几个次级。一级目标人群指学生群体;次级目标人群指所有与学生生活、学习和周围环境密切相关的人们,包括学校领导、教师员工、学生家长、社区组织领导。此外,大众传播媒体对儿童青少年行为的影响不容忽视。因此,大众传媒可以说是学校健康促进目标的一个特殊领域。

健康促进学校有六个关键特征:①健康学校政策;②学校健康环境;③社会化的学校环境;④健康教育和技能;⑤学校与家长和社区的联系;⑥学校卫生服务的可及性。从本质上来说,健康促进学校是学校健康促进实现的理想模式。

（二）健康促进学校的意义

1. 为学生的素质教育搭建了平台　通过对学生系统的健康教育和技能训练，帮助学生从小树立健康的观念，以讲卫生为荣，不讲卫生为耻的荣辱观，自觉维护公共卫生，养成良好的生活习惯和方式，遵守卫生法规和道德规范。同时对学生进行人类自我认知的自我教育，使得他们懂得以科学的知识保护自身的健康，不断地完善自我，提高身心健康水平。可以说，健康促进学校为学生的思想、文化、道德素质及健康素养教育搭建了平台。

2. 有利于促进和提高学生和教职员工的健康水平　健康促进学校通过制定和落实相关的健康政策，营造健康支持环境，匹配相应的设施、设备，执行营养和食品安全计划、创造体育和娱乐机会，保障学生和教师的卫生服务可及性，对学生和教职工进行个性化和综合性的干预，能够提高其健康素养和健康素质水平，改变其不良生活习惯和方式，促进并提高学生和教职工的身心健康。

3. 有利于提升全民健康素质　儿童、青少年阶段处于生长发育的关键时刻，可塑性大，他们在健康促进学校的经历将帮助他们养成良好的生活、行为习惯，他们所接收的健康知识、健康技能、心理教育将伴随他们的一生，对他们未来的行为和身心健康产生重要的影响。此外，健康促进学校中参与的学校、家长、社区等能因此而受益，全民健康素质得以全面提升。

4. 有利于健康资源的整合　在大教育和大健康观念的指导下，健康促进学校能够有效的整合学校、家庭、社会和各部门的健康资源，实现学校社区化、社区学校化，有效地减少甚至消除不利于健康的各种因素，为师生营造更好的健康环境，提供更优质的健康服务。

二、健康促进学校标准

（一）世界银行标准

2012 年，世界卫生组织西太平洋区对健康促进学校执行情况进行了调查，并将健康促进学校的核心要素总结为六点：

1. 健康学校的相关政策及其落实（healthy school policies）；
2. 学校的物理环境（school's physical environment）；
3. 学校的社会环境（school's social environment）；
4. 社区联系（community links）；
5. 个人健康技能（action competencies for healthy living）；
6. 学校卫生服务和健康促进（school health care and health promotion）。

（二）我国标准

2016 年，上海市疾病预防控制中心、复旦大学公共卫生学院、上海市学生体质健康监测中心按照 GB/T 1.1-2009 给出的规则共同起草，后由国家卫生健康委员会发布《中华人民共和国卫生行业标准-健康促进学校规范》，该规范于 2017 年 2 月正式实施。主要内容包括：

1. 范围　适用于全日制普通中小学校。

2. 建设原则　以促进学生健康发展、因地制宜、学校卫生基本要求与优先项目相结合、过程评估与效果评估相结合为建设原则。

3. 健康促进学校的基本框架内容　政策支持、组织保障、环境营造、社区联合、健康技能培养、卫生服务。

4. 政策支持　学校签署承诺书、制订开展建设工作的计划、制定和完善健康促进学校工作制度。

5. 组织保障　建立健康促进学校工作组、工作组人员接受培训。

6. 环境营造　基础性的健康安全的物质环境、有利于健康的社会氛围。

7. 社区联合　与所在社区建立沟通机制和渠道，与社区共享资源，与学生家庭建立沟通机制和渠道，社区和家庭参与学校的管理。

8. **健康技能培养** 开设健康教育课、开展健康教育活动、学生和教职员工掌握必要的健康知识和技能。

9. **卫生服务** 开展健康监测；开展健康评估，提供预防保健服务；提供必要的医疗服务；提供心理健康教育；开展健康促进优先项目实施计划中的卫生服务；学生和教职员工的健康状况得到改善。

三、健康促进学校专业人员工作策略

健康促进学校的建设是一项长期而艰巨的系统工程，涉及学校、家庭、社会、专业人员、学生等方方面面。健康中国行动之一的中小学健康促进行动实际上就是健康促进学校建设的细化版。专业人员如何配合健康促进学校的建设来发挥作用，要根据学校工作的特点掌握一些基本策略。

（一）倡导健康学校政策

除了部分学校主动作为、重视健康促进学校建设外，还有好多学校对健康教育工作不够重视，健康促进学校的申请也是迫于形势和任务。所以，业务人员在了解健康中国、健康城市、健康促进学校的标准和要求的前提下，熟悉国际、国内健康促进学校建设的先进理念和经验，倡导健康学校政策落实和建全组织，以主人翁的姿态，创建有自身特色的健康促进学校。

（二）扎实推进学校健康教育课程的落实

学校健康教育是学校教育的重要组成部分，它的实施主要有三个方面：①健康课程教学；②健康活动；③健康咨询。这部分工作主要由专业人员在政策和领导的支持下，抓好具体工作的落实。

1. **体育和健康教育课程教学** 健康教育课程教学是指把健康教育纳入学校正规课程的计划教学，也包括在其他课程中融入健康教育内容的教学过程。目的是促使学生获得较系统的卫生知识、拥有健康态度和科学健康观，学习基本的保健技能。帮助学生建立有利于健康的行为，逐渐提升学生的健康素养。体育和健康教育课程的课时、内容教育部有明确的文件规定。专业人员要抓好课时、教材的落实，开齐开足体育与健康教育课程。

2. **健康活动** 健康活动的目的在于和课堂教学相互配合，理论结合实际，促使学生通过亲身体验加深印象，促进学习效果。使学生参与适宜年龄特点的各类健康活动的设计和组织，增加其学习兴趣。如开设校内一小时的课外活动，以健康为主题的夏令营、知识竞赛、社会卫生服务和学校环境清扫等。实践经验表明各种参与式的健康实践活动有助于培养和提高学生的组织能力、自助意识和自我教育效果。

3. **健康咨询和健康行为指导** 健康咨询是学生（或家长）与咨询人员（如教师、医生、护士等有关人员）面对面的接触，集中讨论主要健康问题或者健康活动，为学生或家长提供信息，帮助他们做出正确的选择。健康行为指导是通过健康教育，帮助学生通过自己的能力发现自己的健康问题，理解并解决健康问题，帮助学生建立健康的行为和生活习惯。

心理咨询则是健康咨询中重要的部分，它的重要性在于：①有助于学生认识自己，克服心理障碍，纠正不良行为，改善学习方法；②有利于教师提高工作能力和教学工作；③为学校领导者服务，帮助他们解决管理方面存在的教育与心理问题。

专业人员要学习、掌握以上健康教育技能，有效做好学生的健康咨询与行为指导工作。

（三）参与学校健康环境建设

学校健康环境是激发和促进学生参加健康活动，主动培养健康意识的外部环境，主要包括学校物理环境和社会环境。

学校物理环境主要是指学校的基础环境，包括学校的选址、校舍的建筑、草场面积和运动设施、教室采光、照明、通风、温度、湿度、噪声、课桌椅、给水及排水设备、厕所、浴室、食堂、垃圾处理等。

学校社会环境是指学校内师生之间、员工之间、员工与学生之间、学校与家长之间的相互关

系。学校、社区、家庭均应给学生、教职工及其家庭成员传递积极的价值观,带给其正面的影响。一个良好的学校校风对学生和教职工的心理卫生和社会需求发挥积极的支持作用,一个相互关心、信任和友好的学校环境可以吸引更多的学生关注和参与,最终将学校创建成一个机会均等、男女平等学习的健康环境。除此之外,还要关注家长对学生健康有影响的教育需求,给有困难的学生支持与帮助等。

专业人员可以从师生健康、专业督导的角度参与学校健康环境的建设。不管是工作建议还是督导协调改进设施,还是直接组织、参与相关活动专业人员都要给与专业指导和担负应尽的责任。

(四)动员社会、社区、家庭参与学校健康促进

配合在学校健康促进工作,从专业人员的角度动员社会力量参与。具体包括:①邀请家长参与学校健康活动,共同创设校内外健康环境。如请家长参与学校食品政策的制定与实施、学校环境建设和体育活动组织、对家庭的健康要求制定等;②争取社区、媒体、社会支持学校健康促进工作,组织师生参加相关社会活动,共同创造有利于学生健康成长的社会环境。

(五)做好学校基本卫生健康服务

学校基本卫生健康服务内容包括计划免疫、传染病管理、生长发育监测、健康筛检以及常见病预防和身体缺陷的纠正、突发性疾病的紧急救治、意外伤害的应急措施、口腔卫生、心理咨询及为伤残学生提供特殊帮助等。学校医务室专业人员直接负责这项工作,因此专业人员应该不断学习、总结学校卫生健康服务经验,逐渐提高服务水平和技能,呵护好学生的健康。

第五节　健康促进企业

由于劳动力人口在社会总人口中的比例以及其在社会经济建设中的作用,工作场所健康促进(workplace health promotion,WHP)被认为是成本效益最高的领域。从广义的角度,职业场所包括社会经济生活中所有类型的工作场所,如政府机关、企事业单位、农业生产、军事单位等。本节将重点论述健康促进企业建设及专业人员工作策略。

一、健康促进企业概述

(一)健康促进企业的概念

根据中国疾病预防控制中心职业卫生与中毒控制所的定义(国标 GBZ/T296-2017),WHP(或称"职业健康促进",occupational health promotion,OHP)是指采取综合干预措施,以改善工作条件,改变劳动者不健康生活方式和行为,控制健康危险因素,预防职业病,减少工作有关疾病的发生,促进和提高劳动者健康和生命质量为目的的工作场所的活动。健康促进企业是指为保护和促进企业所有员工的健康和安全,由员工和管理者共同采取的持续改进过程,以及可持续发展的企业场所。健康促进企业的建设既不能脱离企业自身的社会经济环境及其发展目标和策略,也不能脱离卫生健康工作自身的基本原理及其相关的方针和政策。

(二)健康促进企业建设意义

健康促进企业的建设具有以下三点意义:

1. 健康促进企业建设是提高职工健康水平的需要　企业类型不同影响员工健康的因素也各异,职业病发生率、愈后关系到企业职工的身心健康。企业要依法维护劳动者职业健康保护的权利,以人为本,对职工、对企业、对政府负责,用健康促进的工作思路从管理、政策、环境、卫生服务等各个方面采取综合措施,有效改善、提高职工的健康水平,增强企业的凝聚力。

2. 健康促进企业建设是国民经济可持续发展的需要　从宏观发展战略讲,国民经济的发展不能忽视国民的健康问题,日本学者驹井洋曾明确指出:那种靠牺牲国民教育、劳动保护、社会服务、医疗卫生、生态环境等社会进步因素而求得经济指标上升的"增长第一"战略,其后果是令人

失望的。而从"增长第一"向"发展第一"的转变,才是各国发展战略的当务之急。因此,在国民经济发展配套策略研究中,企业作为国民经济建设的主战场,其职业场所健康促进的介入策略不可忽视。

3. 健康促进企业建设是企业市场竞争力提升的需要　　目前在实行医疗保险制度的国家中,其医保费的筹集绝大多数采用的是以单位(企业)为主的单位和个人共负制。随着医保费支出的快速增长,企业对职工健康的关注程度也将会越来越高,特别是当其成为企业的压力时,职工健康便成为企业管理的重要议题。在一些工业化发达的欧美国家,职业场所健康促进已不只是单纯的职工福利,而是企业财务管理的必要途径,因为健康的职工可降低医保支出、减少休工离职、提高生产效率,进而增强企业的市场竞争力。正如 WHO 所强调的"企业的财富取决于工人的健康"。因此,在一定程度上讲,保企业职工的健康就是保企业的生产力。

二、健康促进企业标准

我国现已颁布的职业场所健康促进的相关标准,主要是由中国疾病预防控制中心职业卫生与中毒控制所等研制,包括职业健康监护技术规范(GBZ188-2007)、职业健康促进技术导则(GBZ/T297-2017)、职业健康促进名词术语(GBZ/T296-2017)等。

健康促进企业的目的是指导用人单位创建健康、安全和清洁的工作环境,将健康促进工作融入管理体系和组织文化中,促进劳动者养成健康的工作和生活习惯,并使职业健康促进的积极影响延伸到社区。健康促进企业应坚持领导层支持、员工参与、多部门合作、社会公平、可持续发展的原则。

(一)健康促进企业标准

1. 建立安全、健康、舒适的工作的物质环境　　工作的物质环境是指工作场所的建筑结构、空气、机器设备、生产工具、产品、化学品、原材料和生产流程等。其中的有害因素包括化学性有害因素、物理性有害因素、生物性有害因素、人体工效学有害因素、机械性有害因素、能量性有害因素和交通性有害因素。在长期的工作过程中,上述因素最有可能导致工人罹患疾病、残疾甚至死亡。

工作的物质环境中的有害因素控制措施主要包括:①消除或替代:采用先进的生产技术、工艺和材料从根本上消除或替代职业病危害因素,实现自动化操作;②工程控制:采用防尘、防毒、减振降噪、防暑、防寒、防湿、防非电离及电离辐射等卫生工程技术措施,减少职业病危害因素的接触或降低工作场所职业病危害因素的浓度/强度;③行政管理控制:通过建立和健全企业制度和政策,对职工进行操作规程培训,加强对机器设备和防护设施的维护,建立合理的工作作息制度,实施卫生保健措施,确保良好的管理效果;④个体防护:当采取上述措施仍未达到控制效果时,为劳动者配备和使用符合要求的个体防护用品。

2. 建立和谐的工作的社会心理环境　　工作的社会心理环境不仅包括企业文化,而且还包括影响工人身心健康的态度、价值观、信仰以及日常行为。工作的社会心理危险因素主要包括工作组织性差(如过于严苛的工作要求、过于严厉的时限压力、低的工作自主性、低公平性的奖励机制、低的领导支持、不合理的工作分工与工作设计、不良的交流沟通等)、不健康的企业文化(如缺乏尊重工人的政策和做法,骚扰和威逼恐吓,性别歧视,歧视 HIV 病毒携带者,民族多样性和宗教多样性包容性差以及缺乏对健康生活方式的支持)、独断专行的管理方式(如缺乏协商、谈判、双向沟通、建设性反馈以及公平的绩效管理)、缺乏对工作-生活平衡的支持以及因企业并购、收购、重组,劳动力市场或经济变化导致工人担心失业等。

与工作的物质环境有害因素相比,社会心理有害因素通常需通过调查或访谈等方式进行确认和评估,其控制措施主要包括从源头上消除或改变(如重新分配工作以减轻工作负担;撤换管理者,或对管理人员的沟通和领导技巧进行重新培训;对工作场所的骚扰和歧视零容忍)、减少对工人的影响(如允许灵活性处理工作和生活间出现的冲突;提供管理者和工人的支持;允许工作地点和时间安排有灵活性;公开坦诚地进行沟通)、保护工人(如增强工人自我保护意识,给工人提供相关培训,例如如何避免工作场所的冲突和骚扰等)等。

　　3. **充分利用个人的健康资源**　个人的健康资源是指企业给工人提供的健康服务、信息咨询、资源、机会、灵活性以及相关有利的环境,支持和鼓励工人保持健康的个人生活方式,监护个人身心健康状况。工作场所的个人健康资源方面存在的主要问题包括工作时间过长,健身设备或器材投入不足以及工间休息安排缺乏灵活性;上班期间得不到健康餐饮,就餐时间无法保障,健康食品无处冷藏以及缺乏相关知识;工作场所不禁烟;缺乏方便、经济的初级卫生保健服务;缺乏预防艾滋病的知识或资源等。

　　增强工作场所的个人健康资源的措施主要是为工人提供医疗服务、医疗信息、培训、经费支持、配套设施、政策支持、灵活性以及促进计划等,以方便并促进工人采取健康的生活方式。例如:为工人提供健身设施,或为参加健身课或购买健身器材的工人发放补贴;改进工作量或工作流程,鼓励工人在工作期间步行或骑车;在餐厅和自动售卖机供应健康食品,或提供补贴鼓励工人购买健康食品;采用较为灵活的工间休息时间和时长,给工人留出锻炼时间;制定并实施无烟政策;给工人提供戒烟项目;提供保护个人隐私的医疗服务,例如健康评估、体检、健康监护(如听力测试,血铅含量,HIV 和肺结核病毒携带情况检查)和所在社区医疗卫生机构无法提供的某些治疗(如针对 HIV 的抗逆转录病毒疗法);患有工作相关疾病或发生伤残的工人重返工作时,应启动健康教育或开展支持活动来预防疾病复发或再次损伤。

　　4. **积极参与社区活动**　企业社区参与是指企业参加所在社区的活动或为社区提供自己的专业指导和资源,为社区健康发展提供支持。对于企业参与社区活动,可以选择提供以下支持和资源:发起行动来控制企业污染物排放和实行清洁生产,或者进一步治理所在社区的空气污染或水污染;支持社区对 HIV、肺结核、肝炎及其他传染病的筛查和治疗;将免费或补贴性的初级卫生保健覆盖范围扩大到工人及其家属,也可支持社区初级卫生保健设施建设,以帮助无法获得初级卫生保健的工人,例如中小企业工人和非正式工;即使法律没有明文规定,工作场所也应制定性别平等政策以保障女工的权益,或制定保护其他弱势群体的政策;为工人及其家属提供免费或负担得起的提高素养的教育;为中小型企业工人提供与工作场所健康和安全相关的管理支持和专业指导;用相比法规更严格的标准,减少企业的碳排放量;与社区规划方共同建造自行车道、人行道等;给乘坐公共交通工具和骑车上班的工人发放补贴等。

　　(二)健康促进企业标准的评价方法

　　根据我国现已颁布的相关职业卫生标准,职业场所健康促进的评价指标包括八个方面(一级指标),即组织机构与管理、工作场所管理、职业卫生与一般健康知识、行为干预、健康监测、控制职业危害、全员参与、企业文化。每个方面均包括若干具体的二级指标。绝大多数的二级评估指标的评定结果分为三类:符合/满意、基本符合/一般、不符合/满意三个等级。总体上,评估结果为符合和基本符合在 85% 及以上为通过。

三、健康促进企业专业人员工作策略

　　企业包括国营企业和私营企业,有大企业也有小企业。由于其性质复杂、种类繁多,且以营利为根本目的,所以健康促进企业的建设工作策略要根据国情、人文背景、企业情况、职工情况等因素综合考虑制定。专业人员也要根据在职健康促进企业建设的具体情况而确定自己的工作思路和工作策略。

　　1. **学习借鉴,内化提高**　国际、国内成功经验显示,政府主导、企业负责是推进健康促进企业的首要策略。世界卫生组织在第 60 届世界卫生大会(2007)通过了《工人健康:全球行动计划》;出版了《健康工作场所的框架和模式:背景、支持文献和实践》(2010)和《健康工作场所行动模式——供用人单位、劳动者、政策制定者和实践者使用》(2010)等政策文件。我国也有不少文件和成功的健康促进企业案例。专业人员要熟悉相关文件和案例,将其要求和经验与健康促进企业建设实践相结合,不断提升自身政策把握能力,当好企业健康促进工作的参谋。

2. **倡导政策落地,动员职工共建共享**　专业人员应熟悉政策、学习先进理念和经验,倡导企业管理部门建立 WHP 建设委员会、出台细化政策法规、维护建设支持性环境等。同时动员企业职工积极参与 WHP 建设工作。

3. **赋权与增能**　专业人员要尽力做好本职工作,积极开展健康教育、技能培训等工作,提高职工参与 WHP 建设工作的能力。内容主要包括 4 个方面:①了解职业卫生、职业安全,改变健康、安全观念。②教育干预不良工作行为。不良工作行为包括:不遵守劳动纪律、不科学穿戴防护用具、不遵守操作流程、不参加职业体检等。上述行为可直接或间接导致职工的健康受到损害。③教育干预不良的生活方式。④创造维护支持性环境,如凝练相关的企业价值观、营造企业文化、自觉维护环境卫生等。

4. **以职业健康体检为契机系统开展职工健康管理工作**　《职业病防治法》《职业健康监护管理办法》都对职业健康检查的时间、内容、结果处理作了明确规定。专业人员可以以此为契机,倡导做好企业医务室基本建设(健康小屋、健康管理软件等),开展健康风险评估、制定健康干预计划。通过开展系统的健康管理工作,不断推进健康促进企业的建设,确保企业职工的健康。

第六节　健 康 家 庭

家庭是社会的细胞,是人类共同生活的最小单位。家庭是也是预防疾病和获得健康的重要场所。因此,建设健康家庭、提高家庭的健康能力很有必要。健康中国 15 项行动除了政府其他相关部门努力,也有家庭的责任。

一、健康家庭概述

(一)家庭与健康的关系

家庭是个人健康和疾病发生发展的重要因素,其对健康的影响具有广泛、持久的特点,具体表现为:①有遗传倾向:基因遗传使得种族不断延续的同时,也让疾病遗传成为可能,如血友病、地中海贫血、白化病等。②疾病易传播:由于家庭成员之间的密切接触,许多传染病容易传播,如流感、肺结核、性传播疾病等。近年来研究发现,神经质也容易在家庭成员中扩散。③影响儿童发育及社会化:家庭是儿童生理、心理和社会性成熟的基础环节,家庭教育、家庭结构及功能异常与儿童的躯体、心理方面的疾病关系密切,一个孩子真正健康成长父母起到的作用占 80% 左右。④康复的最佳场所:家庭的精神与物质支持对各种疾病康复有明显的促进作用。⑤生活方式、求医行为雷同:家庭成员长期在一起居住,往往具有相似的生活方式和行为习惯,如吸烟、食盐摄入、睡眠等,均对健康产生潜移默化的影响。同时,家庭的支持和健康信念往往通过影响成员的就医行为进而影响健康的走向。

(二)健康家庭及其特点

健康家庭是社会和谐发展的基石,家庭成员普遍具有健康生活理念,主动学习预防保健知识,有良好的生活习惯和行为,保持身体健康,心理平衡,家庭和睦,乐善好施,邻里团结。健康家庭有以下特点:

1. **良好的生活环境**　①家庭住宅内外环境整洁卫生、绿化环保,空气新鲜;②室内卫生整洁,确保饮用水安全、卫生;③房屋居室布置协调、明朗,家具、物品摆放科学整洁,合理优雅。

2. **和谐的家庭氛围**　①家庭成员之间关系融洽、和睦相处、互敬互爱、互帮互助;②父母与子女之间沟通良好,父母对子女要有正确的教养态度和方法,保持民主、和谐、平等的融洽气氛;

③家庭成员崇尚科学,拥有健康的人格、心态、体魄;④邻里团结,乐善好施,关爱妇女儿童和弱势群体,积极参与公益活动,拥有良好的社会形象。

3. 健康的生活行为   ①起居规律、按时作息,保证充足的睡眠;②合理搭配膳食结构,规律用餐,保持营养平衡;③坚持适当运动,注重锻炼,保持健康的体魄;④不吸烟、不酗酒,远离毒品;⑤娱乐有度,不放纵,摒弃赌博;⑥公共场所不喧哗,遵守公共秩序,做到礼貌谦让;⑦自觉保护环境,遵守社会公德,不随地吐痰,不乱扔垃圾,保持良好的卫生习惯。

4. 优生优育   ①准备结婚的男女青年要主动进行婚前检查;②准备怀孕的夫妻主动到指定机构做孕前优生健康检查,提前戒烟、戒酒,保持健康的体魄;③怀孕的夫妻要按照医生的指导进行产前检查和孕期保健;④做好新生婴儿筛查,婴幼儿保健和疾病预防;⑤为儿童创造良好的教育环境。

5. 健康的养老保障   ①社会养老保障机构健全、完善,居家养老模式完好;②家庭有尊重老人、孝敬老人的良好氛围;③子女常关注老人的心理健康、生理健康,经常与老人进行感情交流,保持老人有一个愉悦的生活环境。

二、健康家庭标准

(一)健康家庭标准
健康家庭建设可参照以下健康家庭标准(表 10-1)。

表 10-1   健康家庭标准

项目	具体内容	标准
科学文明的健康素养	1. 掌握自我保健知识,养成健康的行为和生活方式 2. 倡导健康保健消费,健康消费逐年增长 3. 积极参加全民健身和文化娱乐活动 4. 身体健康,定期参加体检,备有家庭保健药箱 5. 环保意识强,有良好的节约理念	1. 家庭成员健康知识知晓率、健康行为形成率分别达到 95% 以上 2. 家庭成员均参加医疗保险,有健康保健消费支出,并逐年增长 3. 积极参加单位和社区组织的文体活动,坚持体育锻炼 4. 家庭成员定期体检,戒烟限酒,身体健康,无重大疾病 5. 家庭成员具有较好的环保意识,节约用电用水
舒适环保的家园环境	1. 居住面积适宜,光线充足,通风良好 2. 家园整洁,绿化美化家居环境,主动维护公共环境 3. 使用无害化卫生厕所(农村),室内外整洁 4. 垃圾袋装,分类投放 5. 因地制宜开展除四害工作 6. 无违规饲养禽畜、宠物	1. 住所光线充足,通风良好 2. 小区内绿化美化,环境优美,楼道内干净整洁 3. 家庭使用无害化卫生厕所,室内外卫生干净整洁 4. 垃圾袋装化,分类投放,注重废物回收利用,无抛洒乱扔垃圾现象 5. 四害防制设施健全,四害密度达标 6. 宠物豢养遵守有关规定,无违规饲养禽畜现象
健康良好的生活方式	1. 注重使用节能型生活设施,减少使用"一次性"用品 2. 乐于参加社区公益活动及志愿者工作 3. 教育子女从小树立文明健康、节约资源和爱护环境的生活理念 4. 尊老爱幼,老人长寿,儿童健康成长 5. 积极参与健身活动,全家身体健康	1. 家庭减少使用餐巾纸、纸杯等不必要的"一次性"用品 2. 积极参与单位和社区组织的公益活动,家庭成员中有社会公益活动志愿者 3. 加强未成年人教育,从小培养子女环保和节约意识,养成勤俭节约、爱护环境的好习惯 4. 尊老爱幼,老人健康长寿,无重大疾病。重视儿童身心健康,无虐待儿童现象 5. 家庭成员热爱运动,积极参加全民健身活动

（二）健康家庭的评估方法

专业人员在开展健康家庭建设相关工作前，可先对家庭健康状况进行评估，根据不同的结果，采用不同的工作策略。

健康家庭评估尚无统一、公认的量表。大致从了解家庭人口结构、角色结构、家庭价值观、生活方式与习惯、饮食结构、家庭健康投入、健康保险等方面入手，也可重点评估家庭功能。评估的方法有观察法、访谈法、量表法和自设问卷。

三、健康家庭建设专业人员工作策略

健康家庭的理念与实践，为健康中国战略与民众之间建立了纽带，促进自下而上的互联互通，有效推进"健康中国战略"及健康中国行动落地生根。专业人员可在自己的岗位上通过以下工作策略不断推进健康家庭的建设：

1. **了解政策，倡导开发领导**　健康家庭建设的工作一般由社区负责，社区及领导的决策是建设健康家庭的关键。社区专业人员必须首先认真学习并掌握相关的政策、制度、标准、路径。通过倡导，与社区和相关部门对接，争取各级领导对健康家庭建设的重视与支持，将其纳入当地社区建设工作的总体规划中，与文明家庭、和谐家庭统筹评选。

2. **以家庭健康管理为抓手开展健康家庭建设**　根据家庭医生工作要求或家庭健康管理工作规划，通过家庭健康风险评估，系统排查健康风险，制订干预计划，实施环境改造、生活方式管理、疾病管理、特殊人群管理，整体提升家庭的健康理念和健康能力。

3. **系统开展家庭健康教育**　开展健康教育是建设健康家庭业务人员的主要工作。根据家庭生活周期（新婚期、第一个孩子出生期、有学龄前儿童期、有学龄儿童期、有青少年期、孩子离家创业期、父母独处期、退休期）系统开展健康教育工作，不断提高健康家庭自我建设能力，预防家庭中容易出现的重大疾病和社会心理问题。

家庭健康教育的重点对象是家庭的主导者，最大的难点是分散、不好组织。所以，首先要调查了解社区中家庭的基本情况并进行健康家庭评估，找准教育的时机、场所，有针对性做好家庭健康教育。比如学校的家长会、节假日社区讲堂、家长学校、培训班等。也可以通过新媒体（微信、微视频、微语音等）对上班一族进行多种形式的教育。

4. **协助社区组建健康家庭小组**　通过把临近或情况类似的几个家庭组成一个健康家庭小组，定期分享经验。这样便于相互比较、相互监督，最终达到促进健康的目的。在小组中最好有一户示范家庭带动大家。小组一般以3~5户为宜，定期活动，地点轮换，学习时间由小组成员共同商定。

5. **协助竞赛培养典范**　激励与竞赛是促进健康家庭建设的重要手段。社区可以组织一些健康家庭竞赛活动，如以家庭为单位的高血压健康知识、公民健康素养知识竞赛等，对优胜者给予奖励。在考核评比活动中，选拔一些优秀家庭作为健康家庭示范户培养，利用榜样的力量，倡导健康家庭理念。并围绕健康家庭组建小组，定期分享经验。这样便于相互比较、相互监督，最终达到促进健康的目的。

（刘华磊　楚亚林　万晓文　何敏媚　梁　渊　陈小菊）

思考题

1. "将健康融入所有政策"与"场所健康教育与健康促进"的关系是什么？

2. 健康中国与健康城市、社区、学校、医院、企业、家庭之间的关系是什么？

3. 健康促进场所专业人员有哪些共通工作策略？

| 第十一章 | 健康教育在个体健康管理中的应用

本章要点

1. **掌握** 检前、检中、检后健康教育的教育内容和方法;健康风险评估报告解读技巧。
2. **熟悉** 检前健康教育的目的;检中健康教育的特点。
3. **了解** 我国现阶段健康教育在个体健康管理中的作用与地位。

现阶段我国居民健康素养水平较低、自我保健意识差等问题较为突出,党和政府部署的"健康中国"战略以及后续的"健康中国行动"首先解决这一问题。健康教育作为健康管理的重要手段与策略,必将在未来的健康中国行动以及健康管理各阶段服务中发挥积极作用。本章将介绍健康教育技能在个体健康管理各环节中的具体应用,以便于专业人员系统掌握其内容和方法,并在服务岗位发挥作用。

第一节　检前健康教育

健康体检是实施健康管理的首要环节。检前服务包括健康知识和观念的教育、生活方式和行为指导、健康自测问卷介绍、健康体检项目的推荐与个性化体检套餐设计。健康管理及体检前的目标人群很分散,健康观念也各异,需求多样且显性、隐性比例不清,所以健康教育的难度也很大。检前健康教育是针对不同类型目标人群进行个体健康管理前的全面教育与动员。

一、检前健康教育目的

(一)帮助目标人群树立正确的保健观念

现阶段我国居民健康素养水平依然较低,国家 2018 年的统计数据是 17.06%,自我健康管理或自我保健意识较为薄弱,也就是说国民健康保健知识短缺、不愿保健、缺乏保健行动仍占很大比例,加之体检市场不规范,导致大众对疾病防治存在着大量的错误认知,也对健康管理、健康体检存在着很多误区。

有调查显示,多数人对疾病防治的认知仍然停留在疾病、症状诊治上,即有临床症状才应该就医诊治,而对于早期无症状期或无症状发病期并不认为是患病阶段,更不重视疾病危险因素的筛查及零级、一级预防。

因此,帮助目标人群树立正确的健康、保健观念是健康管理及体检前首要而艰巨的任务。

(二)动员目标人群主动参与健康管理

在帮助目标人群确立正确保健观念或改变错误观念的基础上,怎么才能动员他们转换为配合健康管理的行动、提高他们的依从性,需要专业人员做深入、有针对性的健康教育。

只有目标人群明白并确信健康管理的重要性及健康体检的意义,激发他们对自己健康的责任心,其后续健康管理及体检环节才会主动配合。另外,检前健康教育是专业人员与受检者建立信任的第一步。在与其进行检前教育与咨询中,专业人员如果能展现出良好的职业素养和工作风貌,则有利于形成良好的第一印象,受检者对专业人员的信任感及依从性也会随之增加。建立良好服务关系,更有利于后续健康管理工作的顺利实施。

（三）减少体检管理过程中的误解与纠纷

健康体检不同于临床检查,在临床工作中的辅助仪器检查,医生往往会通过门诊咨询或住院病历了解病人的病史信息,检查时能够做到合理参考,不容易出现误诊及漏诊问题。而没有经过充分检前教育的受检者进行健康体检时,常常不配合或不愿意提供详实的病史及健康信息,医生得不到有价值的参考信息,仅靠仪器检查就容易出现漏诊及误诊现象。

因此,通过检前健康教育与动员,可以提前帮助目标对象了解相关体检知识,提高其对健康体检的正确理解与认识,主动向体检医师提供相关病史及健康信息,能够让体检医师准确地参考相关病史信息,做出正确的医学诊断和疾病风险评估,从而避免产生某些误会及误诊的问题,减少医疗纠纷的发生。

二、检前健康教育的主要内容

检前健康教育的内容主要包括以下几方面:

（一）保健观念及其价值

确立或转变保健观念是这一阶段健康教育最难、最重要的工作。试图改变一个人已经形成的观念是非常困难的,当一个人不愿意保健告诉他怎么保健基本没用。尽管如此,专业人员仍需克服困难去做。否则,中医的"治未病"、国家卫生方针的"预防为主"、个人的健康管理就是一句空话。

现阶段我国居民疾病谱转变为以不良生活方式、社会环境为主要致病因素的慢性非传染性疾病。但是我国居民保健观念陈旧,大多数人仍然侧重于疾病治疗,而忽视不良生活方式等致病因素对慢性非传染性疾病产生的主导作用,即有病去医院是刚需,没症状防病不愿接受,更谈不上保健行动。同时大多数居民对自我保健方法与手段也存在较大误区,尤其是中老年人,对于健康的获得急于求成,希望通过购买保健药品及器材等维持或增进健康。

树立正确保健观念的价值在于通过有效的健康教育,提高目标人群的自身健康素养水平,从而转化为自我健康管理的能力,改善自我健康水平,以最小的成本获得最大的健康收益。因此对于个人而言,正确的保健观念能使目标人群维护健康水平,减少疾病的发生,降低由此带来的巨额医疗花费和家庭"因病致贫"的概率。对于国家和社会而言,科学的保健观念能够引导医药卫生制度改革朝着正确的方向前进,能够有效控制社会卫生保障系统的资金投入,维持或增进国民健康水平,提高社会生产力和维持社会稳定。

（二）健康管理及自我健康管理

健康管理及自我健康管理对于大众是一个新概念,其内涵、健康管理流程、自我健康管理行动是健康教育的重要内容之一。其目的在于让大众了解并配合专业人员的工作流程主动进行自我健康管理。

健康管理的核心内容是开展健康危险因素管理、疾病风险预测和疾病管理。而自我健康管理是依托健康管理软件或健康管理师,进行自我预防、自我监测、自我干预、自我康复等健康促进活动,养成良好的生活方式和行为,科学管理自我健康的全过程。

目前健康管理或体检机构数据显示,愿意接受健康管理服务的人群只占很少一部分。尽管如此,专业人员仍然有责任介绍健康管理流程,这将有助于受检者了解健康管理实施过程,消除顾虑,从而动员更多的人参与健康管理。专业的健康管理流程主要包括:

1. **签署健康管理协议书**　目前健康管理属于自费的特需医疗服务。因此,服务前应按合同格式签署健康管理协议书,明确双方责任、权利、义务。

2. **分类入组**　针对不同人群,根据其需要干预的疾病风险及疾病管理种类进行分组,例如将肥胖人群纳入体重管理组等。

3. **检后咨询及制订计划**　根据健康评估结果,对受检者进行更详细的问诊,解读健康风险评估报告,并与受检者共同商定个人健康管理计划。

4. **按计划实施健康管理**　教育、指导受检者自我健康管理行动,督促、干预健康管理行动。

5. **调整健康管理计划**　根据受检者健康状况及行为变化,可以调整计划及具体行为改变策略。

6. **健康管理效果评估**　健康管理服务到期,即一个健康管理周期后应进行必要的健康信息再收集,进行二次健康风险评估,对比后出具效果评估报告及未来健康管理建议。

(三)填写健康体检自测问卷的价值

健康体检自测问卷是健康体检基本项目的重要内容之一,问卷主要包括健康史、躯体症状、生活方式和环境、心理健康与压力、睡眠健康、健康素养6个维度85个条目。填写此问卷有助于简便、快速掌握受检者健康信息并为受检者制定专业化及个性化的体检套餐,有助于对受检者进行准确的健康评估,有助于为受检者定制专业化的健康管理方案等。问卷获取的健康信息及数据与医学检查设备获取的健康信息同等重要。但多数受检者忽视问卷填写,甚至厌烦、不愿意填写,或随便应付填写。因此,将"填写健康体检自测问卷的价值"纳入检前健康教育内容很有必要。

(四)参与健康管理须知和行动要求

受检者在参与健康管理前,需要了解并认可健康管理对于个体的行动要求,以提高后期健康管理的依从性和执行力。

参与健康管理的个人须知和行动要求有以下内容:

1. 有参与健康管理的意愿;

2. 明确参与健康管理的服务期限;

3. 携带身份证等有关证件,按要求填写"健康管理协议书";

4. 需交纳健康管理服务费或相关费用;

5. 受检者有权要求保护个人隐私;

6. 受检者有权提前终止健康管理协议,但管理期内应认真履行协议内容;

7. 尊重和遵从健康管理师的健康管理建议及医嘱,认真执行双方商定的健康管理计划和活动;

8. 必须严格进行自我生活方式约束并接受健康管理师监督与管理;

9. 按健康管理计划或医嘱定时上传健康数据;

10. 严格遵守健康管理师医嘱或用药方案,不得擅自改/换用非医嘱药物。

(五)体检项目选择和体检注意事项

影响每个人健康的因素不同,其健康状况也各异,选择的健康体检套餐项目也不同。如何能让受检者理解、认可专业人员根据其实际健康状况选择的体检项目,向受检者详细介绍所选体检项目的原理以及充分的沟通非常必要。

体检人群90%以上是健康和亚健康人群,教育内容除了健康体检目的及意义,为什么要进行常见病早期筛查、常规项目有哪些、为什么要加个性化补充项目等都有必要。比如,针对有糖尿病病史的体检者,除了常规体检套餐外,可以考虑对糖尿病的控制水平、靶器官损害和并发症进展程度进行检查评估,通常需要受检者增加糖化血红蛋白、视网膜血管检查、尿白蛋白/肌酐比值、心脑动脉血管功能及影像学评估等检查项目。

体检注意事项也是检前健康教育的内容之一。具体内容有:①认真、如实填写健康信息自测问卷;②体检前饮食注意事项;③空腹做哪些检查项目;④憋尿可查哪些项目;⑤X线检查时穿衣、携带物品的特殊要求;⑥备孕男/女士、怀孕、哺乳期女性体检须知;⑦妇科检查的特殊要求;⑧体检项目基本流程;⑨慢性病病人服药特殊要求等。

三、检前健康教育的基本方法

检前健康教育经常用检前咨询会、检前健康科普讲座和融媒体传播等形式进行。

(一)咨询访谈

咨询访谈是通过语言交流,针对健康体检及健康管理等问题进行询问、答疑、引导,将健康体检及健康管理相关知识传授给受检者。咨询访谈通常在体检前双方约定的地点(可以在院内,也可以在院外),针对受检者一对一进行,在这个过程中专业人员可以对其一般状况、健康信息和健康需求进行深层次了解,同时根据个人情况(如健康素养水平、职业、经济收入、体检动机等)进行针对性的个性化沟通交流。健康体检中心为了实施"1+X体检模式"(即基础套餐+个性化体检项目),一般设有专门的个检咨询业务。专业人员作为咨询访谈的主角,不仅协助受检者进行体检项目的选择与制定,更多的是进行有针对性的健康教育。

(二)宣传彩页与体检手册

检前教育形式多样,场所不一,不论是在体检中心还是在企事业单位或公共场所,检前健康教育还可以用制作精良、图文并茂的宣传彩页或手册。因其体积小便于携带,因此在外出做健康教育时可配合应用。也可以在健康体检中心接待处、咨询台、等候区和驻留区域等显著位置放置宣传彩页及体检手册等,供前来咨询的受检者学习使用。

(三)科普讲座

科普讲座是一种较为普遍、常用的检前健康教育方法。一般采取走出去的方法对社会团体、单位、机构提供相应的检前科普讲座服务,这样在群体氛围中个体也会受益。还可以将散在个体召集在一起在体检中心讲堂进行检前健康教育。不管是走出去还是请进来,科普讲座的方法能够更好地节约人力物力,获得最大的教育效益。

(四)融媒体

融媒体是多种媒体形态的复合,包括报纸、期刊、广播、电视、网络、手机、户外视频等,是一种新颖的、开放的、不断兼容的综合传播形态。因此,掌握融媒体时代的传播规律和受众特点,实现融媒体时代健康传播效果最大化是专业人员的基本功之一。

现阶段健康管理中心也用网站、微信公众号、手机APP等传播媒介做多种形式的健康教育,以最少的投入获得最大的传播效果。

开展业务完善的正规健康体检中心或健康管理中心,均应有自己功能完备的机构APP。利用微信平台及专业化的健康管理软件可以很方便地架起目标人群与健康服务机构之间的桥梁,通过这些信息载体,定期发送健康保健知识,有利于目标人群通过这些媒介进行学习,提高自身健康素养水平。同时也可以对预约体检者提前发送并完成健康自测问卷,协助个检者完成个性化体检套餐设计,对体检项目进行一目了然的解释以及提供检前注意事项等内容介绍。

第二节　检中健康教育

体检与信息收集过程主要(外出体检车除外)在健康管理(体检)中心内进行,其健康教育会伴随着体检各个环节更为丰富和专业,健康教育主要由各环节的临床医护人员和设备检测人员承担。因此,体检中的健康教育在实际工作中有其自身的特点和规律。

一、检中健康教育特点

（一）人群集中

健康体检与信息收集是个体健康管理建立健康档案的第一步，健康管理中心是目标人群在约定时间集中的特定场所，所以不管是散在受检者还是团体受检者都相对集中。因此，该场所对于目标人群实施健康教育就具有得天独厚的场所优势。

（二）环节众多

健康体检及信息收集过程涉及多个环节，体检套餐项目不同涉及的科室多少也不一，一般普通体检至少也涉及 20 多个科室和人员。健康体检中心可在众多环节设置健康教育的措施或设施，来增强对受检者的健康教育效果。

（三）内容丰富

受检者在健康体检过程中将接触众多与自身健康相关的体检项目及科室，每一项目或科室检查的意义、结果不同，由此会产生与自己健康相关的一些疑问及学习意愿。所以，每一项目的专业人员必须具备健康教育基本技能，能通俗易懂解释本项目检查的目的、意义，并恰当回答有关异常指标的相关疑问。如在调查问卷环节及肥胖评估诊室环节，专业人员会对受检者的营养膳食、运动习惯等信息进行测评，那么受检者就会对"什么是合理膳食、什么是科学运动？"等健康知识产生疑问，并希望获得正确的答案。

（四）精准简短

健康体检与信息收集过程中，针对个人的健康或疾病信息，是体检过程中受检者最关心的问题。很多项目体检结果会实时反馈给本人，当时受检者最希望专业人员针对自己的检查结果做出信服的解释和答疑。但由于体检时人多、检查时间短，又不可能说得太细。因此，这就要求每一项目的专业人员要熟悉自己的业务和异常指标的解释及相应精准简短的健康教育语言。

（五）容易接受

来体检的受检者多数已具备一些保健观念，因此，在体检过程中比较重视与个人健康息息相关的检查结果，此刻有针对性的健康提醒或指导比较容易接受。即使不愿来的团检员工或他人买单被动来的体检者，在这个知识权威性、专业性强的医学工作场所，专业人员的健康指导也更具有权威性，相对比其他场所容易接受。

二、检中健康教育的环节、内容与方法

检中健康教育环节有多种分类方法。按照功能区域和体检流程检中健康教育可分为：健康管理中心外部环境教育、大厅接待区与等候区教育、体检业务咨询区教育、宣教区教育、体检诊室区教育、体检候诊区教育、餐厅区教育等。根据功能区特点、受检者驻留时间、医护人员配比等情况可以选择不同的健康教育方法及其教育内容。

（一）健康管理中心外部环境区教育

健康管理中心外部区域就是很好的健康教育阵地，在面积巨大的外墙上可以宣传大众化的健康素养、中医养生等相关知识，创设健康教育氛围，也能够为提前到来的体检人员在等候时提供基础的健康教育。

（二）大厅接待与等候区

大厅接待办理业务和等候时，展板、宣传页及宣传手册是最常使用的健康传播材料，内容多以健康体检项目介绍、健康体检流程和注意事项为主。也可以针对疾病防治及健康素养知识等通识内容进行传播。

触摸屏电脑也是大厅健康教育的设备之一。利用该设备的健康教育软件对体检人群进行健康教育，其优点是内容系统且丰富、互动性强、自助选择性高和隐私保护。受检者可以根据自己

的关注点和兴趣选择学习,也可以通过测试软件对学习内容或自身的健康素养水平进行评测。

另外,新型的人工智能机器人也开始在国内市场出现,有少量健康体检中心已配置此类智能机器人,它目前能够取代导引员和大厅健康教育人员的工作。因为其形象卡通可爱、工作时不受情绪影响以及具备海量知识储存,所以它可以承担大量的健康教育工作,随着科技的发展和大众应用熟练程度提高,人工智能机器人在健康教育与健康体检方面的应用前景会更广阔。

(三)体检业务咨询区

体检业务咨询区是为受检者进行体检项目及套餐个性化制定的功能区,其主体是医生和受检者,语言沟通是此教育环节的重要方法。通过专业人员的问询,可以对那些有吸烟、饮酒及缺乏运动等不良嗜好的人群进行语言健康教育,同时也可以发放一些宣传彩页等文字传播材料。例如,对吸烟者除了讲解吸烟危害,还可以发放戒烟宣传手册。

(四)体检宣教区

体检宣教区的主要功能就是针对目标人群进行系统的检前健康教育,教育内容为体检流程、问卷调查的填写目的、方法和体检注意事项等。科普讲座(使用 PPT)是常用的教育方法,功能完善的健康管理中心会设置有健康教育区或独立健康教育室,并配备专职人员。健康教育室也可作为平时的健康讲堂。

(五)各科项目检查区

这一区域的健康教育是整个检中健康教育的核心。各项检查过程中一对一的语言沟通是常用的教育形式。各诊室专业人员用科普化的语言向受检者讲解体检中发现的问题、成因、预后及如何处置。这种"暖心"的沟通交流会增加受检者对医护人员及健康管理(体检)中心的好感与信任,并建立良好关系,也为后续的健康管理做好前期铺垫。

宣传页及宣传手册属于纸质类健康传播材料,适合在各诊室给受检者发放或自取。它是对语言传播形式的补充,通过文字载体,有利于受检者对相关医学知识进行深入了解和掌握。

(六)体检候诊区

在体检候诊时,受检者首先会对将要进行的体检项目产生希望了解其目的和意义等想法,同时因为被迫等待产生焦躁心情,如果没有较好的处理措施,受检者就医体验会很差。此时给予视频、音频、健康保健手册等形式的健康教育,不仅可以起到较好的教育效果,而且还能改善受检者的就医体验,岂不一举两得。例如在超声检查等候区,根据其通过率低,候诊时间长的特点,可以在该场所安放大屏幕,将相关医学知识制成视频材料进行播放讲解,可以对目标人群进行集中化健康教育,同时对改善候诊环境也会起到积极作用。

(七)餐厅区

展板图片、模型与标本的视觉冲击力强、可视性极强、直观、便于理解,是餐厅区进行营养膳食、药食同源等宣教的常用教育形式。此种教育形式通常不需要专人进行解读宣教,受检者即可自行学习。

第三节　健康评估与方案商定健康教育

健康评估是对体检信息、行为和生活方式的高度总结和升华,通过评估及解读,可以让个体感知和明确威胁自己健康的因素及其对未来健康造成的危害和程度,从而形成避免健康危险因素的动机以及随后的行为改变。在健康危险因素中,大部分是可控、可干预的。因此,针对导致各种疾病的危险因素及不良行为和生活方式,实施持续、动态的个性化干预,始终是健康管理的核心内容之一。专业人员在与受检者解读健康风险评估报告及共同商定健康管理方案的过程中,健康教育的主要方法是针对个体一对一的语言沟通、非语言沟通技巧(详见第六章第六节)。

一、健康风险评估报告解读技巧

健康风险评估是健康管理过程中关键的专业技术步骤,风险评估报告是系统化、格式化的总结报告,为受检者提供了科学化、前瞻性的疾病发病概率预测。健康风险评估报告解读是对个人行为和生活方式及健康体检结果的深层次分析,是健康评估与方案商定健康教育的重要内容。可参照以下技巧解读:

(一)按危险度分层进行解读

受检者对个人的身体情况非常关注,也渴求了解各种疾病未来发生的概率及风险程度。按照危险度分层进行报告解读,有利于受检者清晰地了解个人情况,减少盲目的紧张担忧;也有利于分清主次,明确下一步健康干预的重点和先后次序。可以按照由低风险词条向高风险词条逐级解读,也可以根据受检者情况由高风险词条向低风险词条逐级解读。不论是哪种顺序,都要有固定的顺序和规则,避免无序解读,导致受检者无法分清健康风险的轻重程度,影响后续健康干预的效果及积极性。这种解读技巧便于受检者形成清晰地风险层次记忆,短时间内掌握和了解自身健康状况,同时降低受检者的心理焦虑与恐惧。

各系统疾病间或危险度无法进行病情程度对比,我们可以先进行风险度归类,然后按照极高危险度→高危险度→中危险度→低危险度的风险评估条目进行依次解读。

(二)要强调重点和总结

健康风险评估报告中通常中会出现大量与疾病诊断、检查、建议及治疗等相关的医学术语,受检者不容易完全理解和记忆,因此,这就要求专业人员在用通俗科普的语言完成报告解读后,对高风险词条再进行重点强调和总结。这有利于引起受检者对高风险因素的重视,及时地进行健康干预和治疗。例如,当出现恶性或疑似恶性肿瘤、化验项目危急值等结论时,专业人员需要重点强调受检者应紧急处理和干预(在正规健康管理中心也会通过重大阳性体征上报机制及时告知本人),并做好后期随访和督导工作。

(三)联合运用多种方法

健康风险报告条理清晰、主次分明,能够给受检者留下深刻印象并方便查阅。但由于涉及较多医学专业知识(如生理解剖、影像医学及病理生理等),单纯阅读书面报告,普通受检者无法全面了解所述内容,这时报告解读就显得尤为重要。运用语言沟通、图片展示、多媒体展示等多种方法,可以更清晰地向受检者解读报告内容。如语言沟通中的口头交流能够随时进行双向沟通,及时了解受检者的疑惑和需求并加以阐释,更有利于受检者对内容的理解与掌握。利用图片及医学模型能很好地展现身体器官的结构、性状、发病机制及干预原理等,使讲解更为形象,更容易让受检者理解和掌握相关知识。视频动画能够展现连续的疾病病理生理演变,让难以理解的疾病演变过程变得通俗易懂。例如,讲解动脉粥样硬化的形成过程时可以应用动脉粥样硬化三维动画进行对照解释,能够让受检者直接看到动脉内膜的脂质沉积、斑块形成及动脉狭窄的全过程,这要比单纯的口头教育效果更加明显,更有利于受检者学习和掌握。

(四)应用心理咨询技巧

健康风险评估预测了个人在一定时间内发生某些疾病或因为某种特定疾病导致死亡的风险概率。受检者通过体检和健康评估得知自身已患疾病和某些疾病风险概率时,会产生一定程度的焦虑和恐惧感。对于疑病症或神经质的体检者而言,不恰当的报告解读无疑会增加其心理负担。例如对于疑似恶性肿瘤的体检者在接受报告解读时,不应该重点解读肿瘤的恶性程度、短期死亡率和治疗方法等医学问题,这样会让受检者潜意识认为这些情况已经发生或即将发生在自己身上,无疑会对其心理产生极为严重的负面影响。因此,健康风险评估报告解读应提前预判受检者的性格特征和心理状态,沟通交流时也要积极应用心理咨询的相关技巧。如进行报告解读时,受检者急于询问某个病情,专业人员不要表现出不耐烦或愤怒的表情,也不要打断对方,否则容易造成信任感下降,也会影响专业人员对受检者实际内心需求的了解。可以通过倾听、尊重、真诚、温暖、通情达理等心理咨询的技巧以及非语言沟通技巧(目光、肢体语言等),使其更加信任,直接或间接地减轻受检者的心理压力。

(五)个性化解读

风险报告解读过程强调的是语言交流与沟通,专业人员与受检者之间的互动性很强。不同的受检者有着不同的性格,也有着不同的心理需求。作为专业人员如果能够事先了解受检者的想法和个人经历(如有些人是因为亲属发生某些重大疾病才来做健康体检的,他们更关心的是这些疾病是否会发生在自己身上或自身的发病风险),在报告解读时做出相应的调整,如对上述情况先解读其所关注疾病在自身的发病情况,若有必要可进一步把这些疾病的发病机制、临床症状、诊断依据及疾病预后都要详细地和受检者进行交流沟通,这种解读方式往往是富有成效的。

另外,解读报告前应详细了解受检者的文化、职业、年龄和健康素养水平。对于不同特征的受检者,应注意不同的解读形式。对于那些文化程度较高的受检者可以增加更为专业的医学知识解读比重,如疾病发病机制、病理生理等。而对于文化程度较低或不注重自我健康管理的受检者可采用打比方、讲案例和配合模型讲解等方式。

(六)重视风险因素的解读

现阶段的健康管理学处于发展早期,多数医护工作者对健康管理本身的认知尚不充分,存在着各种误区,尤其是片面的理解健康管理就是慢性病管理,始终围绕着疾病进行检查与防治,而对于慢性非传染性疾病的危险因素(如肥胖、腰高比异常、缺乏运动、膳食结构不合理等风险因素)认识不足。因此很多专业人员容易着重强调报告中的疾病的解读及治疗,而忽视了对疾病风险因素的形成、与疾病关系及如何干预的解读,也让受检者错误地认为健康管理等同于疾病管理,非常不利于自我健康管理工作的开展。

(七)强调整体分析,寻找共同致病因素

与临床诊断思维一样,在健康风险评估报告解读过程中,专业人员应从整体角度分析所有风险因素和已发疾病或靶器官损害之间的关联性,多种疾病或靶器官损害是否存在共同的致病危险因素,强调不良生活方式、健康保健观念等对慢性病的影响。例如,存在代谢综合征的受检者进行报告解读时,应强调高血压病、高脂血症、糖尿病和肥胖之间的关联性,避免片面、孤立地分析每种疾病的发病原因,让受检者能够真正理解个人疾病风险和慢性病的发病机制,有利于后期健康管理的有效实施。

(八)充分应用疾病风险沟通工具

疾病风险沟通(risk communication)工具,是近年来国外疾病预防领域的研究学者在疾病绝对风险评估的基础上构建整合而来的。例如,Grover 等建立了评估病人心血管年龄的新型风险沟通工具,利用年龄裂痕(实际年龄加上或减去个体期望寿命后得到的"血管年龄")解释心血管绝对风险评估结论(包含有具体数值,更为直观),又对比了相对风险(实际年龄与心血管年龄相比的差异度)。积极采用新型风险沟通工具进行报告解读时,更加有利于专业向受检者形象、直观地描述某种疾病的发病风险程度。

二、健康管理方案商定中的教育

健康风险评估报告解读后就进入与受检者共同商定健康管理方案环节。这是受检者首次接受针对其个人的系统化健康教育。在商定健康管理方案中,针对个人疾病和高危因素的健康教育和指导的过程是受检者获取健康管理知识的重要阶段之一。在此时期,受检者往往心情忐忑,最为关心其自身疾病信息和发病风险情况。因此,此过程中受检者更愿意获取健康保健知识,并且容易树立正确的健康信念,有利于专业人员协助其制订个人健康管理计划和方案。

该阶段的健康教育内容更具有针对性,要结合风险评估情况和自身诉求,共同商讨出一个有

针对性的、可行的健康管理方案。方案应目标明确,行动计划具体,通过努力可以实现,不可大而全解决所有健康隐患,要有轻重缓急之分,并能够根据目标对象的具体情况随时进行调整。商定健康管理方案的过程也是双方信任关系建立的过程,这样有利于方案的顺利设施。

该阶段由于个性化、交互性较强,对专业人员提出了较高要求。如个体沟通能力,材料准备是否充分,健康教育方法及工具选择是否恰当等。针对不同个体,灵活选择不同的方法及应用不同的技巧。

第四节　检后健康管理中的健康教育

检后健康管理的目的是强化受检者的保健观念,增强自我健康管理的自觉性和主动性,逐渐改变不健康的行为和生活方式,减少或消除健康危险因素对自己健康的损害,从而维护和促进自身健康。此阶段的健康教育主要是帮助受检者知行合一,其核心是督促受检者健康行为养成,也叫行为干预或行为矫正。整个过程可以根据具体情况选择使用第三章的行为干预技术。健康教育实际上是一个内化和增权的过程,其核心是:它不能够被给予,必须是自己获得。换句话讲专业人员所做的健康教育工作就是"助人自助"。

一、检后健康教育的内容

检后健康管理中的健康教育主要针对体检结果和健康风险评估中可改变的危险因素及管理中出现的问题展开。包括饮食、运动、生活方式、心理等方面的行动建议和原理、常见疾病保健常识和健康管理方案等。

(一)个性化已知的风险因素

对于个体受检者而言,每个人的风险因素和不良健康行为都不一样,一对一健康教育更有针对性。通过个性化信息传播和行为干预,有计划、有组织地针对个体的情况开展不同内容的健康教育,包括相关健康知识普及和健康技能指导。这对专业人员提出了较高的要求,可由单个专业人员或者以团队服务形式开展。

(二)健康管理过程中随时出现的各种困惑和问题

改变不健康行为是一件非常艰难的事,受检者需要信念和毅力。比如减重、运动习惯养成、饮食习惯养成,中途不同的受检者会出现不同的问题,随时需要专业人员进行知识教育、技能指导、心理支持与鼓励。还有可能出现各种各样其他的异常情况,也需要及时的专业指导与处理。

二、检后健康管理中健康教育常用方法

(一)语言传播

语言传播一般用于传授健康理念与知识,其最常用的形式有咨询访谈、电话回访和健康科普讲座等。

(二)文字传播

文字传播是语言教育的补充,便于信息存储和提取,也利于受检者回家后翻阅。如分类健康管理的折页、手册等。

(三)形象化教育

检后固定场所健康教育可用形象化教育。如骨骼模型、模拟人、膳食塔模型、健康餐盘,体验式烹饪教学场所(配备有真实的厨具和食材)等,可以更直观地学习到健康知识和技能。

(四)新媒体或融媒体

目前微信、微博、短视频等手机软件已经成为大众所认可的视听传播工具,也有越来越多的健康管理机构开始应用这些软件对自己的受检者进行健康教育和管理工作。

（五）榜样示范

通过树立自我健康管理成功榜样，对受检者进行健康教育，激励其按照既定的健康管理计划干预个人行为和生活方式，有效实施健康管理方案，达到维护健康、降低疾病风险的目的。健康管理成功案例都可以成为其他人的榜样，同时受检者在自我管理中的进步也可以成为自己后期管理的榜样。

（六）行为训练与矫正

行为训练与矫正是由专业人员根据受检者的实际情况，指出其错误的行为和生活方式，指导其进行行为训练与矫正，将目标行为与良性心理进行耦合，达到戒断不良生活习惯并养成良好行为习惯的过程。在戒烟管理中最为多见。

三、健康管理中健康教育的注意事项

健康教育是健康管理干预实施过程中的重要手段之一。在健康管理过程中做健康教育时应注意以下几点：

（一）多种方法联合应用

个体化的健康管理是一个长期的、持续的健康服务过程，涵盖了人的一生，这种管理是一个周而复始的循环过程，而不是一个人某一段时间内的健康管理活动。因此，专业人员应根据个体不同年龄段、不同健康状态、获取健康知识的程度以及环境因素等，联合应用多种健康教育方法，对受检者进行科学、合理、有效的管理。

（二）重视心理评测与干预的应用

健康教育与心理干预有着密切的联系，人类的行为、心理状态及性格的形成，很大程度上取决于所处社会环境的影响，而健康和疾病转化也在一定程度上取决于自身社会环境。因此健康管理过程中，对个体心理评估与心理干预是健康教育的重要环节。适当的心理干预对健康教育起到事半功倍的效果。每一位从事健康管理的专业人员都应具备基本的心理学知识、心理咨询和心理干预技术。

（三）健康教育的连贯性与持续性

个人健康管理的过程至少包含了健康信息收集、健康风险评估、制订健康管理计划、组织实施计划等几个部分。这是一个周而复始的个人健康管理循环，健康管理过程中的健康教育也要持续、连贯进行。随着健康管理计划的实施，健康教育活动也要定期举办。

（四）保护个人隐私

健康教育实施过程中难免会涉及实际案例，也经常会列举成功案例，在专业人员进行个体健康教育过程中，应隐去案例所涉及的人员的相关真实信息（包括姓名、住址、联系方式、肖像及所患疾病等），避免暴露个人隐私，减少对涉事人的心理伤害，避免不必要的法律纠纷。

（孙卫国　李浴峰）

思考题

1. 健康教育与个体健康管理的关系是什么？
2. 简述检中健康教育环节、方法及内容。
3. 简述健康风险评估报告的解读技巧。

第十二章 健康教育与健康促进在团体健康管理中的应用

 本章要点

1. **掌握** 健康教育在团体健康管理中的环节和应用。
2. **熟悉** 团体健康教育的作用和条件；健康促进在团体健康管理中的应用。
3. **了解** 团体健康教育的特点和注意事项。

人是第一生产力，也是行业、单位的核心竞争力。越来越多的企、事业单位意识到团体健康管理是人力资源管理的一部分，通过开展员工健康管理，可以有效维护和促进员工健康，减少医疗保健费用及提高劳动生产率，是单位可持续发展的有力保障。因此，团体健康管理的需求不断增多。团体健康管理大多是各行业的某个单位或机构，它以建制内整群员工为对象，以解决整体、全局的健康需求为主要目的，通过全流程的教育实践活动，努力提高团体和个体的健康观念，并逐步将其转化为个体的素质和能力，帮助目标人群建立有利于健康的生活方式。

在团体健康管理中，健康教育和健康促进贯穿于服务的多个环节。本章节主要阐述在团体健康管理中如何开展健康教育与健康促进工作。

第一节 概 述

团体健康管理中的健康教育是有计划、有组织、有系统的教育活动，通过团体成员的共同参与，在调查研究和需求评估的基础上，采用信息传播、理论教育和行为干预等措施，改变团体的认知和价值观念，增进团体人群对健康的认识，帮助群体自觉采取有益于健康的行为和生活方式，增强自我保健意识和自我健康维护能力，消除或减轻影响健康的危险因素，促进团体健康水平和工作效率的提高。

一、团体健康管理中健康教育的特点

团体健康教育，就是通过群体间信息的传播，群体间、群体中的个体间的互动、反馈与共享过程，来达到改变群体和个体行为、提高健康素养的目的。与个体健康教育对比，团体健康教育有着自身的特点。

（一）人群集中

各行业的单位、机构有其行政组织架构和相对固定的员工，人数根据单位的级别、行业特点而有所不同。但不管人数多少每天都按照工作要求，绝大多数都要到单位上班，人群集中。因此，团体健康教育更具群体氛围，有利于各项教育活动的开展，通过行为与心理的相互影响或学习，可以提高保健知识、技能的接受程度和普及程度，表现出较好的依从性。

（二）需求多元

团体人群由于年龄结构、人群分布、工作性质等各方面差异，必然产生不同的健康需求。做

团体健康教育时,必须因时、因人、因地制宜地去选择教育内容和教育方法,设计教育计划,方可取得良好效果。

（三）经济有效

团体健康教育可以进机关、进企业、进学校、进各类人群集中的单位,人群众多、传播速度快,对健康教育工作的推进和健康信息传播十分有利。与个体健康教育相比,团体健康教育具有低投入、高产出的特点。

（四）易于组织

团体健康管理的单位都有统一的组织机构,只要早期获得该单位的相关负责人认可,健康教育活动组织起来就比较容易。比较大的单位还可以根据人员健康统计数据分类、分层,有针对性的展开。只要单位支持配合,健康教育场地、参加人员、场次、效果评价都不是问题。

二、团体健康管理中健康教育的作用

随着健康中国战略及行动的推进,团体健康管理事业蓬勃发展,社会群体的责任和健康需求越来越明确和迫切,其中健康教育发挥着重要作用。

（一）促进单位团体实现个性化体检

组织单位员工体检,是单位团体人文关怀和价值体现的重要表现形式,也是保障人力资源和提高劳动生产率的有效措施。但是由于资金和条件的限制,通常单位体检项目是相对固定而且比较基础的,实际上不同团体人群,存在着年龄、性别、职业、工作环境、健康状况等方面的差异,健康需求必然不同,针对不同群体,制定不同的体检套餐是十分必要的,个性化体检是必然趋势。检前团体健康教育的重点就是信息传播和需求评估,了解团体人群的健康素养、慢性疾病的知晓率和控制达标率以及生活方式和心理情况,通过指导单位团体为员工制定相对灵活的体检套餐,引导员工选择个性化体检项目,可以有针对性的解决目标人群的健康问题,为后续健康管理做好准备。

（二）促进团体健康干预方案精准实施

健康教育作为健康管理的工作策略和方法,在实施健康干预方面发挥着重要作用。对团体实施健康教育,可以充分调动集体组织的能动性,激发团体对健康的关注以及目标人群的参与意识。通过群体间信息的传播,群体间、群体中的个体间的互动、反馈与共享过程,达到群体和个体行为改变,提高健康素养的目的。检前教育帮助团体选择合适的体检项目,制订针对性强的体检套餐,以保证体检结果的准确性和实用性。检后通过对目标团体的健康科普讲座,健康咨询,以及合理的健康建议,向教育对象普及相应的健康医学知识及预防措施,促进其提高健康素养、改变健康习惯、选择健康行为,保障检后健康干预方案的精准实施。

（三）推动和维护健康管理工作的持续实施

对于目标单位来说,高质量的健康管理既可提高劳动生产力,减少人力资源流失;又可以唤醒并提升受检者的健康意识,减少医疗保健支出;还可以是一项激励员工的福利方式。对于健康管理机构而言,优质的检后健康管理工作,既是解决团体客户健康问题的需要,也是健康体检向健康管理与健康服务延伸的发展趋势,同时还可以扩大机构影响力,建立品牌效应。团体健康教育的出发点就是帮助团体成员改变"有病才治疗"的错误观念,建立预防就是治疗、预防大于治疗的新理念。通过检前、检中、检后的健康教育,不断强化健康理念,可以有力推动健康管理的有序性和维护健康管理的持续性。团体健康教育的过程,就是团体组织的健康促进意识和能力不断提高的过程。通过团体的健康教育,不断提升团体组织决策者和员工的健康意识,有效促进领导和决策层转变观念,从政策上、资源上对有利于健康的活动给予支持,并制定各项促进健康的政策,保证"教育→参与→行为改变→可持续性环境支持"的良性循环。

三、团体健康管理中健康教育的环节

（一）健康教育的实施条件

1. 组织实施机构   由于人群健康需求的广泛性,任何有资质和能力进行健康管理项目开发及服务的机构都应该是健康管理的提供者,如医院、健康服务机构、社区等等均可在不同的层面及深度上来开展健康管理。健康管理离不开健康体检,健康管理中心或体检中心这类健康服务机构应该是实施健康教育尤其是团体健康教育的重要机构。接受健康体检是人们健康保健意识提高的表现之一,体检的作用不仅仅在于发现异常和检出疾病,还在于提供维护健康的正确途径和方法,是开展健康管理的前提和基本手段,提供科学的健康指导是健康管理中心的一项重要职能。随着健康管理中心的逐步发展,接受健康体检的人越来越多,可以充分利用健康管理中心人员场所和过程等方面的优势,重视和发掘健康体检的健康教育职能,承担起提高大众健康素养,促进人群健康水平的责任。

健康管理的目标团体要有配套的组织体系,谁主负责、谁具体协调,责任落实到人。而且专业组织要与目标团体组织密切合作,一起策划、开展本单位的健康管理与健康教育工作。

2. 实施前的准备   目标人群健康行为及其影响因素的多样性,使得团体健康教育需求多样性。要保证团体健康教育的实施效果,应该做好两个层面的准备工作。

（1）组织者的准备:作为计划实施者,首先应该培训高素质的健康教育师资,为项目建立并维持一支有能力、高效率的工作队伍。在确定适宜的人员队伍后,制订全面的发展培训计划,有组织、有步骤地对相关人员进行培训。

健康教育工作人员还需要反复多次与目标团体接洽、沟通,尽可能全面地掌握团体信息,了解团体健康需求,把握好健康教育的目的。比如,有的团体健康教育基础良好、资源丰富,制订健康教育计划时,内容可以往深度、广度方面扩展;而有的团体健康知识贫乏、资源有限,制订健康教育计划时,内容应该尽量浅显、普及。

（2）目标团体的准备:计划实施者应该与目标团体进行充分沟通和了解,让目标人群尽可能详尽地了解健康教育的目的、意义和实施方法,在思想上、组织上、行动上都做好接受教育前的准备。要充分发挥好团体的统一管理、有组织、有纪律的优势。比如,首先要让目标团体充分认识到健康体检的意义,并做好体检前的准备。

（二）健康教育的实施路径

对一个团体而言,完整的健康教育环节,应该是有检前健康教育、检中健康教育和检后健康教育三个阶段。

1. 检前健康教育   全面收集团体信息,做好团体需求评估即"团体诊断",了解基本健康需求,给予以健康体检前的准备为主的健康教育。主要包括建立健康观念、明确体检意义、选择体检内容、做好检前准备等内容。

2. 检中健康教育   在团体体检过程中,团体成员都以个体形式开展体检行为,在体检的场所和各个检查环节都可以接受健康教育。

3. 检后健康教育   体检完成后,收集团体体检信息,做好团体健康风险评估,找出团体中存在的主要健康问题和优先需要解决的健康问题,给予有针对性的团体健康教育。主要针对评估报告解读、基本健康知识、重点解决健康问题等内容。

第二节   健康教育在团体健康管理中的应用

随着全民健康意识和健康需求的提升,企事业单位对团体健康管理的需求不断增多,企事业单位团体的健康教育和健康体检已经成为团体健康管理的重要环节,健康教育工作贯穿健康管

理全过程,分为检前、检中、检后三个环节。

一、检前团体健康教育

（一）团体诊断

检前即准备体检、体检开始前的时期。检前团体健康教育的重点是为体检及后续的健康管理做好各项准备工作,首先需要做好"团体诊断"。"团体诊断"又称团体需求评估,是检前团体健康教育的第一步,开展健康教育,首先要了解目标人群是谁,存在哪些健康问题,需要哪些健康知识和技能,喜欢什么传播形式和方法? 影响目标人群健康的因素有哪些,目前拥有哪些可利用的健康教育技术和资源等内容。只有对目标人群进行全面细致的团体诊断,才能使检前健康教育做到有的放矢。团体诊断主要包括社会诊断、流行病学诊断、行为与环境诊断、教育与生态学诊断、管理与政策诊断,各部分的方法和内容详见第七章第一节,这里简单阐述检前团体信息的获取方法和内容。

1. **团体信息获取的主要方法**　团体信息通常由团体组织者或者管理者提供。体检中心收到团体体检要求后,首先通过面对面或者电话沟通的方式,了解团体的大小、人群分布、环境特点、职业特点等基本信息,初步分析团体面临的主要健康问题或者急需解决的健康诉求。同时可以对团体中的个体通过问卷调查的方法,了解团体生活习惯特性、健康状况分布、健康素养水平、健康知识掌握情况等信息。

2. **团体信息获取的主要内容**

（1）环境信息:主要指自然环境,如出生地、居住地、职场地信息,不同地域,疾病分布特征不同,饮食习惯不同,健康风险因素也不同。此外,职场影响员工健康的环境因素也在此范围内,如食堂餐饮、体育运动设施、职业防护措施等。

（2）职业特征:如工作场所、工作性质、工作强度以及家庭经济状况。不同的职业,不同的工作环境和工作强度,存在不同的健康风险;经济能力的差别,也会影响健康体检和健康教育的内容和层次。

（3）人群信息:民族、年龄、性别、文化程度等的分布情况。不同的民族,有不同的风俗习惯和身体条件,不同的年龄段对健康的认识和理解不同,男女性别的不同自然对健康的需求也有差别,文化程度的高低也直接影响着健康教育计划的制订和实施。

（4）医疗卫生信息:在一定程度上,目标团体的卫生服务供给和医疗保障状况决定了该团体的健康管理和健康教育能力,了解目标团体有无定期组织健康检查,有无对既往体检情况进行跟进管理,有组织定期体检的团体比没有定期体检的团体对自身的健康状况掌握情况肯定不同,自然对健康知识的需求也不同。

（5）健康素养水平信息:还要尽量了解目标人群对健康体检、健康知识的掌握情况,可以为将要实施的健康教育的内容和形式提供更有力的依据。

3. **团体信息获取的注意事项**

（1）确保信息的准确和可信:检前团体信息可由个人自行填报或由团体帮助提供,不论通过何种途径,首先需要保证数据的准确性,它直接关系着后续的风险评估及健康教育计划,故应强调各方提供数据的责任和义务。值得注意的是,一定要与团体组织进行充分沟通,首先要调动起组织者或管理者的积极性,才能收集到可靠、有效的群体信息。影响员工健康的职场相关因素由目标团体相关负责人填写,必要时现场考察获得准确信息。

（2）做好信息的分析与整理:通过对收集的信息进行系统分析,了解团体特征,做好团体诊断,为检前健康教育做准备。不同的团体,对健康知识、技能的需要和认知必然不同。

比如中国南北方地域差异,北方人饮食大多偏咸喜油,导致心脑血管疾病发病率相对偏高,针对北方人群的健康教育时,就应该侧重改变饮食结构方面和心脑血管疾病的宣教。不同年龄段群体对健康教育知识的需求亦存在明显差异,随着年龄升高,基础疾病发病率亦持续升高,老年人群对疾病危害重视程度随之升高,故对于健康知识的需求更高。团体的受教育程度和经济能力也直接影响着健康教育计划的制订,文化水平高、经济能力强的人群,相对而言,比文化水平较低、经济能力较弱的人群的健康需求会更强烈,对健康教育的内容和形式的要求会更高。

（3）充分考虑显性需求和隐性需求:在进行需求评估时,一定要客观、全面分析各类信息,将显性需求和隐性需求充分整合。比如:相较于低年龄低文化程度群体,年龄较大文化程度较高的群体表现为较高的健康教育需求,但并不是低年龄低文化程度群体就真的健康教育需求不高,而事实上可能是他们对健康知识的掌握程度低,不会表现健康诉求,反而有更大的健康教育需求,因此不能忽略对年龄较低者、文化水平偏低者的健康教育工作。

（二）检前团体健康教育的主要内容

1. 确立健康观念　开展团体健康管理的人群,很多时候是单位组织,个人是被动的,主观意愿没那么强烈,重视程度也不够。因此,检前健康教育的首要内容就是帮助目标人群改变原有不健康的价值观念,形成正确的、符合时代发展的健康观念,明确个人是自己健康的第一责任人,建立自我健康管理的理念,为后期的健康教育和健康管理工作打下坚实的基础。

2. 明确定期体检的意义　定期体检,是公民健康素养要求之一。体检前的健康教育一定要普及健康体检重要性。要让大家明白为什么要体检,体检的目的和意义是什么。健康体检的真正意义并不只在于检测身体有没有疾病,还要看有没有日后患病的风险,充分了解自己的身体状况,根据体检报告的数据及时调整自身的生活方式、饮食习惯等,达到主动管理健康、治未病的目的。有很多人不相信体检,不愿意体检,也有人害怕体检,担心检查出身体疾病,要通过健康教育活动,传递“没病防病,有病早治”的健康理念,帮助人群走出认知误区,鼓励人群积极参加体检,同时要教育群体如何选择合理的体检内容,做好体检前的各种准备。

3. 合理选择体检项目　一般体检项目见表12-1。

表12-1　体检项目分类表

分类	项目
一般检查	身高、体重、血压、脉搏、腰围、腹围
物理检查	内科、外科、妇科、耳鼻咽喉科、眼科、口腔科
辅助检查	B超、心电图、X线
实验室检查	血常规、尿常规、大便常规、肝功能、肾功能、血糖、血脂等
其他检查	CT、MRI、妇科HPV、妇科TCT检查等

注:HPV—人类乳头状瘤病毒,TCT—液基薄层细胞检测。

除了让受检者知道各类体检项目,还应该尽可能让他们理解各种检查项目的意义和作用。如身高体重这类一般项目,很多受检者都直接弃检,主要是因为他们不理解检查项目的意义。通过检前健康教育,使目标人群了解什么是体重指数,为什么要测量体重指数。

团体体检项目的选择,要依据团体的经费预算,结合团体组织者或管理者的健康诉求,根据团体的地域特点、环境因素、职业特征、人群分布等情况,指导团体选择合适的体检内容。在实际操作中,通常团体的体检内容不是唯一的,都包含不同性别、不同年龄段、不同工种等多种选择,即根据“常规+加强”的原则选择体检项目,帮助团体实现个性化的体检。

4. 体检前的注意事项(表 12-2)　具体内容请参见第十一章。

表 12-2　体检项目检查时间和注意事项

类别	最佳检查时间	注意事项
血压脉搏	尽量上午测量	安静状态下
抽血检查	早上 7:30—9:00	需要空腹状态
腹部 B 超	上午检查	需要空腹状态
泌尿 B 超	不限	需要憋尿
妇科 B 超	不限	需要憋尿
尿液常规	早晨第一次尿标本	尽量选取中段尿

除了检前注意事项外,还可以指导体检者准备一些想咨询医生的问题,包括目前的年龄段需要做哪些筛查测试？是否需要接种疫苗？有什么潜在的疾病风险等。或者准备一些回答医生问题的答案,比如你的饮食习惯如何、多久锻炼一次、哪个部位有不适感、睡眠质量等。通过检前健康教育,参与体检人员可以顺利完成体检并获得较为准确的体检结果,有效降低漏检率,提高体检有效性。

(三)检前团体健康教育的主要形式

团体检前健康教育主要可以分为面对面形式和大众传播模式。面对面的健康教育,是团体健康教育的主要方法,通常由健康管理机构安排健康教育专业人员上门为单位团体进行健康科普讲座、健康咨询。大众传播模式,有传统形式的宣传栏、海报、标语、横幅等传播材料,随着科技的发展和社会的进步,互联网、手机等媒体已经成为开展健康教育的新型手段。通过互联网,体检中心运用网站、公众号、APP 等新型手段向目标人群传播健康知识,也可以通过手机短信群发功能进行健康教育。

二、检中团体健康教育

在团体健康管理中,团体成员是以个体身份经历各个环节,健康教育的开展参考个体健康教育相关内容。特别需要注意的是,在体检过程中,健康教育实施应将个体健康教育与团体健康教育进行有机结合,灵活操作。比如,针对某一特定人群的体检,目标人群候诊时,可以采用张贴海报、播放科普视频等形式进行健康教育传播。

三、检后团体健康教育

检后健康教育是健康管理的重要环节。做好检后健康教育,是提高健康管理水平的有效手段。健康管理专业人员应根据群体的职业、性别、年龄、文化的不同给予针对性的指导,依据评估结果,多途径开展健康教育计划。

(一)健康风险评估报告解读时的教育

团体健康相关行为,指以社会团体为行为主体的健康相关行为。通过团体风险评估报告,明确目标人群在生活环境、饮食结构、工作环境或者职业特性等方面存在的问题,获取更多健康、疾病信息,挖掘团体更深层面的健康需求。

1. 团体健康风险评估报告　完成健康体检后,健康管理机构会给每一位体检者出具一份体检报告。一份完整的体检报告包含体检者的全部检查数据、异常结果分析、健康指导建议等内容。除了个人的体检报告外,团体还有一份体检数据分析报告,也就是团体健康风险评估报告,是指将团体受检者的所有检查结果进行归纳、汇总,通过疾病发病率、发病顺位及年龄、性别分布等数据分析,找出团体的多发病、常见病和主要存在的健康问题或健康风险,结合团体的工作特征、环境特征、人群特征等情况,分析产生这些问题的影响因素,并指导团体优化和改变不利原因,制订预防和干预措施,做好健康教育和健康促进工作。

2. **报告解读**　健康管理机构会派专业人员向团体领导进行报告解读,报告中首先会指出团体成员的重大疾病或重大阳性指征如肿瘤等的发病情况,再列出最多发的疾病或阳性指标,如高血压、糖尿病等疾病或血脂异常、体重指数偏高等阳性指标,同时分析疾病的可能发病原因和健康风险相关因素,比如,教师的慢性咽喉炎,机关工作人员的颈椎病等这类常见的团体健康问题。在团体报告中,需要详细阐述健康问题的发病原因、不良后果,争取引起目标组织的高度重视,同时要结合团体的实际情况,给出预防和保健措施,如,教师的慢性咽喉炎与粉尘吸入、长时间大声讲话、过度用嗓等原因有关,可以建议学校改变粉笔书写模式、使用扩音设备等措施。机关工作人员的颈椎病,与长时间伏案工作、活动量少有关,可以建议单位重视颈椎病的预防,开展关于此病的专项健康促进项目,从多角度、多层面解决健康问题。

(二) 检后健康管理实施中的教育内容与方法

完成体检后,依据评估结果,结合目标人群的特征,在健康管理过程中,健康教育工作包括以下三个部分。

1. **基本健康知识、理念与技能的教育**　依据健康教育知-信-行理论,健康知识是基础,健康理念是动力,健康行为是最终目标。首先针对全员开展基本健康知识、理念和技能的教育,内容可以包括新的健康标准和健康观念,合理膳食、适量运动、戒烟限酒、心理平衡四大基石相关知识与技能等,对于有职业暴露风险的群体,还要开展职业危险因素相关内容的教育。基本健康教育是基于群体、全员为目标的,所以在教育方法上可以采用科普讲座、展板、手册等形式。

本部分主要是进行健康知识科普教育,强化受检者健康意识,促使其养成和保持健康生活方式和健康行为模式,拥有身心健康。

2. **优先解决重要健康问题的教育**　由于团体组织人数众多、人群特征多样化,产生的健康问题和面临的健康风险也多种多样,专业人员在制订健康风险评估报告和健康教育计划时,要充分考虑哪些问题领导最关注、哪些问题群众最关心,根据重要性、有效性、可行性和成本-效益评估等原则,确定优先解决的健康问题。

(1) 单位层面:在团体的健康风险评估报告中,对目标人群的健康问题及卫生服务需求进行梳理,对目标人群的重要阳性指标进行排序,男女都较常见、多发的主要是血脂、血压、血糖、体重、尿酸、心电图、肝脏等异常结果,同时男性还多发前列腺、泌尿系统等疾病或异常结果,女性多发乳腺、子宫疾病或异常结果。当然,不同的地区分布或不同的人群结构,异常结果排序也会有些差别,比如南方尤其是生活在沿海地域的人喜食海鲜类等高嘌呤食物,尿酸结果异常的排位会高于北方地区。向团体管理层解读报告后,团体领导知晓本单位人群有哪些主要健康问题,存在哪些重大健康风险,明确本单位需要做哪些健康教育和健康促进工作,在健康管理机构专业人员的建议和指导下,开展专项健康教育。在单位开展健康教育主要是通过专栏、展板、标语、活页、咨询、讲座、广播电视媒介等多种形式,通过团体组织、集体行动,在合适的场地或场所,使目标人群能够很容易接受到相关知识的教育。比如,某机关单位285人,2019年度体检结果显示血脂偏高人数为162人,占比56.8%,是该团体体检阳性指标排序第一位。高脂血症是动脉粥样硬化的重要危险因素,直接关系着心、脑血管疾病的发生,严重威胁人体健康,通过控制饮食等改变不良生活方式的措施是可以得到有效改善的。经了解,该单位职工饭堂伙食重油重盐,菜式多肥甘厚味,饮食结构明显不合理,必须进行健康教育和干预。首先,向单位管理者进行高脂血症的危害和控制措施的健康教育,通过健康促进和行政管理手段改变团体的不良生活方式;第二,在单位布置宣传栏、宣传海报,并举办相关知识的讲座和咨询,向目标人群宣传高脂血症的防治知识,可选择在食堂、宿舍等人员聚集的地方组织实施。

（2）群众层面：对目标人群而言,最关心的是自身健康状况和疾病治疗预防措施,团体的健康管理和健康教育必然与个体的健康管理和健康教育相结合。个体在体检中发现有重大阳性指征,比如肿瘤、重大疾病时,健康管理中心专业人员会指导进一步检查或转诊治疗建议。对于团体中的高血压、糖尿病等慢性病群体,要开展有针对性的健康教育。除了在单位设置展板、专栏等教育形式外,还可以举办专题讲座、专题讨论、专场咨询会、座谈会等多种形式,这类人群通常年龄结构相同、健康需求一致,更容易组织、管理,利于健康教育工作的有效展开和知识传播,也会取得比较满意的效果,教育场所可以是单位或者是健康管理中心。

3. **其他健康问题的教育**　单位团体通常人口数量众多,年龄结构复杂,人群分布多样,疾病种类和健康需求也必然多种多样,除了优先解决的健康问题,还有一些其他健康问题。比如对于老年群体,就要教育如何保护眼睛,防治白内障;对于女性群体,要教育乳腺、子宫的日常护理与保健,乳腺癌、宫颈癌的两癌筛查手段等内容,可以运用任何可行的教育形式,比如利用新媒体平台,微信、QQ 建群,群发教育内容,群聊教育知识。

四、团体健康教育的注意事项

（一）注意与个体健康教育相结合

团体健康教育需求是共性和个性的统一。团体健康管理和健康教育既要满足以单位的可持续发展为最终目的的整体需求,又要考虑团体中的每一位成员对健康的个体需求。团体健康教育必须与个体健康教育紧密结合,团体健康教育过程中必然会运用到个体健康教育。比如,目标人群完成体检后,对于个别重大阳性指标,需要开展个体健康教育和健康指导。在检中检查阶段,个体的健康教育得到充分实施。

（二）注意管理者的需求

在开展团体健康教育时,要注意充分考虑管理者的想法和需求,因为团体活动的开展,很大程度上取决于单位决策者的意愿。领导者不一定完全接受健康风险评估结果,领导与群众的健康关注点也不一定完全一致。为了保证健康教育工作的顺利实施,需要尊重决策者的需求,同时要尽量想办法说服决策者,确保健康管理及教育工作的正确方向。

（三）注意效果评价

健康教育与健康促进实践的发展依赖于评价。评估活动有助于总结经验教训,有助于防止重蹈覆辙,通过评价能够反映健康教育实践的有效性,依据群体性和高效性的特点,评价工作在团体健康教育中显得更加重要。团体健康教育的效果评价主要是目标人群健康知识掌握情况、健康行为改变情况等知信行变化指标。检前健康教育的效果评价,可以参考实际体检人数比率、漏检率、有效体检率等指标。检后健康教育效果评价,可以采用发病率、患病率等健康状况指标和环境条件改善、生活质量指数等指标。

第三节　健康促进在团体健康管理中的应用

团体健康管理中的健康促进,主要是指狭义的"健康促进",是卫生体系人员维护公众健康的工作策略及思维模式,即在团体单位的健康管理过程中,健康管理实施机构运用倡导、协调、赋权这三项基本策略,为团体和个体提供健康环境,通过与团体组织的沟通与交流,争取团体政策、环境的支持,推动团体完善健康管理体系,动员团体和个体共同参与。

一、争取政策支持

（一）单位团体的政策支持

由于团体组织的群体性,决定了团体健康管理工作的集中管理和统一组织的特征,也为团体的健康促进工作争取政策支持提供组织保障。这里的团体通常是指企业单位、机关事业单位,团体组织进行健康管理的直接目的是维护和促进员工健康,保证劳动生产力和提高劳动生产率,最终目标是要保障企事业单位的可持续发展。健康管理专业人员为单位团体提供健康管理服务和健康教育干预时,要向单位团体倡导开展健康管理和健康教育的意义,提高单位团体尤其是单位领导者和决策者的健康素养和健康认知,促进领导者和决策层转变观念,制定各项促进健康的政策,如财政预算、人文环境等,把健康促进的观念融入到实际工作中去,从政策上、资源上对健康需求和有利于健康的活动给予支持。

(二)上级领导部门的政策支持

健康促进是一个全社会的系统工程,仅靠医院或者健康管理服务机构单打独斗,很难达到全民健康的目的,必须有政府的机制与政策支持、各部门的协调配合和群众的共同参与。健康部门在实施团体健康管理的过程中,可以主动争取上级领导部门的政策支持。比如为了维护公务员的身心健康,保证公务员健康管理工作的全面高质,可以向上级领导部门争取将心理测评纳入公务员健康管理内容。

二、营造健康环境

(一)单位的环境

在我国企业中,职业病、工时长、压力大成为常态,很多人具有孤独、紧张、自闭、性格裂变、睡眠不足等状况。很多职场人处于抑郁状态和亚健康状态,职业场所健康促进与教育工作迫在眉睫。"支持性环境是保持健康持续改善最大的影响因素。"单位团体通过制定健康政策,从经费、人力、资源等方面支持健康促进工作,为员工创造安全的、满意的和愉快的生活和工作环境。主要表现在打造安全的工作环境、健康的生活环境和优质的人文环境。

1. **安全的工作环境**　提供安全的生产、生活环境,保护个人和集体的人身和财产安全。通过健康管理,了解到职业病发病情况,可以及时改进工作条件、优化工作流程,保障生产安全。

2. **健康的生活环境**　整体环境整洁舒适,有醒目的禁烟标志和健康提示,垃圾分类处理,卫生设施干净,职工食堂符合卫生要求,膳食结构合理。比如某单位体检血脂高和体重超标的情况比较严重,分析原因,发现职工饭堂的伙食偏油腻肥甘,需要对职工的餐饮进行改良。

3. **优质的人文环境**　提供锻炼和阅读环境,定期组织学习健康知识和提高健康水平的专题活动,对弱势群体有健康帮扶措施。长期坐着、伏案工作者,容易引起颈椎、腰椎不适,单位可以为员工提供一些拉伸锻炼的设施和场所。

(二)健康管理机构的环境

随着人民群众的健康认知和健康观念的不断进步,对健康管理的需求越来越大,对管理质量的要求也越来越高,健康管理尤其是团体健康管理事业蓬勃发展,促使着医院、体检中心等健康管理服务部门不断自我提升。一方面努力改善硬件设施,为客户和工作人员营造舒适、安全的生活和工作环境,另一方面加强软件建设,努力改善服务态度,优化服务流程,规范服务行为,提高服务水准,增强服务意识,提高群众的满意度,保证健康体检和健康管理的高品质高效率。通过导检导医、数字化服务、建设"健康体验馆"等多种形式,营造优质的健康环境,推动着健康促进工作的发展。

三、完善管理体系

团体组织要实现健康目标,必然搭建以健康为目标的管理体系,通过承诺倡导、协调机制、规章制度、组织实施等一系列管理措施,来保证健康的可持续发展。团体组织通过健康体检,发现健康问题,通过健康教育,找到干预措施,但找到了办法并不意味着就解决了问题,还需要管理架构支撑和制度政策保障。通过团体健康管理,可以有效促进目标组织完善健康管理体系,帮助组织找到企业内部影响员工身心健康的不利因素,为了保证单位的持续生产力和工作效率,必然会促使单位组织积极地、不断地完善管理体系,如成立健康管理科或健康促进办公室,由专人统筹健康工作,协调内部各部门和社会部门关系,制订监督制度和考核指标,做到效果评价和"持续改进",有组织、有计划、有行动地开展健康教育和健康促进工作,不断促进职工健康,提高职业生命质量。

四、动员群众参与

在团体中开展健康促进工作,最终目的是要使目标人群最大程度的接受健康知识,并转化为他们生活与工作中的实际行动。但要达到这一目的,目标人群的积极配合和共同参与是关键。动员群众参与,就是统一思想,集体行动。

在企业内部,向员工宣讲健康教育和健康促进工作的意义和必要性,发动群众讨论,征求群众意见,通过讨论明确工作性质和内容、存在的主要健康问题、主要影响因素,了解群众的需求和可能需要改变的环境、制度,对不良行为可行的干预方法等。

（李　力　向　桢）

思考题

1. 如何理解团体健康管理中的健康教育?
2. 详述团体健康教育的实施步骤。
3. 在团体健康管理中如何开展健康促进工作?

附　录

附录1　全国健康教育机构工作规范

健康促进与健康教育是公共卫生服务的重要组成部分,是促进基本公共卫生服务逐步均等化的重要内容,在提高全民健康素养、预防疾病、保护和促进健康方面发挥着不可替代的作用。为进一步规范全国健康促进与健康教育工作,建立健全由各级政府领导、多部门合作、全社会参与的健康促进与健康教育工作体系和网络,提供优质健康教育服务,特制定本规范。

一、职责

(一)技术咨询与政策建议

开展健康促进与健康教育理论、方法与策略研究,为卫生行政部门制定相关的法律、法规、规划、部门规章和技术规范等提供技术咨询与政策建议。

(二)业务指导与人员培训

负责辖区内医疗卫生机构、机关、学校、社区、企业、媒体及下级健康教育机构的业务指导;组织开展健康促进与健康教育有关人员的培训。

(三)总结与推广适宜技术

开展健康促进与健康教育研究,总结成功经验,向全社会推广健康促进与健康教育适宜技术。开展健康传播活动,向公众传播预防疾病、促进健康的相关理念、知识和技能,提高公众健康素养。

(四)信息管理与发布

收集、加工、整理和发布健康促进与健康教育的核心信息;拟定健康促进与健康教育信息规范和标准,对社会上健康相关信息进行监测、评估和引导。

(五)监测与评估

开展健康危险因素和健康素养监测,开展健康促进与健康教育需求与效果评估,及时发布监测与评估结果。

二、工作内容

(一)技术咨询与政策建议

1. 收集和总结国内外健康促进与健康教育领域的政策法规、理论策略和研究成果,为卫生行政部门制定相关的法律、法规、规划、部门规章、技术规范等提供技术咨询及政策建议。

2. 收集、研究辖区内健康相关信息,为卫生行政部门制订健康促进与健康教育工作规划、计划、方案和考核评估标准提供科学依据和技术支持。

(二)业务指导与人员培训

1. 负责辖区内医疗卫生机构、机关、学校、社区、企业和媒体等的业务指导,提供健康促进与健康教育适宜技术和方法。

2. 根据辖区内下级健康教育机构需求,提供日常业务指导、专题指导和科研指导。指导内容包括调查研究、计划制订、组织实施、效果评估、督导检查、总结报告、论文撰写等。

3. 组织开展辖区内有关人员的培训,培训内容包括健康促进与健康教育领域的政策、法规、理论、策略、技术与方法等。

（三）总结与推广适宜技术

1. 开展健康促进与健康教育领域的理论、方法与策略研究,总结科学、有效的健康促进与健康教育适宜技术,并进行推广、交流。

2. 与辖区内医疗卫生机构、机关、学校、社区、企业和媒体等合作,开展不同场所健康促进与健康教育研究,提出适宜不同场所的健康促进与健康教育策略、措施和技术方法。

3. 研究国内外健康促进与健康教育的成功案例,总结辖区内健康促进与健康教育的成功经验,进行交流与推广。

4. 开展辖区内健康教育需求调查,有计划有组织地开展辖区内健康促进与健康教育活动。

5. 利用电视、广播、报刊、网络等大众媒体、健康教育宣传栏和组织现场活动等,开展多种形式的健康传播。

6. 做好传播材料的设计、制作和使用工作。要求传播材料内容科学准确、重点突出、通俗易懂。少数民族地区可使用民族文字设计传播材料。

（四）信息管理与发布

1. 各级健康教育专业机构对健康相关信息进行收集、整理、分析、加工,形成健康教育的核心信息,为媒体和相关机构提供信息源。

2. 围绕辖区内主要健康问题,制作健康教育的核心信息,利用多种渠道,有针对性地向辖区公众发布。

3. 拟定健康教育信息管理规范和标准,对健康教育信息发布机构进行监督、管理和指导。

4. 监测社会上对公众有误导作用的健康相关信息,评估其社会危害,及时对公众舆论进行正确引导。

（五）监测与评估

1. 评估辖区内健康促进与健康教育机构、人员及其开展健康促进与健康教育的能力和可利用资源。

2. 开展社区卫生诊断,查找辖区内主要的健康问题及影响因素。

3. 针对健康危险因素,进行健康教育需求评估,为制订健康教育干预策略和措施提供基础数据。

4. 开展健康素养监测,提出健康教育干预策略。

5. 对辖区内健康促进与健康教育工作进行效果评估,总结经验,提出改进意见和建议。

6. 及时发布监测与评估结果。

三、保障措施

（一）机构

1. 国家、省、地市、县级均设健康教育机构,建立健全工作网络。

2. 国家、省、地市、县级健康教育机构属于专业公共卫生机构,接受同级卫生行政部门领导,同时接受上级健康教育机构业务指导。

（二）人员

1. 各级健康教育专业机构应保证专业技术岗位占主体,原则不低于单位岗位总量的70%。少数民族地区应配备一定比例的通晓当地少数民族语言的专业人员。

2. 健康教育机构本科学历人员,国家级占 75% 以上,省级占 65% 以上,市级占 50% 以上,县级占 35% 以上。

(三)基本工作条件

各级健康教育机构应配备与其工作职能相适应的办公设备和培训场所、开展健康教育活动所需要的设备和交通工具、材料开发所需要的平面制作设备、影像制作设备以及宣传材料展示平台等。

(四)经费保障

健康教育机构所需基本建设、设备购置等发展建设支出由政府根据健康教育工作发展需要足额安排,所需人员经费、公用经费和业务经费根据人员编制、经费标准、服务任务完成及考核情况由政府预算全额安排。

四、卫生行政部门和其他医疗卫生机构支持

(一)卫生行政部门

各级卫生行政部门是辖区内健康促进与健康教育工作的主管部门,主要有以下职责。

1. 负责制定辖区内健康促进与健康教育的有关法规和政策,并组织实施。

2. 负责制定辖区内健康促进与健康教育改革与发展的规划与目标,并组织实施。

3. 制定健康教育机构建设、人员岗位、技术服务和信息系统规范并组织实施。

4. 动员医疗卫生机构、机关、学校、社区、企业等社会力量,充分利用各种媒体,开展健康促进与健康教育工作。

5. 建立完善考核与评估制度,对辖区内健康促进与健康教育工作进行监督管理。

(二)其他医疗卫生机构

1. **科室与人员**　各级各类医疗机构、公共卫生机构和基层医疗卫生机构应设立健康教育科(室);暂不具备条件的确定相关科(室)负责健康促进与健康教育工作,接受当地健康教育机构的业务指导和考核评估。每个机构从事健康教育的专(兼)职人员配备不少于 2 人。

2. **职责与工作内容**　各级各类医疗机构、公共卫生机构和基层医疗卫生机构与健康教育专业机构紧密配合,结合本单位实际,在健康促进与健康教育工作计划制订、活动开展和效果评估等方面发挥所长,共同探索适宜不同人群的健康促进与健康教育策略和措施,提高健康促进与健康教育工作质量,促进公民健康素养的提高。

医疗机构根据客观条件和自身工作特点制订健康促进与健康教育年度计划。在医院内设置健康知识宣传栏或电子视频,摆放医学科普资料,开展病人健康教育,强化医患间的健康信息交流,与媒体合作宣传健康知识。

公共卫生机构根据客观条件和自身工作特点,制订健康促进与健康教育计划,在疾病预防和保健过程中,普及卫生防病知识,对公众进行健康指导,协同媒体广泛传播疾病预防控制和保健知识,积极主动地开展有针对性的健康促进与健康教育活动。

基层医疗卫生机构根据客观条件和自身工作特点,制订辖区内健康促进与健康教育计划,针对辖区内重点人群、重点疾病、主要健康问题和健康危险因素等,通过设置健康教育宣传栏、发放健康教育宣传材料、播放医学科普宣传片、开展公众健康咨询和举办健康知识讲座等形式,在辖区内广泛开展健康促进与健康教育活动,提高辖区内居民健康知识水平和健康行为生活方式的普及率。

3. **经费保障**　医疗卫生机构承担的健康促进与健康教育项目服务经费,由政府给予专项补助。

政府举办的社区卫生服务中心(站)和乡镇卫生院等基层医疗卫生机构承担的健康促进与健康教育工作通过政府建立的城乡基本公共卫生服务经费保障机制给予补偿。

社会力量举办的各级各类医疗卫生机构承担的政府健康促进与健康教育工作,由政府按规定给予补偿。

附录2　全国疾病预防控制机构工作规范（节选）

15　健康教育与健康促进

15.1　健康教育与健康促进的社会协作

（1）目的：与社会各有关部门,建立密切的合作关系,促进全社会共同开展健康教育与健康促进工作。

（2）内容与分工

a. 建立与媒体的合作关系。

省级及以上的机构要与省级传媒合作,开办健康教育与健康促进的专栏、专题节目;充分利用互联网,共同制作有特色的健康教育网站或在其他网站上开设健康教育专栏。

地级和县级机构要和当地电视台或广播站联办卫生专题节目,有计划地宣传卫生知识;与地方报刊联合举办卫生科普专栏。

b. 建立与教育部门的合作关系,开展并推进学校健康促进工作。

c. 建立与文化团体的合作关系,联合举办卫生美术、摄影、书法展览或卫生文艺活动。

d. 建立与共青团、工会、妇联、老年协会、科协等社会团体组织的合作关系,展全民卫生科普活动。

（3）结果与评价

a. 各级机构在当地电视台、报纸或电台(广播站)、网站建立健康教育固定阵地。

b. 与有关部门联合举办健康教育或卫生宣传活动的总结及效果反馈资料。

15.2　信息资料管理

（1）目的：做好健康教育资料的收集、整理、储存、交流和利用,为制订计划、选择方案、制作材料、开展调查研究和指导工作提供依据。

（2）内容与方法

a. 应收集的健康教育信息资料

● 基本资料：本地区的总人口数和年龄组人口数;社会的经济、文化教育水平及风俗习惯;疾病谱资料、死因谱资料;人群的卫生知识水平及行为危险因素;卫生服务资料、机构、网络设备等。

● 健康教育规划、年度工作计划、总结。

● 调查研究设计、效果评价的原始资料、总结、报告、论著。

● 自制及外地交流的各种文字、声像、图片。

● 基层单位的工作活动简报。

● 健康教育橱窗版面档案资料。

● 健康教育活动计划、活动照片和工作小结。

● 卫生影视片、卫生广播、卫生报刊和其他宣传材料的播映、刊出发放记录。

● 重点人群健康教育情况资料。

b. 资料的交流：定期或不定期地与有关单位开展资料的交流活动。

（3）结果与评价：各类资料齐全,及时装订、编目、归档,查阅方便,达到规范化要求。

15.3　健康教育活动

15.3.1　经常性健康教育活动

（1）目的：围绕卫生工作及疾病预防与控制的重点工作和中心任务,有计划、有组织地搞好经常性健康教育活动,使目标人群都能知晓疾病预防与控制和卫生保健知识。

（2）内容

a. 国家公布的有关卫生法规宣传。

b. 各项卫生宣传活动日（周、月）的宣传教育。

c. 法定节假日及民俗节日的卫生宣传教育。

d. 围绕疾病预防与控制的中心工作和创建卫生社区及实施初级卫生保健工作开展宣传教育。

e. 针对危害人民健康的主要行为危险因素的健康教育。

f. 针对季节性多发病、传染病的健康教育。

g. 其他卫生保健知识的宣传教育。

h. 提供健康咨询服务。

（3）方法

a. 倡导健康促进，争取政府的支持和广泛的社会合作。

b. 制订活动计划及实施方案。

c. 制作健康教育资料并利用传媒工具传播健康信息。

d. 利用各种方式巩固健康教育的效果。

（4）分工

a. 省级及以上机构

● 负责健康教育活动计划的制订。

● 对下级的健康教育活动进行业务指导。

● 有计划地制作通用的健康教育资料下发。

● 科学地做出健康教育活动的效果评估。

● 开展调查研究工作，提高工作水平。

● 积极开展国际间的交流，引进国际先进的健康教育与健康促进工作思路模式。

● 有计划地学习引进外省在开展该项工作中的经验。

b. 地级机构

● 做好健康教育计划，组织地区性的健康教育活动。对所属各县的健康教育活动进行业务指导。

● 组织辖区内的协作，制作相应的健康教育资料。

● 对辖区健康教育活动落实情况进行检查，对健康教育活动效果进行评估，总结交流先进经验。

c. 县级机构

● 做好健康教育工作计划的组织实施和开展有关健康教育活动。

● 制作和提供相应的健康教育资料。

● 做好健康教育活动效果评估及活动总结，报上级机构和卫生行政部门。

（5）结果与评价

a. 开展健康教育活动的次数、投入的资金、人力、器材，是否与当地的社会经济发展相一致；

b. 制作健康教育资料的数量、种类；

c. 每次活动中受教育人数、教育效果及资料利用情况；

d. 活动有计划、过程评价或效果评价材料及工作总结。

15.3.2　应急性健康教育活动

（1）目的：自然灾害与事故及疾病暴发流行时，配合救灾防病工作开展健康教育活动，普及防病知识，进行行为干预，以提高灾区群众的自我预防疾病的能力，减少疾病，保护灾区群众的身心健康。

（2）内容与方法

a. 灾害、疾病暴发期：采用多种形式宣传有关知识，制作必要的宣传资料，及时分发给群众，有针对性地宣传普及救护常识，传染病预防、饮食、饮水卫生知识和消毒、杀虫方法。

b. 灾害、疫情持续期：向灾（疫）区群众通报卫生状况，针对当时当地出现的灾情、疫情，将切合实际的有关自救互救、卫生防病知识反复向群众宣传。指导群众开展以饮水、饮食卫生为重点，管理好人畜粪便，减少蚊、蝇滋生地和杀灭病媒昆虫等工作。

c. 灾后恢复期或疫情控制期：重点是普及环境卫生知识，宣传预防疾病的长期性，全面彻底地治理环境、修建公共卫生设施的重要性，或针对可能暴发流行的传染病开展健康教育活动等。对病家应倡导卫生行为，树立健康信念，提高群众抗灾防病的意识和能力。

（3）分工

a. 省级及以上机构

- 提出应急性健康教育活动预案。
- 制作应急性健康教育活动资料，并做好活动材料的储备和调配。
- 做出应急性活动的效果评估。

b. 地级机构

- 落实辖区应急健康教育活动计划及实施的组织，加强信息传递。
- 调配和制作应急性健康教育资料。

c. 县级机构

- 组织实施应急性健康教育活动。
- 制作和提供相应的健康教育资料。
- 及时完成应急性健康教育活动的工作总结，找出工作的经验和不足。

（4）结果与评价

a. 投入的人力、物力、财力，制作分发健康教育资料的种类、数量、利用率。

b. 当地政府、卫生行政部门对灾（疫）区健康教育活动的评价。

15.4　对不同人群的健康教育

15.4.1　城市社区的健康教育

（1）目的：通过在社区范围内的健康教育与健康促进活动，提高社区群众的卫生知识水平、健康意识以及自我保健、群体保健能力，促进社区对健康的广泛支持，推动社区卫生服务，创造有利于健康的生活条件，以达到提高社区群众健康水平和生活质量的目的。

（2）内容

a. 开展社区常见疾病的健康教育。

b. 防止意外伤害及安全性行为的教育。

c. 家庭健康教育包括：合理膳食与营养、饮水饮食卫生、家庭常用消毒知识、家庭急救与护理、居室环境卫生、生殖健康、家庭心理、体育健身等。

d. 创建文明卫生社区的宣传教育。

e. 社会卫生公德及卫生法规的宣传教育。

（3）方法

a. 倡导社区健康促进，开发社区行政管理和各有关部门，争取他们的支持及合作。

b. 做好社区诊断，在此基础上，制订社区健康教育工作计划和实施方案。

c. 做好社区动员，争取社区群众的广泛参与。

d. 充分利用社区卫生服务，开展对传染病、腹泻病、性病、艾滋病、慢性病等疾病高危人群的健康教育等。

e. 收集和制作社区健康教育资料，充分利用社区组织形态，传播健康信息。

f. 通过健康教育示范小区及示范家庭活动,推动健康教育。

g. 结合爱国卫生及创建文明卫生社区活动,巩固社区健康教育的效果。

（4）职责与分工

a. 省、地级机构

● 争取省、地级有关部门的支持,制订社区健康教育规(计)划。

● 编写提供社区健康教育培训教材,制作和提供社区健康教育资料。组织各类社区健康促进项目。

● 组织社区健康教育效果的评估,制订评估方案。

b. 县级机构

● 争取社区管理部门的支持,制订和实施社区健康教育计划。

● 抓好社区健康教育的示范点,做好效果评估,总结经验。

● 指导社区医疗保健机构实施社区健康教育计划。

● 制作和提供社区健康教育资料。

（5）结果与评价

a. 有科学完整的社区诊断资料。

b. 有社区健康教育与健康促进活动计划及执行过程中的各种活动记录、资料。社区群众的卫生知识水平指标的调查评估材料。

15.4.2　农村健康教育

（1）目的:提高农民的卫生科学知识水平和自我保健能力,改变不卫生的习惯,建立科学的生活方式,提高生命与生活质量,促进农村生产力的发展。

（2）内容

a. 防治农村传染病、腹泻病、地方病、慢性病以及季节性多发疾病的宣传教育。

b. 防治农业劳动中特有的职业危害的知识宣传与教育。

c. 结合新农村建设的健康教育,如住宅建设、饮水卫生,粪便、垃圾污物管理、防治病媒昆虫及鼠害等。

d. 破除迷信、移风易俗、改变不良习俗,引导合理的生活、膳食方式和培养良好个人卫生。

（3）方法

参见 15.4.1(3)

（4）职责与分工

参见 15.4.1(4)

（5）结果与评价

a. 当地政府对健康教育经费的投入情况、有关健康促进政策的确立情况等;

b. 有农村健康教育本底资料和调查的典型资料;

c. 农民卫生知、信、行的改变;

d. 农民卫生服务需求变化。

15.4.3　医院健康教育

（1）目的:以促进以病人的健康为中心,提高病人、家庭、社区成员和医院职工的知识和改善与健康相关的行为。

（2）内容

a. 对医护人员自身存在的疾病发生行为危险因素、医源性感染预防控制、健康教育基本理论与技巧进行培训。

b. 对病人宣传医学科普知识,了解病人传染病、地方病、慢性病的行为危险因素并提出干预方法与措施,培养个人健康技能等。

c. 积极参与医院管辖的社区和农村健康教育工作,并提供技术援助及指导。

d. 利用医院卫生资源的优势,参与社会健康教育活动,结合各种卫生宣传日活动,开展广泛卫生宣传、咨询活动。

（3）方法

a. 建立医院内部固定宣传阵地,如宣传橱窗、电视、宣传手册等。

b. 开设健康咨询门诊,利用多种形式的人际传播方法,举办科普讲座、召开病人座谈会宣传卫生知识。

c. 把对住院病人的健康教育纳入到医院的整体护理中,提高病人的健康意识。

d. 与大众传媒合作,开展社会健康教育。

e. 发放健康教育处方及健康教育资料。

（4）结果与评价

a. 医院内开展健康教育科室覆盖率；

b. 医院内及社区固定的宣传阵地；

c. 医务人员健康教育知识抽查合格率；

d. 住院病人相关健康知识知晓率。

15.4.4 学校健康教育与健康促进

（1）目的:通过学校、家长、社区的共同努力,开展学校健康促进活动,增进学生健康。

（2）内容

a. 指导学校落实健康教育和健康促进工作计划。

b. 根据《中、小学健康教育大纲》《大学生健康教育基本要求》指导学校开设正规的健康教育课程。

c. 组织和开展丰富多彩的健康促进活动,对学生实施全面系统的健康教育,培养个人健康技能。

d. 开展心理、健康咨询与健康行为指导,培养学生健康生活技能。

e. 为学生提供必要的健康教育服务。

（3）方法

a. 争取教育部门的合作与支持,通过教育部门下达学校健康教育与健康促进的工作任务与目标。

b. 对学校领导、校医、教师及学生家长进行培训。

c. 对学校健康教育与健康促进工作给予业务指导,并提供健康教育资料。

（4）职责与分工

参见 15.4.1(4)

（5）结果与评价

a. 中小学开展健康教育与健康促进工作的资料及效果评估资料；

b. 开展健康促进学校的数量动态；

c. 学生掌握健康教育课本中的卫生知识知晓率、相关卫生行为形成率的动态；

d. 学校健康教育服务开展情况及效果。

15.5 戒除成瘾行为的健康教育与健康促进

（1）目的:按卫生行政部门的要求,争取有关主管部门的配合,开展成瘾行为的防制工作,以降低和戒除成瘾行为的频率,保护人民的健康,净化社会环境。

（2）内容

a. 宣传吸烟、酗酒、吸毒对个人健康、社会、家庭的危害。

b. 调查研究形成成瘾行为的内、外影响因素,提出降低、控制成瘾行为因素的方法和措施。

c. 每年至少开展一项成瘾行为防治的健康教育活动或项目。

（3）方法

a. 通过社会开展相关健康教育，使全社会都知晓其危害，动员全社会参与该项活动。

b. 探索对吸烟行为的团体干预方法。

c. 对吸毒者的行为矫正治疗和对吸烟者的戒烟方法指导。

d. 加强对大、中、小学生的成瘾行为危害的健康教育。

e. 通过政策及环境的支持，巩固健康教育效果。

（4）职责与分工

a. 省级及以上机构

● 制定成瘾行为人群健康教育规划。

● 制作、提供对基层有指导意义的成瘾行为人群健康教育资料和培训教材。

● 组织对成瘾行为人群健康教育效果评估及健康促进合作项目。

b. 地、县级机构

● 制订对成瘾行为的人群的健康教育计划。

● 指导各级医疗机构及社区卫生保健部门实施对成瘾行为的健康教育及效果评估工作。

● 制作和提供对成瘾行为的健康教育资料。

（5）结果与评价

a. 开展成瘾行为防治健康教育的活动或项目；

b. 社区人群，特别是青少年对成瘾行为危害健康知识知晓率的动态；

c. 人群吸烟、酗酒、吸毒率及青少年吸烟率的动态。

15.6　健康教育的资料制作

（1）目的：有计划地制作各种实用、有效、生动活泼、形式多样的资料，为各项健康教育活动服务。

（2）内容

a. 配合疾病预防与控制的中心任务及健康教育活动项目的内容制作有关材料。

b. 根据经常性及应急性工作和各类单项健康教育活动，编写培训教材。

（3）方法

a. 收集有关资料和素材，并根据群众和目标人群的需求，确定资料制作的内容和形式。

b. 拟定初稿和小样，多方征求意见。

c. 进行预试验，以达到最佳健康教育效果。

d. 修改、审定、交付印刷或制作、传输。

（4）结果与评价

a. 查看健康教育资料样品档案，各级机构制作的资料品种、数量及质量和使用效果。

b. 资料的思想性、科学性、实用性和艺术性。

c. 教育对象的反馈调查和基层健康教育人员对资料的评价。

15.7　培训与指导

15.7.1　业务培训

（1）目的：对健康教育专、兼职人员有计划地进行业务技术培训，以提高健康教育人员的理论、业务技术水平和健康教育工作质量。

（2）内容与方法

a. 健康教育的基本知识、方法、技巧；

b. 健康教育的基本理论、相关学科理论（如行为医学、心理学等）及健康教育的方法学、传播学；

c. 健康教育的计划制订、课题设计及效果评估；

d. 健康教育的新理论、新信息；

e. 传染病、地方病、慢性病等疾病的防治理论与知识；

f. 培训方法包括举办业务讲座、短期培训班、长期脱产培训班以及函授培训等；

g. 各级机构每年应完成对下级机构健康教育人员培训计划。

（3）结果与评价

a. 对下级机构健康教育人员培训的课时数、培训率；

b. 举办各类培训班期数，培训效果考核的结果，以技术性为主培训班的结业作品。

15.7.2　业务技术指导

（1）目的：促进健康教育、健康促进计划的实施，提高工作质量，保证健康教育工作科学、有效地进行。

（2）内容与方法

a. 指导和帮助基层机构，根据中心工作和本地区不同人群的健康教育需求评估资料，制订健康教育规划，活动计划，确定健康教育的目标人群及教育的内容，选择最佳的健康教育方法、途径和制作资料。

b. 发现和培养健康教育的典型经验，并以信息通报、现场观摩、经验交流等方式及时推广。

c. 组织和指导基层机构完成健康教育的协作项目和调研课题。

d. 定期或不定期深入基层，对上级单位下达的健康教育工作完成的进度和质量做出客观的考核与评价。县级机构对基层的指导至少半年 1 次。地级对县级的指导至少每年 1 次。省级对地级机构的指导每年覆盖 1/3 的单位。

（3）结果与评价

a. 各级机构完成对下级机构业务技术指导的频数；

b. 下级机构对上级机构业务技术指导效果的反馈。

15.8　应用性调查研究

15.8.1　本底调查研究

（1）目的：掌握本地区与健康教育有关的基线资料、基础资料和背景材料，为制订健康教育的规划、计划、对策和课题研究提供依据。

（2）内容

a. 健康教育基本情况（机构、人员结构、设备、阵地、经费）的调查。

b. 各类人群卫生知识水平、生活方式、行为习惯和卫生、健康状况的调查。

c. 各类人群对健康教育内容与方法的需求调查。

d. 依据工作需要进行各项工作的基线调查。

（3）方法：按照调查设计的内容和程序拟订调查计划和方案，培训调查人员，完成调查任务。

（4）分工

a. 各级机构每年至少应进行 1 种与健康教育工作直接相关的基线调查，同时注意收集健康教育有关的基础资料和背景材料。

b. 省级及以上机构制订调查方案，并对县、地级机构在制订计划、处理数据、统计分析等方面，给予指导和帮助。

（5）结果与评价

a. 基本情况调查资料及调查报告完整、准确；

b. 完成调查内容的数量；

c. 调查报告的科学性、准确性、实用性及指导意义。

15.8.2　课题研究

（1）目的：针对不同的目标人群，开展课题研究，以指导健康教育和健康促进工作。

（2）内容与方法

a. 内容

- 各类人群健康教育模式的研究；
- 健康教育方法、效果的研究；
- 行为危险因素监测方法的研究；
- 健康教育内容选题、适应性和有效性的调查研究。

b. 课题设计：应按流行病学研究方法或国内常用模式进行。

- 通过本底调查，提出实施地区主要的健康、行为、卫生与社会问题，作为立项的依据；
- 明确本计划的目标、人群，在起止的时限内，在知、信、行方面变化的程度；
- 确定实施范围，实验区与对照区的条件；
- 规定具体的教育方式、方法、手段及教育资料，确定干预方案；
- 提出本项目必需的培训计划；
- 确定资料的记录、收集，统计、分析和实验方法；
- 规定计划实施中每一步骤的起止时间；
- 提出过程评价、近期效果评价、远期效果评价的具体时间、方法和评价指标体系；
- 提出本课题的经费预算；
- 确定执行本课题的负责单位和研究人员，协作单位和协作人员。

c. 课题计划的实施：按照计划具体执行，但在执行中应通过阶段性的过程评价，对计划中的不适应部分及时修改补充，使其更加完善。

d. 课题计划的评价

- 过程评价：主要评价教育内容和干预方法是否合适，各种实施活动是否按计划规定的程序和时间进行，各项实施活动的质量如何。
- 近期效果的评价：主要是针对设计的各项目标达到的程度；知、信、行改变的程度；得出数据分析结果和结论，提出建议，说明本课题有否重复、推广或普及的价值，作为领导决策的依据。
- 远期效果评价：主要评价相关疾病的发病率、病残率、存活率、死亡率的变化；长期行为的变化（如吸烟率）；生活质量变化。

（3）分工

a. 课题研究计划在现阶段主要由省级或有条件的地级机构进行设计，县级机构承担协作、配合和实施。

b. 省级机构每年至少实施两项课题研究。

（4）结果与评价

a. 研究课题项目数；

b. 对正在进行中的课题，查阅课题计划报告书和过程评价的记录和资料；

c. 对已完成的课题，查阅评价报告的质量。

15.9　用语解释

社区诊断（需求评估）：科学的对社区中的卫生问题和影响因素以及对这些问题有关的社区组织机构、政策和资源现状进行确定的过程。

15.10　法规文件

（1）《中华人民共和国传染病防治法》（1989年）

（2）《关于2000年人人享有卫生保健的规划目标》（卫生部，1990年）

（3）《中共中央、国务院关于卫生改革与发展的决定》（1997 年）

（4）《关于发展城市社区卫生服务的若干意见》（卫生部等，1999 年）

附录 3　国家基本公共卫生服务规范
（2017 年第三版节选）

实施国家基本公共卫生服务项目是促进基本公共卫生服务逐步均等化的重要内容，是我国公共卫生制度建设的重要组成部分。国家基本公共卫生服务项目自 2009 年启动以来，在基层医疗卫生机构得到了普遍开展，取得了一定成效。2011—2016 年，人均基本公共卫生服务经费补助标准从 25 元提高至 45 元，先后增加了中医药健康管理服务和结核病病人健康管理服务。为进一步规范国家基本公共卫生服务项目管理，原国家卫生计生委在《国家基本公共卫生服务规范（2011 年版）》基础上，组织专家对规范内容进行了修订和完善，形成了《国家基本公共卫生服务规范（第三版）》（以下简称《规范》）。

《规范》包括 12 项内容，即：居民健康档案管理、健康教育、预防接种、0~6 岁儿童健康管理、孕产妇健康管理、老年人健康管理、慢性病病人健康管理（包括高血压病人健康管理和 2 型糖尿病病人健康管理）、严重精神障碍病人管理、肺结核病人健康管理、中医药健康管理、传染病及突发公共卫生事件报告和处理、卫生计生监督协管。在各服务规范中，分别对国家基本公共卫生服务项目的服务对象、内容、流程、要求、工作指标及服务记录表等作出了规定。《规范》中针对个体的相关服务记录表应纳入居民健康档案统一管理，工作指标标准由各地根据本地实际情况合理确定。

《规范》是乡镇卫生院、村卫生室和社区卫生服务中心（站）等基层医疗卫生机构为居民提供免费、自愿的基本公共卫生服务的参考依据，也可作为各级卫生计生行政部门开展基本公共卫生服务绩效考核的依据。基层医疗卫生机构开展国家基本公共卫生服务应接受当地疾病预防控制、妇幼保健、卫生计生监督等专业公共卫生机构的相关业务指导。其他医疗卫生机构提供国家基本公共卫生服务可参照本《规范》执行。地方各级卫生计生行政部门可根据本《规范》的基本要求，结合当地实际情况制订本地区的基本公共卫生服务规范。国家基本公共卫生服务项目将随着社会经济发展、公共卫生服务需要和财政承受能力等因素不断调整，国家卫生计生委将根据实际情况适时对《规范》进行修订。

各地在实施国家基本公共卫生服务项目过程中，要结合全科医生制度建设、分级诊疗制度建设和家庭医生签约服务等工作，不断改进和完善服务模式，积极采取签约服务的方式为居民提供基本公共卫生服务。

附录 4　中国公民健康素养（2015 版）

健康素养是一种养成教育。在中国，有近 50% 的死亡与行为生活方式有关。我们已经知道吸烟、不合理膳食、缺乏运动是慢性非传染疾病的行为危险因素。传染病也是由于人们的不良行为所感染和传播。采纳有助于健康的行为，不仅可以预防疾病，也可以有助于对疾病的治疗与康复，促进人们延年益寿，享受美好生活。

为了界定现阶段我国国民健康素养的基本内容，普及健康生活方式应具备的基本知识和技能，指导人们享有健康的生活，2015 年国家卫生计生委发布了新版《中国公民健康素养——基本知识与技能》。共计 66 条，内容如下：

一、基本知识和理念

1. 健康不仅仅是没有疾病或虚弱,而是身体、心理和社会适应的完好状态。

2. 每个人都有维护自身和他人健康的责任,健康的生活方式能够维护和促进自身健康。

3. 环境与健康息息相关,保护环境,促进健康。

4. 无偿献血,助人利己。

5. 每个人都应当关爱、帮助、不歧视病残人员。

6. 定期进行健康体检。

7. 成年人的正常血压为收缩压≥90mmHg 且<140mmHg,舒张压≥60mmHg 且<90mmHg;腋下体温 36~37℃;平静呼吸 16~20 次/min;心率 60~100 次/min。

8. 接种疫苗是预防一些传染病最有效、最经济的措施,儿童出生后应按照免疫规划程序接种疫苗。

9. 在流感流行季节前接种流感疫苗可减少患流感的机会或减轻患流感后的症状。

10. 艾滋病、乙肝和丙肝通过血液、性接触和母婴三种途径传播,日常生活和工作接触不会传播。

11. 肺结核主要通过病人咳嗽、打喷嚏,大声说话等产生的飞沫核传播;出现咳嗽、咳痰 2 周以上,或痰中带血,应及时检查是否得了肺结核。

12. 坚持规范治疗,绝大部分肺结核病人能够治愈,并能有效预防耐药结核病。

13. 在血吸虫病流行区,应尽量避免接触疫水,接触疫水后,应及时进行检查或接受预防性治疗。

14. 家养犬、猫应接种狂犬病疫苗;人被犬、猫抓伤、咬伤后,应立即冲洗伤口,并尽快注射抗狂犬病免疫球蛋白(或血清)和狂犬病疫苗。

15. 蚊子、苍蝇、老鼠、蟑螂等会传播疾病。

16. 发现病死禽畜要报告,不加工、不食用病死禽畜,不食用国家保护的野生动物。

17. 关注血压变化,控制高血压危险因素,高血压病人要学会疾病自我管理。

18. 关注血糖变化,控制糖尿病危险因素,糖尿病病人应加强自我管理。

19. 积极参加癌症筛查,及早发现癌症和癌前病变。

20. 每个人都可能出现抑郁和焦虑情绪,正确认识抑郁症和焦虑症。

21. 关爱老年人,预防老年人跌倒,识别老年期痴呆。

22. 选择安全、高效的避孕措施,减少人工流产,关爱妇女生殖健康。

23. 保健食品不是药品,正确选用保健食品。

24. 劳动者要了解工作岗位和工作环境中存在的危害因素,遵守操作规程,注意个人防护,避免职业伤害。

25. 从事有毒有害工种的劳动者享有职业保护的权利。

二、健康生活方式与行为

26. 健康生活方式主要包括合理饮食、适量运动、戒烟限酒、心理平衡四个方面。

27. 保持正常体重,避免超重与肥胖。

28. 膳食应以谷类为主,多吃蔬菜、水果和薯类,注意荤素、粗细搭配。

29. 提倡每天食用奶类、豆类及其制品。

30. 膳食要清淡,要少油少盐,食用合格碘盐。

31. 讲究饮水卫生,每天适量饮水。

32. 生、熟食品要分开存放和加工,生吃蔬菜水果要洗净,不吃变质、超过保质期的食品。

33. 成年人每日应进行 6~10 千步当量的身体活动,动则有益,贵在坚持。

34. 吸烟和二手烟暴露会导致癌症、心血管疾病、呼吸系统疾病等多种疾病,吸烟者的平均寿命比不吸烟者至少减少 10 年。

35. "低焦油卷烟""中草药卷烟"不能降低吸烟带来的危害,反而容易诱导吸烟,影响吸烟者戒烟。

36. 任何年龄戒烟均可获益,戒烟越早越好,戒烟门诊可提供专业戒烟服务。

37. 少饮酒,不酗酒,戒酒需要医学专业指导。

38. 遵医嘱使用镇静催眠药和镇痛药等成瘾性药物,预防药物依赖。

39. 拒绝毒品。

40. 劳逸结合,每天保证 7~8 小时睡眠。

41. 应该重视和维护心理健康,遇到心理问题时应主动寻求帮助。

42. 勤洗手、常洗澡、早晚刷牙、饭后漱口,不共用毛巾和洗漱用品。

43. 根据天气变化和空气质量,适时开窗通风,保持室内空气流通。

44. 不在公共场所吸烟、吐痰,咳嗽、打喷嚏时遮掩口鼻。

45. 农村使用卫生厕所,管理好人畜粪便。

46. 科学就医,及时就诊,遵医嘱治疗,理性对待诊疗结果。

47. 合理用药,能口服不肌注,能肌注不输液,在医生指导下使用抗生素。

48. 戴头盔、系安全带,不超速、不酒驾、不疲劳驾驶,减少道路交通伤害。

49. 加强看护,避免儿童接近危险水域,预防溺水。

50. 冬季取暖注意通风,谨防煤气中毒。

51. 主动接受婚前和孕前保健,孕期应至少接受 5 次产前检查并住院分娩。

52. 孩子出生后应尽早开始母乳喂养,满 6 个月时合理添加辅食。

53. 通过亲子交流、玩耍促进儿童早期发展,发现心理行为发育问题要尽早干预。

54. 青少年处于身心发展的关键时期,要培养健康的行为生活方式,预防近视、超重与肥胖,避免网络成瘾和过早性行为。

三、基本技能

55. 关注健康信息,能够获取、理解,甄别、应用健康信息。

56. 能看懂食品、药品、保健品的标签和说明书。

57. 会识别常见的危险标识,如高压、易燃、易爆、剧毒、放射性、生物安全等。

58. 会测量脉搏和腋下体温。

59. 会正确使用安全套,减少感染艾滋病、性病的危险,防止意外怀孕。

60. 妥善存放和正确使用农药等有毒物品,谨防儿童接触。

61. 寻求紧急医疗救助时拨打"120",寻求健康咨询服务时拨打"12320"。

62. 发生创伤出血量较多时,应立即止血、包扎、对怀疑骨折的伤员不要轻易搬动。

63. 遇到呼吸、心搏骤停的伤病员,会进行心肺复苏。

64. 抢救触电者时,要首先切断电源,不要直接接触触电者。

65. 发生火灾时,用湿毛巾捂住口鼻、低姿逃生;拨打火警电话"119"。

66. 发生地震时,选择正确避震方式,震后立即开展自救互救。

推 荐 阅 读

[1] 吕姿之. 健康教育与健康促进. 2 版. 北京：北京医科大学出版社，2002.

[2] 马骁. 健康教育学. 北京：人民卫生出版社，2004.

[3] 胡俊峰，侯培森. 当代健康教育与健康促进. 北京：人民卫生出版社，2005.

[4] 黄敬亨. 健康教育学. 4 版. 上海：复旦大学出版社，2006.

[5] 陆江，李浴峰. 中国健康教育史略. 北京：人民军医出版社，2009.

[6] 常春. 健康教育与健康促进. 2 版. 北京：北京大学医学出版社，2010.

[7] 李浴峰，李玉明. 武警健康教育学. 北京：人民军医出版社，2012.

[8] Irving Rootman. 李英华，程玉兰，主译. 健康促进评价——原则与展望. 北京：中国协和医科大学出版社，2012.

[9] 田本淳. 健康教育与健康促进实用方法. 2 版. 北京：北京大学医学出版社，2014.

[10] 李春玉，王克芳. 健康教育. 北京：北京大学医学出版社，2015.

[11] 郑振佺，王宏. 健康教育学（案例版）. 2 版. 北京：科学出版社，2016.

[12] 田向阳，程玉兰. 健康教育与健康促进理论与实践. 北京：人民卫生出版社，2016.

[13] 傅华，李枫. 现代健康促进理论与实践. 上海：复旦大学出版社，2003.

[14] 傅华，施榕，张竞超. 健康教育学. 3 版. 北京：人民卫生出版社，2017.

[15] 郑频频，史慧静. 健康促进理论与实践. 2 版. 上海：复旦大学出版社，2011.

[16] 张立强，李文芳，张璇. 健康传播实用技能. 北京：北京大学医学出版社，2009

[17] 张自力. 健康传播学. 北京：北京大学出版社，2009

[18] 田向阳. 健康传播理论与实用方法. 北京：人民卫生出版社，2017.

[19] 董仁威. 科普创作通览（上、下卷）. 北京：科学普及出版社，2015.

[20] 钱玲，任学锋. 健康危险行为干预技术指南. 北京：人民卫生出版社，2017.

[21] 杨廷忠. 社会行为理论与方法. 北京：人民卫生出版社，2018.

[22] 韦波. 行为医学. 北京：人民卫生出版社，2013.

[23] 李英华，李莉. 健康教育服务实施与评价指南. 北京：北京大学医学出版社，2016.

[24] 顾沈兵. 健康教育评价实用技术. 上海：第二军医大学出版社，2014.

[25] 王亚东. 卫生项目管理. 北京：人民卫生出版社，2013.

[26] 武留信，曾强. 中华健康管理学. 北京：人民卫生出版社，2016.

[27] 周生来，刘晓峰. 全民健康管理. 北京：清华大学出版社，2015.

[28] 王培玉. 健康管理学. 北京：北京大学医学出版社，2012.

[29] 武留信. 中国健康管理与健康产业发展报告（2018）. 北京：社会科学文献出版社，2018.

[30] 白书忠，武留信，李浴峰. 健康管理师（军队方向）. 北京：人民军医出版社，2014.

[31] 王登高，石凯. 军队健康教育与健康促进. 北京：军事医学科学出版社，2009.

[32] 傅小兰，张侃. 中国国民心理健康发展报告（2017~2018）. 北京：社会科学文献出版社，2019.

[33] 樊富珉. 心理咨询学. 北京：中国医药科技出版社，2006.

[34] 姚树桥，杨艳杰. 医学心理学. 7 版. 北京：人民卫生出版社，2018.

[35] 陈春花，杨忠，曹洲涛. 组织行为学. 北京：机械工业出版社，2016.

[36] 艾伦·E·艾维，玛丽·布莱福德·艾维，卡洛斯·P·扎拉奎特. 陆峥，何昊，石骏，等主译. 心理咨询的技巧和策略：意向性会谈和咨询. 上海：上海社会科学院出版社，2018.

［37］泰勒. 朱兆熊,唐秋萍,蚁金瑶,译. 健康心理学. 北京:中国人民大学出版社,2012.

［38］奥唐奈. 常春,等译. 工作场所健康促进. 3 版. 北京:化学工业出版社,2009.

［39］李霜. 健康工作场所行动模式. 北京:人民卫生出版社,2013.

［40］李春玉,姜丽萍. 社区护理学. 北京:人民卫生出版社,2017.

［41］李长宁. 健康促进学校工作指南及适宜技术. 北京:人民卫生出版社,2017.

［42］史慧静. 学校健康促进实用手册. 上海:上海教育出版社,2011.

［43］陶芳标. 儿童少年卫生学. 8 版. 北京:人民卫生出版社,2017.

［44］罗家有,张静. 妇幼健康教育学. 北京:人民卫生出版社,2014.

［45］张立平. 中老年健康管理指南. 北京:人民军医出版社,2011.

［46］杜鹏,陆杰华,何文炯. 新时代积极应对人口老龄化发展报告 2018. 北京:华龄出版社,2018.

［47］Lorig K R,Holman H R,Sobel D,et al. Living a healthy life with chronic conditions. 3rd ed. Boulder CO:Bull Publishing,2006.

中英文名词对照索引

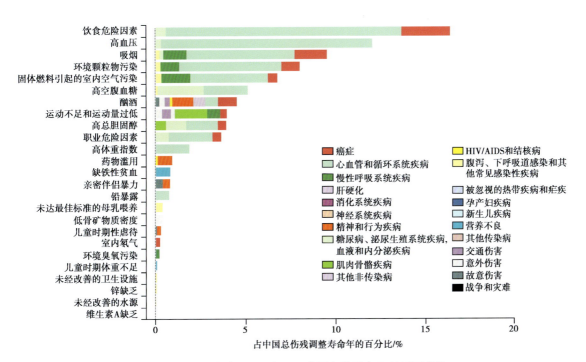

图 1-1　2010 年中国居民归因于主要危险因素 DALY 百分比

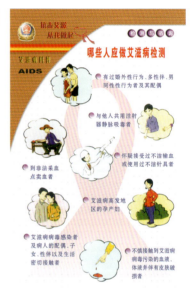

图 5-1　艾滋病科普系列展板

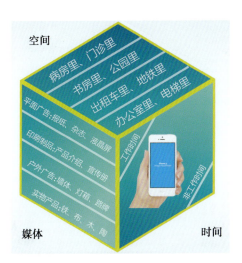

图 5-2　全时全域全媒体形态